Edition ETR

Autoren:

Matthias Wissmann  — Klaus Töpfer  — Eberhard Diepgen  — Heinz Dürr

Dirk Andreas  — Ingo Bretthauer  — Klaus Daubertshäuser  — Horst Fechner  — Wolfgang Feldwisch  — Götz Herberg

Ural Kalender  — Jürgen Klemann  — Siegfried Knüpfer  — Joachim Körber  — Manfred Möller  — Peter Münchschwander

Axel Nawrocki  — Peter Reinhardt  — Werner Remmert  — Günter Ruppert  — Peter Strieder  — Horst Stuchly

Siegfried Tenner  — Christian Tietze  — Rüdiger vorm Walde  — Horst Weigelt

Edition ETR

Fachwissenschaftlicher Beirat der ETR–Eisenbahntechnische Rundschau:

Dipl.-Ing. Baum, Geschäftsführer der Magnetschnellbahn Berlin—Hamburg Betriebsges. mbH in Gründung , Berlin

Dipl.-Ing. Beyer, ABB Daimler Benz Transportation, Berlin

Dipl.-Ing. (FH) Ditting, Kiel

Professor Dr.-Ing. Eisenmann, TU München

Dipl.-Ing. Eschenburg, Technischer Geschäftsführer und Sprecher der DBProjekt GmbH, Köln—Rhein/Main, Frankfurt a. M.

Dipl.-Ing. Felsing, Minden

Professor Dr.-Ing. Frederich, RWTH Aachen

Dipl.-Ing. Gemeinhardt, Mitglied des Vorstands der DB AG, Konzerneinkauf, Frankfurt a. M.

Dipl.-Ing. Görlitz, Geschäftsführer der Krauss-Maffei Verkehrstechnik GmbH, München

Hofrat Dipl.-Ing. Hainitz, Generaldirektor-Stellvertreter der ÖBB, Wien

Professor Dr. Häusler, Mitglied des Vorstands der DB AG, Unternehmensbereich Fahrweg, Frankfurt a. M.

Professor Dr.-Ing. Heimerl, Universität Stuttgart (TH)

Dipl.-Ing. Heitkamp, Geschäftsführer der E. Heitkamp GmbH, Herne

Dipl.-Ing. Honnefelder, Vorstandsmitglied der Dyckerhoff & Widmann AG, München

Dipl.-Ing. John, Mitglied des Vorstandes der Schaltbau Aktiengesellschaft, München

Dipl.-Ing. Körber, Hauptgeschäftsführer des Verbandes der Deutschen Bahnindustrie e.V., Frankfurt a.M.

Dipl.-Ing. Lübke, Leiter Zentralbereich Innovationen System Bahn, DB AG, Frankfurt a. M. / München

Professor Dr.-Ing. E. h. Maak, Neumarkt

Dr.-Ing. Maraini, Mitglied des Vorstandes der Italienischen Staatsbahnen FS, Rom

Dipl.-Ing. Martinsen, Mitglied des Vorstandes der Siemens AG, Vorsitzender des Bereichvorstands Verkehrstechnik, Erlangen

Professor Dipl.-Ing. Dr. rer. pol. Milz, Senior Vice President ABB Daimler Benz Transportation, Berlin

Professor Dr.-Ing. Mnich, Geschäftsführer Institut für Bahntechnik GmbH (IFB), Berlin

Dipl.-Ing. Molle, Leiter des Bereichs Produktion und Technik im Geschäftsbereich Ladungsverkehr, DB AG, Frankfurt a. M.

Professor Dr.-Ing. Müller-Hellmann, Geschäftsführer Technik des Verbands Deutscher Verkehrsunternehmen, Köln

Dipl.-Ing. Münchschwander, Mitglied des Vorstands der DB AG, Vorsitzender des Geschäftsbereichs Netz, Frankfurt a. M./Berlin

Professor Dr.-Ing. Pierick, Braunschweig

Dipl.-Ing. Reemtsema, Leiter Transport und Technik, Geschäftsbereich Fernverkehr, DB AG, Frankfurt a. M.

Ir. T. Regtuijt, Mitglied des Direktionsrates (Betriebswesen) der N. V. Nederlandse Spoorwegen, Utrecht

Dipl.-Kfm. Sanders, Leiter des Unternehmensbereichs Bahnen, Alcatel SEL AG, Stuttgart

Dipl.-Ing. Scheller, Geschäftsführer der DE- Consult GmbH, Berlin

Professor Dipl.-Ing. Voß, Universität Hannover

Peter Witt, Vorsitzender des Vorstands DWA Deutsche Waggonbau AG, Berlin

Dipl.-Ing. Wolters, Mitglied des Vorstands der DB AG, Vorsitzender des Geschäftsbereichs Werke, Mainz

Edition ETR

BAHN METROPOLE BERLIN

Herausgeber:

Dipl.-Ing. Roland Heinisch
Dipl.-Ing. Peter Koch
Professor Dr.-Ing. Rolf Kracke
Professor Dipl.-Ing. Dipl.-Wirtsch.-Ing. Theo Rahn
Dipl.-Ing. Horst Stuchly

Schriftleiter:

Dipl.-Ing. Wolfgang Feldwisch
Dr.-Ing. E.h. Horst Weigelt

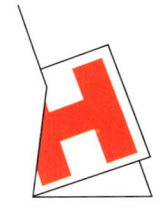

Edition ETR

Bildquellenverzeichnis:

Alle Bilder - soweit nachfolgend nicht besonders genannt - von den Autoren

S. 5, S. 9, S. 10, S. 12/13, S. 14/15, S. 16/17, S. 24, S. 28, S. 56, S. 62, S. 112 (unten), S. 114 (unten), S. 116 (unten links), S. 117, S. 180 und Umschlag, DB AG; S. 6, DE-Consult, S. 41, S. 42 (mitte), S. 43, S. 119, S. 120 und S. 121, PVZB/Grafikbüro Adler & Schmidt; S. 42 (oben) und (unten), S. 95, S. 123 (unten), S. 140, S. 149 und S. 161, PVZB; S. 46, S. 57 (oben), S. 82/83, S. 90 und S. 136, Siemens AG; S. 59, S. 60 und S. 61 (unten), kontur GbR; S. 82 (unten), LIGATUR Werbung; S. 87, Obermeyer Planen + Beraten; S. 94 (unten) und S. 160, PVZB/OLTMANN REUTER; S. 94/95, Grafik Döring; S. 97, S. 100 (unten), S. 101, S. 102 (unten links), S. 107, S. 173 (oben) und S. 176 (mitte), Verkehrsmuseum Nürnberg; S. 98, S. 99 und S. 100 (oben), S. 102/103, S. 105, S. 108, S. 109, S. 110 (links), S. 112 (oben) und S. 114 (oben rechts), Bock; S. 106, Graßmann; S. 113, Deutsche Bundesbahn; S. 114 (oben links) und S. 115, Deutsche Reichsbahn; S. 116 (oben), Maile in Report 91, Hestra-Verlag, Darmstadt 1991; S. 122 (links oben) und (unten), PVZB/Archimation; S. 122 (mitte) und Titelbild, PVZB/ARTE MEDIA; S. 135, H. Götz; S. 137, S. 138 und S. 139, Architekten Gerkan, Marg & Partner; S. 162 und S. 163, baulog GmbH; S. 171 und S. 173 (mitte), Landesbildstelle Berlin; S. 172 (oben), Archiv Pierson; S. 172 (unten) und S. 176 (oben), Archiv Alfred Gottwaldt; S. 173 (unten), Werkfoto AEG; S. 174 (oben), AEG Archiv; S. 174 (mitte), Werkfoto BM AG; S. 175 (oben), Museum für Verkehr und Technik, Berlin; S. 175 (unten), Elektrische Bahnen; S. 177, Werkfoto DWA

ISBN 3-7771-0264-4

Edition ETR
BAHNMETROPOLE BERLIN
ist eine Sonderveröffentlichung der
ETR — Eisenbahntechnische Rundschau

© 1996 bei Hestra-Verlag, Holzhofallee 33, D-64295 Darmstadt,
Telefon (0 61 51) 39 07-0, Fax (0 61 51) 39 07-77

Alle Rechte der Verbreitung und Wiedergabe vorbehalten, Übersetzungen in eine andere Sprache, Nachdruck und Vervielfältigung — in jeglicher Form und Technik, auch auszugsweise — nur mit schriftlicher Genehmigung des Verlags gestattet.
Gestaltung und Produktionsleitung: Axel Pfeiffer, Darmstadt
Koordination: Ursula Hahn, Darmstadt
Anzeigen: Martina Akkoca, Darmstadt
Gesamtherstellung: Typo-Druck-Roßdorf GmbH, Roßdorf

Printed in Germany

Aus der Zeit der Teilung Deutschlands und Berlins: Unterbrochene Eisenbahnstrecke Hamburg—Berlin vor Spandau

Nach der Wiedervereinigung: Sanierung der Berliner Stadtbahn nach jahrelanger Vernachlässigung der Instandhaltung als Grundlage für den künftigen starken S-Bahn-Betrieb zwischen Ost und West sowie für die Elektrifizierung der Ferngleise als Teilstück der Ost-West-Fernbahn. Links im Bau Betonplatte für die S-Bahn, rechts die auf ehemalige Ferngleise verlegte S-Bahn unter jahrelanger Unterbrechung der Fernbahnverbindung zwischen Bahnhof Zoo und Hbf

Inhalt

Geleitworte

Matthias Wissmann, Bonn 11

Prof. Dr. Klaus Töpfer, Bonn 13

Eberhard Diepgen, Berlin 15

Dr.-Ing. E.h. Heinz Dürr, Berlin/Frankfurt am Main 17

Leitgedanken zur Verkehrs- und Stadtentwicklung

Berlin — Vorbild für umweltgerechte Stadtentwicklung 21
Peter Strieder, Berlin

Perspektiven für Wirtschaft, Stadt und Verkehr in der Region Berlin/Brandenburg 25
Jürgen Klemann, Berlin

Verkehrsplanung

Berlin — Integration nach dem Fall der Mauer 29
Dr.-Ing. habil. Ural Kalender, Berlin

Fernverkehrskonzept für Berlin 41
Dr. Ingo Bretthauer, Frankfurt am Main

Güterverkehrskonzept der Deutschen Bahn AG in Berlin 49
Dr. Dirk Andreas, Berlin

Die Zukunft des Regionalverkehrs auf der Schiene in Berlin/Brandenburg 57
Klaus Daubertshäuser, Berlin/Frankfurt am Main

Die Berliner S-Bahn auf dem Weg in die Zukunft 65
Dr. Axel Nawrocki und Günter Ruppert, Berlin

Busse, Straßenbahn und U-Bahn im Verbund mit S-Bahn und Regionalbahn für den Verkehrsknoten Berlin 75
Rüdiger vorm Walde, Berlin

Lösungsansätze zur Integration des Flughafens Berlin Brandenburg International in das Schienennetz der Deutschen Bahn AG 81
Dr. Götz Herberg, Berlin

Der Transrapid — Umweltfreundliches Schweben ins Zentrum von Berlin 87
Horst Fechner, Schwerin

Inhalt

Bauen in und für Berlin

Historische Entwicklung des Eisenbahnknotens Berlin ... 97
Dr.-Ing. E.h. Horst Weigelt, Nürnberg

Künftige Bahnanlagen und Betriebsführung im Großraum Berlin ... 119
Peter Münchschwander, Berlin/Frankfurt am Main

Bahnhöfe von morgen ... 129
Peter Reinhardt, Berlin/Frankfurt am Main

Lehrter Bahnhof in Berlin ... 135
Siegfried Tenner, Frankfurt am Main

Beitrag des Eisenbahn-Bundesamtes zur Realisierung der Bahnkonzeption Berlin ... 143
Horst Stuchly, Bonn

Die Geschäftätigkeit des Geschäftsbereiches Netz in Berlin ... 149
Wolfgang Feldwisch und Manfred Möller, Berlin

Deutsche Bahn AG in Berlin — Investor und Logistikträger ... 159
Werner Remmert, Berlin

Schnelle Fernstrecken für die Bahnstadt Berlin ... 165
Siegfried Knüpfer, Berlin

Bahnindustrie in Berlin

150 Jahre Bahnindustrie in Berlin ... 171
Joachim Körber, Frankfurt am Main und Christian Tietze, Berlin

Autorenangaben ... 181

Inserentenverzeichnis ... 183

Eisenbahnknoten Ostkreuz

Stadtbahn zwischen S-Bahnhof Jannowitzbrücke (unten) und Alexanderplatz (oben); links Fernbahnstrecke, rechts S-Bahn-Strecke - vor der Sanierung

Geleitworte

**Matthias Wissmann,
Bundesminister
für Verkehr**

Moderne und leistungsfähige Verkehrswege sind eine Grundvoraussetzung für Wirtschaftswachstum und Wohlstand. Dies wird in Berlin wie kaum an einem anderen Ort in Deutschland deutlich. Ziel der Bundesregierung ist es daher, für Berlin und die Region eine moderne, leistungsfähige und umweltverträgliche Verkehrsinfrastruktur zu schaffen. Dementsprechend sieht der Bundesverkehrswegeplan hier bis zum Jahr 2012 Verkehrsinvestitionen in Höhe von rund 13,5 Mrd. DM vor.

Dabei kommt vor allem dem Verkehrsträger Schiene eine strategische Schlüsselstellung zu. Der Schwerpunkt liegt dabei auf der Neugestaltung des Eisenbahnknotens Berlin mit einem Investitionsvolumen von allein rund 10 Mrd. DM. Der Startschuß für den Wiederaufbau des Eisenbahnknotens Berlin fiel bereits im April 1991, denn von den neun Eisenbahnprojekten der Verkehrsprojekte Deutsche Einheit laufen vier Projekte in Berlin zusammen: die Strecken Hamburg—Büchen, Hannover—Stendal, Helmstedt—Magdeburg und Nürnberg—Erfurt—Halle/Leipzig. Hierin spiegeln sich bereits die Anforderungen an das Eisenbahnkreuz Berlin im wiedervereinigten Deutschland wider. Nach umfangreichen Untersuchungen zur notwendigen Neugestaltung des Eisenbahnknotens Berlin ist die Entscheidung zugunsten des sogenannten Pilzkonzeptes getroffen worden.

Das Herzstück des Pilzkonzeptes besteht in der Verwirklichung der schon auf den Pionier des deutschen Eisenbahnwesens Friedrich List zurückgehenden Idee einer durchgängigen Nord-Süd-Schienenverbindung mit direkter Umsteigemöglichkeit zur Ost-West-Verbindung in der Stadtmitte. Eine wichtige Signalwirkung hatte dabei der erste Spatenstich für die Verkehrsanlagen im Zentralbereich der Stadt am 13. Oktober 1995. Die Eisenbahn-Nord-Süd-Verbindung, die Verlängerung der U-Bahn-Linie U5 und die Tieferlegung der B 96 in einen Straßentunnel vereinen sich im künftigen Parlaments- und Regierungsbereich Spreebogen zu einem gemeinsamen Verkehrsprojekt mit überregionaler, regionaler und städtischer Bedeutung.

Das Pilzkonzept wird komplettiert durch die Lückenschlüsse und den leistungsgerechten Ausbau der im Berliner Raum liegenden Abschnitte der Verkehrsprojekte Deutsche Einheit. Die darüber hinaus für den internationalen Schienenverkehr notwendigen Projekte wie die Verbindungen über Frankfurt/O. nach Warschau und über Stralsund bzw. Rostock nach Skandinavien werden in Abhängigkeit von der Entwicklung des internationalen Personen- und Güterverkehrs ausgebaut werden.

Von herausragender Bedeutung für die Funktionsfähigkeit des Raumes Berlin/Brandenburg ist natürlich auch ein leistungsfähiger und zuverlässiger Regionalbahnverkehr. Das Grundgerüst des Regionalverkehrs besteht in den für den schnellen Fernverkehr auszubauenden Strecken, auf denen die regionalen Entwicklungszentren Brandenburgs durch regionale Expreßzüge in kurzen Taktzeiten mit dem Zentrum bzw. einzelnen Stadtgebieten Berlins verbunden werden. Für die Berliner S-Bahn besteht das gemeinsame Ziel darin, die durch die Grenzziehung entstandenen Lücken zu schließen und das bis 1961 betriebene Netz weitgehend wiederherzustellen. Nach dem Fall der Mauer wurden 56 km Strecke wieder in Betrieb genommen und umfangreiche Streckenabschnitte grunderneuert. Dafür hat der Bund in den Jahren 1990 bis 1994 rd. 1,6 Mrd. DM zur Verfügung gestellt. Im Zeitraum 1995 bis 1999 sind weitere 2,4 Mrd. DM vorgesehen.

Auch der Ausbau des Netzes der Bundesfernstraßen in, von und nach Berlin wird nach dem Bundesverkehrswege-

Geleitworte

plan mit Nachdruck vorangetrieben. Mit dem Autobahnring Berlin - der A 10 - sowie mit dem System der Zubringer und dem geplanten, im Westteil der Stadt bereits vorhandenen Stadtautobahnring - der A 100 -, erhält Berlin das erforderliche leistungsfähige Bundesfernstraßennetz.

Der für die schnelle Verbindung zu den Zentren im Westen und im Süden der Bundesrepublik maßgebende 6streifige Ausbau der Autobahnen Berlin—Hannover - der A 2 - einschließlich dem Süd- und dem Ostteil des Berliner Ringes - der A 10 - mit rd. 320 km Länge und Kosten von rd. 4,8 Mrd. DM sowie Berlin—Nürnberg - der A 9 - mit rd. 370 km Länge und Kosten von rd. 5,6 Mrd. DM, gehört zu den dringlichsten Projekten der mit absolutem Vorrang finanzierten „Verkehrsprojekte Deutsche Einheit".

Unverzichtbar ist auch die verstärkte Einbeziehung der Binnenwasserstraßen in ein Verkehrskonzept für Berlin. Das dichte Wasserstraßennetz der Region ermöglicht für Wirtschaft und Industrie Standortvorteile durch den kostengünstigen Transport mit der Binnenschiffahrt. Unser Ziel ist es, die beachtliche Transportleistung der Binnenschiffahrt weiter zu steigern und Hemmnisse für eine wirtschaftliche Nutzung der Berliner Häfen und Umschlagstellen zu beseitigen: Den Schwerpunkt hierzu bildet mit dem Projekt 17 der Verkehrsprojekte Deutsche Einheit die Westanbindung des Berliner Wasserstraßennetzes an die Elbe und an den Raum Hannover.

Wenn es um die Verkehrsinfrastruktur in Berlin geht, darf natürlich auch der Transrapid nicht fehlen. Mit diesem Projekt wird der Personenfernverkehr zwischen den beiden größten deutschen Städten Berlin und Hamburg auf Schiene, Straße und in der Luft erheblich entlastet. Gleichzeitig gewährleisten wir eine optimale Verknüpfung des Transrapid mit Schiene und Luft am Knoten Berlin.

Mit der Verwirklichung dieser alle Verkehrsträger umfassenden Verkehrskonzeption für Berlin, mit Schwerpunkt für den Verkehrsträger Schiene, unterstreichen wir klar und unmißverständlich den ersten Satz des Einigungsvertrages: Die Hauptstadt Deutschlands ist Berlin!

(Matthias Wissmann)

Geleitworte

**Prof. Dr. Klaus Töpfer,
Bundesminister für
Raumordnung, Bauwesen
und Städtebau**

Mit dem Fall der Mauer am 9. November 1989 begann der Prozeß der Wiedervereinigung Deutschlands, der besonders für das geteilte Berlin den Beginn einer vollständigen Umgestaltung des Lebens dieser deutschen Stadt bedeutete. Bereits in den ersten Tagen nach dem 9. November stellte sich die Frage des Verkehrs in Berlin und nach Berlin in unübersehbarer Weise. Die jahrzehntelange Abschnürung des westlichen Teils der Stadt hatte Verkehrsverbindungen geschaffen, die dem Ansturm der Menschen nur für kurze Zeit gewachsen waren. Die von den Verkehrsbehörden beider Teile der Stadt getroffenen ersten Maßnahmen sind für die Anforderungen des Dauerbetriebes nicht geeignet.

Mit dem Voranschreiten der Arbeiten zum Einigungsvertrag wurde der Bundesregierung in zunehmendem Maß bewußt, daß zukünftige Planungen für die Bundeshauptstadt Berlin in erheblichem Maße Einflüsse auf den Verkehr in und um Berlin haben würden.

Mit dem Beschluß des Deutschen Bundestages vom 20. Juni 1991 wurde der politische Wille bekundet, daß nach der Herstellung der Deutschen Einheit Parlament und Regierung wieder in der deutschen Hauptstadt Berlin sein sollen. Der Bundesrat folgte mit dem Beschluß vom 5. Juli, indem er seinen Sitz in Bonn beibehält, sich aber eine Überprüfung dieser Entscheidung im Lichte der noch zu gewinnenden Erfahrungen vorbehält.

Der erste Schritt der Bundesregierung für die Schaffung einer modernen und leistungsfähigen Verkehrsinfrastruktur in der Region Berlin/Brandenburg war der Bundesverkehrswegeplan '92, mit dem erhebliche Verkehrsinvestitionen des Bundes bis zum Jahre 2012 festgeschrieben wurden. Der Umzug von Parlament und Regierung bedingt insbesondere, daß ein Teil der vorgesehenen Investitionsmittel frühzeitiger bereitgestellt werden muß.

In der Folge der Wiederherstellung der Hauptstadtfunktion für Berlin kam es zu einem Vertrag zwischen dem Bund und dem Land Berlin über die finanzielle Abgeltung von Hauptstadtlasten vom 30. Juni 1994. Unter anderem ist darin festgelegt, daß eine Beteiligung über die Förderung nach dem Gemeindeverkehrsfinanzierungsgesetz und dem Bundesschienenwegeausbaugesetz hinaus für die im Interesse des Bundes liegenden Verkehrsprojekte gewährt wird. Die dafür bereitgestellten Haushaltsmittel ressortieren beim Bundesministerium für Raumordnung, Bauwesen und Städtebau. Die aktuelle Begleitung geschieht überwiegend in meinem Stab Berlin. Es handelt sich um folgende Verkehrsprojekte:

▷ U-Bahnlinie U5, Abschnitt Alexanderplatz—Lehrter Bahnhof
 (295 Mio. DM),
▷ Straßentunnel unter dem Tiergarten
 (355 Mio. DM) und
▷ S-Bahnlinie S4, Abschnitt Westend—Schönhauser Allee/Pankow
 (350 Mio. DM).

Damit wird der überwiegende Teil der Mittel aus dem Hauptstadtvertrag im Benehmen mit dem Land Berlin für Verkehrsinvestitionen im Herzen von Berlin eingesetzt.

Der Straßentunnel im Tiergarten ist der Ersatz für die bisherige, ebenerdige „Entlastungsstraße". Sowohl der Parlaments- und Regierungsbereich im Spreebogen als auch der Tiergarten werden dadurch entlastet. Der Ost-West-Straßenverkehr kann aus Berlin-Mitte herausgehalten werden, so daß die Planungen des Landes Berlin, die einen Modal-Split von 80:20 zugunsten des öffentlichen Verkehrs vorsehen, realisiert werden können. Zusätzlich ist in den Bereichen von Berlin-Mitte, die der gebührenpflichtigen Parkraumbewirtschaftung unterliegen, die Erreichbarkeit der hier liegenden Ministerien mit dem Kfz jederzeit gewährleistet.

Geleitworte

Die Regierungsgebäude sind durch die Bediensteten ebenfalls nach dem Modal-Split zu 80% mit öffentlichen Verkehrsmitteln anzufahren. Dafür muß sichergestellt werden, daß die Erreichbarkeit des Arbeitsplatzes in Berlin-Mitte auch aus den Randgebieten innerhalb einer Stunde gegeben ist. Die Zusammenarbeit der öffentlichen Verkehrsunternehmen zeigt weitere positive Ansätze, seitdem die gegründete Vorbereitungsgesellschaft für den Verkehrsverbund Berlin/Brandenburg sich der Verknüpfung des Verkehrs in der Region und damit der Lösung der Pendlerprobleme anzunehmen beginnt.

Um die Auswirkungen der Baumaßnahmen der Großinvestoren und des Bundes und der später daraus folgenden Fahrzeugbewegungen des Individualverkehrs bereits zum jetzigen Zeitpunkt zur Grundlage weitergehender Planungen zu machen, beteiligt sich der Bund an den Untersuchungen des Landes Berlin zu einem Verkehrsführungskonzept im Bereich zwischen dem Lehrter Bahnhof und der Spreeinsel. Es ist absehbar, daß die Einhaltung des Modal-Split nur bei konsequenter Realisierung der Schienenverkehrsverbindungen in Berlin-Mitte möglich sein wird.

Die Investoren in der Friedrichstraße sehen sich einerseits in einer Konkurrenzsituation zu den Neubauten am Potsdamer Platz, gehen andererseits von der schnellen Erreichbarkeit von Berlin-Mitte über den Regionalbahnhof am Potsdamer Platz aus. Der vorgesehene Ausbau der Schienenverbindungen von Süden über Papestraße ist ein wichtiger Kalkulationspunkt in den Berechnungen dieser Investoren.

Am Potsdamer Platz entstehen in den Jahren 1997 bis 2002 rund 800 000 qm Büro- und Geschäftsflächen, eine Stadt in der Stadt mit einem Leben rund um die Uhr. An einem normalen Werktag werden knapp 250 000 Bewegungen von Menschen in das Gebiet hinein bzw. hinaus zu erwarten sein. In den Zeiträumen vor der Betriebsaufnahme des Schienen-Regionalverkehrs im Tiergartentunnel wird die Erreichbarkeit aller Ziele noch gewährleistet sein, aber die Verkehrsanbindungen im Parlaments- und Regierungsviertel werden von der zunehmenden Auslastung betroffen werden.

Die Realisierung aller Planungen für die insgesamt drei Tunnel im Spreebogen ist unabdingbar für die Parlaments- und Regierungsfunktionen des Bundes in der Hauptstadt. Die Voraussetzungen dafür sind günstig. Nachdem das Planfeststellungsverfahren für alle drei Tunnel im Bereich des Spreebogens abgeschlossen werden konnte, erfolgte am 13. Oktober 1995 der erste Spatenstich durch den Bundeskanzler. Eine Einstweilige Verfügung gegen die Baumaßnahmen wurde vom Bundesverwaltungsgericht Ende November verworfen. Unter der Leitung der Projektgesellschaft für Verkehrsanlagen im Zentralen Bereich Berlins (PVZB) sind Bauleistungen in erheblichem Umfang bereits vergeben worden, die Finanzierung durch den Bundesminister der Finanzen ist gesichert.

Die bereits laufenden Maßnahmen am Potsdamer Platz und an den Tunnelbauwerken werden in begrüßenswerter Abstimmung mit den Belangen der Anwohner und ohne Belastung der bestehenden Verkehrsverbindungen in diesem Bereich vorgenommen. Die zur Zeit nicht betrieblich genutzten Flächen der Eisenbahn geben der Baulogistik Süd und künftig der Baulogistik Nord die Möglichkeit, den An- und Abtransport der gigantischen Baumaterialien termingerecht und störungsfrei zu ermöglichen. Für den Umzug der Bundesregierung und des Parlaments ist damit die Deckelung der Tunnel im Bereich des Bundesforums bis spätestens Mitte 1998 sichergestellt.

Die über den engeren Bereich des Parlaments- und Regierungsviertels hinausgehenden Verkehrsplanungen, die ich mit großem Interesse verfolge, sind die Entscheidung für den zukünftigen Großflughafen Berlin-International und die geplante Magnetschnellbahn von Hamburg in den inneren Bereich von Berlin. Nur durch die Realisierung zukunftsweisender Entscheidungen wird Berlin in seiner zentralen Lage in Europa den Erwartungen an eine deutsche Hauptstadt gerecht werden können.

Der „Berlin-Umzug", aber auch der Ausbau der Bundeshauptstadt, nimmt immer konkretere Formen an. Ein Blick in die Zukunft zeigt, daß zur Eröffnung des erneuerten Reichstagsgebäudes die Delegierten mit dem ICE den Bereich des Spreebogens erreichen können.

(Prof. Dr. Klaus Töpfer)

Geleitworte

**Eberhard Diepgen,
Regierender Bürgermeister
von Berlin**

„Tempo, Tempo" war einst sinnfälliger Ausdruck der Tatsache, daß Berlin verkehrstechnisch als eine der schnellsten Städte der Welt galt und für seinen öffentlichen Nahverkehr international berühmt wurde. Heute schickt sich Berlin wieder an, seine Transportströme auf Straße und Schiene neu zu ordnen, um wieder wie vor dem Zweiten Weltkrieg ein bedeutendes europäisches Eisenbahndrehkreuz zu werden. Neue Aufgaben, wie der Stadtumbau, die Regierungsfunktionen und die Großprojekte in Berlin-Mitte, machen dies ebenso erforderlich wie die Beherrschung eines wachsenden Verkehrsaufkommens und Fragen des Umweltschutzes.

Die Investitionen, die dafür notwendig sind, suchen bundesweit ihresgleichen: Die Bahn wird allein in die Sanierung und den Ausbau des Schienennetzes der Hauptstadt mehr als 20 Milliarden DM investieren. Marode Gleise und Brücken werden saniert, Bahnhöfe modernisiert oder neu gebaut.

Im Jahre 2010 sollen laut Prognose etwa 50 Millionen Fernreisende und 85 Millionen Reisende im Regionalverkehr auf der Schiene befördert werden. In Berlin rollen die Räder aller Orten: Nach dem Motto „Ab durch die Mitte" wird die historische „Grüne Lunge" Berlins, der Tiergarten, sowie das Regierungsviertel mit Hilfe eines großen Tunnels unterquert. 4,5 Milliarden DM wird dort in Europas größtes städtisches Tunnelprojekt investiert: Über knapp vier Kilometer Länge nehmen die Tunnelröhren vier Fernbahngleise, die Bundesstraße 96 sowie eine U-Bahnlinie auf.

Der Tunnel ist Herzstück des sogenannten „Pilzkonzeptes" der Bahn, das an den Überlegungen der Vorkriegszeit mit wichtigen Fernbahnstrecken in alle Himmelsrichtungen anknüpft. Der Tunnel als Nord-Süd-Verbindung durch die Stadtmitte Berlins wird im Norden und im Süden an den Berliner Innenstadtring der Bahn angebunden sein.

Ein Pilz besitzt aber nicht nur einen Stiel (den Tunnel), sondern auch einen Hut: Diesen „Hut" des Pilzkonzeptes bilden die Stadtbahn und der nördliche Abschnitt des 1877 in Betrieb genommenen Innenrings der Bahn. Nach Weltkrieg und Mauerbau im Windschatten der Geschichte verfallen, mußte ein Großteil der vorhandenen Anlagen völlig erneuert werden. Allein die S-Bahnsanierung kostet 900 Millionen DM und soll bis 1999 abgeschlossen sein. Die Fernbahngleise werden für die enorme Summe von 1,2 Milliarden DM bis zum Jahr 2002 wieder hergestellt sein.

Auch die im Jahre 1882 eröffnete „Grande Dame" der Berliner S-Bahn, die Ost-West-Stadtbahn, wird mit großem Aufwand und Kosten von 1,5 Milliarden DM saniert. Ein würdiges Alter von 112 Jahren und der Zahn der Zeit forderten hier ihren Tribut. 8,8 Kilometer zwischen dem Zoologischen Garten in der City West und dem Hauptbahnhof in der City Ost werden von Grund auf erneuert und für die neuen ICE-Züge fitgemacht, die ab 1998 auf der historischen Strecke das Zentrum Berlins durchqueren sollen.

Am geplanten Lehrter Bahnhof, nahe des künftigen Kanzleramts und des Regierungsviertels, wird sich die Stadtbahn mit der Nord-Süd-Strecke kreuzen. Ebenfalls werden dort Umsteigemöglichkeiten zu S-, U- und Regionalbahnen bestehen. Hier entsteht der beeindruckendste Bahnhof Deutschlands mit einem täglichen Fahrgastaufkommen von 220000 Personen, die auf fünf Ebenen zwischen den unterschiedlichen Linien wechseln können.

Auch die altbewährte Straßenbahn kommt wieder zu Ehren: Zum ersten Mal seit 28 Jahren rollt im Westen Ber-

Geleitworte

lins wieder eine Straßenbahn — über den ehemaligen Sektorenübergang Bornholmer Straße in den Wedding. Weitere Linien werden folgen.

Wie sich eben die Zeiten und Ansichten ändern — als der Straßenbahnverkehr im Westen Berlins 1967 eingestellt wurde, hieß es, dieses Verkehrsmittel sei nicht mehr zeitgemäß. Jetzt wird das 173 Kilometer lange Straßenbahnnetz Gesamtberlins bis zum Jahr 2000 noch um 58,3 Kilometer verlängert werden.

Der vorliegende Band der Edition ETR dokumentiert eindrucksvoll, wie sehr Berlin und die Eisenbahn in ihrer Entwicklung so untrennbar verbunden sind wie in kaum einem anderen Teil der Welt. Das Eisenbahnnetz ist somit auch ein vitaler Teil Berliner Stadtgeschichte. Zug um Zug wird die deutsche Hauptstadt Berlin deshalb auch wieder zur Bahnstadt Berlin werden, zum Verkehrsknotenpunkt an den großen europäischen Transversalen.

(Eberhard Diepgen)

Geleitworte

**Dr.-Ing. E. h. Heinz Dürr,
Vorsitzender des
Vorstandes der DB AG**

Die Deutsche Bahn baut in Berlin die Bahn der Zukunft, zusammen mit dem Senat wird sie die Hauptstadt zur schienenorientierten Metropole ausbauen. Das Ziel: Kürzere Reisezeiten in alle Richtungen, direkte und zuverlässige Verbindungen in das Umland und attraktive Bahnhöfe. Dazu sind gewaltige Anstrengungen notwendig. Denn der Zweite Weltkrieg und 40 Jahre deutsche Teilung haben viele zerstörte, stillgelegte und marode Strecken hinterlassen. In Berlin und Brandenburg werden deshalb bis zur Jahrtausendwende rund 20 Milliarden DM in die Sanierung und Modernisierung der Infrastruktur investiert. Insgesamt sollen 23 Projekte im Schienenverkehrsknoten Berlin realisiert werden.

Die Stadt entwickelt sich zu einer der größten Verkehrsdrehscheiben Deutschlands und Europas, zum wichtigsten Verkehrsknoten der Deutschen Bahn, an den alle bedeutenden nationalen und internationalen Fernverkehrsstrecken angebunden sind.

Im Jahr 2010 werden 50 Millionen Fernreisende mit der Bahn von und nach Berlin fahren; im Regionalverkehr gehen die Schätzungen von 85 Millionen Fahrgästen aus.

Das Kernelement für die Planung der schienenorientierten Metropole ist das sogenannte Pilz-Konzept. Danach werden Fern- und Regionalverkehr, der S-Bahnring und die U-Bahn optimal miteinander verknüpft. Der Streckenabschnitt zwischen Bahnhof Zoologischer Garten und Hauptbahnhof bildet mit dem nördlichen Berliner Innenring den „Hut" und stellt die Verbindung zwischen Ost und West wieder her. Die Nord-Süd-Fernbahntrasse südlich des Lehrter Bahnhofs bringt den Fahrgast schnell und problemlos durch Berlins Mitte und bildet den „Stiel" des Pilzes.

Mit dem Pilzkonzept knüpft Berlin an seine große Eisenbahntradition an. Allerdings hatte die Nord-Süd-Verbindung trotz Initiativen seit der Jahrhundertwende gefehlt. Dabei hatte der Stadtplaner Martin Mächler in dem Entwurf eines Bebauungsplans von 1917 vorgeschlagen, einen Tunnel von der Potsdamer und Anhalter Eisenbahn zum Lehrter Bahnhof zu bauen. Darüber sollten Bauflächen für die Erweiterung der City und des Regierungszentrums liegen. Der Lehrter Bahnhof sollte als Friedrich-List-Bahnhof zu einem großen Kreuzungsknotenpunkt zwischen Ost-West- und Nord-Süd-Verkehr ausgebaut werden. Jetzt wird diese weit vorausschauende Idee bis zur Jahrtausendwende Wirklichkeit werden.

Bestandteil des Pilzkonzeptes ist auch der Neubau von Bahnhöfen, wie z.B. der Lehrter Bahnhof, Bahnhof Papestraße und Gesundbrunnen, um den Nah-, Regional- und Fernverkehr optimal miteinander zu verknüpfen.

Zugleich mit der Renaissance der Schiene soll der Bahnhof wieder den Stellenwert erhalten, den er als ersten, augenfälligen Ausweis einer gewandelten Bahn braucht, denn das Umfeld des Bahnhofs, seine Attraktivität, die leichte Erreichbarkeit der Züge, sein Service und sein Komfort für Reisende und Besucher entscheiden darüber, ob der potentielle Bahnkunde die Angebote der Bahn nutzt oder nicht.

Unser strategisches Ziel ist es deshalb, die Bahnhöfe wieder zu Visitenkarten sowohl der Deutschen Bahn als auch der Städte zu machen. Es soll neben dem reibungslosen Ablauf des Bahnbetriebes ein perfekter Service rund um das Reisen geboten werden.

Dazu muß der Bahnhof aufgewertet werden und stärker als bisher Geschäfte, Hotels, Büros und Kommunikationseinrichtungen aufnehmen. Gleichzeitig sind auch Investitionen in die Verkehrsstation notwendig, um In-

Geleitworte

formation und Bedienung der Kunden zu verbessern und den Bahnhof als Kristallisationspunkt für örtliche Verkehrsstrukturen mit optimierten Umsteigebeziehungen zwischen den unterschiedlichen Verkehrsträgern weiter zu entwickeln.

Deshalb werden neben dem Neubau von Bahnhöfen viele andere Bahnhöfe grunderneuert. Im Zusammenhang mit der Stadtbahnsanierung werden beispielsweise in den Bahnhöfen Alexanderplatz und Friedrichstraße Reisezentren und Service-Points eingerichtet. Verschiedene andere Bahnhöfe erhalten ebenfalls ein völlig neues Erscheinungsbild und die Serviceeinrichtungen werden erweitert.

Ein herausragendes Beispiel für die Schienenorientierung der Verantwortlichen in Berlin sind die Baulogistik-Pilotprojekte. Beispielsweise wird Europas größte Baustelle, der Potsdamer Platz, von einer eigens zu diesem Zweck gegründeten Gesellschaft komplett über die Schiene und Wasserstraßen mit Materialien versorgt und vom Bauschutt und Erdaushub „befreit". Dadurch werden der Stadt täglich 5000 Lkw-Fahrten in des Wortes wahrstem Sinne erspart.

Für alle Arbeiten an der schienenorientierten Metropole Berlin gilt: Die Umweltverträglichkeit muß obenan stehen. Der moderne Oberbau mit lückenlos verschweißten Gleisen sorgt für eine deutliche Verringerung der Rollgeräusche der Züge, die Elektrifizierung der Ferngleise ermöglicht eine abgasfreie und geräuschärmere Betriebsweise; und wenn Grünflächen den Baumaßnahmen zum Opfer fallen, sorgen landschaftspflegerische Ersatzmaßnahmen dafür, daß die „grüne Lunge" Berlins erhalten bleibt.

Wenn das Projekt schienenorientierte Metropole Berlin abgeschlossen ist, hat die deutsche Hauptstadt in der Verkehrspolitik Modellcharakter. Das Wort von der Unverzichtbarkeit einer umweltfreundlichen Verkehrspolitik ist in aller Munde. Berlin kann Beispiel dafür sein, wie dieses Ziel durch konsequente Nutzung des Technologie-Systems Bahn erreicht werden kann. Das Handbuch dazu ist diese „Edition ETR".

(Dr.-Ing. E. h. Heinz Dürr)

Neu- und Ausbaustrecken weisen den Weg zum Bahnnetz der Zukunft. Die Planung und Realisation solcher Strecken erfordert langjährige Erfahrung und fortschrittliches Know-how. Die Referenzen des BPI umfassen über tausend Kilometer Neu- und Ausbaustrecken.

Für weitere Informationen wenden Sie sich bitte an:

BPI Ingenieure + Berater

BPI - Büro für Planung und Ingenieurtechnik GmbH
12207 Berlin, Ostpreussendamm 151a
Tel. +49 30/768 914-0, Fax +49 30/768 914-44

Eine Gesellschaft der EWI Gruppe

EIN ZUG, EIN GLEIS, ABER ZWEIMAL BAHN.

Auf neue Verkehrskonzepte setzen die Regionen. Doppelstock-Fahrzeuge der DWA sind dafür ein besonderes Angebot. Sie sind komfortabel, wirtschaftlich und umweltschonend. Also: Beste Aussichten für den Nah- und Regionalverkehr und neue Impulse für die Bahn.

SIE FAHREN GUT MIT UNS.

DWA

Deutsche Waggonbau AG
Adlergestell 598
12527 Berlin
Telefon: (030) 6 79 3-0
Telefax: (030) 6 74 45 60

Peter Strieder

Berlin — Vorbild für umweltgerechte Stadtentwicklung

Geschwindigkeit und Ausmaß der Veränderungen durch den Fall der Mauer brachten der Umweltpolitik in Berlin Herausforderungen und Chancen in einer neuen Dimension.

Stadtplanerisches Leitbild ist der sparsame Umgang mit der Fläche. Angemessene Versorgung mit Freiflächen, die Berücksichtigung des Umwelt- und Biotopschutzes und auch das Konzept einer „Stadt der kurzen Wege" sind wesentliche Bestandteile einer ökologischen Stadtentwicklung.

Für die stadtverträgliche Integration der vorausschaubaren Verkehrsentwicklung wird von konkreten Leitsätzen ausgegangen. Die ökologischen Aspekte bei der Gestaltung der Verkehrsnetze geben abschließend einen Einblick in die speziellen Zielsetzungen für die stadt- und umweltverträgliche Gestaltung des Verkehrs.

1 Leitgedanken

Umweltschutz ist auch für die Städte von einer kommunalen Aufgabe zu einer globalen Herausforderung geworden. Auf der UNO-Konferenz für Umwelt und Entwicklung 1992 in Rio de Janeiro wurde von den führenden Repräsentanten aller Nationen auch das Dokument der „Agenda 21" unterzeichnet, das detailliert die Aufgaben und Schritte benennt, die von unterschiedlichen Akteuren zu leisten sind, um zu einer umweltverträglichen Entwicklung im 21. Jahrhundert zu gelangen. Zu diesen Akteuren zählen auch die Städte und Gemeinden.

Am Beginn des 21. Jahrhunderts wird zum ersten Mal in der Geschichte der Menschheit die Hälfte der Weltbevölkerung in städtischen Gebieten leben, die zugleich auch die Hauptquellen für die Treibhausgase und damit verbundene Emissionen sind.

Berlin fühlt sich, zumal als Gastgeber des Weltbürgermeistergipfels 1994, des UN-Klimagipfels 1995 und der Habitat II-Vorbereitungskonferenz 1996 den Aufgabenstellungen der „Agenda 21" in besonderer Weise verpflichtet.

Stadtentwicklung und Umweltschutz stehen in engem Zusammenhang und beeinflussen sich gegenseitig. Eine frühzeitige Abstimmung zwischen diesen beiden Aufgaben eines Gemeinwesens ist besonders für große Städte wie Berlin unabdingbar.

Die Lebensfähigkeit und letztlich die Funktionsfähigkeit der Großstadt beruhen auf der Erhaltung ihrer natürlichen Grundlagen, womit der Rahmen stadt- und raumplanerischer Aufgaben vorgegeben ist. Diesem Anspruch hat die räumliche Planung im gesamten Spree-Havel-Raum gerecht zu werden.

Die Geschwindigkeit und das Ausmaß der Veränderungen durch den Fall der Mauer brachten der Umweltpolitik und der Umweltplanung in Berlin Herausforderungen und Chancen in einer neuen Dimension. Schon vorher war klar, daß umweltpolitische Ziele und Umweltplanungen nicht an den Problemen von „Halbstädten" und nicht ohne einen Bezug zum Umland des Ballungsraumes orientiert werden dürfen. Der Fall der Mauer eröffnete die Chance, grundlegend neue Strategien, Konzepte und Lösungen zu entwickeln. Daher wurden kurzfristig — auch in Abstimmung mit Brandenburg — politische, wirtschaftliche und ökologische Rahmenbedingungen für die Entwicklung eines jetzt als Region anzusehenden größeren Raumes definiert und der Standort sowie die erweiterten Funktionen der Stadt innerhalb dieser Region bestimmt. Diese Zielsetzung gilt trotz der negativen Entscheidung zur Fusion der beiden Länder.

Dabei ist das Zusammenwachsen der Stadt und die Entwicklung Berlins zur Hauptstadt Deutschlands, zur europäischen Metropole und zum Oberzentrum für die Region die wesentliche Zukunftsaufgabe.

Stadtplanerisches Leitbild ist der sparsame Umgang mit der Fläche. Zur ökologischen Stadtentwicklung gehören als selbstverständliche Bestandteile auch die angemessene Versorgung mit Freiflächen und die Berücksichtigung des Umwelt- und Biotopschutzes. Nicht zuletzt können mit Hilfe der Prinzipien Dichte, Mischung und Polyzentralität in einer „Stadt der kurzen Wege" Verkehre vermieden und CO_2-Emissionen reduziert werden — als ein Weg zur Förderung nachhaltiger Siedlungsentwicklung.

Der Berliner Ballungsraum ist in seinem Kern durch eine hohe Siedlungsdichte gekennzeichnet. Die gewachsene Siedlungsstruktur der Stadt hat einen großen Anteil sogenannter „Mischnutzungen", d. h. ein Nebeneinander von Wohnen, Arbeitsstätten, Erholungsnutzungen u. ä., in denen eine gegenseitige Beeinflussung der verschiedenen Funktionen stattfindet. Für die Berliner Stadtplanung steht bei allen Maßnahmen die Gewährleistung eines verträglichen Nebeneinanders dieser Nutzungen im Mittelpunkt. Die Zuordnung soll so erfolgen, daß wechselseitige Störungen minimiert werden — dies ist eines der wesentlichen umwelt-

Leitgedanken zur Stadtentwicklung

schutzrelevanten Anliegen der Stadtplanung.

Mit dem Umweltschutzbericht 1995 wird das klare politische Ziel beschrieben, die Lebensbedingungen für die Bevölkerung, darüber hinaus die ökologische Situation, zu verbessern. Es wurde für Berlin, dokumentiert in dieser Vorlage, ein Umweltschutzprogramm entwickelt, das als beispielgebend für Ballungsräume in Europa gelten kann.

2 Der Flächennutzungsplan als Grundlage

Mit dem seit dem 1. Juli 1994 geltenden Flächennutzungsplan — ein wesentliches Ergebnis der vorherigen Großen Koalition — wurden für die städtebauliche Entwicklung verbindliche Planungsgrundlagen und Rahmenbedingungen für alle künftigen Entscheidungen über die Nutzung von Grund und Boden und damit eine hohe Planungssicherheit geschaffen.

Der Flächennutzungsplan (FNP 94) hat die gesetzlich vorgeschriebene Aufgabe, zur Sicherung einer menschenwürdigen Umwelt und zum Schutz und zur Entwicklung der natürlichen Lebensgrundlagen beizutragen. Die Erarbeitung des FNP 94 hat sich an den Leitsätzen orientiert, deren wichtigste Anliegen der sparsame Umgang mit der Fläche, die Sicherung ökologisch und klimatisch wertvoller Bereiche, der Schutz des Grundwassers, die Vermeidung unnötiger Verkehrsströme und die Bevorzugung umweltfreundlicher Verkehrsarten sind.

Dieses Ziel wird in der Koalitionsvereinbarung noch einmal deutlich hervorgehoben. „Wir wollen vor allem einen attraktiven öffentlichen Personennahverkehr mit Vorrang für die Schiene und eine dazugehörige intelligente Straßennutzung für den Wirtschafts- und Individualverkehr." ... „In unserer Stadt entwickelte modernste Verkehrstechnik soll auch in Berlin angewendet werden und so Arbeitsplatz- und Verkehrseffekte verbinden." Dabei geht es um eine „vorausplanende und strategisch angelegte Umweltpolitik" und damit um die „Verbesserung der Umweltverträglichkeit des Verkehrs".

Der Flächennutzungsplan gibt der „Innenentwicklung" grundsätzlich den Vorrang vor der Darstellung neuer Bauflächen. Wo trotz Priorität der Innenentwicklung bisherige Grün- und Freiflächen für bauliche Nutzungen in Anspruch genommen werden, wurden die Belange des Umweltschutzes mit besonderem Gewicht in die Abwägung des Flächennutzungsplanes einbezogen und Neuplanungen einer systematischen Prüfung und vergleichenden Bewertung unterzogen.

In einer ersten Stufe dieser ökologischen Konfliktanalyse, die in Art und Umfang für die Flächennutzungsplanung in Deutschland als beispielgebend angesehen werden kann, erfolgte eine Prüfung der vorgesehenen Darstellungen auf ihre Vereinbarkeit mit rechtsverbindlichen Schutzfestsetzungen. In einer zweiten Stufe wurden die Neuplanungen auf die damit verbundenen Eingriffe in Natur und Landschaft und auf immissionsschutzrechtliche Konflikte überprüft. Für diese Art von Konflikten wurden Schwellenwerte definiert, deren Überschreitung einen Hinweis auf die Notwendigkeit von Ausgleichs- und Ersatzmaßnahmen bzw. von Immissionsschutzmaßnahmen auf den nachfolgenden Planungsebenen gibt. Räume dafür sind bereits auf der FNP-Ebene benannt.

Da sich Verkehr und Stadtstruktur wechselseitig bedingen, kommt einer umwelt- und stadtverträglichen Verkehrsplanung ein hoher Stellenwert zu. Der FNP 94 versucht deshalb, durch gute räumliche Zuordnung neuer oder veränderter Nutzungen unnötigen Verkehr zu vermeiden. Aus der Weiterentwicklung des räumlichen und funktionalen Gefüges der Stadt ergeben sich jedoch Veränderungen des Verkehrsbedarfs und der Verkehrsbeziehungen, denen durch Anpassungen in den Verkehrsnetzen Rechnung zu tragen war. Die im Flächennutzungsplan dargestellten Netze für den Schienenverkehr und den Straßenverkehr sollen diesen veränderten Rahmenbedingungen gerecht werden.

3 Grundgedanken zur stadtverträglichen Integration des Verkehrs

Bei der Planung der Verkehrsnetze wurde davon ausgegangen, daß in den kommenden 20 Jahren in der Region ein Bevölkerungszuwachs in der Größenordnung von bis zu einer Million Einwohner zu erwarten ist. Innerhalb des Landes Berlin wird mit einem Zuwachs um bis zu 300 000 Einwohner gerechnet. Schon bei gleichbleibendem Mobilitätsverhalten würde damit das Verkehrsaufkommen insgesamt um mehr als 10 % zunehmen.

Die zentrale Lage Berlins im Netz des europäischen und deutschen Fernverkehrs bietet günstige Voraussetzungen für die Entwicklung der Stadt als politisches, wirtschaftliches und kulturelles Zentrum in Europa, mit entsprechenden Verkehrsbeziehungen in allen Richtungen. Durch die herausragende Rolle als Hauptstadt und Wirtschaftszentrum, vor allem aber durch die allmähliche Entwicklung „normaler" regionaler Verflechtungsbeziehungen im Arbeits-, Einkaufs- und Freizeitverkehr mit zunehmenden Reisewellen, wie sie für andere Ballungsräume typisch sind, ist eine im Verhältnis zur Bevölkerung überproportionale Steigerung der Verkehrsnachfrage bei allen Verkehrsträgern zu erwarten.

Diese vorausschaubare Verkehrsentwicklung mußte in Übereinstimmung mit einer umweltgerechten Stadtentwicklung gebracht werden. Dazu wird von nachfolgenden Leitsätzen ausgegangen:

1. Die wachsenden Verkehrsbedürfnisse der Stadtregion müssen bedient werden. Der Verkehr ist stadtverträglich zu gestalten und so zu organisieren, daß alle Bevölkerungsgruppen gleichwertige Mobilitätschancen erhalten.
2. Nicht notwendiger Verkehr soll durch eine „Stadtstruktur der kurzen Wege" reduziert, der Anteil der umweltverträglichen Verkehrsmittel durch ein leistungsfähiges Angebot im öffentlichen Verkehr und attraktive Wegenetze für Fußgänger und Radfahrer erhöht werden. Die Lärm- und Schadstoffbelastungen durch den Verkehr sind deutlich zu verringern.
3. Inanspruchnahme und Auslastung der öffentlichen Verkehrsmittel müssen durch Maßnahmen der Stadtplanung unterstützt werden. Hierzu gehört vor allem die Nutzungsverdichtung an Verknüpfungs- und Haltepunkten des Schienennetzes.
4. Wiederherstellung, Modernisierung und Erweiterung der schienengebundenen Verkehrsnetze haben den Vorrang vor dem Ausbau des Straßennetzes. Straßenbau soll vorrangig der Ergänzung der Netzstruktur und dem Wirtschaftsverkehr dienen.

Leitgedanken zur Stadtentwicklung

5. Die innere Stadt soll vom Durchgangsverkehr entlastet werden. Durch die Förderung stadtverträglicher Verkehrsarten und durch ein Parkraumkonzept soll der Kfz-Verkehr begrenzt werden.
6. Im Fernverkehr soll die Nutzung der Eisenbahn als Alternative zum Kurzstrecken-Flugverkehr und zum Straßenverkehr gefördert werden.
7. Die innerstädtischen Flughäfen sollen nach Realisierung eines neuen Großflughafens in der Region geschlossen werden.
8. Der Güterverkehr soll verstärkt auf Bahn und Schiff verlagert werden. Neue Güterverteilzentren sowie der behutsame Ausbau der Binnenwasserstraßen einschließlich der Umschlaganlagen sollen zur Verminderung des Straßengüterverkehrs beitragen.

4 Ökologische Aspekte bei der Gestaltung der Verkehrsnetze

Der Vorrang der Schiene ist Grundgedanke des Eisenbahnkonzeptes (Pilzkonzept). Es geht von der Wiederherstellung sämtlicher Radialstrecken aus. Zur ost-west-gerichteten Durchgangsstrecke der Stadtbahn kommt eine nord-süd-gerichtete Durchgangsstrecke hinzu. Mit dem großen Vorhaben „Verkehrsanlagen im Zentralen Bereich" (gemeinsame Realisierung von Anlagen für Eisenbahn, ÖPNV, Straße) werden durch die Lage der Eisenbahn ausschließlich auf Bahngelände und im Tunnel geringere Eingriffe und Störwirkungen gegenüber anderen Konzepten erreicht.

Befürchtungen von Beschädigungen des innerstädtischen Tiergartens soll durch entsprechende Bauweisen und weitere Maßnahmen vorgebeugt werden. Deren wesentlichste Bestandteile sind ein gemeinsames Grundwassermanagement für alle Hoch- und Tiefbauten im Zentralen Bereich sowie eine Baulogistik, in die alle Investoren einbezogen sind und die auf Transporte per Schiene und Wasserstraße orientiert.

Im Zusammenhang mit dem Regionalkonzept Berlin-Brandenburg wird auf einen im Verkehr zwischen Stadt und Umland schienengebundenen Nahverkehr orientiert. Durch hochwertige Eisenbahnanbindungen im Fern- und Regionalverkehr sowie ein dezentrales Bahnhofskonzept (4 Fernbahnhöfe in Ost-West-Richtung, 3 Fernbahnhöfe in Nord-Süd-Richtung) soll zur Reduzierung des motorisierten Individualverkehrs in der Stadt beigetragen werden.

Potentiale für die Erhaltung und Erweiterung wohnungsnaher Grünflächen und Gemeinbedarfseinrichtungen mit verkehrsreduzierter Wirkung ergeben sich aus der Umnutzung ehemaliger Bahnflächen. Hier muß im Interesse einer umweltgerechten Stadtentwicklung noch ein Konsens zwischen den berechtigten Interessen einer wirtschaftlichen Vermarktung und den kommunalen Ansprüchen gefunden werden.

Für den innerstädtischen Verkehr wird durch kleinräumige Zuordnung einander ergänzender Nutzungen und Stärkung der polyzentralen Stadtstruktur mit einer tiefgestaffelten Zentrenhierarchie dazu beigetragen, unnötige Wege zu vermeiden und die Reiseweiten zu verringern. Durch eine geeignete Verteilung verkehrserzeugender Nutzungen soll dabei eine gleichmäßige Auslastung der Verkehrsinfrastruktur erreicht werden.

Die Aufteilung des Verkehrsaufkommens auf die unterschiedlichen Verkehrsträger (Modal split) soll zugunsten des umweltfreundlicheren öffentlichen Verkehrs verbessert werden. Es werden deshalb neue Entwicklungsschwerpunkte und Zentren den Einzugsbereichen vorhandener und geplanter Schienenverkehrsmittel zugeordnet und das Liniennetz der öffentlichen Verkehrsmittel erweitert.

Um den Verkehr stadt- und umweltverträglich zu gestalten, soll für die inneren Stadtbereiche eine Verkehrsaufteilung von 80 % im öffentlichen und 20 % im motorisierten Individualverkehr erreicht werden, im übrigen S-Bahnbereich von 60:40. Ein hoher Anteil der Wege soll als Fußweg bzw. mit dem Fahrrad zurückgelegt werden. Unterstützt werden muß dieses Anliegen durch Verbesserung der Aufenthaltsqualität, Berücksichtigung der Belange von Fußgängern und Radfahrern (gleichberechtigte Partner im Straßenverkehr) sowie verschiedene Maßnahmen zur Förderung des Radverkehrs.

Die Modal-split-Zielsetzung stellt hohe Anforderungen an Qualität und Kapazität der öffentlichen Verkehrsmittel (S-, U-, Straßenbahn und Bus). Die Bevorrechtigung des ÖPNV im Straßenraum muß deshalb vordringliches Ziel des Verkehrsmanagements sein.

Im Güterverkehr wird das Ziel verfolgt, die flächenmäßigen Voraussetzungen für eine möglichst weitgehende Verlagerung auf Eisenbahn und Wasserstraßen zu sichern. Lösungsansätze liegen

▷ in der Nutzung von Synergieeffekten durch entsprechende Zuordnung kommunizierender Nutzungen in Entwicklungsgebieten (Johannisthal — Adlershof),
▷ in der Ausweisung von Flächen für die Industrieentwicklung, die vorhandene Anschlußbahnen und Kaianlagen an den Wasserstraßen berücksichtigt,
▷ in der Option von Flächen für Güterverkehrssubzentren, die die außerstädtischen Güterverkehrszentren ergänzen, Möglichkeiten der Kooperation des Transportgewerbes bieten, wodurch die Anzahl der Fahrten auf der Straße reduziert wird und vorhandene Eisenbahninfrastruktur genutzt werden kann.

Ergänzt werden diese Maßnahmen durch die Einführung von Benutzervorteilen für schadstoffarme Fahrzeuge in der Innenstadt.

Die infrastrukturellen Maßnahmen sind zwingend durch organisatorische Maßnahmen (Verkehrsverbund), ordnungspolitische und monetär wirksame Maßnahmen (Parkraumbewirtschaftung) sowie durch Überzeugung der Verkehrsteilnehmer (Mobilitätsmanagement) zu unterstützen.

Zum Abschluß sei noch einmal an die historischen Leistungen erinnert und an die schöpferische Kreativität appelliert, mit der wir unseren Metropolenraum gestalten sollten. Der Berliner Raum war Anfang des 20. Jahrhunderts — nicht zuletzt im Verkehrsbereich — führend in der Technologieentwicklung.

Hieran anzuknüpfen, Modernisierung und Innovation als positive Veränderungen zu verstehen, technologische Chancen zu nutzen und Fehler zu vermeiden, sollte uns Verpflichtung für neue kreative Lösungen, auch im Verkehrsbereich, sein.

Berlin Hbf Westkopf nach der Wiedervereinigung und vor Beginn der Erweiterung zur Aufnahme des ICE-Verkehrs

Leitgedanken zur Verkehrsentwicklung

Jürgen Klemann

Perspektiven für Wirtschaft, Stadt und Verkehr in der Region Berlin/Brandenburg

Das wiedervereinigte Berlin ist auch in verkehrlicher Hinsicht vor immense Aufgaben gestellt. Die gewaltige Herausforderung wiederum gibt der Region zugleich eine einzigartige Entwicklungschance und Wachstumsperspektive.

Die Verkehrspolitik für die Region Berlin mit voraussichtlich 5 Millionen Einwohnern orientiert sich an Leitgedanken, die ein geordnetes Zusammenwachsen der Region mit zunehmender Verbesserung der Lebensqualität bei gleichzeitiger Erhöhung der Attraktivität der Region als Wirtschafts- und Dienstleistungsstandort gewährleisten und damit die den gegenwärtigen verkehrlichen Entwicklungstendenzen innewohnenden Gefahren abwenden.

1 Ausgangslage

Das wiedervereinigte Berlin ist auch in verkehrlicher Hinsicht vor immense Aufgaben gestellt. Neben ihrer Funktion als Bundeshauptstadt ist es die Wirtschaftsmetropole im Osten Deutschlands. Keine andere Stadt und Region erfährt einen derart radikalen Umgestaltungsprozeß wie das Zusammenwachsen der beiden Stadthälften miteinander und Berlins und des Umlands zu einer Region, der Ausbau Berlins als Parlaments- und Regierungssitz, der Ausgleich der Arbeits- und Lebensverhältnisse und der Aufbau Ost. Diese gewaltige Herausforderung wiederum gibt der Region zugleich eine einzigartige Entwicklungschance und Wachstumsperspektive.

Die verkehrliche Infrastruktur bildet für eine gesunde wirtschaftliche Entwicklung eine wichtige Voraussetzung. Die Berliner Innenstadt ist sowohl Quelle als auch Ziel der weitaus meisten Verkehre in der Stadt und weiteren Teilräumen. Aber auch die geplanten und zum Teil schon in Realisierung befindlichen Stadterweiterungs- und Verdichtungsgebiete müssen verkehrlich erschlossen und in das vorhandene Netz eingebunden werden.

Der steigenden Verkehrsnachfrage steht eine Verkehrsinfrastruktur gegenüber, die gute Ausgangsvoraussetzungen, aber auch strukturelle Mängel aufweist. Dazu gehören fehlende Verknüpfungen über die frühere Grenze hinweg, Modernisierungsdefizite bei einzelnen Verkehrsträgern, Kapazitätsengpässe, Umweltunverträglichkeiten sowie eine in Teilbereichen des Straßennetzes zu stark radial ausgerichtete Netzstruktur. Eine Anzahl früherer radialgerichteter Eisenbahnstrecken ist unterbrochen, der Innenring noch nicht wiederhergestellt.

2 Verkehrspolitische Leitgedanken

Prognosen erwarten, daß im Jahr 2010 in der Region Berlin bis zu 5 Millionen Einwohner wohnen werden; das entspräche einer Zunahme der Bevölkerung von etwa 15%. Im gleichen Zeitraum wird beim Personenverkehrsaufkommen aufgrund von Einwohnerzuwachs, Angleichung der Mobilität an die alten Bundesländer und Steigerung der Mobilität bis zum Jahr 2010 eine Zunahme von ca. 25% erwartet. Auch die Entwicklung des Pkw-Bestandes ist für den Großraum Berlin gekennzeichnet durch erheblichen Nachholbedarf.

Die Verkehrspolitik muß sich an folgenden Leitgedanken orientieren, die ein geordnetes Zusammenwachsen der Region mit zunehmender Verbesserung der Lebensqualität bei gleichzeitiger Erhöhung der Attraktivität der Region als Wirtschafts- und Dienstleistungsstandort gewährleisten und damit die den gegenwärtigen verkehrlichen Entwicklungstendenzen innewohnenden Gefahren abwenden:

(1) Der schienengebundene Personenfern- und Regionalverkehr stützt sich im Ballungsgebiet auf mehrere Bahnhöfe, um der Polyzentralität durch gute Erreichbarkeit der innerstädtischen Hauptzielgebiete und direkte ÖPNV-Anbindung an weitere Schwerpunkte zu entsprechen. Dem straßengebundenen Personenfern- und Regionalverkehr sind im Randbereich der Stadt ÖV-Angebote zu machen (P+R). Der Luftverkehr ist durch schnelle ÖPNV-Direktverbindungen an die Hauptzielgebiete anzubinden.

(2) Das Rückgrat des öffentlichen Personennahverkehrs bildet ein grundsätzlich hierarchisch aufgebautes ÖPNV-Netz zur Herstellung großräumiger Verbindungen sowie zur Anbindung und Erschließung von Teilgebieten. Dies geschieht durch den Einsatz von Regional-, S-, U- und Straßenbahn sowie durch eine feinmaschige Busbedienung. Die Einsatzgrenzen der Teilsysteme sind fließend, in Einzelfällen kann es sinnvoll sein, vom Grundsatz hierarchisch zugeordneter Funktionen abzulassen, wenn dadurch gravierende Attraktivitätsverluste (Zeit, Qualität, mehrmaliges Umsteigen) vermieden werden können.

(3) Rad- und Fußgängerverkehr sind sowohl als eigenständige Verkehrsarten wie auch als „Zubringer" zum ÖPNV flächendeckend zu fördern.

(4) Der Straßenverkehr bleibt wichtiger Be-

Leitgedanken zur Verkehrsentwicklung

standteil des Verkehrssystems. Die Bedeutung des Wirtschaftsverkehrs wird zunehmen. Zur Abwicklung des Straßenverkehrs wird das in Teilen vorhandene Ring-Radial-Straßensystem komplettiert. Ziel ist es, die Innenstadt vom Durchgangsverkehr zu entlasten, sowie die Verbindung zwischen den bezirklichen Schwerpunkten im Sinne einer polyzentralen Entwicklung der Stadt zu verbessern.

(5) Die Sicherung der Stadtfunktionen auf dem verfügbaren Verkehrsnetz im innerstädtischen Bereich erfordert eine restriktive Beeinflussung von Straßenverkehrsanteilen, besonders im motorisierten, individuellen Verkehr, z.B. durch Parkraumbewirtschaftung als Bestandteil des Verkehrsmanagements. Der Wirtschaftsverkehr, insbesondere der Ver- und Entsorgungsverkehr, wird in wachsendem Maße die vorhandenen Verkehrsflächen beanspruchen. Neben dem ÖPNV ist ihm im fließenden Verkehr Priorität einzuräumen.

(6) Restriktive Beeinflussungen ziehen Verdrängungseffekte und Überlastungen nach sich. Neben der nur langfristig zu erzielenden Verkehrsvermeidung, vor allem durch raumordnerische Maßnahmen, sind kurz- und mittelfristig Maßnahmen nötig, die den Nachholbedarf auch im Straßenverkehr decken, der Wiederherstellung dienen sowie ÖPNV-Netzerweiterungen vorsehen. Vor allem aber sind Maßnahmen erforderlich, die auf eine intensivere Nutzung der vorhandenen Verkehrsflächen abzielen. Sowohl örtliche und linienwirksame ÖPNV-Bevorrechtigungen, der Einsatz von Betriebsleit- und Informationssystemen für alle Verkehrsteilnehmer, der Ausbau der City-Logistik, aber auch Taktverdichtungen und Zugverlängerungen bis hin zur Einrichtung von abschnittsweisem Parallelverkehr, kommen hierfür in Frage.

(7) Integrierte Verkehrssysteme, die sich eng an die wechselnden Anforderungen innerhalb des Stadtkörpers anlehnen, sind in hohem Maße auf gut funktionierende Schnittstellen im System angewiesen. Der nutzerfreundliche Ausbau der Schnittstellen (z.B. IC/S-Bahnen oder Binnenschiff/Lkw, P+R) tragen erheblich zum Erfolg des gesamten Verkehrssystems bei.

3 Personenverkehr in der Region

Die Priorität des Schienenverkehrs im Integrationsmodell des Personenverkehrs für die Region Berlin erfordert, daß zwischen Inter-Regio und S-Bahn ein attraktives Angebot im Regionalverkehr, auch außerhalb des Verflechtungsbereiches um Berlin, durch den Regionalexpress geschaffen wird. Dessen Grundprinzip ist es, in der Region in den Siedlungsschwerpunkten zu halten und sich im S-Bahnbereich auf wenige Halte für wichtige Umsteigebeziehungen bzw. Unterzentren zu beschränken.

Für die Erschließung der gesamten Region wird der Straßenverkehr auch künftig eine wichtige Rolle spielen, vor allem außerhalb der Entwicklungsachsen und -zentren. In Berlin wird das Ring-Radial-Straßensystem komplettiert und durch tangentiale Verbindungen außerhalb des innerstädtischen Bereiches ergänzt. In besonders empfindlichen Bereichen (Orte, Naturschutzgebiete etc.) werden zunehmend Umfahrungen vorgesehen. Die Verkehrsbeziehungen aus der Region zu den Zentren und insbesondere in die Innenstadt von Berlin müssen so früh wie möglich auf die Erschließungsachsen des ÖPNV orientiert werden. Dort sind die entsprechenden Schnittstellen Straße/ÖPNV in Form von kombinierten Bahn/Bushaltestellen sowie P+R/B+R-Parkplätzen kleinräumig dezentral und an möglichst vielen Haltepunkten des ÖPNV anzubieten.

Die Metropole Berlin wird ihre erheblichen Verkehrsprobleme durch die Bildung eines zukunftsweisenden, integrierten, umweltfreundlichen und stadtverträglichen Verkehrssystems lösen. Dabei sind neue Wege zu beschreiten. Neben der notwendigen Erweiterung unserer Infrastruktur gilt es vor allem, diese besser und intelligenter zu nutzen, d.h. wir müssen konsequent auf ein intelligentes Management im Personen- und Güterverkehr auf Straße und Schiene setzen.

Die Einführung moderner Technologien eröffnet neue Chancen bei notwendigen Verkehrsverlagerungen und -vermeidungen. Mit modernen Verkehrsleitsystemen können wir unnötigen Verkehr reduzieren oder ganz und gar vermeiden. Telematik wird so zu einem Schwerpunkt der Verkehrspolitik werden.

Moderne Technologien im Verkehrssektor sind zu fördern. Dazu zählt auch der Bau des „Transrapid" von Hamburg nach Berlin. Die Magnetschwebebahn öffnet weltweit ein neues Kapitel in der Geschichte des Fernverkehrs. Für die Berliner Region kommen ebenfalls neue moderne Fahrzeuge zum Einsatz.

Wir werden unsere Initiativen zur Deregulierung im Verkehrssektor, zu mehr Privatfinanzierung und einer weiteren Privatisierung fortsetzen. Bestes Beispiel ist die Bahnreform. In Zeiten, in denen die öffentlichen Kassen nicht mehr alle Wünsche der Bürgerinnen und Bürger verwirklichen können, muß die Stadt in der Lage sein, selbst private Finanzierungen zu finden und zu verwirklichen.

4 Wirtschaftsverkehr in der Region

Die Veränderung der Wirtschaftslandschaft Berlin stärker hin zum Dienstleistungssektor bringt Veränderungen im Wirtschaftsverkehr. Berlin im Jahr 2010 als Parlaments- und Regierungssitz, Berlin als Hauptstadt mit weit über 100 Botschaften, wird auch Metropole der internationalen Geschäftswelt sein.

Diese großstädtische Wirtschaftsstruktur wird auch die verkehrlichen Belange im Jahr 2010 der Region Berlin anders prägen als heute. Der Wirtschaftsverkehr erfordert aufgrund des wirtschaftlichen Umbruchs in der Region bereits heute veränderte Bedingungen, die gekennzeichnet sind durch einen Rückgang der Leistungen für Eisenbahnen und Binnenschiffahrt zugunsten des Straßengüterverkehrs. Um auf lange Sicht Disproportionen im Wirtschaftsverkehr vermeiden zu helfen, ist es erforderlich, mit dem integrierten Verkehrskonzept in der gesamten Region zur Reduzierung der verkehrserzeugenden Faktoren durch vorausschauende Raumordnungs- und Wirtschaftpolitik beizutragen.

Die Region Berlin kann bei der Gestaltung eines zukunftsorientierten Wirtschaftsverkehrs bereits auf erste Ergebnisse verweisen.

An der Einrichtung der Güterverkehrszentren (GVZ) wird intensiv gearbeitet. Daneben gibt es Aktivitäten zur Schaffung von innerstädtischen Logistikzentren (Güterverkehrssubzentren), die die GVZ zur verkehrlichen Entlastung nahe der städtischen Schwerpunkte ergänzen werden.

Darüber hinaus werden Plattformen für den Wirtschaftsverkehr eingerichtet, die unter Beteiligung von Verbänden, Kammern, öffentlichen Institutionen und der betroffenen gewerblichen Anlieger, also im Rahmen einer „Public-Private-Partnership", logistische Konzepte für einen optimierten Ver- und Entsorgungsverkehr unter Berücksichtigung der spezifischen Gegebenheiten vor Ort entwickeln sollen.

Die Region Berlin verfügt über ein ausbaufähiges Wasserstraßennetz. Ost- und Westhafen sollen ihre Bedeutung als Innenstadthäfen behalten, um straßenseitige Verteilerfahrten durch die Stadt in Grenzen zu halten. Mit Blick auf das prognostizierte Gesamtaufkommen ist zusätzlich der Bau eines weiteren Hafens geplant. Der Ausbau der unteren Havelwasserstraße als Teilabschnitt des Verkehrsprojektes Deutsche Einheit Nr. 17 ist für die Schiffahrt von besonderer Bedeutung.

Insgesamt ist festzustellen, daß der bislang — auch in der Öffentlichkeit — unterbewertete Wirtschaftsverkehr im Verkehrsmanagement der Region Berlin einen herausragenden Platz einnehmen muß.

5 Die Region in Europa

Die Region Berlin wird im Jahr 2010 einen zentralen europäischen Verkehrsknoten bilden.

Das Ende der Spaltung Europas führt zu einer neuen Perspektive des Verkehrswachstums in Deutschland. Bereits jetzt ist Deutschland Transitland Nr. 1 in Europa. Mit der wirtschaftlichen Konsolidierung der osteuropäischen Staaten und ihrer Integration in die Wirtschaft Europas gewinnt der Ausbau der Ost-West- sowie Nord-Südverbindungen über die Region Berlin an neuer Bedeutung; bisher nahm Berlin in diesem Kontext mehr eine Randrolle ein.

Um den wachsenden Güterfernverkehr von der Straße auf die Schiene zu verlagern, ist der Ausbau des bestehenden Schienennetzes eine Aufgabe von hoher Priorität. Berlin hat eine wichtige Funktion beim Ausbau des deutschen und des europäischen Hochgeschwindigkeitsnetzes und bei seiner Verzahnung mit Osteuropa. Die Notwendigkeit großräumiger Verlagerungspotentiale von der Straße auf die Schiene besteht vor allem in der Region Berlin.

6 Ausblick

Die Verkehrspolitik für die Region Berlin muß sich darauf einstellen, daß durch die neue bzw. wiedererlangte verkehrspolitische Situation

▷ erhebliche zusätzliche verkehrliche Belastungen für die Region Berlin zu erwarten sind,
▷ die „Wiederbelebung" Berlins als europäische Metropole vor allem von der Bewältigung der verkehrlichen Anforderungen abhängt.

Die grundsätzliche Entwicklung Berlins zum Verkehrszentrum ersten Ranges in Frage zu stellen, würde bedeuten, auch Berlin als Metropole in Frage zu stellen. Meine Überzeugung ist es, daß sich die Region Berlin bis zum Jahr 2010 zu einer attraktiven wirtschaftlichen Region Europas entwickelt.

Eine wichtige Voraussetzung dafür ist und bleibt eine zügige Verbesserung der weiteren verkehrlichen Erschließung der Region Berlin im Kontext des europäischen Einigungsprozesses.

Auch ein Dokument der Teilung – hier am Nordkreuz Nähe Humboldthain

Ural Kalender

Berlin — Integration nach dem Fall der Mauer

Berlin, die deutsche Hauptstadt, befindet sich auf dem Weg, Regierungs- und Parlamentssitz zu werden und ihre Bedeutung als Europäische Metropole zu festigen. Dieser Prozeß und die Wandlungen in Europa beeinflussen ebenso Leben und Gestalt dieser Stadt wie die wieder auflebenden Beziehungen Berlins zu seinem natürlichen Umland. Berlin übernimmt dabei einerseits zentrale Funktionen für einen größeren Einzugsbereich, andererseits soll das Umland durch gezielte Entwicklungsimpulse nach dem räumlichen Leitbild der dezentralen Konzentration gestärkt werden. Auch dadurch entstehen neue Verkehrsbeziehungen, die zu gestalten sind.

Berlin und sein Umland werden in den nächsten Jahren einem starken Wachstums- und Veränderungsdruck ausgesetzt sein. Um diesen Druck aufzufangen und in gewünschte, gezielte Bahnen zu lenken, bedarf es eines modernen Verkehrssystems.

Daher hat seit Herstellung der staatlichen Einheit Deutschlands und der Wiedervereinigung Berlins im Jahre 1990 die Verkehrsplanung in der Region Berlin begonnen, eine funktionsgerechte sowie sozial- und umweltbewußte Verkehrsgestaltung umzusetzen.

Der vorliegende Beitrag gibt einen Überblick über die Herausforderung, die im besonderen Maße an die Verkehrsplanung seit der „Wende" für Berlin gestellt worden sind. Er beschreibt gleichermaßen ein auf die Zukunft ausgerichtetes Verkehrssystem.

1 Ausgangslage

Berlin ist heute mit einer Bevölkerung von 3,5 Mio. Einwohnern und über 1,4 Mio. Beschäftigte auf einer Fläche von ca. 890 qkm das größte Ballungsgebiet Mitteleuropas. Das Umland ist sehr dünn besiedelt: In einem Umkreis von 100 km Radius gibt es nur eine Stadt mit einer größeren Bevölkerungszahl als 150 Tsd. Einwohner — die Stadt Potsdam unmittelbar an der Grenze von Berlin. So leben in dem regionalen Einzugsgebiet von Berlin insgesamt nur ca. 800 Tsd. Menschen.

Als regionales Einzugsgebiet wird dabei das Gebiet in einem Umkreis von ca. 40 km um die Stadtmitte von Berlin bezeichnet: Diese Region befindet sich seit der „Wende" in einem umfassenden Umstrukturierungsprozeß, der nicht nur für Deutschland beispiellos ist. Da sind:

▷ Die Vereinigung der beiden Stadthälften von Berlin,
▷ die Angleichung der Arbeits- und Lebensverhältnisse,
▷ der Aufbau Ost,
▷ das Zusammenfinden Berlins und des Umlands zu einer Region,
▷ der Ausbau Berlins als Parlaments- und Regierungssitz —

eine Entwicklung, die in anderen europäischen Metropolen mindestens ein halbes Jahrhundert oder länger in Anspruch nahm und in Berlin in nur einem Jahrzehnt bewältigt werden muß.

Prägendes Merkmal der räumlichen Entwicklung der Region Berlin ist ihre polyzentrische Siedlungsstruktur mit zwei Stadtzentren (Zentrum „Ost" und die Altstadt von Berlin, Zentrum „West" um Kurfürstendamm) und mehreren Subzentren entlang dieser Siedlungsbänder: Während sich andere europäische Metropolen ringförmig um einen Stadtkern — Altstadt — erweitert haben, hat sich die Siedlungsentwicklung im Berliner Raum an sternförmig von der Innenstadt ins Umland gerichteten Siedlungsbändern vollzogen — eine Entwicklung, die im wesentlichen erst in den siebziger Jahren des 19. Jhs. einsetzte und durch den 2. Weltkrieg radikal abgebrochen worden ist. Nach 1945 und insbesondere nach dem Mauerbau konnte es nur noch getrennte Entwicklung von zwei ehemaligen Stadthälften geben, und dies in beiden Fällen unter Ausklammerung der Region: Berlin West als ummauerte politische Insel hatte kein Umland und auch Ost-Berlin war zumindest von ihrem westlichen Umland durch die Barrierewirkung von West-Berlin abgeschnitten.

Die verkehrsinfrastrukturelle Bilanz der Teilung lautet für Berlin zur „Wende": Marode Verkehrswege im östlichen Teil der Stadt; zerstörte oder abgehängte Verbindungen West-Berlins mit dem östlichen Teil der Stadt aber auch mit dem Umland: Von den ehemaligen 165 Straßenverbindungen zwischen West-Berlin und dem Umland bzw. der östlichen Stadthälfte blieben nach der

Integration

"Mauer" nur noch 13 übrig, und diese auch nur als lediglich Grenzübergänge.

Noch stärker war die Bahn-Infrastruktur *West-Berlins* betroffen: Für die Eisenbahnen auch in West-Berlin und — bis 1984 — für die S-Bahn war die DDR zuständig: Von den 7 nach West-Berlin führenden radialen Fernbahnstrecken der Vorkriegszeit waren 5 "abgehängt" worden; die sechs im Krieg zerstörten Fernbahnhöfe — Kopfbahnhöfe — wurden nicht wieder aufgebaut, für den Personenverkehr wurden über 100km Strecke in der Stadt stillgelegt, von den übrigen Strecken in West-Berlin kein Abschnitt elektrifiziert; von ca. 200km S-Bahn, die mit Gleichstromsystem auf einer gesonderten Infrastruktur meistens neben den Fernbahnstrecken fährt, waren 1984 ganze 70km übrig geblieben.

Die Situation nach der Wende war damit im Verkehrssektor durch zwei Schwerpunkte gekennzeichnet: Stadtreparatur und Konzipierung eines neuen Gesamtverkehrssystems für die Region:

Die *Stadtreparatur* bedeutete die Beseitigung der Defizite in der östlichen wie in der westlichen Hälfte der Stadt, die Korrektur der erzwungenen Fehlentwicklungen und das erneute Infrastrukturen Zusammenfügen beider Stadthälften mit dem Umland zu einer einheitlichen Region. "Lückenschluß" wurde zum Schlagwort für die Wiederherstellung der Verbindungen. Aufgrund des immensen Nachholbedarfs ist dieser Prozeß noch nicht abgeschlossen. Ausschlaggebend ist dabei, daß eine Infrastruktur — insbesondere Bahninfrastruktur — die jahrzehntelang nicht genutzt und nicht unterhalten worden ist, praktisch nur noch gänzlich abgerissen und neu gebaut werden muß.

Maßnahmen der Stadtreparatur waren/sind dabei so zu gestalten, daß sie nicht nur zur Wiederherstellung eines historischen Zustandes dienen, sondern auch der künftigen räumlichen Einordnung und der Aufgabenstellung des künftigen Verkehrssystems entsprechen. Das bedeutete, daß die vordringliche Stadtreparatur einhergehen mußte mit einer ebenso vordringlichen Formulierung einer *verkehrspolitischen Vision* für den Planungszeithorizont 2010: Es ist die Vision eines ökonomisch effizienten, sozial und ökologisch verträglichen Verkehrssystems, das die Mobilitätsbedürfnisse der Gesellschaft und die Transportbedürfnisse der Wirtschaft in der Region Berlin weitgehend aufeinander abstimmt und ordnet — eines Verkehrssystems, welches finanzierbar sein muß, bei den Nutzern wie Betroffenen eine breite Akzeptanz findet, durch Aufzeigen von Möglichkeiten und Grenzen der Verkehrsentwicklung bestimmte Verhaltensweisen bei Nutzern wie bei Betreibern erzeugt und aus der sich technologische und infrastrukturelle Maßnahmen ableiten lassen. Die Formulierung dieses Systems kann dabei nur als ein Optimierungsprozeß gestaltet werden, in dem die vorhandenen Systemkomponenten (Infrastruktur, Verkehrsmittel, Verkehrsunternehmen, Mobilität, Motorisierung usw.) mit den künftigen Erfordernissen (begrenzte Ressourcen, Lebensqualität, Ökologie, Erreichbarkeit der Region usw.) in Übereinstimmung gebracht und der Entwicklungsdynamik in der Region angepaßt werden müssen.

2 Fernerreichbarkeit Berlins

Die Dynamik der Entwicklung in der Region wird vor allem durch die Multifunktionalität bestimmt. Die Funktionen Wirtschaft, Verwaltung, Bildung, Kultur, Wohnen u.a. müssen sich gegenseitig ergänzen. Die Multifunktionalität hat dabei mehrere Dimensionen — die europäische, die nationale, wie auch die regionale und städtische. Da ist zunächst die *europäische Dimension:*

Berlin ist nicht nur das Tor der EU nach Mittel- und Osteuropa: Berlin liegt im europäischen Städteverbund im Schnittpunkt der Ost-West-Achse zwischen London/Paris und Minsk—Moskau einerseits und der Nord-Süd-Achse, die sich von skandinavischen Hauptstädten über Berlin nach Prag, Wien und Budapest sowie über München nach Verona erstreckt. Durch die zunehmende Stabilisierung der Wirtschaft der mittel- und osteuropäischen Staaten auf der Grundlage marktwirtschaftlicher Bedingungen wird die Berliner Region als künftige Wirtschaftsmetropole eine Drehscheiben- und Brückenfunktion erhalten.

Die Entwicklung zu einer mitteleuropäischen Wirtschaftsmetropole sowie in der nationalen Ebene die Entwicklung zur Bundeshauptstadt haben entsprechende Anforderungen insbesondere an die Fernerreichbarkeit Berlins: Für das Jahr 2010 werden im Personenfernverkehr ca. 145 Mio. Fahrten/Jahr und Richtung (Pkw, Flugzeug, Bahn) erwartet. Bei der Bewältigung dieses Verkehrs kommt dem Hochgeschwindigkeitsnetz der **Bahn**, das im Rahmen der Verkehrsprojekte Deutsche Einheit ausgebaut wird, eine wesentliche Bedeutung zu. Verbunden mit dem Ausbau der nach Berlin führenden Fernbahnradialen ist die Neuordnung der Netzstruktur in der Stadt.

Berlin hatte traditionell nur eine Ost-West-Durchbindung der Bahn, die 1882 gebaute sogenannte Stadtbahn; die Nord-Süd-Strecken endeten in — im 2. Weltkrieg zerstörten — Kopfbahnhöfen am Rande der Altstadt. Gleich nach der Wende hat die Berliner Verkehrsplanung gemeinsam mit der Bahn die fast achtzig Jahre alte Idee von einer Nord-Süd-Durchbindung für die Bahn zwischen dem Potsdamer Platz im Süden und dem Lehrter Bahnhof im Norden mit einem Kreuzungsbahnhof im Herzen der Stadt aufgegriffen und weiterentwickelt — eine Planung, die schließlich unter dem Begriff "Pilzkonzept" ihren Eingang in den Bundesverkehrswegeplan gefunden hat. Das Kernstück ist eine 3,5km lange 4-gleisige Tunnelstrecke mit dem neuen Bahnhof am Kreuzungspunkt mit der Ost-West-Durchbindung (Stadtbahn) als dem zentralen Umsteigepunkt in der Stadt unmittelbar in der Nähe des Reichstages, im sog. Zentralen Bereich.

Es ist selbstverständlich, daß dieser neue Bahnhof — künftig der größte Personenbahnhof Berlins — an den ÖPNV- wie an das Straßennetz adäquat angebunden werden muß: Dazu dienen eine neue U-Bahn-Strecke (U 5) wie auch ein Straßentunnel parallel zur Bahnstrecke, die zusammen mit der Bahnstrecke realisiert werden. So konzentrieren sich mehrere große Maßnahmen auf den Zentralen Bereich; sie werden im Rahmen einer sehr engen, in Abstimmung mit der Realisierung von Hochbauten im Regierungs- und Parlamentsviertel konzipierten Terminkette umgesetzt. Der 1. Spatenstich ist bereits im Oktober 1995 erfolgt.

Zusätzlich zu den bestehenden Fernbahnhöfen (Bf. Zoo, Bf. Lichtenberg, sog. Hauptbahnhof, Bf. Wannsee) werden 3 neue Fernbahnhöfe im Zuge der Nord-Süd-Durchbindung — außer dem Kreuzungsbahnhof "Lehrter Bf." die Bahnhöfe Papestraße und Gesundbrunnen — sowie ein weiterer Fernbahnhof im westlichen Bezirk Spandau im

Verkehrsknoten Berlin - Mobilität und Lebensqualität.

Der Schienenverkehrsknoten Berlin erhält eines der modernsten und zukunftsweisendsten Verkehrssysteme Europas. Dabei die systembedingten Vorzüge der Schiene zu entfalten und mit den individuellen Stärken der anderen Verkehrsträger zu verbinden, dafür stehen unsere Generalisten und Spezialisten. Mit Blick für das Heute und mit Visionen für die Zukunft entwickeln wir Konzepte und Lösungen, die Traditionelles mit den neuen Aufgaben Berlins als Drehscheibe des europäischen Schienenverkehrs vereinen.

Das Wirken unserer Planer, Projektsteuerer und Bauüberwacher in und für Berlin verkörpern Projekte, wie:

- der Wiederaufbau des Berliner Innenringes und des S-Bahn-Netzes mit seinen Umlandverbindungen,
- die Schnellbahnverbindung Hannover - Berlin mit der Sanierung des Stadtbahnviaduktes,
- die Schienenverkehrsprojekte Deutsche Einheit,
- die Verkehrsanlagen im Zentralen Bereich von Berlin und
- die Magnetschnellbahn von Berlin nach Hamburg.

DE-Consult
Deutsche Eisenbahn-Consulting GmbH

Mittelstraße 5/5a
12529 Schönefeld bei Berlin
Tel. 030/ 63 43-0
Fax 030/ 63 43-1010

Eine gute Perspektive
ist oft auch eine Frage guter Vermessung

"Zeichner des sitzenden Mannes", Albrecht Dürer, 1525

KAZ Bildmess GmbH
Maß und Überblick

BILDFLUG
PHOTOGRAMMETRIE
GEOINFORMATIONSSYSTEME
INGENIEURVERMESSUNG
GPS-MESSUNGEN

Leipzig · Chemnitz · Magdeburg · Wolfen

Karl - Rothe - Straße 10 - 14, 04105 Leipzig, Telefon (0341) 56 690, Telefax (0341) 56 69 200

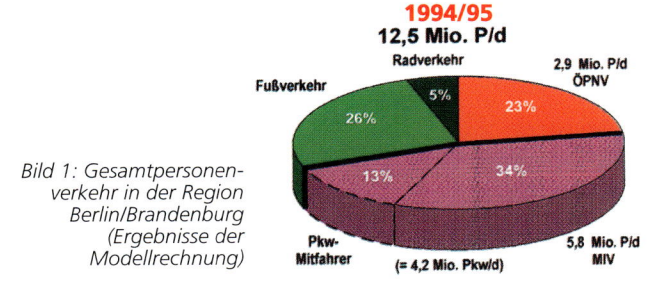

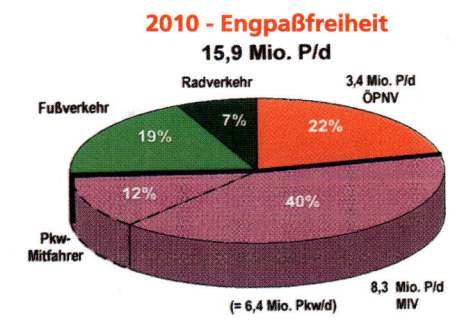

Bild 1: Gesamtpersonenverkehr in der Region Berlin/Brandenburg (Ergebnisse der Modellrechnung)

1994/95 — 12,5 Mio. P/d
- ÖPNV: 23% (2,9 Mio. P/d)
- MIV: 34% (5,8 Mio. P/d) (= 4,2 Mio. Pkw/d)
- Pkw-Mitfahrer: 13%
- Fußverkehr: 26%
- Radverkehr: 5%

2010 - Engpaßfreiheit — 15,9 Mio. P/d
- ÖPNV: 22% (3,4 Mio. P/d)
- MIV: 40% (8,3 Mio. P/d) (= 6,4 Mio. Pkw/d)
- Pkw-Mitfahrer: 12%
- Fußverkehr: 19%
- Radverkehr: 7%

2010 - Polyzentrale Entwicklung — 15,2 Mio. P/d
- ÖPNV: 30% (4,5 Mio. P/d)
- MIV: 28% (5,5 Mio. P/d) (= 4,3 Mio. Pkw/d)
- Pkw-Mitfahrer: 8%
- Fußverkehr: 27%
- Radverkehr: 7%

Zuge der Schnellbahnstrecke Berlin—Hannover gebaut. Diese dezentrale Ausprägung der Bahnstruktur ist für Berlin von entscheidender Bedeutung.

Während die Bahn-Maßnahmen inzwischen in der Realisierungsphase sind, konnte die Diskussion über einen neuen **Großflughafen** erst kürzlich abgeschlossen werden: Die Berliner Region verfügt z. Zt. über 3 Flughäfen, von denen 2 in der Stadt, umrandet von Wohngebieten liegen: Flughf. Tempelhof aus der Vorkriegszeit und Flughf. Tegel, der erst in den siebziger Jahren entscheidend ausgebaut worden ist. Der dritte Standort, Flughafen Schönefeld ist von der DDR als Flughafen der eigenen Hauptstadt unmittelbar angrenzend an die Wohngebiete am südöstlichen Rand der Stadt gebaut worden. Die Gesamtkapazität dieser drei Berlin-Brandenburger Flughäfen zusammen beträgt heute ca. 11 Mio. Passagiere pro Jahr. Dem gegenüber gehen die Verkehrsprognosen für das Jahr 2010 von ca. 23-25 Mio. Passagieren aus, für die ein Großflughafen mit Drehkreuz-Funktion realisiert werden soll.

Für diesen neuen internationalen Großflughafen standen zwei Standorte in Brandenburg zur Diskussion: Südlich von Schönefeld und weiter entfernt von der Stadt: Sperenberg. Die einvernehmliche Entscheidung der Gesellschafter des künftigen Großflughafens (Bundesregierung sowie die Länder Berlin und Brandenburg) ist zugunsten des Standortes Schönefeld ausgefallen. Nach Realisierung dieses Großflughafens werden die übrigen drei Flughäfen sukzessive aufgegeben, als erster dabei der Flughafen Tempelhof.

Der von der Bundesregierung zwischen Berlin und Hamburg geplante **Transrapid** stellt für die Region eine innovative Ergänzung des Hochgeschwindigkeitsnetzes der Bahn und auch des Flugverkehrs dar. Die Haltepunkte wie die Trassenführung in Berlin bedürfen noch der Detailuntersuchungen. Diese Untersuchungen müssen dem planerischen Ziel Rechnung tragen, den Transrapid bereits mittelfristig über Berlin hinaus in südlicher wie ggf. östlicher Richtung zu verlängern, um entsprechende Vernetzungen zu schaffen.

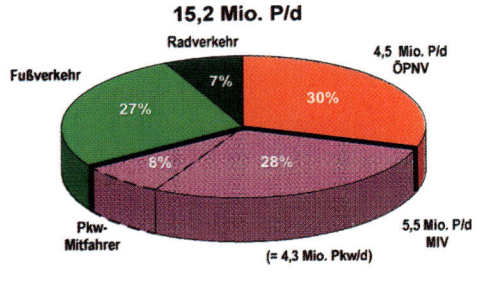

Die Fernerreichbarkeit ist auch über die Straße zu verbessern. Dabei geht es nicht nur um den Ausbau des Berliner Autobahnringes und der dort radial endenden **Bundesautobahnen**, die die Region Berlin mit übrigen Zentren des Bundesgebietes verbinden. Im Rahmen der Bundesverkehrsplanung wird auch das Autobahnnetz in der Stadt ergänzt. Der sog. mittlere Ring um die Innenstadt, der in der westlichen Stadthälfte größtenteils aus Autobahnen besteht, wird mit einer 8 km langen Autobahnstrecke in die östliche Stadthälfte (von Tempelhof bis zur Frankfurter Allee) verlängert. Ferner ist zwischen dieser Ringverlängerung und dem — äußeren — Berliner Autobahnring eine neue Nord-Süd-Autobahnverbindung durch die östliche Stadthälfte — BAB A 113 — geplant. Die Länge der Autobahnen in der Stadt wird damit nach Realisierung dieser Planungen von heute 63,6 km auf 82 km zunehmen.

Berlin besitzt mit seinen schiffbaren **Wasserstraßen** gute Voraussetzungen für die Beförderung eines hohen Anteils des Güterfernverkehrs über die Wasserstraße. Die Realisierung des „Projekts Nr. 17" des Bundesverkehrsministers — Ausbau der Wasserwege zwischen Berlin und dem Mittellandkanal für das Gütermotorschiff mit 110 m Länge — stellt in diesem Kontext für die umweltverträglichere Abwicklung des künftigen Güterverkehrs einen überaus wichtigen Beitrag dar.

3 Szenarien der Verkehrsentwicklung in der Region

Die Anbindung an den Fernverkehr muß ergänzt werden durch eine tragfähige Verkehrskonzeption in der regionalen wie in der städtischen Ebene — und dies vor dem Hintergrund der sich abzeichnenden und teilweise dramatischen Entwicklungen auf dem Verkehrssektor (Bild 1): Heute sind in der Region Berlin ca. 12,5 Mio. Personenwege täglich zu beobachten, davon etwas weniger als die Hälfte (47%) im MIV, entsprechend 4,2 Mio. Pkw-Fahrten pro Tag.

Für 2010 werden in der Region Berlin 5,3 Mio. Einwohner erwartet — im Vergleich zur heutigen Situation also eine Zunahme um 1 Mio. Personen. In diesem Zusammenhang dürfte die Pkw-Zahl von heute ca. 1,2 Mio. auf ca. 2,4 Mio. Pkw im Jahre 2010 zunehmen. Dies bedeutet zwar eine im Vergleich zu den westdeutschen Regionen immer noch geringere Motorisierung, nämlich ca. 460 Pkw je Tsd. Einwohner, doch absolut gesehen eine Verdoppelung der Pkw-Zahl in der Region gegenüber 1990.

Das verkehrsplanerische *Szenario der Engpaßfreiheit* geht zunächst von dieser Prognose aus und stellt ferner einer Fortschreibung des heutigen Verkehrsverhaltens dar. Dieses Szenario gibt damit einen ersten Hinweis auf die Potentiale der Kfz-Nachfrage in der künftigen Region: ca. 15,9 Mio. Fahrten im Personenverkehr (ohne den Wirtschaftsverkehr), davon ca. 6,4 Mio. Pkw-Fahrten.

Dieses Szenario bedeutete damit eine 50%ige Zunahme der Pkw-Fahrten in der Region: Sie würde nicht nur aus ökologischer Sicht in Frage zu stellen sein, sondern auch aufgrund der begrenzten und nicht mehr beliebig erweiterbaren Kapazität des Straßennetzes der Stadt. Das Ziel muß daher sein, die Größenordnung des Kfz-Personenverkehrs auf dem heutigen Niveau

Integration

einzufrieren, um auf dem Straßennetz mit der verfügbaren Kapazität vorrangig den künftig stark zunehmenden Wirtschaftsverkehr abzuwickeln. Dies bedeutet, daß täglich etwa 2,5 Mio. Personenfahrten mit dem Pkw — einschließlich Mitfahrer —, die bei Fortschreibung des heutigen Verkehrsverhaltens im MIV im Vergleich zur heutigen Situation zusätzlich auftreten würden, auf die umweltfreundlichen Verkehrsarten verlagert werden müssen. Nur dann wären die Mobilitätsbedürfnisse mit den Anforderungen einer funktionierenden Wirtschaftsmetropole im Einklang zu befriedigen.

Das auf Grundlage dieser Zielsetzung entwickelte *Szenario der „Restriktionen"* geht von einem modal split von 40 % ÖPNV und 60 % MIV im Durchschnitt der gesamten Region aus. Der ÖPNV-Anteil wird sich dabei vom Umland bis in die Innenstadt stufenweise erhöhen: In der Innenstadt, insbesondere in den Stadtzentren wird ein ÖPNV-Anteil von mindestens 80 % zugrunde gelegt.

Die Hauptaufgabe der Berliner Verkehrsplanung besteht darin, eine Entwicklung in Anlehnung an das Szenario der „Restriktionen" zu ermöglichen. Die hierfür zur Verfügung stehenden Strategien lassen sich bekanntlich nach drei Handlungsfeldern unterscheiden:

▷ Kfz-Verkehrsvermeidung,
▷ Verkehrsverlagerung auf stadt- und umweltverträgliche Verkehrsmittel,
▷ ökologisch/ökonomisch verträgliche Verkehrsabwicklung.

4 Handlungsfeld: Kfz-Verkehrsvermeidung

4.1 Personenverkehr

Vordringliche Bedeutung wird hierbei dem Erhalt und der Förderung der Polyzentralität und der Beschränkung des flächenhaften Wohnungsbaus im Umland (Zersiedlung) beigemessen werden. Als ein erster Schritt ist inzwischen gemeinsam mit dem Land Brandenburg ein Landesentwicklungsplan für den „engeren Verflechtungsbereich" Berlins mit dem Umland — LEP eV — erarbeitet worden: Durch bessere Verknüpfung von Hauptquellen und -zielen des Verkehrs soll auf eine Verminderung des Verkehrs und damit auf eine verminderte Verkehrsleistung Einfluß genommen werden. Das gilt hauptsächlich im Personenverkehr für die Zuordnung von Wohnen und Arbeiten, besonders bei der Planung neuer großer Wohngebiete. Allerdings müssen die erwarteten Ergebnisse relativiert werden. Denn: Die größeren Zuwachsraten liegen nicht bei den Fahrten zwischen der Wohnung und der Arbeitsstätte, sondern im Freizeit- und Dienstleistungsverkehr, der wiederum standortplanerisch nur sehr begrenzt beeinflußt werden kann.

Bei der Standortplanung stehen auch Distributionszentren einschließlich Güterverkehrszentren und die Entsorgung, ferner große Einkaufszentren und Gewerbegebiete im Vordergrund. Maßnahmen zur Verkehrsvermeidung in diesem Sinne sind strukturpolitische Maßnahmen und müssen in erster Linie durch die Flächennutzungsplanung und durch die Baugenehmigungen gewährleistet werden, damit nicht durch unzureichende Standortpolitik gegenläufige Effekte zu erwarten sind.

Dabei ist die Problematik einer geordneten Entwicklung der Raumstruktur allgemein bekannt. Vielfach wird bezweifelt, daß das verfügbare Instrumentarium auch nur annähernd ausreichen könnte, um Fehlentwicklungen, sprich Zersiedlung der Region, zu vermeiden, zumal hier keine einheitliche Planungskompetenz vorhanden ist: Neben den beiden Bundesländern Berlin und Brandenburg sind auch die Gemeinden des Landes Brandenburg und deren „Fakten schaffendes" planerisches Handeln zu berücksichtigen. Gerade vor diesem Hintergrund muß bis zum Jahr 2010 ein attraktives und differenziertes Verkehrsangebot als „Leitschema" der Regionalplanung realisiert werden. Damit kann die Verkehrsentwicklungsplanung einen wesentlichen Beitrag zur sozialen und wirtschaftlichen Konsolidierung der Region leisten.

Standortplanung im Sinne der Verkehrsvermeidung ist auch die Innenstadtnähe von zentralen Einrichtungen. Beim Personenverkehr ist das Eisenbahnkonzept mit dem neuen Fernbahnhof Lehrter Bf. als dem zentralen Umsteigepunkt, der sich auch optimal an den ÖPNV anschließen läßt, darauf ausgerichtet.

4.2 Güterverkehr

Im Güterverkehr ist die Entwicklung jedoch gegenläufig: Die bestehenden zentralen Einrichtungen des Güterverkehrs wie Güterbahnhöfe und Binnenhäfen in der Innenstadt werden wegen ihrer „optischen" und sonstigen Störwirkungen zunehmend funktional in Frage gestellt bzw. allmählich aus der Innenstadt verdrängt. Die Unterbindung von Erweiterungs- und Modernisierungsmöglichkeiten durch Denkmalschutz führt letztlich auch zur Abwanderung dieser Einrichtungen aus der Innenstadt: Denn der Güterverkehr „lebt" nicht von Museen, sondern von innovativen, effizienten Umschlageinrichtungen. Diese Entwicklung hat zur Folge, daß die — in der Regel nur mit Lkw zurückzulegenden — Wege zwischen den Güterumschlagstellen und den hauptsächlichen Zielorten in der Stadt, nämlich den Innenstadtzentren, zunehmen, verbunden mit einer entsprechenden Zunahme des Lkw-Verkehrs in der Stadt. Diese Perspektive macht deutlich, daß die Erfolgschancen der Verkehrsvermeidungsstrategie nicht überbewertet werden dürfen.

5 Handlungsfeld: Verkehrsverlagerung

5.1 Personenverkehr

Im Vordergrund steht für den Personenverkehr die Verlagerung des nicht notwendigen Verkehrs (Berufspendelverkehr, Ausbildungsverkehr, Teile des Einkaufsverkehrs etc.) weitestgehend auf die öffentlichen Verkehrsmittel, das Fahrrad und das Zufußgehen. Dies setzt zunächst die Verbesserung der verfügbaren ÖPNV-Infrastruktur voraus.

Berlin ist traditionell eine „Hochburg" des Schienen-ÖPNV: Es stehen vier Systeme zur Verfügung, die sich funktionell gegenseitig ergänzen: Die Regionalbahn, die S-Bahn, die U-Bahn sowie die Straßenbahn (Bild 2).

Die **Regionalbahn** ist auf die Fernbahninfrastruktur angewiesen. Sie ist nicht zuletzt deshalb im Berliner Raum gegenwärtig „unterentwickelt" und wird ihre Wirkung erst nach Realisierung des „Pilzkonzeptes" entfalten können: Sie verbindet dann die regionalen Entwicklungszentren im äußeren Entwicklungsraum Brandenburgs sowie des

Integration

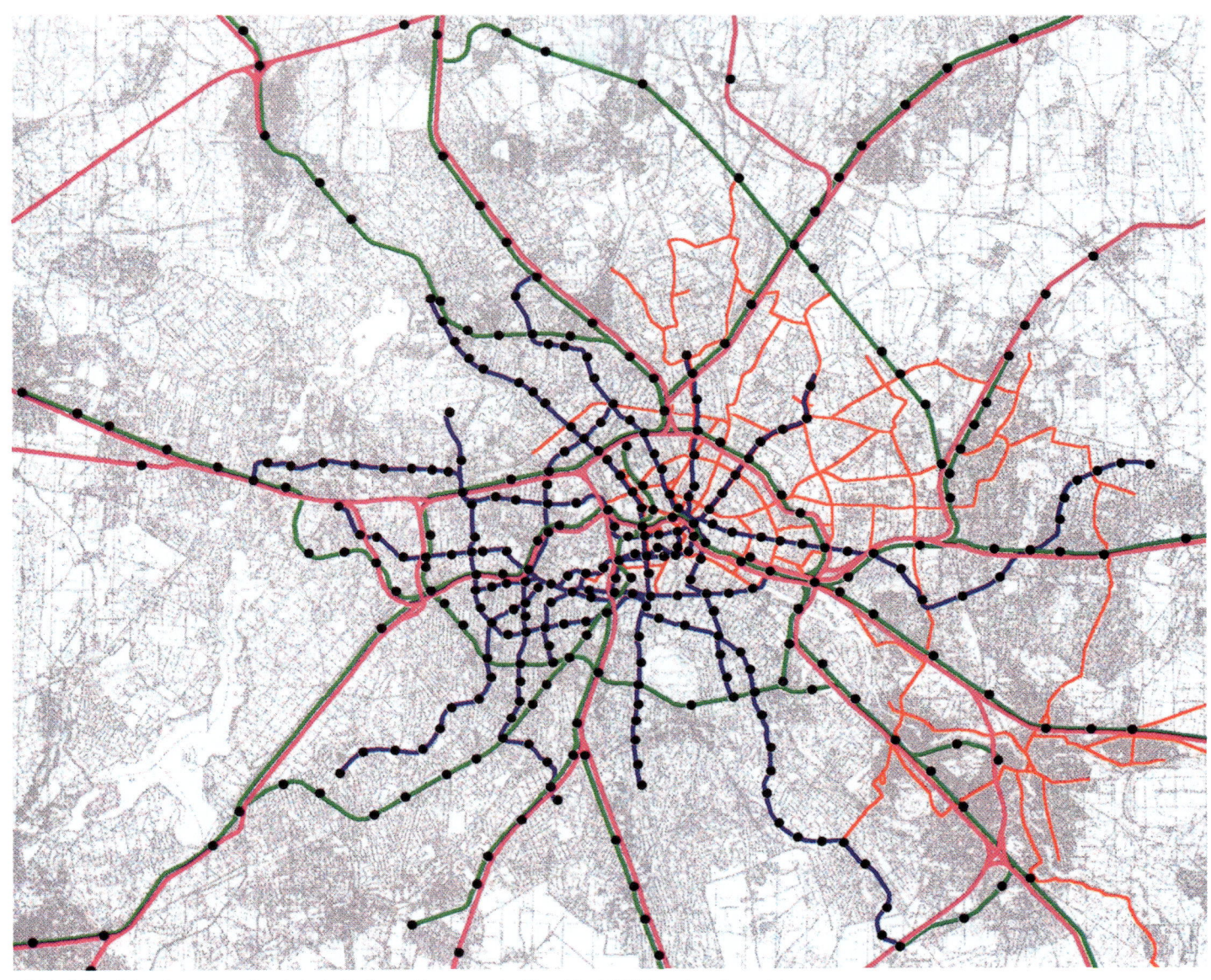

Bild 2: Öffentlicher Personennahverkehr in Berlin — Planungsnetz (Stand Juni 1995 — ohne Busnetz)

— R-Bahnstrecke
— S-Bahnstrecke
— U-Bahnstrecke
— Straßenbahnstrecke
● Regionalbahnhof

Städtekranzes um Berlin mit den Berliner Stadtzentren. Die wichtigsten, schnellen Regionalbahnlinien (Regional-Expreß) werden dabei durch Berlin über Ost-West- oder über Nord-Süd-Achsen gebündelt und durchgebunden. Als Haltepunkte sind 28 Regionalbahnhöfe und 7 Fernbahnhöfe vorgesehen.

Die Netzstruktur die **S-Bahn**, einst das Rückgrat des Verkehrs in Berlin, orientiert sich im Prinzip mit dem Ring um die Innenstadt und den ins Umland hineinreichenden Radialen an der Fernbahn, ist jedoch von dieser unabhängig: Die Berliner S-Bahn fährt auf separaten Gleisen (mit separatem Stromsystem: Gleichstrom) und ermöglicht damit dichte Zugfolge nach einem Taktfahrplan. Aufgrund ihrer vergleichsweise hohen Reisegeschwindigkeit ist sie bestens geeignet, große Verkehrsströme über längere Entfernungen zwischen dem engeren Verflechtungsraum sowie den äußeren Bezirken und der Innenstadt von Berlin zu befördern. Z. Zt. befinden sich 299 km Strecke unter Betrieb. Die gegenwärtigen Probleme liegen in den noch nicht wieder geschlossenen Lücken sowie in der teilweise maroden Infrastruktur, aber auch in dem äußerst veralteten Fahrzeugpark.

Nach Abschluß der z. Zt. laufenden „Grundinstandsetzung" — geplant für 2002 — wird in etwa wieder die Ausdehnung des Netzes vor 1961 erreicht: ca 341 km. In diesem Zusammenhang ist die Realisierung von mehreren neuen S-Bahnhöfen in der Stadt geplant, um die neuen, in der Nachkriegszeit entstandenen wichtigen Einzugsgebiete zu berücksichtigen.

Mittelfristig ist eine neue S-Bahn-Strecke durch die Innenstadt vorgesehen, für die die 3,5 km lange unterirdische Trasse zwischen dem Gleisdreieck und dem Lehrter Bahnhof — unter Nutzung der Vorleistungen aus der Vorkriegszeit — freigehalten wird. Diese unter der Bezeichnung „S 21" bekannte Strecke soll die wichtigsten städtischen Entwicklungsschwerpunkte im Zentralen Bereich — Potsdamer Platz mit Leipziger Platz, Reichstag und Bundesforum/Alsenviertel, Lehrter Fernbahnhof — mit den nördlichen und südlichen Zentren der Stadt wie des Umlandes direkt verbinden. Sie stellt zugleich einen zweiten und überaus wichtigen

Integration

Schnellbahnanschluß des künftigen Fernbahnhofs Lehrter Bf. dar: Ca. 60 S-Bahnhöfe mit ihren Einzugsbereichen werden damit direkt an den Zentralen Bereich bzw. an den Lehrter Bahnhof angebunden.

Die **U-Bahn** erschließt im Prinzip radial entlang der Siedlungsachsen das Stadtgebiet und verdichtet sich in der Innenstadt, wobei in den westlichen Bezirken insbesondere durch Neubauten der Nachkriegszeit ein engmaschiges Netz entstanden ist, während in den östlichen Bezirken nur zwei U-Bahnlinien die Verbindung zum Zentrum herstellen. In Ost-Berlin wurde die U-Bahn auch aus finanziellen Gründen bewußt vernachlässigt und bis auf eine kurze Strecke außerhalb der Innenstadt auch nicht weiter ausgebaut. Daraus entstehen heute Disparitäten im U-Bahn-Netz, dessen Gesamtlänge 153 km beträgt.

Durch die im Spreebogen bereits im Bau befindliche Verlängerung der „U-Bahnlinie 5" vom Alexander Platz über Lehrter Bahnhof zur Jungfernheide (insg. 8,5 km) werden einerseits die U-Bahnnetze „Ost" und „West" miteinander verknüpft, andererseits der Parlaments- und Regierungsbereich und der neue Fernbahnhof Lehrter Bahnhof durch die U-Bahn optimal erschlossen. Die übrigen U-Bahnbaumaßnahmen gelten u. a. der besseren Verknüpfung mit der S-Bahn.

Berlin hatte vor 1945 ein **Straßenbahnnetz** mit einer Länge von insgesamt 560 km. In West-Berlin wurde die Straßenbahn bei gleichzeitiger Erweiterung des U-Bahnnetzes aufgegeben: 1967 fuhr die letzte Straßenbahn. In Ost-Berlin dagegen wurde die Straßenbahn neben der S-Bahn zu einer der beiden Säulen des ÖPNV, heute mit einer Netzlänge von 176 km. Inzwischen — Oktober 1995 — konnte die erste Verlängerung des Straßenbahnnetzes in die westlichen Bezirke hinein in Betrieb genommen werden: Es handelt sich um die 2,5 km lange Strecke zum U-Bahnhof Osloer Str.; die weitere Verlängerung bis zum Eckenförder Platz in Wedding (ca. 3,0 km) ist im Bau.

Eine extensive Ausdehnung des Straßenbahnnetzes in die westliche Stadthälfte muß auch im Hinblick auf die Effizienz geprüft werden: Denn dank der U-Bahn-Planung der Nachkriegszeit in West-Berlin liegt die gesamte Innenstadt (innerhalb des S-Bahnringes) fast flächendeckend im Einzugsgebiet des Schienen-ÖPNV — ein Fakt, von dem die Planung auszugehen hat. Unter Beachtung von Kosten-Nutzen-Verhältnissen wird es daher hier zunächst mehr um die Verlängerung einzelner Strecken und um die Verknüpfung der Netze zur Verbesserung von Umsteigesituationen gehen. So ist es geplant, das heutige Straßenbahnnetz zu sanieren und im 1. Schritt — bis 2002 — etwa um ca 32 km durch neue Strecken zu ergänzen.

Für den **Busverkehr** wird ein engmaschiges und beschleunigtes Netz geschaffen (1995: 1230km Straßenlänge). Es sorgt im engen Zusammenwirken mit dem Straßenbahnverkehr für eine optimale Bedienung der Bereiche ohne Schnellbahn und für die Erschließung der Fläche.

Ein weiterer wichtiger Einflußfaktor auf die Verlagerung im Personenverkehr ist das Angebot von entsprechenden Schnittstellen, wie P+R-Knoten, sowie die Bevorrechtigung des ÖPNV. Berlin verfügt z.Zt. über 88km Bussonderfahrstreifen. In Berlin ist die Nutzung der „Busspuren" auch durch Taxen, Radfahrer, Rettungsfahrzeuge und Busse des Gelegenheitsverkehrs zugelassen. Ob und inwiefern auch der Wirtschafts- oder zumindest Güterverkehr die Busspuren benutzen darf, ist ein gegenwärtiger Diskussionsgegenstand. Im Rahmen eines gesonderten ÖPNV-Beschleunigungsprogramms werden weitere Möglichkeiten zur Bevorzugung des Oberflächen-ÖPNV (Bus und Straßenbahn) insbesondere an den Lichtsignalanlagen ständig geprüft und umgesetzt.

Gegenwärtig gibt es im Berliner Stadtgebiet an 39 Stationen der S- und U-Bahnstrecken P+R-Anlagen. Insgesamt stehen ca. 4550 Parkstände für P+R-Zwecke zur Verfügung. Entsprechend den Möglichkeiten soll in einem ersten Schritt die Anzahl der vorhandenen P+R-Plätze in Berlin mittelfristig um 5500 auf über 10 000 erhöht werden, wobei etwa 70 % der P+R-Plätze durch Neu- bzw. Ausbau ebenerdiger Anlagen geschaffen werden sollen. Weitere P+R-Anlagen müssen in der Region realisiert werden, um die Pkw-Ströme bereits außerhalb der Stadt abzufangen.

Das Angebot einer ausreichenden Infrastruktur ist die notwendige, jedoch allein nicht hinreichende Voraussetzung für die Akzeptanz des ÖPNV. Vielmehr ist eine weiträumige Kooperation für den öffentlichen Personennahverkehr in der gesamten Region erforderlich: Das Ziel dieser Kooperation muß die Realisierung einer attraktiven Nutzeroberfläche für den ÖPNV sein, d. h. abgestimmte und unkomplizierte Zahlungssysteme, verständliche und einheitliche Fahrpläne und Informationssysteme usw. Nur dann kann die Infrastruktur effizient genutzt werden und ihre Wirkung voll entfalten.

Aktuelle Impulse für eine derartige Optimierung der ÖPNV-Organisation ergeben sich aus der Regionalisierung des Schienenpersonennahverkehrs: Die Länder Berlin und Brandenburg sind ab 1996 als Aufgabenträger für die Planung, Organisation und Finanzierung des SPNV zuständig. Damit wird der wesentliche Grundgedanke der Regionalisierung auch in der Region Berlin-Brandenburg verwirklicht: Die Verkehrsleistungen werden möglichst nah am Bedarf, nämlich in der Region bestellt und hier auch wirtschaftlich verantwortet.

Die Regionalisierung wird unterstützt durch eine Reihe neuer Rechtsnormen, die die Trennung zwischen Leistungserstellern und Leistungsbestellern herbeiführen. Vor diesem Hintergrund haben sich die Länder Brandenburg und Berlin mit den an Berlin angrenzenden Landkreisen auf die Gründung eines kommunalen **Verkehrsverbundes** verständigt: Die Ende 1994 gegründete Vorbereitungsgesellschaft hat sich die Realisierung des Verbundes bis Anfang 1997 zum Ziel gesetzt. Zentral soll die Gesamtplanung, Erstellung von Rahmenvorgaben und die Bestellung von regionalen Verkehrsleistungen — also des SPNV — durch den Verbund erfolgen. Auf kommunaler Ebene soll die Planung und Bestellung der örtlichen Verkehrsleistungen unter Berücksichtigung der zentralen Gesamtplanung angesiedelt bleiben. Für die Standardisierung der Schnittstellen zwischen den verschiedenen Angeboten der Verkehrsträger im regionalen wie im kommunalen Verkehr bleibt der Verbund zuständig.

5.2 Wirtschaftsverkehr

Der Wirtschaftsverkehr, speziell der Güterverkehr, soll soweit wie möglich durch hochwertige und wettbewerbsfähige Leistungsangebote der beiden umwelt- und stadtverträglicheren Verkehrsträger Bahn und Binnenschiff von der Straße auf die Schiene bzw. Wasserstraße verlagert wer-

Integration

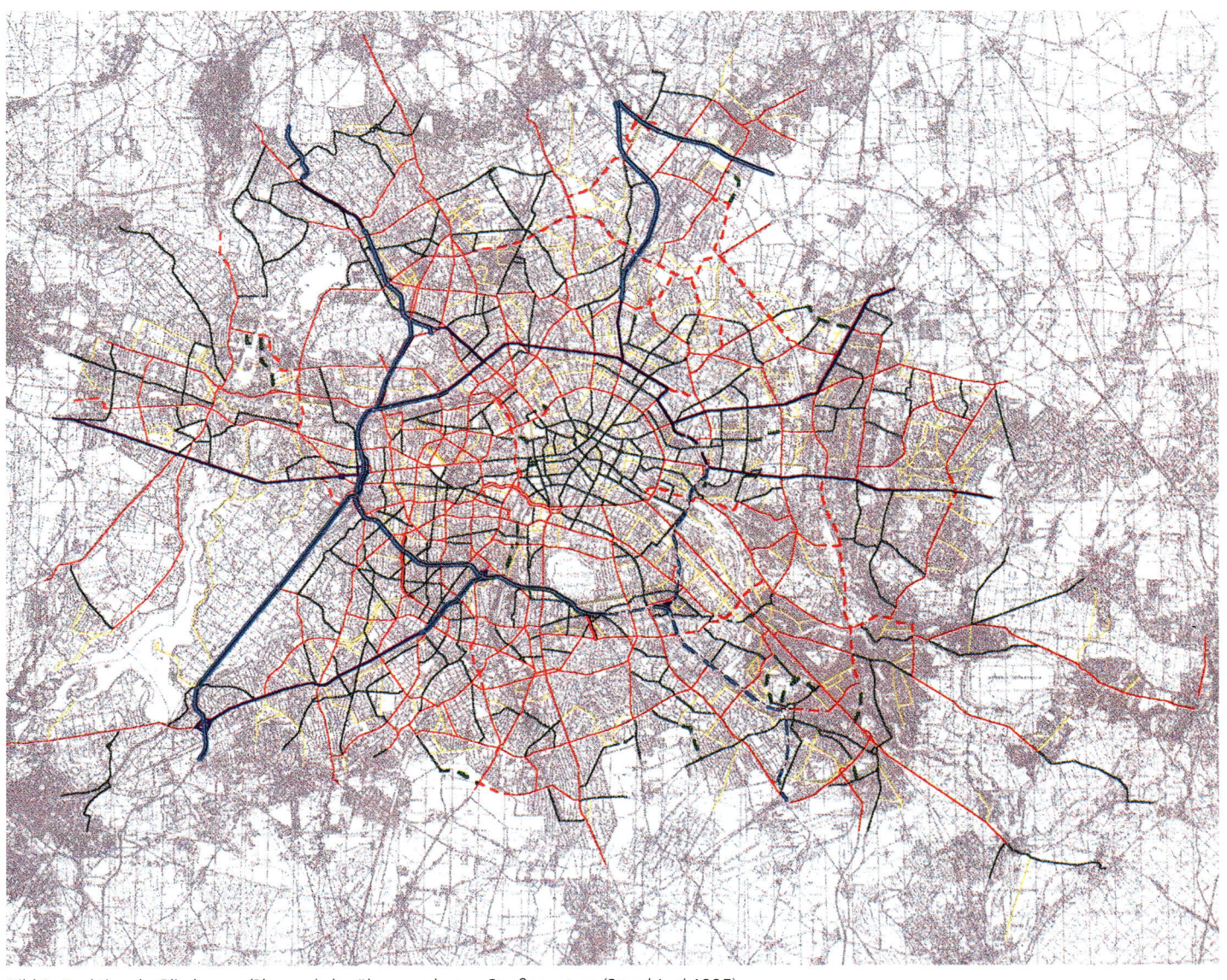

Bild 3: Funktionale Gliederung (Planung) des übergeordneten Straßennetzes (Stand Juni 1995)

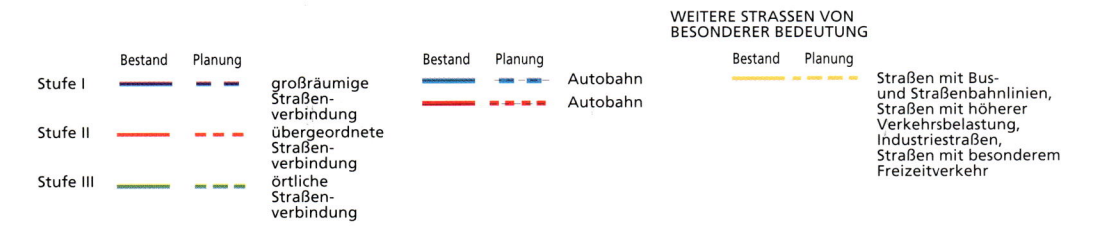

	Bestand	Planung	
Stufe I	▬▬	▬ ▬	großräumige Straßenverbindung
Stufe II	▬▬	▬ ▬	übergeordnete Straßenverbindung
Stufe III	▬▬	▬ ▬	örtliche Straßenverbindung

Bestand	Planung	
▬▬	▬ ▬	Autobahn
▬▬	▬ ▬	Autobahn

WEITERE STRASSEN VON BESONDERER BEDEUTUNG

Bestand	Planung	
▬▬	▬ ▬	Straßen mit Bus- und Straßenbahnlinien, Straßen mit höherer Verkehrsbelastung, Industriestraßen, Straßen mit besonderem Freizeitverkehr

den. Dabei kann durch die Verkehrsplanung nur ein Teil des hier erforderlichen Instrumentariums zur Verkehrsverlagerung wirksam gemacht werden (z. B. Infrastrukturmaßnahmen, Ordnungsmaßnahmen, Priorisierungen); weitere Bereiche wie Besteuerung, Preisbildung, Konzessionierung sind durch die Planung nur bedingt beeinflußbar und sind erst bundeseinheitlich — z. T. europa-einheitlich — lösbar.

Unabhängig hiervon müssen in der Region die Voraussetzungen für eine effiziente Abwicklung des Güterverkehrs gewährleistet sein. Das im Wiederaufbau befindliche Eisenbahnnetz bedarf künftig einer stärkeren Integration in den Güterverkehr: Hierzu müßte die Zersplitterung der Zugangsstellen in der Stadt — z. Zt. gibt es 52 Ortsgüterbahnhöfe in Berlin — überwunden werden durch Konzentration auf leistungsstarke Standorte in Aufkommensschwerpunkten.

Die Region verfügt über mehrere Binnenhäfen unterschiedlicher Kapazität. Die wichtigsten sind der Westhafen und der Osthafen in Berlin, beide unmittelbar am Rande der Berliner Innenstadt. Der letztere wird mangels Erweiterungspotentiale langfristig aufzugeben sein. Als Ersatz wird in Berlin ein neuer Binnenhafenstandort ebenfalls in der Innenstadtnähe — in Späthsfelde — vorgehalten.

Integration

6 Handlungsfeld: Rationelle sowie sozial und ökologisch verträgliche Verkehrsabwicklung

Die **Straße** bzw. der Straßenraum ist sowohl für den Personenverkehr als auch für den Wirtschaftsverkehr und den straßenbezogenen ÖPNV (Bus, Straßenbahn) wie auch für die Fußgänger und Radfahrer weiterhin ein wichtiger Verkehrsträger (Bild 3).

Das Berliner Straßennetz hat eine Streckenlänge von insgesamt 5130 km, wovon ca. 1300 km einschl. ca. 64 km Autobahnen innerhalb der Stadt als Hauptverkehrsstraßen gelten, der Rest mit ca. 75 % des Straßennetzes ist mit „Tempo-30-km/h" belegt; im Vergleich zu den übrigen Großstädten der Bundesrepublik handelt es sich dabei um den größten „Tempo-30-km-Anteil". Das Radwegenetz umfaßt ca. 785 km Radverkehrsanlagen — in der Regel: von der Fahrbahn baulich getrennte Radwege — innerhalb und ca. 130 km außerhalb des öffentlichen Straßenlandes, z. B. in Grünanlagen.

Der Straßenneubau hat künftig das Ziel, die bestehenden Strukturunterschiede zwischen Ost-West anzugleichen. Das städtische Straßennetz wird dort ergänzt, wo es bedingt durch die politische Teilung noch erhebliche Defizite aufweist. Außerdem sollen neue Straßenbahnvorhaben eine bessere Verbindung zwischen den bezirklichen Zentren herstellen und damit die Polyzentralität Berlins stärken. Dabei ist sicherzustellen, daß die für das Funktionieren der Region notwendigen Verkehre (wie der Wirtschafts- und Anliegerverkehr) auch ihre innerstädtischen Ziele erreichen.

Eine wesentliche Voraussetzung zur Entlastung des innerstädtischen Straßennetzes ist die Bewirtschaftung des knappen und in den Zentren besonders wertvollen Parkraums; Berlin hatte bis vor kurzem die Besonderheit unter den deutschen Großstädten, daß das Parken auch für die Langparker im Straßenraum praktisch kostenlos war. Im März 1995 ist in Berlin als eine erste Stufe in den Pilotgebieten „Stadtmitte" und „westliche Innenstadt" sowie „Altstadt Spandau" eine flächendeckende und einheitliche Parkraumbewirtschaftung mit Parkscheinautomaten werktags eingeführt worden. Betroffen hiervon sind ca. 30 Tsd. Parkstände im öffentlichen Straßenraum (Parkgebühren: grundsätzlich DM 2,00/Std. und in einigen Teilbereichen DM 4,00/Std.). Die für den Bereich des Landes Berlin festgelegten Parkgebühren von 1,— DM je angefangene halbe Stunde gelten grundsätzlich auch für die genannten Gebiete. Für Bereiche mit besonders großem Kurzparkbedarf beträgt die Parkgebühr 2,—DM je angefangene halbe Stunde.

Anwohner erhalten auf Antrag eine Ausnahmegenehmigung, die ihnen das gebührenfreie und unbefristete Parken in ihrer Anwohnerparkzone (AWPZ) gestattet. Dort ansässige Betriebe und Einrichtungen erhalten auf Antrag nach Maßgabe ihres betriebsbedingten notwendigen Stellplatzbedarfs Ausnahmegenehmigungen und brauchen damit für das Parken dieser Firmenfahrzeuge keine Parkgebühren zu entrichten.

Die Befolgung der Regelungen durch die Kraftfahrer entscheidet über den Erfolg der Parkraumbewirtschaftung. Voraussetzung ist eine intensive Überwachung. Bagatellverstöße im ruhenden Verkehr sollen nicht mehr durch die Polizei allein, sondern auch durch andere Institutionen erfolgen, um die Polizei von diesen Massenverfahren zu entbinden. Das Pilotprojekt ist kombiniert mit der Einführung einer quasi-privaten Überwachung (Aufnahme der Tatbestände durch private Organisationen, Verfolgung und Ahndung durch die Polizei). Dieses Konzept ist im April 1996 durch das Amtsgericht Tiergarten in Berlin verworfen worden. Das abschließende Urteil wird das in zweiter Instanz angerufene Kammergericht fällen.

Die in den Pilotgebieten durchgeführten Nachuntersuchungen zeigen, daß der Berufsverkehr, der früher als Langparker den öffentlichen Parkraum an Werktagen fast zur Hälfte belegt hatte, inzwischen aus der City verdrängt bzw. auf die anderen Verkehrsmittel verlagert worden ist. In diesen Pilotgebieten wird auch eine Reduzierung des Kfz-Verkehrsaufkommens um 5-8 % festgestellt. Diese Ergebnisse zeigen, daß das Pilotprojekt bereits heute entsprechende Erfolge vorweisen kann. Über die Ausdehnung der Parkraumbewirtschaftung wird nach Vorlage der endgültigen Ergebnisse am Ende des zweijährigen Versuchszeitraums zu entscheiden sein.

Zur Erhöhung der Sicherheit und gleichzeitig der Umweltverträglichkeit wird einer Strategie der besseren Nutzung des vorhandenen Straßenraumes durch **Verkehrstelematik** besondere Bedeutung beigemessen. Als ein wesentlicher Baustein werden die in der Stadt im Zuge der Bundesautobahnen A 100 und A 111 bestehenden kollektiven Verkehrsbeeinflussungsanlagen im Laufe der nächsten Jahre ergänzt und erweitert. Der Betrieb sämtlicher in den Ländern Berlin und Brandenburg vorhandenen und vorgesehenen Anlagen zur kollektiven Verkehrsbeeinflussung auf Bundesfernstraßen wird künftig von einer in Planung befindlichen gemeinsamen BAB-Verkehrsrechnerzentrale Berlin-Brandenburg erfolgen, die ihren Standort auf dem Gelände des Brandenburgischen Autobahnamtes in Stolpe (an der A 111) haben wird. Die Fertigstellung der ersten Ausbaustufe ist für das Jahr 1996 beabsichtigt.

Das Kernstück für eine neue Form der ökonomisch-ökologisch verträglichen Verkehrsabwicklung in der Region wird das geplante kooperative Verkehrsmanagement darstellen: Es beinhaltet die Durchdringung der Verkehrstechnologien mit modernen Mitteln der Informations- und Leittechnik im Sinne von Betriebsleitsystemen und ihre Verknüpfung zur Realisierung übergeordneter Strategien. Das kooperative Verkehrsmanagement muß dabei flexibel auf tatsächliche oder wahrscheinliche Verkehrszustände reagieren, Handlungsanweisungen im Sinne der Zielstellung erarbeiten und umfassende Informationen zeitgerecht absetzen können. Für die rationale und ökologische Abwicklung sind hochleistungsfähige Trassen vor allem im Schienenverkehr notwendig. Sie stellen das Grundgerüst für die Verknüpfung mit anderen Systemen dar. Vor allem in der Netzstruktur der Straßen müssen wesentliche Schnittstellen mit dem Schienenverkehr stärker berücksichtigt werden.

Für das zukünftige integrierte und kooperative Verkehrsmanagement in der Region Berlin ist ausgehend von vorhandenen Teilsystemen vorgesehen, schrittweise ein Gesamtsystem aufzubauen und zu vernetzen, das den konkreten Bedürfnissen von Stadt und Region gerecht wird und Elemente wie

▷ BAB-Verkehrsrechnerzentrale Berlin/Brandenburg zur kollektiven Verkehrsbeeinflussung auf den BAB-Strecken,
▷ Lichtsignalsteuerung (Verkehrsrechner),
▷ Parkraummanagement/Parkleitsystem,
▷ Rechnergestützte Betriebsleitsysteme (RBL) im ÖPNV,

Integration

▷ Polizei- und Feuerwehreinsatzzentralen,
▷ Flottenmanagement (Fuhrgewerbe, Taxi),
▷ Baustellenmanagementsystem,
▷ Verkehrsfunk mittels BEVEI,
▷ Alternativroutenempfehlungen (individueller Verkehrsbeeinflussung,
▷ Serviceangebote

beinhaltet (Bild 4).

Wichtig ist die Einführung von Telematiktechniken bei allen Verkehrsträgern, da vielleicht schon in absehbarer Zeit der Aufbau von Transportketten aus ökologischen Gründen zwingend erforderlich wird. Ballungsräume benötigen in Zukunft moderne Informationstechnologien zur Attraktivitätssteigerung des kommunalen ÖPNV aber auch im Regional- und Fernverkehr, da gerade in Ballungsräumen hierdurch eine intensive Hilfestellung für all diejenigen angeboten werden kann, die nicht oder nicht mehr über einen individuellen Autobesitz verfügen oder zumindest häufiger auf die Benutzung des eigenen Autos verzichten wollen. Ferner muß die Verkehrstelematik folgerichtig auch den Wirtschaftsverkehr voll umfassen.

Der Bund und die Länder sind übereingekommen, daß bei den künftigen verkehrstelematischen Konzepten privatwirtschaftliche Lösungen Vorrang haben sollen, soweit hoheitliche Aufgaben dadurch nicht berührt werden. Die Abgrenzung hierzu wird in nächster Zeit erfolgen. Berlin wird sich intensiv auf den Gebieten der Forschung und Entwicklung im Telematikbereich zusammen mit anderen Ballungsräumen engagieren.

Da wegen der kaum noch vermehrbaren Straßenkapazitäten mit herkömmlichen Mitteln eine zufriedenstellende Abwicklung des Verkehrs auch über verkehrsbeeinflussende Maßnahmen nur in eingeschränktem Umfang möglich sein wird, müssen im Hinblick auf die Umweltverträglichkeit insbesondere für die Innenstadt weitergehende Maßnahmen konzipiert werden: Für die Berliner Innenstadt (Gebiet innerhalb des S-Bahn-Ringes) werden ab Sommer 1998 sukzessive Zugangsverbote für hochemittierende Kfz gelten. Zugangsberechtigt sind

▷ ab 1. Juli 1998 Pkw nur mit G-Kat,
▷ ab 1. Jan. 1999 Liefer-Lkw nur mit Abgasreinigung und
▷ ab 1. Jan. 2000 schwere Lkw und Busse nur, wenn sie der Abgasnorm Euro II entsprechen.

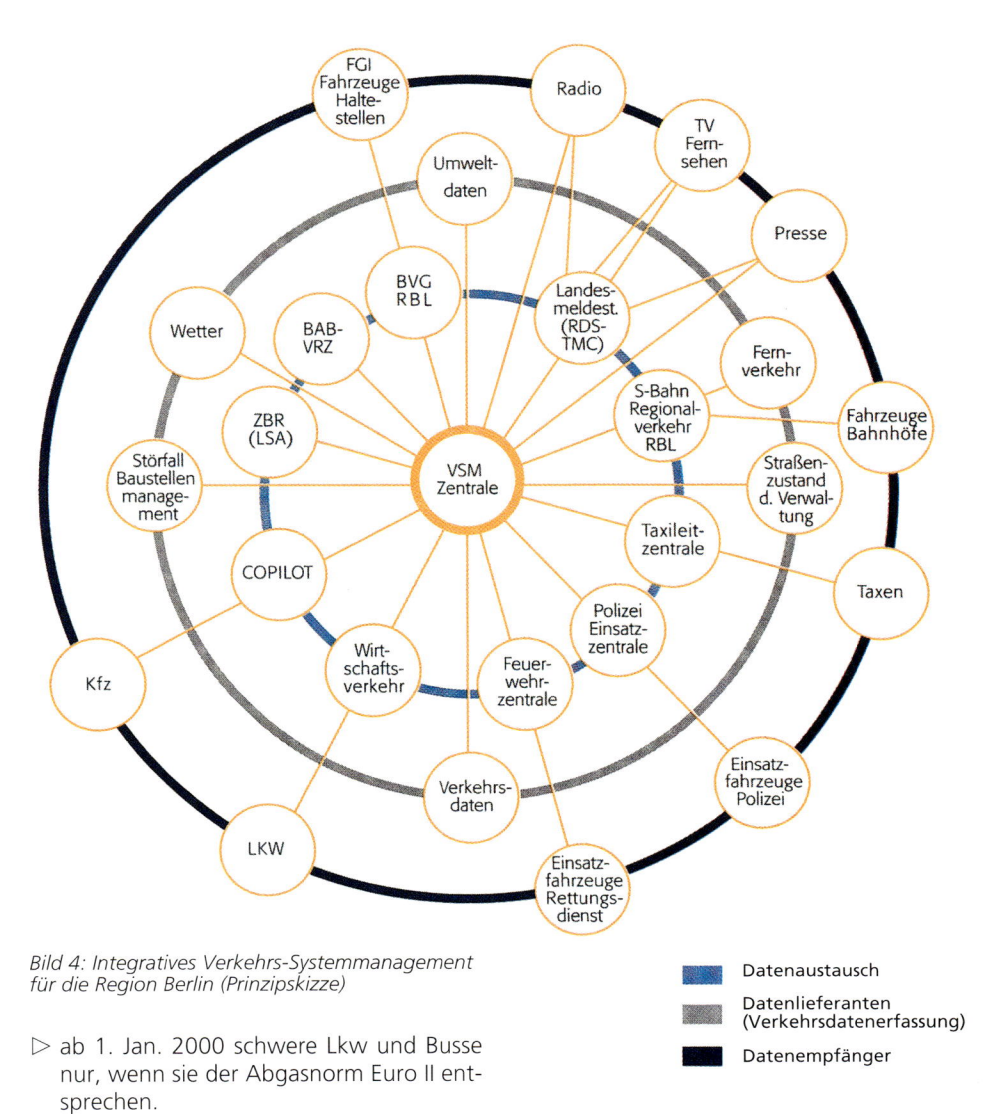

Bild 4: Integratives Verkehrs-Systemmanagement für die Region Berlin (Prinzipskizze)

7 Zusammenfassung

Die Verkehrskonzeption für Berlin liegt vor und die Phase der Umsetzung ist im vollen Gange: Bereits heute macht sich das für die Einwohner und insbesondere für den Verkehrsteilnehmer in der Innenstadt manchmal auch negativ bemerkbar, wenn er baustellenbedingt im Stau steht. Es darf aber eines nicht vergessen werden: Berlin verwirklicht in beispiellos kurzer Zeit eine Infrastrukturentwicklung, für die andere Metropolen mehrere Jahrzehnte Zeit hatten — Berlin hat diese Zeit nicht! Es muß im Interesse der Lebensfähigkeit dieser Region möglichst schnell das vor dem Hintergrund der Anforderungen einer europäischen Wirtschaftsmetropole und der bundesrepublikanischen Hauptstadt formulierte Verkehrskonzept umgesetzt werden. Angesichts der gegenwärtigen Haushaltssituation kann dabei diese Umsetzung mit ihrem immensen Finanzierungsbedarf sicher keinen „geradlinigen Weg", sondern nur einen iterativen Prozeß darstellen.

EC-/ICE-/IC-Netz 1996/97
-Sommerabschnitt-

Deutsche Bahn DB

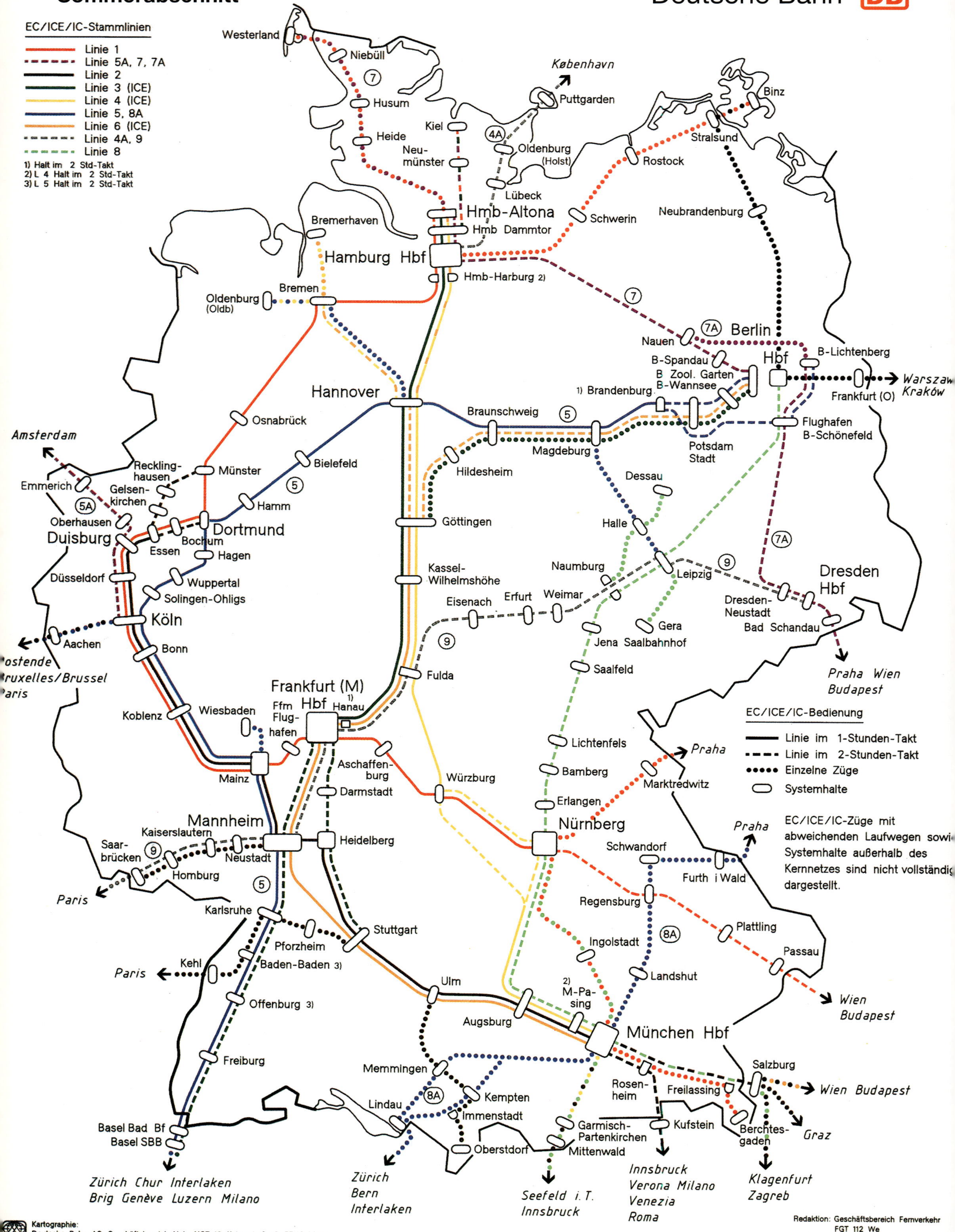

Kartographie:
Deutsche Bahn AG, Geschäftsbereich Netz, NGT 12, Kaiserstraße 3, 55116 Mainz

Redaktion: Geschäftsbereich Fernverkehr
FGT 112 We
Stand: April 1996

Ingo Bretthauer

Fernverkehrskonzept für Berlin

Die neue Nord—Süd-Verbindung im Berliner Pilzkonzept und der Ausbau wichtiger Haupt-Strecken zwischen deutschen Ballungsräumen und Berlin bilden die Grundlage für den zukünftigen, qualitativ hochwertigen Fernreiseverkehr mit kurzen Reisezeiten und komfortablen Zügen. Nach Vorstellung der Gesamtkonzeption werden die wesentlichen Verbesserungen für den Berliner Fernverkehr bis zum Jahr 2005 und später aufgezeigt.

1 Konzepte

Für das Fernverkehrskonzept im Schienenverkehrsknoten Berlin gab es zunächst zwei Varianten, die als „Achsenkreuzmodell" bzw. „Ringmodell" bezeichnet wurden.

Das Achsenkreuzmodell beinhaltet die Wiederherstellung der Radialstrecken sowie eine durchgehende Nord-Süd-Verbindung mit einem Tunnel im Stadtzentrum. Als Zentralbahnhof Berlins ist der Lehrter Bahnhof vorgesehen, in dem die Nord-Süd- mit der Ost-West-Achse verbunden wird. Gleichzeitig werden Teile des Berliner Innenrings wiederhergestellt. Im Norden wird der Ring im erweiterten Bahnhof Gesundbrunnen mit der Nord-Süd-Bahn verknüpft und im Süden im neu zu bauenden Fernbahnhof Papestraße.

Das Ringmodell beinhaltet die Führung der Züge in Nord-Süd-Richtung über den Innenring sowie des Ost-West-Verkehrs über die Stadtbahn. Dazu hätte der Berliner Innenring, der überwiegend nur zweigleisig war, im Ganzen wiederhergestellt und teilweise viergleisig ausgebaut werden müssen. Darüber hinaus müßten weitere Flächen erworben werden.

Hinsichtlich der Kosten, Betriebsplanung und Betriebsführung wies das Achsenkreuzmodell gegenüber dem Ringmodell entscheidende Vorteile auf. Daher entschieden sich der Senat von Berlin und die Deutsche Reichsbahn für das Achsenkreuzmodell in modifizierter Form — das Pilzkonzept (Bild 1). Es wurde am 15. April 1992 durch das Bundesministerium für Verkehr bestätigt und in den Bundesverkehrswegeplan aufgenommen [1].

Nach einer Teilinbetriebnahme im Jahr 2000 wird die volle Inbetriebnahme des neuen Zentralbahnhofs vsl. 2002 erfolgen. Der Ausbau der Infrastruktur nach dem Pilzkonzept erfolgt so, daß bis zum Jahre 2010 die volle Leistungsfähigkeit erreicht wird. Fernzüge nach Hamburg, Hannover, Halle, Leipzig, Dresden, Nürnberg oder Stralsund werden wesentlich schneller, wenn sie auf den direkten angestammten Strecken fahren. Wenn der Zentralbahnhof fertiggestellt ist, können Züge aus Hamburg dann wieder über den Nordring verkehren [2].

Berlin entwickelt sich nun zu einem der größten Verkehrsknotenpunkte Deutschlands und Europas, zur Schnittstelle wichtiger Fernverkehrsstrecken der Bahn. Im Jahr 2010 werden in Berlin über 50 Millionen Fernreisende und rund 85 Millionen Reisende im Regionalverkehr erwartet [3].

Die Nord-Süd-Verbindung

Die neue viergleisige Nord-Süd-Verbindung ist das verkehrliche Herzstück der Eisenbahnkonzeption für Berlin. Sie verläuft von Moabit bis Schöneberg. Entlang dieser Trasse werden drei Bahnhöfe gebaut: der Lehrter Bahnhof, der Bahnhof Potsdamer Platz und der Bahnhof Berlin Papestraße. Kernstück dieser 9 Kilometer langen Schienenstrecke ist ein 3,5 Kilometer langer Tunnel. Er erstreckt sich von der Invalidenstraße, führt unter der Spree hindurch und unterquert den Tiergarten, bis zum Landwehrkanal. 40 Meter südlich des Landwehrkanals gelangt die viergleisige Fernbahntrasse an das Tageslicht, verläuft oberirdisch bis zum Bahnhof Berlin Papestraße und weiter bis Prellerweg — mit Anbindung an die Dresdener- und Anhalter-Bahn.

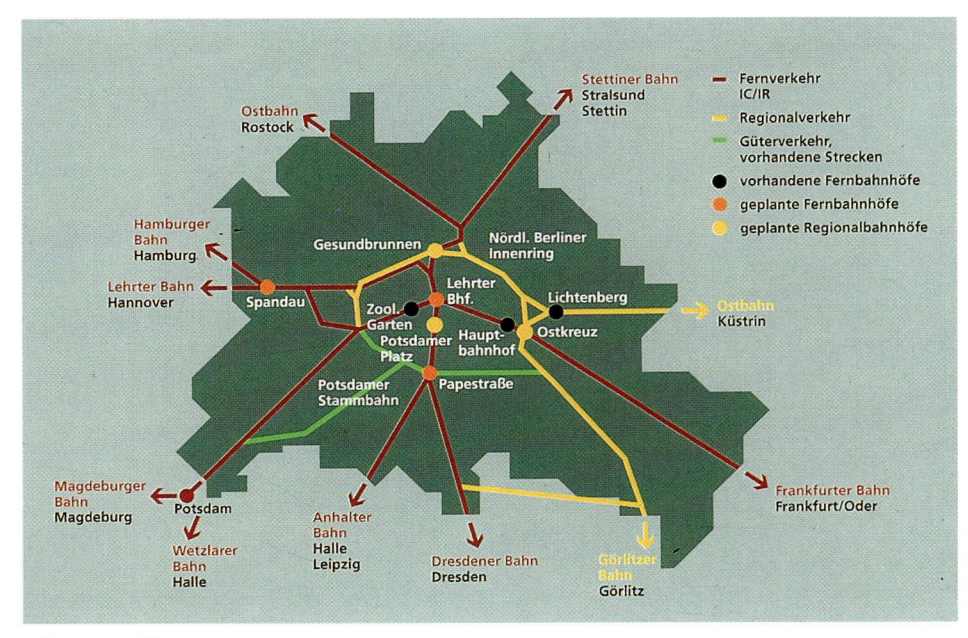

Bild 1: Das Pilzkonzept

Fernverkehrskonzept für Berlin

Bild 2: Der Lehrter Bahnhof besteht aus fünf Ebenen, darunter drei Verkehrsebenen (Modellfoto)

Lehrter Bahnhof

Der Lehrter Bahnhof wird zukünftig Berlins bedeutendster Bahnhof sein. Der Bahnhof liegt direkt im Zentrum der deutschen Hauptstadt. Regierungs- und Parlamentsviertel schließen sich unmittelbar an. Als Kreuzungsbahnhof bietet er optimale Umsteigebeziehungen zwischen Fern- und Regionalverkehr sowie S- und U-Bahn. Prognosen gehen von 110 000 Umsteigebewegungen Bahn - Bahn täglich aus. Der Bahnhof liegt direkt im Zentrum von Berlin. Der öffentliche Personennahverkehr erschließt von dort aus alle City-Bereiche. Zu Fuß geht man nur 15 Minuten bis zum Brandenburger Tor. Zum Bahnhof Zoo sind es drei Stationen mit der S-Bahn.

Der Lehrter Bahnhof besteht aus fünf Ebenen, davon drei Verkehrsebenen [5].

Die Verkehrsebenen sind (Bilder 2 und 3):

Ebene -2
▷ Nord-Süd-Trasse der Fern- und Regionalbahn mit vier Bahnsteigen, auch für den Nord-Süd-Flughafenexpreß
▷ U-Bahn U5.

Ebene 0
▷ Straßenbahnen, Busse und Taxen,
▷ Individualverkehr, Touristikverkehr,
▷ Fahrrad- und Fußgängerverkehr,
▷ Dienstleistungsanlagen.

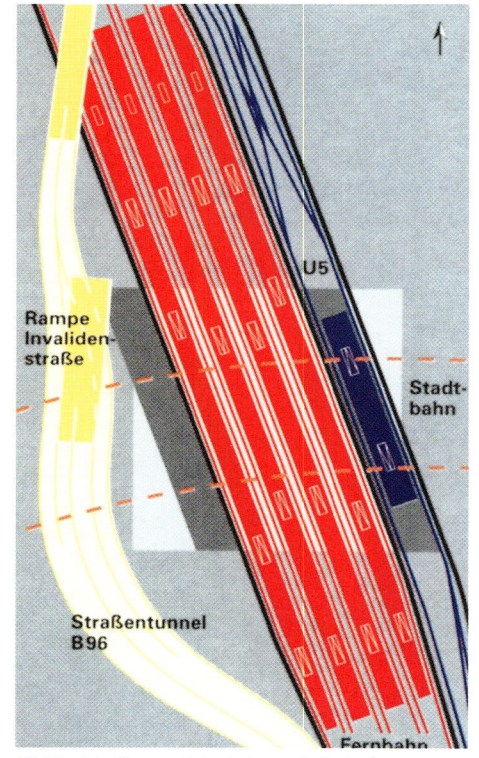

Bild 3: Die Ebene -2 im Lehrter Bahnhof

Ebene +1
▷ Stadtbahntrasse für die S-Bahnlinien S3, S5, S6, S7, S9,
▷ Ost-West-Verbindung der Fern- und Regionalbahn.

Höhenunterschiede von bis zu 24 Metern werden durch 58 Fahrtreppen und 14 Aufzüge überwunden.

Verkehrsstudien gehen von einem Fahrgastaufkommen von rd. 240 000 Personen pro Tag aus.

Bahnhof Papestraße

Der Bahnhof Papestraße wird Fern- und Regionalbahnhof am östlichen Rand des Bezirkes Schöneberg, im Kreuzungsbereich der Nord-Süd-Fernbahn mit der Ringbahn. Die Fernbahnstrecke zwischen Gleisdreieck und Prellerweg wird oberirdisch auf vorhandenem Bahngelände gebaut.

Im Bahnhof Papestraße gibt es drei Bahnsteige für den Fern- und Regionalverkehr sowie einen S-Bahnsteig (Bild 4).

Reisende, die aus südlicher Richtung kommen, erreichen Berlin im Jahre 2002 als erstes über den Fern- und Regionalbahnhof Berlin Papestraße. Dort kreuzen die Anhalter- und Dresdener-Bahn den südlichen Berliner S-Bahnring und gehen über in die Nord-Süd-Fernbahntrasse durch den Zentralen Bereich.

Vom Bahnhof Berlin Papestraße fahren die Fernzüge nonstop zum Lehrter Bahnhof.

Der Bahnhof Papestraße wird in drei Ebenen gebaut:

Ebene -1
▷ Bahnsteigunterführung (Südliche Querpassage) mit Betriebsräumen

Ebene 0
▷ Bahnsteige Nord-Süd-Bahn (Fern- und Regionalbahnsteige, Bahnsteig S-Bahnlinie S2)

Ebene +1
▷ Bahnsteigüberführung (Mittlere Querpassage)
▷ Bahnsteig Ringbahn (S-Bahnlinie S4).

Prognosen gehen von einem täglichen Fahrgastaufkommen von ca. 79 000 Personen aus.

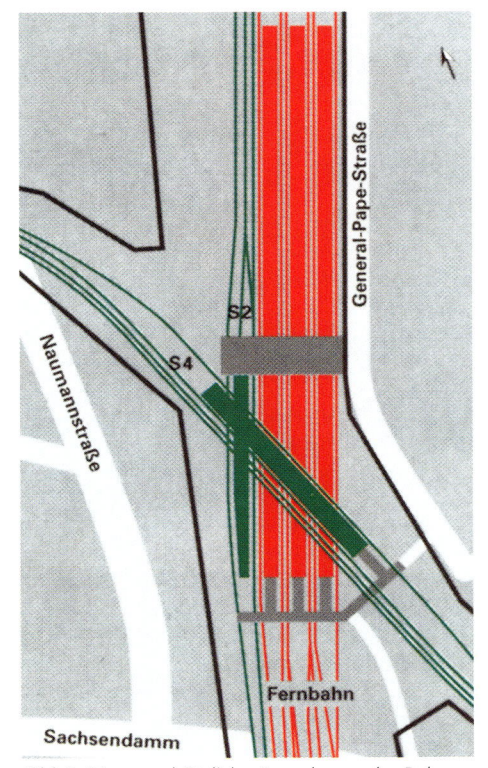

Bild 4: Die grundsätzliche Anordnung der Bahnsteige im künftigen Bahnhof Papestraße in den Ebenen 0 und +1

2 Verkehrsprojekte Deutsche Einheit

Um Berlin wieder zur wichtigsten „Bahnstadt" Deutschlands und zum Knotenpunkt in einem künftigen europäischen Hochgeschwindigkeitsnetz werden zu lassen sind enorme Aufwendungen erforderlich. Der zweite Weltkrieg und 40 Jahre deutsche Teilung haben in Berlin und auch auf vielen wichtigen Zulaufstrecken eine teilweise zerstörte, stillgelegte oder in der Stadt eine ungenutzte Infrastruktur hinterlassen. Deshalb gehört auch der Ausbau des Berliner Netzes und der Strecken

▷ Berlin—Hamburg,
▷ Berlin—Hannover,
▷ Berlin—Magdeburg—Helmstedt und
▷ Berlin—Halle/Leipzig—Erfurt—Nürnberg

zu den wichtigsten Verkehrsprojekten Deutsche Einheit. Ihre Realisierung ist Voraussetzung für einen qualitativ hochwertigen Reiseverkehr mit kurzen Reisezeiten und komfortablen Zügen.

2.1 VDE 2 Hamburg—Berlin

Das Projekt Nr. 2 umfaßt eine Länge von 270 km. Projektziel ist der Ausbau der Strecke für Geschwindigkeiten von 160 km/h mit der Option auf 200 km/h. Baubeginn war im Jahre 1991. 1997 wird der Streckenausbau für 160 km/h abgeschlossen werden. Die Fahrzeit reduziert sich dann auf 2 Stunden und 11 Minuten (1939: 2 Stunden 17 Minuten). 1931 fuhr Franz Kruckenbergs Schienenzeppelin mit 230 km/h einen Weltrekord auf dieser Strecke. Mit Tempo 160 km/h verband der „Fliegende Hamburger" die Städte Berlin und Hamburg. Nach dem 2. Weltkrieg wurde die Strecke ein Symbol deutscher Teilung. Durch das Verkehrsprojekt Deutsche Einheit erlangt die Strecke ihre einstige Bedeutung zurück.

Das Projekt hat ein Gesamt-Investitionsvolumen von ca. 3,2 Milliarden DM [4].

2.2 VDE 4 Hannover—Berlin

Das Gesamtvolumen besteht aus einer Hochgeschwindigkeitsstrecke mit einer Länge von 246 km und einer Ausbaustrecke mit einer Länge von 152 km. Die Hochgeschwindigkeitsstrecke wird für Geschwindigkeiten von 300 km/h ausgelegt, die Ausbaustrecke für 160 km/h.

Der Investitionsumfang für die Hochgeschwindigkeitsstrecke beläuft sich auf ca. 5 Milliarden DM, der für die Ausbaustrecke auf ca. 1 Milliarde DM. Baubeginn des Projektes war 1992. Im Jahre 1998 soll die Strecke in Betrieb genommen werden. Die Reisezeit zwischen Berlin und Hannover beträgt nach der Fertigstellung 1 Stunde und 46 Minuten (Reisezeit 1996: 2 Stunden und 46 Minuten). Beim Erreichen der vollen Kapazität der Hochgeschwindigkeitsstrecke reduziert sich die Fahrzeit Berlin—Hannover auf 1 Stunde und 30 Min. [5].

2.3 VDE 5 Helmstedt—Magdeburg—Berlin

Die Gesamtstrecke hat eine Länge von 163 km. Es erfolgte ein zweigleisiger Ausbau mit durchgehender Elektrifizierung für Geschwindigkeiten von 160 km/h. Baubeginn war 1993. Am 17. 12. 1995 wurde die Strecke für den elektrischen Zugbetrieb freigegeben. Die Reisezeit zwischen Berlin und Braunschweig beträgt derzeit 2 Stunden und 3 Minuten [5].

2.4 VDE 8 Nürnberg—Erfurt—Halle/Leipzig—Berlin

Die Gesamtstrecke besteht aus mehreren Teilabschnitten und hat eine Gesamtlänge von ca. 540 km. Sie ist bedeutender Teil internationaler Transitstrecken und verbindet wichtige Wirtschaftszentren im süd- und mitteldeutschen Raum mit der Hauptstadt Berlin. Nach Fertigstellung der Strecke verkürzt sich die Reisezeit zwischen Nürnberg und Berlin um ca. 2,5 Stunden auf rund 3 Stunden. Voraussetzung ist auch die Fertigstellung der direkten Trasse zum Lehrter Bahnhof [5].

2.4.1 Abschnitt Nürnberg—Erfurt

Die Strecke hat eine Gesamtlänge von 192 km. Der Investitionsumfang beträgt ca. 7 Milliarden DM. Nürnberg—Ebensfeld mit einer Länge von 83 km wird für Geschwindigkeiten von 200 km/h ausgebaut. Die Neubaustrecke Ebensfeld—Erfurt mit einer

Fernverkehrskonzept für Berlin

Länge von 109 km wird für 250 km/h ausgelegt.

2.4.2 Abschnitt Erfurt—Halle/Leipzig

Die Länge des Streckenabschnitts beträgt 121 km. Zwischen Erfurt und Leipzig können künftig bis zu 300 km/h gefahren werden. Die Kosten dieser Neubaustrecke belaufen sich auf ca. 4,4 Milliarden DM.

2.4.3 Abschnitt Halle—Bitterfeld

Die Ausbaustrecke Halle—Bitterfeld hat eine Länge von 25 km und wird für Geschwindigkeiten von 200 km/h hergerichtet.

2.4.4 Abschnitt Bitterfeld—Berlin

Die Streckenlänge beträgt 158 km und wird künftig mit Tempo 200 befahrbar sein. Der Investitionsaufwand beläuft sich auf ca. 2,3 Milliarden DM.

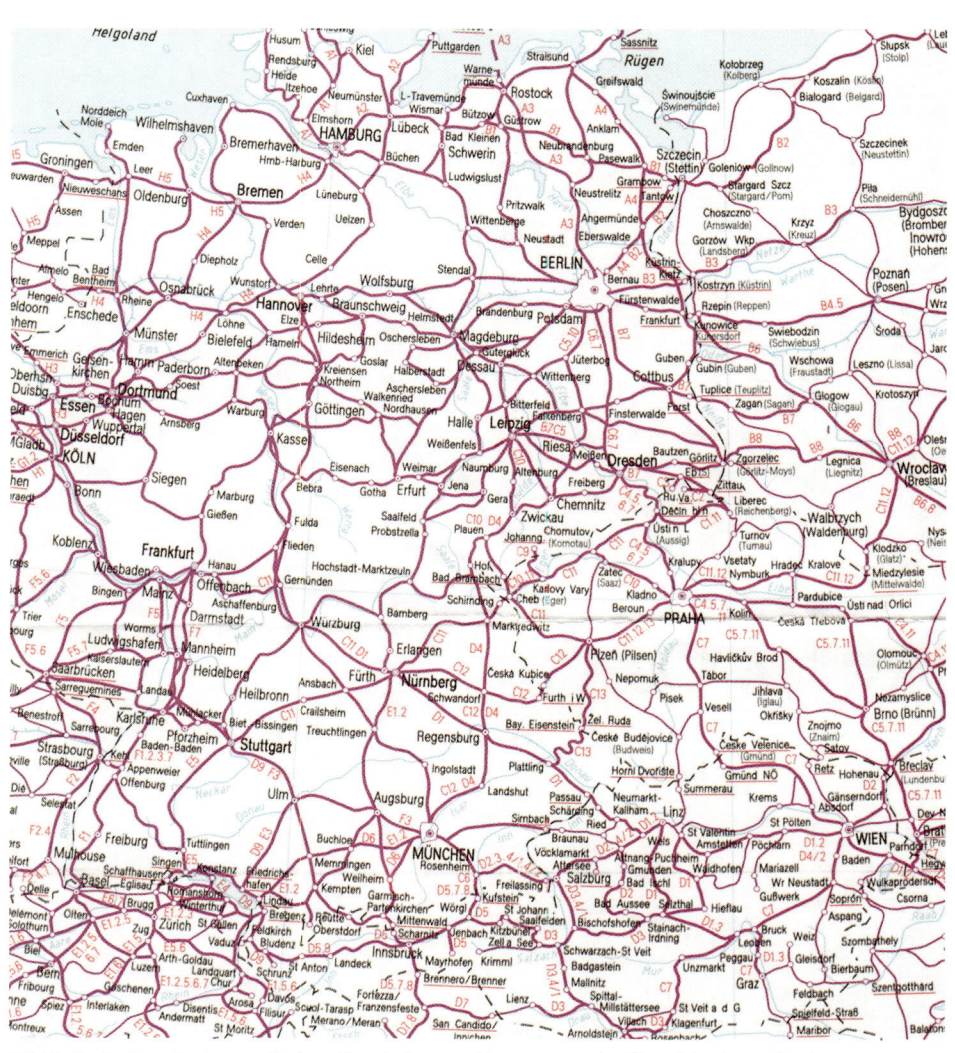

Bild 5: Berlin im mitteleuropäischen Eisenbahnnetz (Auszug aus der Übersichtskarte für den Personenverkehr)

Bild 6: ICE im Bahnhof Berlin-Zoologischer Garten

3 Fernverkehrsnetz und Reisezeiten

3.1 Angebotskonzeption für die Zukunft

Das steigende Verkehrsaufkommen und die Prognosen für die weitere Entwicklung erfordern einen zügigen Ausbau leistungsfähiger Strecken mit dem Ziel der Verbesserung der Mobilität von Wirtschaft und Gesellschaft. Berlin entwickelt sich zu einem der bedeutendsten Verkehrsknoten wichtiger Fernverkehrslinien innerhalb Deutschlands bzw. Europas (Bild 5).

Das perspektivische Fernverkehrsangebot für Berlin muß der Bedeutung Berlins als Hauptstadt und künftigem Regierungssitz sowie als Standort innerhalb der Europäischen Union gerecht werden. Auf der Grundlage dieser Anforderungen wurde das „Pilzkonzept", als Basis des Infrastrukturausbaus für den Eisenbahnknoten Berlin, entwickelt. Die Stadtbahnsanierung, die

Fernverkehrskonzept für Berlin

Realisierung der Nord-Süd-Verbindung, der Ausbau des nördlichen Berliner Innenrings für den Fernverkehr sowie die Lückenschlüsse aller Fernverkehrsradialen sind Voraussetzung für ein zukunftsgerichtetes Angebot im Fernreiseverkehr von und nach Berlin sowie darüber hinaus zukunftsorientierte Konzepte für Berlin.

Oberziel des Angebotskonzeptes der Deutschen Bahn AG ist es, künftig alle wichtigen Ziele innerhalb Deutschlands ab Berlin im 1- oder 2-Stunden-Takt mit Produkten des Fernverkehrs zu bedienen. Darüber hinaus muß Berlin optimal in das europäische Fernverkehrsnetz eingebunden werden.

Einige ICE-Linien werden nach und nach in europäische Hochgeschwindigkeitslinien integriert werden. Als internationale Hochgeschwindigkeitsachsen haben besondere Priorität:

▷ Hochgeschwindigkeitsstrecke Paris/London—Köln—Hannover—Berlin—Warschau—Moskau,
▷ Hochgeschwindigkeitsstrecke Paris—Frankfurt/Main—Erfurt—Berlin—Warschau,
▷ Hochgeschwindigkeitsstrecke Berlin—Erfurt—Nürnberg—München mit Brennerstrecke sowie Hochgeschwindigkeitsstrecke Verona—Rom und
▷ Hochgeschwindigkeitsstrecke Skandinavien—Hamburg—Berlin—Dresden—Prag—Wien/Budapest (Südosteuropa).

Die Reisezeit gilt als eines der entscheidenden Kriterien bei der Wahl des Verkehrsmittels. Nur mit Reisezeiten, die dem Vergleich mit anderen Verkehrsträgern standhalten, wird sich die Bahn am Verkehrsmarkt behaupten können.

Die im Bau befindlichen und in der Planung weit fortgeschrittenen Baumaßnahmen in Berlin, bei den Schienenverkehrsprojekten Deutsche Einheit und in den alten Bundesländern lassen nach deren Vollendung Reisezeiten mit schnellen, komfortablen Zügen erwarten, die der umweltfreundlichen Bahn eine starke Position im Wettbewerb mit Automobil und Flugzeug sichern.

Die Tafel zeigt, wie sich die Reisezeiten im Zeitraum 2000 bis 2010 im Vergleich zum Sommer 1996 verkürzen werden.

Bild 7: Der ICE unterwegs auf der Strecke

3.2 Angebot im Schienenpersonenfernverkehr ab Berlin — wesentliche Neuplanungen bis 2005

1996 (ab Winterfahrplan)

ICE nach Frankfurt/Main—München ab Herbst stündlich, Fahrzeit bis Frankfurt ca. 4 Stunden 45 Min.

1997

ICE nach Köln zunächst 2-stündlich über alte Trasse (Magdeburg), Fahrzeit bis Köln ca. 5 Stunden 15 Min.

IC Berlin—Hamburg fährt nur noch 2 Stunden 15 Min.

Reisezeiten ab Berlin nach	1996 Stunden:	nach 2000 (Minuten gerundet)
Hamburg	3:30	2:10
Bremen	4:40	2:45
Hannover	2:45	1:45
Duisburg	5:00	3:45
Köln	5:45	4:15
Frankfurt am Main	5:00	4:00
München	6:45	4:00
Dresden	1:50	1:00

Tafel: Reisezeiten ab Berlin 1996 und nach 2000

Fernverkehrskonzept für Berlin

Bild 8: Modell des ICT (links) und der ICE 2.2 (rechts)

1998

Eröffnung Stadtbahn.
Alle Fernzüge fahren über die Stadtbahn.

Schnellstrecke Berlin—Hannover in Betrieb.

1999

ICT — Elektrische Triebzüge mit Neigetechnik — nach München über Leipzig—Nürnberg. Fahrzeit Berlin—München über Leipzig rd. 6 Stunden.

Vsl. Beschleunigung nach Warschau durch Ausbau in Polen, Zielfahrzeit unter 5 Stunden.

ICT nach Prag, Zielfahrzeit 3 Stunden.

2002

Eröffnung Nord-Süd-Tunnel.
Alle Züge fahren über Lehrter Bahnhof.
Züge nach Halle/Leipzig nutzen Nord-Süd-Tunnel; Züge nach Dresden nach Fertigstellung der entsprechenden Anbindung.
Fahrzeit Berlin—Leipzig und Berlin—Halle nur noch rd. 1 Stunde.
ICT nach Frankfurt/Main über Halle unter 4 Stunden.

ICT nach München fährt über Leipzig nur noch rd. 5 Stunden.

2005 und später

Magnetbahn 1 Stunde Hamburg—Berlin.
Durch Neubau-/Ausbaustrecke Leipzig/Halle—Erfurt—Nürnberg: Fahrzeit Berlin—München nur noch rd. 4 Stunden; Fahrzeit Berlin—Frankfurt/Main unter 3 $1/2$ Stunden.

Mit diesen stufenweise stark verkürzten Reisezeiten wird der umweltfreundliche Schienenverkehr bedeutende Marktanteile im innerdeutschen und internationalen Fernverkehr hinzugewinnen.

Schrifttum

[1] Deutsche Bahn AG (Hrsg.): Schienenverkehrsknoten Berlin — Verbindungen schaffen Zug um Zug, Berlin, 1994.
[2] Deutsche Bahn AG (Hrsg.): Schienenverkehrsknoten Berlin — Im Wandel der Zeiten, Berlin, 1995.
[3] Deutsche Bahn AG (Hrsg.): Zug um Zug zur Bahnstadt Berlin, Berlin, 1995.
[4] Planungsgesellschaft Bahnbau Deutsche Einheit PBDE (Hrsg.): Schnelle Wege zwischen Hamburg und Berlin — Projekt 2, Berlin, 1995.
[5] PBDE (Hrsg.): Information zu den Schienenverkehrsprojekten Deutsche Einheit, Berlin, 1993.

LAHMEYER INTERNATIONAL

Ihr Partner für Infrastrukturprojekte

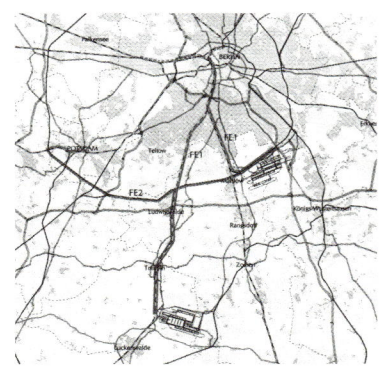

Lahmeyer International verfügt über langjährige Erfahrung in der Planung und Projektsteuerung von Verkehrsanlagen aller Art im In- und Ausland.

Die interdisziplinäre Zusammenarbeit aller Fachbereiche des Hauses bietet von der Vorstudie bis zur Bauüberwachung umfassende Ingenieurleistungen aus einer Hand.

Lahmeyer International GmbH
Lyoner Straße 22 · 60528 Frankfurt am Main
Tel. (069) 6677-0 · Fax (069) 6677-571

Ingenieurgesellschaft für Energie · Wasser · Umwelt · Verkehr

10829 Berlin	**01217 Dresden**	**40549 Düsseldorf**	**80799 München**	**70176 Stuttgart**
Sachsendamm 3	Räcknitzhöhe 35	Monschauer Str. 1	Akademiestr. 7	Ludwigstr. 26
Tel. (030) 7879130	Tel. (0351) 477840	Tel. (0211) 569020	Tel. (089) 381607-0	Tel. (0711) 61923-0
Fax (030) 7884811	Fax (0351) 4778450	Fax (0211) 5690255	Fax (089) 38160750	Fax (0711) 6192320

DVA, DIE UNABHÄNGIGEN ASSEKURANZVERMITTLER

> Nutzen Sie Ihren Orientierungssinn für Führungsaufgaben. Durch den Versicherungs-Wirrwarr führen wir Sie.

Komplexe Bauvorhaben fordern durchdachte und spezifische Versicherungslösungen.
Es gilt, eingefahrene Gleise zu verlassen, wenn auf der größten Baustelle der Welt der Verkehrsknoten Berlin entsteht.
Innovative Konzepte der DVA fassen, projektbezogen, die Interessen aller beteiligten Maßnahmenträger, Planer, Unternehmer und Subunternehmer in einer Police zusammen.

Auch für Sie finden wir sicher die bessere Lösung.

Für Ihre Ziele brauchen Sie freie Bahn. Darum räumen wir Ihnen bei allen Versicherungsfragen zeitraubende Hindernisse aus dem Weg. Mit Risikoanalysen, objektiver Auswahl der günstigsten Anbieter und komplettem Versicherungs-Management. Unternehmensspezifisch und kostenfrei für Sie. Damit Sie Zeit, Geld und Nerven sparen.
Lassen Sie unsere Erfahrung zum Zuge kommen. Rufen Sie uns an.

DVA-Hotline (0 61 72) 48 68-2 22

Deutsche Verkehrs-Assekuranz-Vermittlungs-GmbH · Norsk-Data-Straße 1 · 61352 Bad Homburg

Deutsche Verkehrs-Assekuranz-
Vermittlungs-GmbH
Industrieversicherungsmakler

DVA

ZUKUNFT IN
GESICHERTEN BAHNEN

Dirk Andreas

Güterverkehrskonzept der Deutschen Bahn AG in Berlin

Noch gezeichnet von der Teilung Deutschlands entwickelt sich Berlin zu einer pulsierenden Weltstadt. Ausdruck der wachsenden politischen und wirtschaftlichen Bedeutung Berlins sind Europas größte Bauvorhaben, zu denen die Regierungsum- und -neubauten und die zu errichtenden Stammsitze von Weltfirmen gehören. Der Begriff „Potsdamer Platz" charakterisiert weitsichtiges Management und ausgeklügelte Logistik.

Mit welchen Potentialen und mit welcher Strategie stellt sich der Ladungsverkehr der DB AG mit rund 1200 Mitarbeitern im Regionalbereich Berlin diesen Herausforderungen? Die Sicherung des Kundennutzens, weitere Erhöhung der Produktivität und Verbesserung von Systemangeboten, bei denen logistische Paketlösungen den Schwerpunkt bilden, sind die darzustellenden Hauptaktionsgebiete.

1 Marktsituation

Der Verkehrsmarkt in Berlin ist heiß umkämpft. Binnenschiffahrt und Lkw haben sich einen Anteil von etwa 75 % im Empfang und etwa 80 % im Versand des Verkehrsaufkommens gesichert, wobei berücksichtigt werden muß, daß Berlin mit einem Verhältnis Versand zu Empfang von 1 zu 4 überwiegend ein Empfangsgebiet darstellt.

Der Regionalbereich Ladungsverkehr Berlin der Deutschen Bahn AG (DB AG) umfaßt das Gebiet der Stadt Berlin und darüber hinaus Flächen bis Neuruppin, Templin, Eberswalde, Rüdersdorf, Königs Wusterhausen, Jüterbog, Wiesenburg, Kirchmöser, Neustadt (Dosse).

Der Regionalbereich Ladungsverkehr Berlin der DB AG hat derzeitig ein Jahresaufkommen an Schienentransporten (ohne kombinierten Ladungsverkehr und Stückgutverkehr) von rd. 5 Mio. t im Versand und rd. 14 Mio. t im Empfang. Mit Ziel Berlin verkehren arbeitstäglich 127 Ganz- und Frachtenzüge im Fernbereich, sowie weitere 21 Eilgüterzüge, 106 Frachten- und 29 Nahgüterzüge.

Ein wesentlich größeres Schienenaufkommen hatte Berlin vor 1990, da restriktiv fast alle schienenaffinen Güter bis zur Kapazitätsgrenze mit der Bahn gefahren worden sind. Nach der Wende sank das Transportvolumen durch den Zusammenbruch zahlreicher Produktionsbetriebe, den Wegfall von Ex- und Importen nach und aus den Ostblockländern und die Umstellung von Kohle- z. B. auf Erdgasheizung enorm. Außerdem wirken verschärfend auf den Wettbewerb die Aktivitäten hauptsächlich polnischer, tschechischer und holländischer Lkw und die Direktvermarktung von Kiesgruben und Brikettfabriken per Lkw speziell in den südlichen Berliner Raum.

Der Ladungsverkehr der DB AG sichert jetzt seine Position insbesondere durch Massengutdirektverkehre in Ganzzügen (z. B. Erdaushub, Bauschutt im Versand, Baustoffe im Empfang), und versucht sie auszubauen durch Logistikzüge (z. B. Fordlogistikzug, Kaffeelogistikzug) sowie Transporte unter Nutzung des eisenbahnseitigen Standortvorteils und flankierender Logistikleistungen. Aus wirtschaftlicher und ökologischer Sicht kann der Ladungsverkehr der DB AG mit diesem modal split nicht zufrieden sein. Mit der Verlagerung verschiedenster Produktionsbereiche aus der Stadt Berlin ins Berliner Umland verringert sich weiterhin das direkt über Gleisanschlüsse zu befördernde Verkehrspotential.

2 Marktstrategie

Ohne grundlegende Veränderungen wird die Position am Markt nicht verbessert werden können. Deshalb stellt sich der Ladungsverkehr der DB AG mit unternehmerischer Markt- und Kundenorientierung und neuen Systemangeboten dem Wettbewerb. Mit neuen und verbesserten technologischen Ketten müssen für jede potentielle Relation zuverlässige und kostengünstige Projekte integriert in die Logistik der Kunden konstruiert und sichergestellt werden.

Effizienz, Flexibilität und Zuverlässigkeit der Transportleistung sind die entscheidenden Kriterien für beständige und auskömmliche Angebote am Markt.

Der Güterverkehr der DB AG hat sich als DB-CARGO

▷ noch stärkere Kundenausrichtung,
▷ Optimierung der Produktionssysteme und den
▷ produktiven Personaleinsatz

auf die Fahne geschrieben.

Ein Beispiel für diesen Anspruch sind die Transporte für Bosch-Siemens Haushaltsgeräte zwischen dem Raum Ulm und Berlin, wobei in Zusammenarbeit mit dem Regionalbereich Ulm der Schienenanteil auf 50 % gesteigert werden konnte. Eine Voraussetzung für die erfolgreiche Umsetzung dieser anspruchsvollen und notwendigen Veränderungen sind engagierte Mitarbeiter, mit denen marktgerechte Lösungen erarbeitet

Güterverkehrskonzept der DB AG

werden, die besser sind als die Angebote potentieller Wettbewerber.

Es wurde erkannt, daß Kundenorientierung prozeßorientiertes Denken erfordert. Stellvertretend für solche Leistungsangebote sind Gesamtangebote für Baustellenlogistikstandorte, die z. T. im Rahmen einer Arbeitsgemeinschaft Deutsche Bahn AG mit Tochterunternehmen bzw. mit anderen Kooperationspartnern offeriert werden.

3 Wandel der Strukturen

3.1 Standortkonzeption

Das Stadtgebiet Berlins verfügt über eine umfangreiche, historisch gewachsene Infrastruktur für den Güterverkehr. Im Jahre 1989 existierten 42 Gütertarifbahnhöfe (davon 5 Rangierbahnhöfe im Stadtgebiet), die für verkehrliche und betriebliche Aufgaben der Bahn sehr unterschiedliche Bedeutung besaßen.

Die langfristige Standortkonzeption im Berliner Raum umfaßt ein sinnvolles Arrangement von Logistik-Centren, Güterverkehrszentren (GVZ), KLV-Terminals und Verbindungsstellen zu den regionalen NE-Bahnen und Häfen (Bild 1 und Tafel). Nur durch angepaßte „Interfaces" zu anderen Partnern mit möglichst direkter Schienenanbindung können die hochwertigen, zeitsensiblen Potentiale eines Raumes wie Berlin für die Schiene gewonnen und gesichert werden.

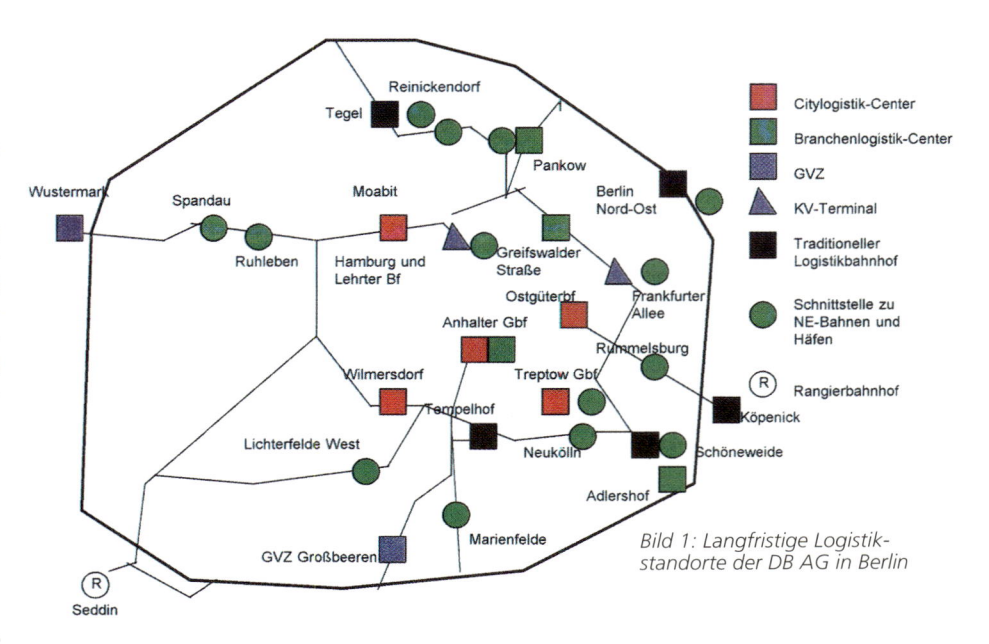

Bild 1: Langfristige Logistikstandorte der DB AG in Berlin

3.2 Organisation und Produktion

Mit der Bildung der Deutschen Bahn AG ist es zu einem neuen Geschäftsverständnis und Strukturwandel im Eisenbahn-Ladungsverkehr im Großraum Berlin gekommen. So erfolgte auch eine Optimierung des Produktionssystems. Der Regionalbereich Ladungsverkehr Berlin konzentriert sich auf 4 Niederlassungen und 90-100 Güterverkehrsstellen, davon z. Z. 32 im Stadtgebiet Berlin, bei Straffung der Produktionsanlagen. Damit einher gehen deutliche Ressourceneinsparungen im Bereich von 20-25 %.

Für die technologische Durchführung der Schienentransporte werden im Regionalbereich Ladungsverkehr Berlin ab 1996 vorgehalten:

▷ 1 Rangierbahnhof (Seddin)
  Im Rangierbahnhof (Rbf) werden Ferngüterzüge aufgelöst und die Güterwagen in Nahgüterzüge zur Verteilung im Raum eingestellt und umgekehrt neue Ferngüterzüge gebildet. Ein Rbf kann gleichzeitig die Funktion eines Knotenbahnhofs haben.

▷ 4 Knotenpunktbahnhöfe (Berlin-Nordost, Berlin-Tempelhof, Seddin, Wustermark)
  Ein Knotenpunktbahnhof (Kbf) ist der betriebliche Mittelpunkt eines Knotenpunktbereiches, in dem Güterwagen von Nahgüterzügen auf Bedienungsfahrten oder umgekehrt übergehen. Er ist Leitstelle für Steuerung und Kontrolle der Transportabläufe der Güterwagen sowie des Einsatzes von Rangierpersonal und Rangierlokomotiven.

Tafel: Kategorien, Leistungsprofil und Bahnhofsbeispiele der langfristigen Logistikstandorte der DB AG in Berlin

Kategorie	Leistungsprofil	Bahnhofsbeispiele
Citylogistik-Center	Systemwechselpunkt und Servicecenter für - Just-in-time-Bedienung - Zwischenlagerung, Kommissionierung - Citytypische Bedienungstechnologien (Shuttle) - Anbindung an hochwertige überregionale Leistungen	Ostgüterbahnhof, Anhalter Güterbhf., Wilmersdorf, Treptow Güterbhf.
Branchenlogistik-Center	Bereitstellung des Spezialwagenparks - zeit- und anforderungsgerechte Be- und Entladung - Zwischenlagerung und Veredlung	Greifswalder Str. Potsdamer Gbf. Köpenick Adlershof
KLV-Terminal	Systemwechselpunkt und Servicecenter für - Containerverkehr - Wechselbrücken	Hamburg und Lehrter Bahnhof, Frankfurter Allee
Frachtzentrum (Land Brandenburg)	Nur im Rahmen von GVZ außerhalb des Stadtgebietes für den Teilladungsverkehr	Großbeeren Wustermark
Traditioneller Logistikbahnhof	- Bereitstellung des Wagenraumes - Bedienung der Ladestraße - Gleisanschlußbedienung - Kundeninformationsbereitstellung	Tegel Berlin Nordost Tempelhof
Schnittstelle zu NE-Bahnen und Häfen	Anschlußbedienung, Übergabe und Übernahme von Wagen an festgelegten Übergabestellen zu vereinbarten Zeiten - Kundeninformationsbereitstellung	Tegel Reinickendorf Pankow Spandau Ruhleben Lichterfelde West

Güterverkehrskonzept der DB AG

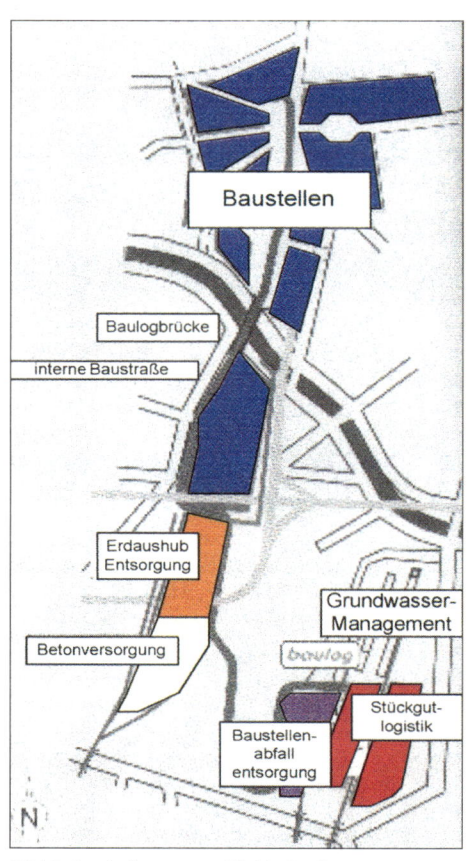

Bild 2: Logistikzentrum Süd in Berlin

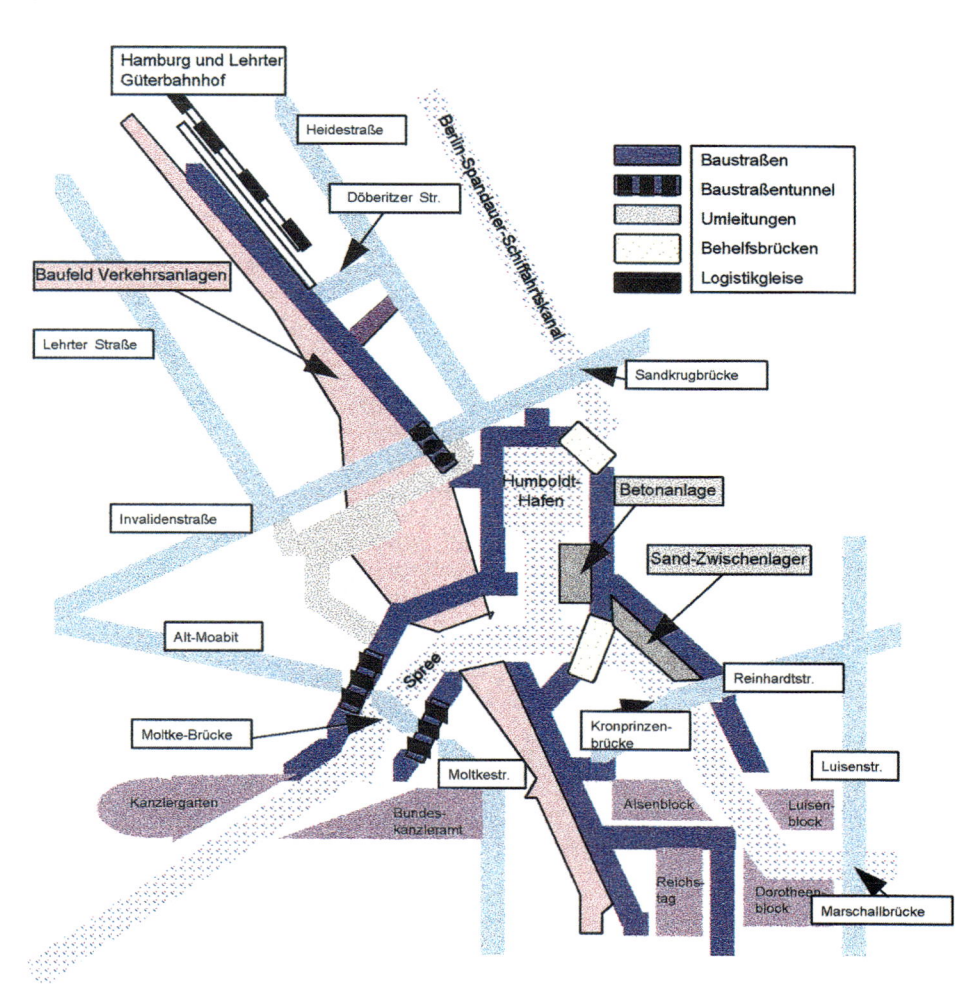

Bild 3: Logistikzentrum Nord in Berlin

▷ 98 Satelliten

Satelliten (Sat) sind betriebliche Stellen (Bahnhöfe, Haltestellen, Anschluß- und Ausweichanschlußstellen mit Zusatzanlagen) innerhalb eines Knotenpunktbereiches, die von einem Knotenpunktbahnhof aus bedient werden. Auf Satelliten können besonderes Rangierpersonal und/oder besondere Rangiertriebfahrzeuge vorgehalten werden, um die Güterwagen den Ladestellen bzw. Übergabestellen zuzuführen und sie abzuholen.

4 Geschäftsfelder

Die Anforderungen im Tranportmarkt steigen, und es werden Logistiklösungen erwartet, die genau auf die Kundenbedürfnisse zugeschnitten sind. Der Regionalbereich Ladungsverkehr Berlin bietet eine umfangreiche Produktpalette an.

4.1 Klassische Geschäftsfelder

Im klassischen Bereich sind das der Ganzzugverkehr und der Einzelwagenverkehr einschließlich Wagengruppen.

Ganzzugverkehr:

Für terminsensible Transporte gibt es den Logistikzug, für Massenguttransporte den Programmzug. Ganzzüge werden ohne Nutzung von Rangierbahnhöfen im direkten Verkehr Versender — Empfänger in der Regel über Gleisanschlüsse oder von/zu Logistikbahnhöfen realisiert. Der Einsatzschwerpunkt von Ganzzügen liegt im Bereich der Montan- bzw. Massengüter. Eine dominierende Rolle spielen in Berlin Baustoff- und Bauschutttransporte sowie Ganzzugtransporte im Rahmen der Entsorgungslogistik (vgl. 4.2).

Einzelwagenverkehr einschließlich Wagengruppen:

Der Einzelwagenverkehr übernimmt die Bedienung in der Fläche über alle Zugangsstellen zum Netz, also Gleisanschlüsse und Ladestraßen. Kundenorientierte Anforderungen, wie nachfragegerechte Ladeschluß- und Bereitstellungszeiten und akzeptable Transportzeiten (z. B. Nachtsprung mit stundengenauer Anlieferung), oder taggenauer Anlieferung müssen mit hoher Zuverlässigkeit erfüllt werden.

4.2 Baulogistik

Der Schwerpunkt des Schienengüterverkehrs im Knoten Berlin ist in den folgenden 7-10 Jahren ohne Zweifel die Ver- und Entsorgung von Großbaustellen im Herzen von Berlin.

Besonders hervorzuheben sind hierbei die Projekte

▷ Potsdamer Platz mit dem Logistikzentrum Süd (Bild 2),
▷ Spreebogen mit dem Logistikzentrum Nord (Bild 3),

➜

Güterverkehrskonzept der DB AG

▷ Berliner Innenring Nördlicher Abschnitt (Bahnbau),
▷ Schnellbahnverbindung von Staaken bis Berlin-Hauptbahnhof,
▷ Anhalter und Dresdener Bahn.

Die DB AG stellt sich als größter Investor und gleichzeitig größter Dienstleister den Erfordernissen der stadtverträglichen Ver- und Entsorgung.

Schwerpunkte des *Logistikzentrums Süd* sind der Bahnhof *Berlin Potsdamer Güterbahnhof* mit Erdaushub im Versand nach verschiedenen Empfangsstellen im Land Brandenburg (wie z. B. Satzkorn, Wustermark, Niemegk, sowie Schöneicher Plan zur Abdeckung von Deponien und Lübbenau Süd zur Verfüllung von Tagebauen) und mit den Gutarten Kies, Sand und Zement im Empfang und der Bahnhof *Berlin Anhalter Güterbahnhof* hauptsächlich für den Empfang von Spundwänden, Schlitzwandkörben, Güter in Containern z. B. für den Innenausbau der Hochbauten sowie für den Versand von Baustellenabfällen.

Für das Projekt Spreebogen (Verkehrs- und Regierungsbauten) wird ab 1996 der Bahnhof *Berlin Hamburg und Lehrter Bahnhof* Bestandteil des *Logistikzentrums Nord* sein.

Durch das Konzept der Logistikzentren wird eine hohe Ver- und Entsorgungssicherheit gewährleistet, die bei der Nutzung öffentlicher hochbelasteter Straßen besonders im Innenstadtbereich durch Lkw's in keiner Weise sichergestellt werden könnte.

Die Vorteile der Bahn sind die Fähigkeit, Massengüter wirtschaftlich zu transportieren, die Planbarkeit des Anlieferzeitpunktes und das große Plus der einheitlichen umweltschonenden Leistungserstellung. Nur so kann ein stadtverträgliches, ganzheitliches Verkehrskonzept entwickelt werden. Seit September 1994 betreibt der Regionalbereich Ladungsverkehr Berlin erfolgreich ein *Leitstandsystem* zur Organisation, Überwachung und Steuerung der aus der Baulogistik Berlin erwachsenen Aufgaben.

Eine besondere Bedeutung hat das Bauvorhaben am Potsdamer Platz. Hier beweist der Ladungsverkehr der DB AG täglich, daß er ein zuverlässiger Dienstleister ist. Im I. Halbjahr 1995 wurden über 160 000 t im Versand und über 135 000 t im Empfang für diese Baustelle abgerechnet, im IV. Quartal 1995 wurden von dort sogar werktäglich bis zu 14 Zügen abgefertigt. Die Kunden tragen durch 48-stündige Voravision der Versandziele zur Realisierung der Ganzzüge bei.

Mit diesem Beweis werden auch die Grundlagen dafür gesetzt, daß sich Citylogistikkonzept zusammen mit gegebenenfalls anderen Schienenverkehrsbetreibern erfolgreich umsetzen läßt. Die Qualitätsleistungen sind richtungsweisend für die Zukunft.

Insgesamt werden für den Bereich Potsdamer Platz bis zum Jahre 2002 rund 11 Mio. t Güter per Bahn versandt oder empfangen. Darauf entfallen auf

▷ Aushub: .... 4,7 Mio. t,
  (Sand, Mergel, Trümmerschutt)
▷ Beton: .... 3,8 Mio. t,
  (Sand, Kies, Zement)
▷ Versorgungs- und
  Ausrüstungsgüter: .... 2,0 Mio. t,
▷ Baustellenabfälle: .... 0,2 Mio. t.

Die Erfahrungen, die DB Cargo in diesem sensiblen Bereich der Baustellenversorgung sammelt, werden ohne Zweifel anderen Kunden auch in anderen Marktsegmenten zugute kommen. Deutlich muß hierbei auch die Organisation der Transportarbeit hinsichtlich der stadt- und umweltverträglichen Lösung hervorgehoben werden, denn täglich werden bis zu 5000 innerstädtische Lkw-Fahrten vermieden.

4.3 Weitere und neue Geschäftsfelder

Der Einbau von Systemleistungen in nachfragegerechte Logistikprodukte ist an die Herausbildung von Schnittstellen mit speziellen Leistungsprofilen gebunden. Im Einzelnen konzentriert sich der Ladungsverkehr Berlin auf den Ausbau und die Nutzung von folgenden *Bahnlogistik-Centren:*

4.4 Güterverkehrszentren Wustermark und Großbeeren

Mit den Güterverkehrszentren wird in Deutschland ein Netz transportlogistischer Knoten geschaffen, das den Anforderungen an ein modernes und leistungsfähiges überregionales Logistikkonzept genauer gerecht wird, wie auch der Forderung nach stadt- und umweltgerechter Verkehrslösungen für das Ballungszentrum Berlin.

Erwartet werden durch die Ansiedlung verschiedener Speditionen und potentieller Kunden der Bahn erhebliche wirtschaftliche Synergieeffekte, ohne daß zusätzlich aufwendige Straßenanfuhren entstehen. Konkurrenz und Kooperation schließen sich dabei nicht aus.

4.5 Zusammenarbeit mit NE-Bahnen

Eine weitere wichtige Aufgabe für die zukunftsorientierte Arbeit des Regionalbereiches Ladungsverkehr Berlin ist eine bessere Verzahnung der Leistungen mit anderen Schienenverkehrsbetreibern. Integriert in diese Strategie sind abgestimmte Technologien und Abfertigung der Sendungen, die einheitliche und die informatorische Verknüpfung. Ziel ist eine Kostensenkung in der gemeinsamen Transportkette, z. B. in der Zugbildung und Nahbereichsbedienung. Dazu gehört auch die Verzahnung aller anderen Arbeiten und die Senkung der Infrastrukturkosten.

Praktische Beispiele sind in Berlin-Brandenburg:

▷ Baustofftransporte nach Wandlitz (Niederbarnimer Eisenbahn),
▷ Mülltransporte ab Berlin-Teltowkanal nach Deponie Schöneicher Plan (Neukölln-Mittenwalder Eisenbahn),
▷ Mülltransporte ab Ruhleben nach Ketzin (Industriebahngesellschaft Berlin mbH),
▷ demnächst Ausbau BAB100 (Neukölln-Mittenwalder Eisenbahn),
▷ Bereich Berlin-Neukölln/Berlin-Treptow mit Logistikleistungen (Industriebahngesellschaft Berlin mbH).

Weitere konkrete Projekte sind in Arbeit, die die Wettbewerbsfähigkeit der Schienenverkehre erheblich durch Kostensenkung und logistische Gesamtangebote verbessern.

5 Situation und Perspektiven für das Leistungsangebot

Künftig wird nur noch Seddin als leistungsfähiger Rangierbahnhof die wichtigen Verknüpfungsfunktionen von Einzelwagen und

Güterverkehrskonzept der DB AG

Wagengruppen zu produktiven Zügen übernehmen. Speziell die Standorte der GVZ und des Rangierbahnhofes machen die verkehrstechnische und wirtschaftliche Verknüpfung der Länder Berlin und Brandenburg deutlich.

Mit der Rationalisierung einher geht die Einführung neuer Produkte. Auch wenn z. B. der intelligente Güterwagen im Regionalbereich Berlin noch nicht zur Anwendung kommt, können andere konkrete Rationalisierungseffekte realisiert werden.

Für die logistische Erreichbarkeit des Raumes Berlin ist die gute Einbindung der vorhandenen Wirtschaftsströme ausschlaggebend. Zum einen bestehen im deutschlandweiten Grundnetz Tag A/C-Verbindungen, zum anderen werden die wichtigsten Übernacht-Verbindungen im Inter-Cargo-(ICG) und Inter-Kombi-System (IKE) ausgebaut:

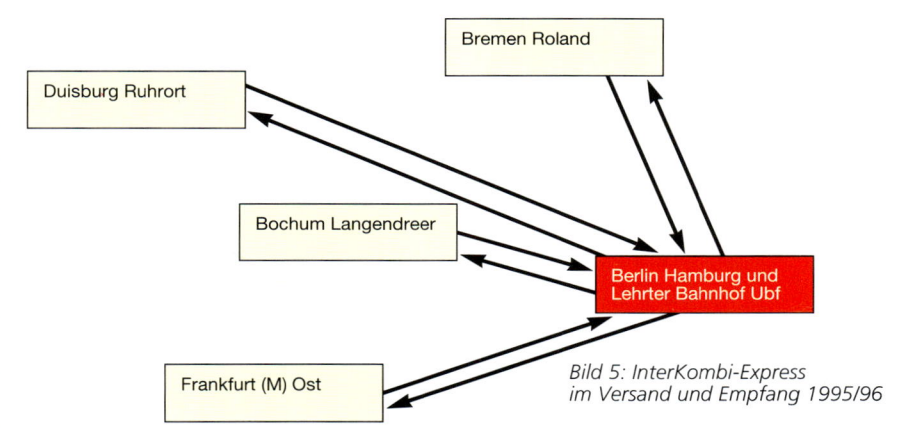

▷ *ICG-Verbindungen* bestehen z. Z. zwischen Berlin und den Wirtschaftszentren Hamburg (Maschen), Hannover (Seelze), westliches Ruhrgebiet (Hamm) und Sachsen (Dresden Friedrichstadt). Für den Jahresfahrplan 1996/97 sind bereits als neue „Nachtsprung"-Verbindungen vorgesehen Hannover—Berlin und Berlin—Rostock Seehafen (Bild 4).

Bild 5: InterKombi-Express im Versand und Empfang 1995/96

▷ *IKE-Züge* für den Kombinierten Ladungsverkehr wurden aufgebaut zwischen Berlin HuL und Frankfurt am Main, Duisburg, Bochum und Bremen (Bild 5).
▷ Realisierung von *Logistikganzzugverkehren*, insbesondere im direkten Verkehr Versender—Empfänger bei Großkunden der Bahnlogistik, Entsorgungslogistik, Kaufhauslogistik, Automobilzulieferung. Bereits gefahren werden die „FORD-Logistikzüge" und „Kaffee-Logistikzüge".

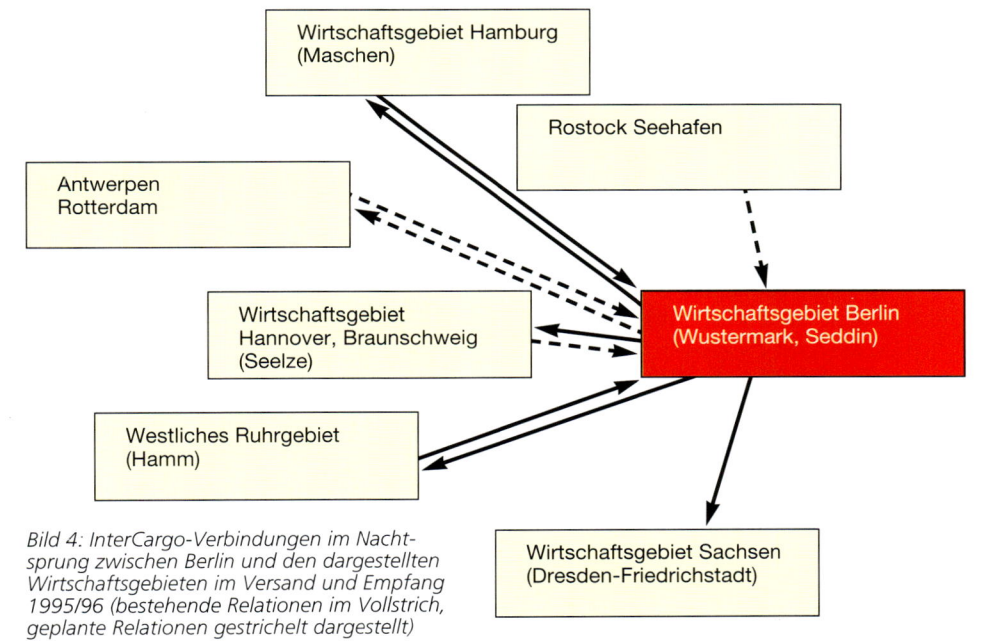

Diese technologisch-organisatorischen Maßnahmen werden ergänzt durch den Einsatz neuer Techniken wie z. B.:

▷ Fas-Wagenzüge mit elektropneumatischer Bremse und selektiver Entladungsmöglichkeit vom Triebfahrzeug aus für den Transport von Massengütern oder
▷ Einsatz funkferngesteuerter Triebfahrzeuge, z. B. in den Bereichen Seddin und Pankow.

6 Resümee

Die aktuellen Steigerungsraten bei Mengen und Umsatz über 20 % im Jahre 1995 bestätigen die Richtigkeit und den Erfolg der Bemühungen des DB-Ladungsverkehrs in Berlin.

Mit konsequenter Kundenorientierung und den notwendigen Produktivitätsfortschritten wird DB Cargo nicht nur die Potentiale der Baulogistik für sich nutzen, sondern auch die neuen Anlagen für logistische Leistungen mit Geschäft zwischen dem dynamischen Wirtschaftsraum Berlin/Brandenburg und ganz Deutschland füllen.

Bild 4: InterCargo-Verbindungen im Nachtsprung zwischen Berlin und den dargestellten Wirtschaftsgebieten im Versand und Empfang 1995/96 (bestehende Relationen im Vollstrich, geplante Relationen gestrichelt dargestellt)

An das InterCargo-Netz angeschlossene Bahnhöfe des Wirtschaftsgebietes Berlin:

Berlin-Moabit	Versand	Berlin-Spandau Gbf	Empfang
Berlin-Tempelhof	Versand + Empfang	Berlin-Spandau OHE	Empfang
Berlin-Neukölln	Versand	Berlin-Johannesstift	Empfang
Berlin-Marienfelde	Versand	Berlin-Ruhleben	Empfang
Großbeeren	Versand	Berlin-Siemensstadt	Empfang
Ludwigsfelde	Versand	Berlin-Gartenfeld	Empfang
Ludwigsfelde Wbf	Versand + Empfang	Berlin-HuL + Ubf	Empfang
Potsdam Rehbrücke	Versand	Hennigsdorf bei Berlin	Empfang
Wustermark Rbf	Versand + Empfang	Nauen	Empfang
		Satzkorn	Empfang
		Werder (Havel)	Empfang

Komfortabel, kommunikativ, flexibel ...

Berlin: verkehrspolitischer Moloch oder Chance für die Zukunft? Was müssen Rad-Schiene-Systeme bieten, um auch morgen attraktiv zu sein? Wie hat ein modernes Verkehrsmanagement auszusehen? Fragen an Wolfram O. Martinsen, Vorstandsmitglied der Siemens AG. Im Unternehmen leitet er den Bereich Verkehrstechnik und ist für alle Fragen zuständig, die die Bundeshauptstadt betreffen.

Wolfram O. Martinsen, Vorstandsmitglied der Siemens AG und Vorstandsvorsitzender des Bereichs Verkehrstechnik, im Gespräch

Frage: Berlin steht vor dringenden Verkehrsproblemen. Handlungsbedarf ist angesagt.

Martinsen: Vor dem Krieg besaß Berlin eines der modernsten Verkehrsnetze in Europa. Fernbahn, Straßenbahn, U- und S-Bahn sind eng miteinander verzahnt gewesen. Durch die Trennung der Stadt wurde dieses Netz jedoch auseinandergerissen. Heute nach der Wiedervereinigung stehen wir vor der Aufgabe, die im Moment ungeordnet verlaufenden Verkehrsströme wieder zu organisieren und zu koordinieren. Dabei gilt es auch die verschiedenen Betreibergesellschaften in Berlin – wie Deutsche Bahn AG, S-Bahn-Gesellschaft und BVG aufeinander abzustimmen.

Frage: Also die Wiederherstellung des alten Systems?

Martinsen: Nein! Es genügt nicht, die verschiedenen Schienensysteme lediglich auf den alten Stand zu bringen. Es geht vielmehr darum, eine Schnittstelle mit dem Individualverkehr zu schaffen und die einzelnen Systeme intelligent miteinander zu verknüpfen.

Frage: Wie kann das aussehen?

Martinsen: Beispielsweise mit Verkehrsleitsystemen. Ein Terminal im Auto informiert den Fahrer über die aktuelle Verkehrslage. Zudem erfährt er, wo sich die nächste Park- & Ride-Möglichkeit befindet sowie wann und mit welchem öffentlichen Verkehrsmittel er fahren muß, um das gewünschte Ziel schnellstmöglich zu erreichen.

Frage: Manche Städte setzen, um ihre Verkehrsprobleme zu lösen, auf eine City-Maut für die Autofahrer?

Martinsen: Natürlich muß man darüber nachdenken, mit welchen „zarten" oder „restriktiven" Mitteln die Autofahrer zum Umsteigen auf Bahn oder Bus bewegt werden können. Eine Vorreiterrolle spielt hier zum Beispiel Singapur. Hier haben die Stadtväter, bevor sie die Autobesitzer zur Kasse baten, ein modernes und attraktives Massenverkehrsmittel als Alternative gebaut. – Für mich die richtige Strategie.

Frage: Was heißt Attraktivität bei Massenverkehrsmitteln?

Martinsen: Zuerst einmal bedarfsgerecht fahren: also genügend Kapazität während der Rush-hour und keine Wartezeiten in den Schwachlastzeiten wie nachts.

Frage: Das heißt, ich rufe mir eine U-Bahn, wann ich sie brauche?

Martinsen: Ja, eine der Voraussetzungen dabei ist ein hochautomatisierter und flexibler Fahrbetrieb. Siemens und sein französischer Partner Matra betreiben für den fahrerlosen Betrieb in Lille ein Kompetenzzentrum. Einen wichtigen Schritt hat man bereits bei der Berliner U-Bahn getan. Dort können auf zwei Linien die U-Bahn-Züge vollautomatisch fahren.

Dies gilt es jetzt schnell auszubauen. Weiter müssen Kommunikationseinrichtungen geschaffen werden, die nicht nur die Autofahrer über die optimale Routenwahl informieren, sondern auch die Nutzer von Massenverkehrsmitteln. Zum Beispiel wie eine Verspätung wieder aufgeholt werden kann oder wo man Umsteigen muß, wenn man seine Reisepläne plötzlich geändert hat. Dies funktioniert mit vernetzten Terminals in den Zügen oder an den Bahnsteigen.

Frage: Thema Fahrpreise: Sie sind für viele Autofahrer oft der Grund, nicht auf die öffentlichen Verkehrsmittel umzusteigen. – Eine unendliche Geschichte?

Martinsen: Nein, doch müssen wir zuerst einmal überschaubare und

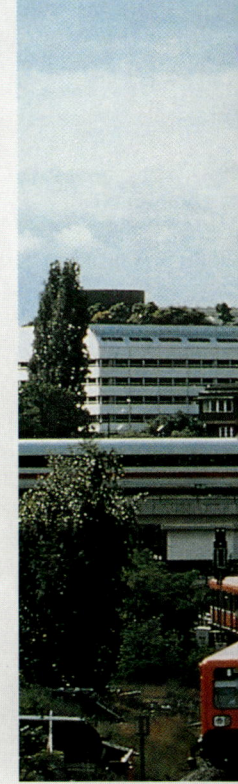

Bis zum Jahr 2000 soll es in Berlin bereits wieder eine vorbildliche Eisenbahn-Infrastruktur geben – wie einst vor dem Zweiten Weltkrieg

verständliche Tarife schaffen. Dann brauchen wir einfache Abbuchungssysteme, zum Beispiel unter Verwendung von Chipkarten oder automatische Einzugsverfahren. Auch muß es möglich sein, die Fahrkarte oder Platzreservierung künftig zuhause über eigene elektronische Einrichtungen auszudrucken. Andererseits hat Mobilität ihren Preis. Wir müssen uns künftig an Tarife gewöhnen, die es erlauben, eine attraktive Verkehrsinfrastruktur auch finanzieren zu können.

Frage: Das heißt?

Martinsen: Wir müssen Massenverkehrsmittel schaffen, in denen der Benutzer das Gefühl hat, er kann individuell reisen. Das beginnt beim komfortablen Sitz und endet beim eigenen Büro oder TV im Zug. Warum soll ich mir nicht das Frühmagazin auf dem Weg ins Büro oder ein Fußballländerspiel während einer Bahnreise ansehen. Gespräche hierüber führt Siemens bereits mit der Deutschen Bahn AG. Im Prinzip ist dies lediglich ein technisches Problem. Fährt nämlich der Zug durch einen Tunnel darf das Fernsehprogramm nicht abbrechen.

Frage: Komfort heißt auch, sich nicht um das Gepäck kümmern zu müssen!

Martinsen: Zwischen der Deutschen Lufthansa und der Deutschen Bahn gibt es bereits eine Kooperation, daß Fluggäste, die mit der Bahn zum Flughafen fahren, ihr Gepäck bereits am Bahnhof einchecken können. Und auch bei der U-Bahn müssen wir künftig zu solchen Strategien kommen. In Berlin wäre es durchaus an jeder U- oder S-Bahn-Station denkbar, das Gepäck für den Flieger abzugeben. In Zukunft wird sich auch die Mikroelektronik um unser Gepäck kümmern. Mit Identifizierungssystemen ließen sich beispielsweise Gepäck-Boxen ohne Zutun der Reisenden zum Fahrziel befördern, so daß eine Bahnfahrt auch mit viel Gepäck zum Vergnügen wird.

Frage: Welche Rolle kann Siemens dabei spielen?

Martinsen: Zum Realisieren solcher Ideen sind wir der ideale Partner. Denn Siemens hat alle Arbeitsgebiete, die hierfür wichtig sind unter einem Dach – Informations-, Kommunikations-, und Automatisierungssysteme und dazu das Komplett-Know-how als Schienenverkehrsanbieter vom ICE bis zur Straßenbahn und von der Stromversorgung bis zum Sicherungssystem.

Frage: Welche Bedeutung hat ein funktionierendes Verkehrssystem für die Entwicklung von Berlin?

Martinsen: Eine gewaltige! Der Kommunikations- und Verkehrsminister von Singapur bestätigte mir, daß die Attraktivität einer Stadt überwiegend durch ein gut funktionierendes Verkehrsnetz bestimmt wird. In Singapur wisse jeder Investor, daß er bequem aus aller Welt und pünktlich mit dem Flugzeug ankommt. Außerdem gibt es eine gute Bahnanbindung in die Innenstadt. Diese Attraktivität bietet Berlin heute noch nicht. Das Konzept für den neuen Flughafen in Berlin muß diesen Aspekt unbedingt in Betracht ziehen.

Frage: Also ein Verkehrssystem aufbauen, das auf moderner Kommunikations-Infrastruktur basiert?

Martinsen: Ja, solche Ideen habe ich innerhalb von Siemens, mit dem Berliner Senat und der BVG schon mehrfach diskutiert. Als einen ersten Erfolg verbuche ich, daß Berlin jetzt eine wichtige internationale Verkehrsmesse bekommen hat, die das weltweite Interesse auf Berlin als neuen Verkehrsknoten lenken wird. Die InnoTrans öffnet in diesem Jahr vom 15. bis 18. Oktober zu erstenmal ihre Pforten. Auf dem parallel verlaufenden Kongreß wollen wir konkret zeigen und erörtern, wie Verkehrstechnik in der Region umgesetzt wird.

Frage: Reichen in Zukunft Rad-Schiene-Systeme im innerstädtischen Verkehr aus?

Martinsen: Ich glaube, Rad-Schiene-Systeme reichen auch in Zukunft aus – man muß ja nicht nur ebenerdig oder im Untergrund fahren, ich denke da auch an vollautomatische Hängebahnen, wie sie zum Beispiel in Dortmund eingesetzt werden.

Generell gilt: Wir müssen viel umweltbewußter werden. So läßt sich der Energieverbrauch deutlich reduzieren, beispielsweise durch Energierückgewinnung beim Bremsvorgang vor allem aber durch ein effektives Verkehrsmanagement. Unsere eigentliche Aufgabe besteht künftig darin, in größeren Zusammenhängen zu denken. Damit wir nicht nur technologisch, sondern auch organisatorisch Problemlösungen für morgen entwickeln und diese benutzerfreundlich und ökologisch vertretbar einsetzen. Ich hoffe, Berlin ist auf dem Weg dorthin.

Die Berliner Stadtbahn mit Spreebrücke und Museumsinsel

Regionalverkehr auf der Schiene

Klaus Daubertshäuser

Die Zukunft des Regionalverkehrs auf der Schiene in Berlin/Brandenburg

Das künftige Netz im Regionalverkehr wird konsequent alle Bevölkerungsschwerpunkte in Brandenburg eng mit Berlin und Potsdam verbinden.

Die gemeinsam von den Ländern Berlin und Brandenburg und der DB AG erarbeitete Regionalbahnkonzeption „Zielnetz 2000" dient als Grundlage für weitere Planungen und wird ergänzt durch Einsatz moderner Fahrzeuge, kundenfreundliche Gestaltung der Bahnhöfe und anspruchsvollen Service.

Bild 1: Moderne Regionalverkehrszüge prägen bereits auf vielen Bahnhöfen Brandenburgs das Erscheinungsbild der Bahn

1 Zielnetz 2000

Seit dem Januar 1996 wird der Regionalverkehr der Deutschen Bahn AG in Berlin und Brandenburg durch diese beiden Länder bestellt. Die DB AG hat sich schon frühzeitig auf die Ansprüche dieser Region eingestellt. Bereits 1992 wurde eine Projektgruppe zwischen beiden Ländern und der DB AG gebildet. Ziel der Projektgruppe war die Entwicklung eines attraktiven Regionalbahnsystems, vor allem vor dem Hintergrund der beabsichtigten Fusion der beiden Länder. Innerhalb dieser Konzeption wurde das „Zielnetz 2000" entwickelt (Bild 4).

Diese Regionalbahnkonzeption dient als Grundlage für weitere Planungen. Sie wird ergänzt durch den Einsatz moderner Fahrzeuge, die kundenfreundliche Gestaltung der Bahnhöfe und einen anspruchsvollen Service (Bilder 1 bis 3, 6, 7).

Das „Zielnetz 2000" berücksichtigt die besonderen räumlichen Strukturen der Region. Hier besteht eine interessante Parallele zu den zwanziger Jahren: Die Zusammenführung einer Vielzahl von Dörfern und Städten zu dem damals neugebildeten „Groß-Berlin" konnte nur erfolgreich sein mit einem dazu passenden Verkehrssystem. In wenigen Jahren wurde damals die S-Bahn zum Rückgrat des öffentlichen Personennahverkehrs für die prosperierende Metropole. Dieses Kunststück muß in den nächsten Jahren erneut gelingen mit dem Aufbau eines für die Brandenburger Bevölkerung attraktiven Regionalverkehrs direkt nach Berlin und Brandenburg.

2 Netz und Produkte

Das künftige Netz mit schnellen Zügen im Regionalverkehr wird konsequent alle Bevölkerungsschwerpunkte in Brandenburg eng mit Berlin und der Landeshauptstadt Potsdam verbinden. Dadurch wird auch der klassische Vorortverkehr entscheidend verbessert.

Bild 2: Elektrische Traktion auf den Hauptstrecken ermöglicht zusammen mit Verbesserungen an der Infrastruktur attraktive Fahrzeiten

Regionalverkehr auf der Schiene

Bild 3: Wagentyp und Wagenzahl im Regionalverkehr richten sich nach der Verkehrsnachfrage auf der jeweiligen Linie

Die Linien erschließen ganz Brandenburg. Schnell und ohne Umsteigen soll man nach Berlin oder in andere Regionen des Landes kommen. Voraussetzung dafür ist, daß das Bahnnetz in Berlin wieder hergestellt wird. Die gigantische Summe von fast 20 Milliarden Mark wird die Deutsche Bahn AG daher in die Wiederherstellung des Berliner Eisenbahnnetzes investieren. Erst mit Realisierung dieser Investition wird die Durchquerung Berlins wieder möglich.

Der Regionalverkehr setzt dabei die drei Produkte RegionalExpress, StadtExpress und Regionalbahn ein, die jeweils spezifische Aufgaben übernehmen.

2.1 RegionalExpreß

Mindestens vier Linien werden das Netz des RegionalExpress in Brandenburg und Berlin bilden. Vor dem Fahrplanwechsel am 28. Mai 1995 sah die Realität noch anders aus: Wer zum Beispiel von Bad Liebenwerda nach Berlin wollte, mußte in vier verschiedenen Fahrplantabellen blättern, zweimal umsteigen und auch meist zwei Fahrscheine lösen. Vier RegionalExpress-Linien fahren nun von einem Ende Brandenburgs nach Berlin/Potsdam, durch Berlin und wieder ans andere Ende des Landes. Diese Linien können meist noch nicht direkt ins Berliner Zentrum fahren, weil die Bauarbeiten dies zur Zeit noch nicht zulassen. Die Verbindung in die Region wird aber trotzdem schon entscheidend verbessert, das künftige „Zielnetz 2000" schon in Ansätzen sichtbar.

Die derzeitigen Linien des RegionalExpress (RE) Brandenburg/Berlin werden beim Zusammenwachsen der Länder zu einer Wirtschaftsregion eine wichtige Rolle übernehmen. Die vier RE-Linien erreichen über 60% der Bevölkerung Brandenburgs. Die Vorgabe lautet, die regionalen Entwicklungszentren im sog. „Städtekranz" mit häufig verkehrenden Zügen in 35-50 Minuten Fahrzeit mit der Innenstadt von Berlin zu verbinden. Der RE wird — wo dies das Streckennetz erlaubt — eine Höchstgeschwindigkeit von 160km/h erreichen und damit im Fernverkehr „mitschwimmen". Die Züge des Inter-Regio-Netzes werden mit dem RegionalExpress fahrplantechnisch möglichst ein System bilden.

Im Einzelnen:
Die RegionalExpress-Linie 1 (RE 1) fährt von Cottbus über Eisenhüttenstadt und Frankfurt (Oder) im Stundentakt nach Berlin Hbf und vom Bahnhof Berlin Zoologischer Garten über Potsdam Stadt nach Brandenburg. Das Zwischenstück auf der Berliner Stadtbahn muß vorerst noch mit der S-Bahn zurückgelegt werden (Bild 5). Auf dieser Linie werden neue Servicekonzepte getestet. In der ersten Klasse gibt es Kaffee und eine Morgenzeitung gratis. Hochmotiviertes Zugbegleitpersonal betreut unsere Kunden. Die Nachfragesteigerung auf dieser Linie ist außerordentlich ermutigend. Bereits heute ist für die Universitätsstadt Frankfurt (Oder) der RegionalExpress zum klaren Standortvorteil geworden.

Die RE 2 fährt von Cottbus über Lübbenau, Berlin-Lichtenberg nach Oranienburg und weiter nach Neustrelitz und Stralsund im Zweistundentakt. Durch Verdichtung mit InterRegio und RegionalBahn besteht zwischen Cottbus und Berlin sowie zwischen Oranienburg und Neustrelitz sogar ein Stundentakt.

Der RE 3 fährt von Cottbus über die Elbe-Elster-Region (Bad Liebenwerda) und den Landkreis Teltow-Fläming (Jüterborg/Luckenwalde) nach Berlin-Lichtenberg und weiter nach Schwedt.

Der RE 4 verbindet Potsdam und Cottbus über Blankenfelde, Wünsdorf und Finsterwalde. Blankenfelde steht dabei für Berlin: Solange die Züge des Regionalverkehrs noch nicht über den Bahnhof Papestraße ins Zentrum kommen können, springt dort die S-Bahn ein.

Seit 16. Februar 1995 verkehrt ein Regional-Express-Bus zwischen dem Bahnhof Zoo und Neuruppin im Stundentakt als Vorlauf für die künftige Zugverbindung. Diese wird dann nach Beendigung der Streckenbaumaßnahmen eingerichtet.

2.2 Der StadtExpress

Die Linien des StadtExpress-Netzes sollen denjenigen Städten und Orten, die vom RegionalExpress nicht bedient werden, einen qualifizierten Anschluß nach Berlin bringen. In Berlin und Umgebung übernehmen sie wichtige Ergänzungsfunktionen zur S-Bahn.

Die Weiterführung dieser Linien über die S-Bahn-Endpunkte hinaus quer durch Berlin, parallel zur S-Bahn wird dort sinnvoll sein, wo große Verkehrsströme einen Betrieb beider Verkehrsarten rechtfertigen. Für den StadtExpress werden daher auch neue Konzepte wie Mehrsystem-Fahrzeuge, die auf das S-Bahn-Netz übergehen können, geprüft.

Da der StadtExpress alle Halte bedient, eignet er sich besonders zur Erschließung touristisch interessanter Regionen entlang der Radialstrecken. Er muß die im Ausflugsverkehr auftretenden Belastungsspitzen einschließlich der Fahrgäste mit Fahrrädern aufnehmen können. Die Fahrzeuge des StadtExpress werden daher besonders große Mehrzweckräume mit Klappsitzen und geräumige Einstiege aufweisen.

Eine besondere Aufgabe als schneller Flughafen-Zubringer soll ab 1997 eine StadtExpress-Linie von Nauen—Falkensee über Spandau und die Stadtbahn nach Schöne-

Regionalverkehr auf der Schiene

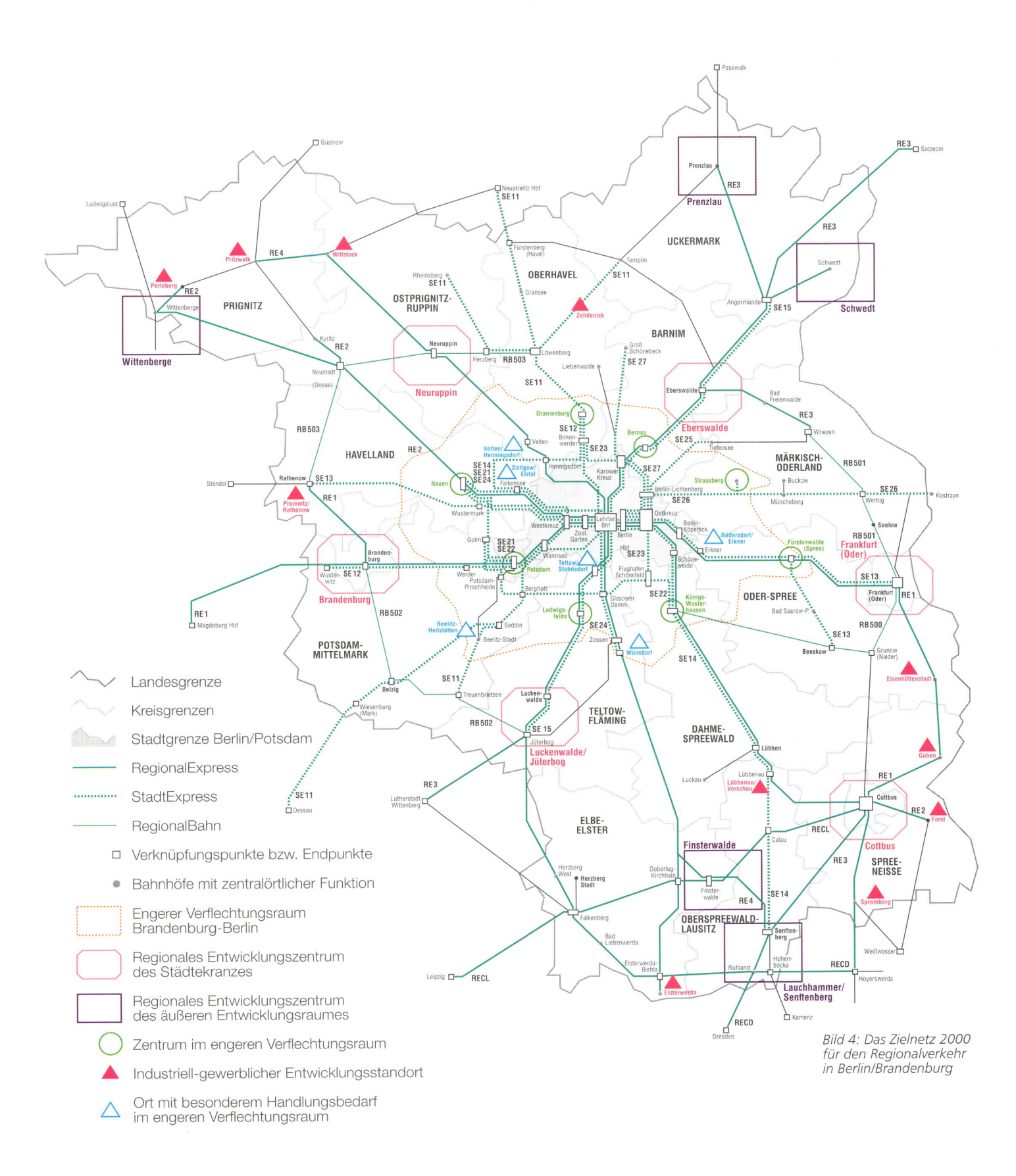

Bild 4: Das Zielnetz 2000 für den Regionalverkehr in Berlin/Brandenburg

Regionalverkehr auf der Schiene

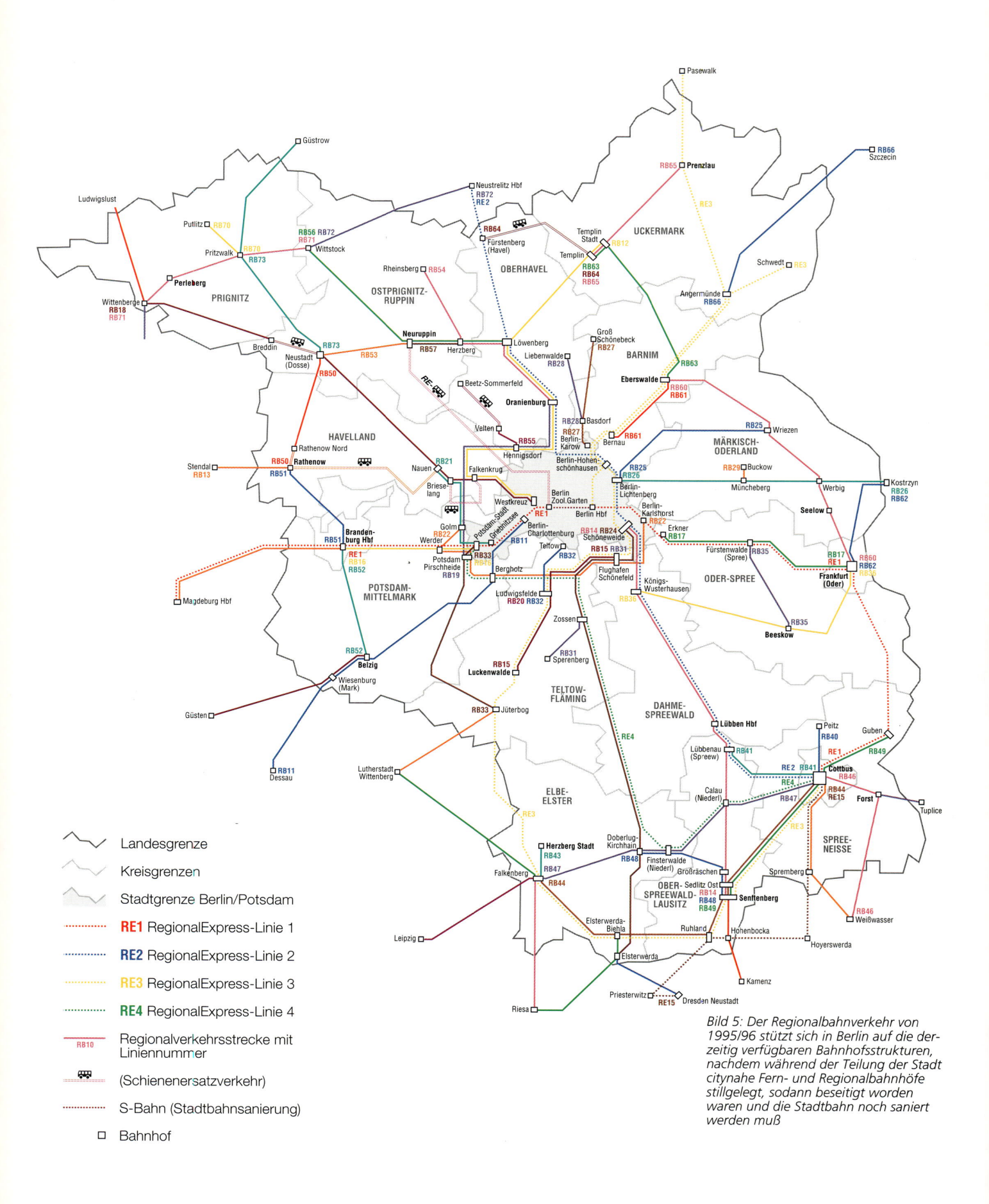

Legende:

- Landesgrenze
- Kreisgrenzen
- Stadtgrenze Berlin/Potsdam
- **RE1** RegionalExpress-Linie 1
- **RE2** RegionalExpress-Linie 2
- **RE3** RegionalExpress-Linie 3
- **RE4** RegionalExpress-Linie 4
- **RB10** Regionalverkehrsstrecke mit Liniennummer
- (Schienenersatzverkehr)
- S-Bahn (Stadtbahnsanierung)
- Bahnhof

Bild 5: Der Regionalbahnverkehr von 1995/96 stützt sich in Berlin auf die derzeitig verfügbaren Bahnhofsstrukturen, nachdem während der Teilung der Stadt citynahe Fern- und Regionalbahnhöfe stillgelegt, sodann beseitigt worden waren und die Stadtbahn noch saniert werden muß

Regionalverkehr auf der Schiene

Bild 6: Regionalbahn Triebwagen Baureihe 62..

feld übernehmen. Der Flughafen Schönefeld wird dann weniger als 30 Minuten vom Kurfürstendamm entfernt sein.

2.3 Die RegionalBahn

Die RegionalBahn ist das Qualitätsprodukt der DB AG zur Erschließung des Landes neben den Hauptverkehrsströmen. Die RegionalBahn übernimmt in Brandenburg wichtige Tangentialfunktionen im Verkehrsnetz. Dies muß zu wirtschaftlich vertretbaren Bedingungen geschehen. Dabei soll die Wirtschaftlichkeit durch den Einsatz geeigneter Fahrzeuge, die kleiner, leichter und preiswerter sind, gesichert werden.

Der Vorortverkehr mit den RegionalBahn-Zügen (Halt an allen Zugangsstellen) wird parallel entsprechend ausgebaut; allerdings werden nicht alle Vorort-Züge bis ins Zentrum Berlins fahren können. Bessere Verbindungen mit der RegionalBahn werden bereits seit Mai 1995 geboten: Zum Beispiel mit Neubau-Dieseltriebwagen von Berlin-Westkreuz nach Nauen und Templin über den fertiggestellten Lückenschluß Berlin—Spandau—Falkensee.

3 Zielnetz 2000 — ein Fahrplan für die Zukunft

Das „Zielnetz 2000" ist eine Konzeption für die nahe Zukunft, ebenso wie für eine langfristige Zielplanung. Die Entwicklungszentren in Brandenburg rücken zeitlich näher an Berlin heran (Bild 7).

Nach Beendigung der Sanierung der Berliner Stadtbahn (Berlin Zoo—Hauptbahnhof) werden dann die Linien RE 1 und RE 2 über die Stadtbahn geführt. Das wird die Attraktivität dieser Linien entscheidend verbessern und für Wittenberge den Anschluß an die Berliner Innenstadt bedeuten.

Schließlich wird die Fertigstellung der Bahnhöfe Papestraße und Gesundbrunnen die Möglichkeit für die Einführung der Züge von Norden und Süden nach Berlin bedeutend verbessern. Der StadtExpress profitiert dann von der höheren Kapazität des Bahnnetzes Berlin.

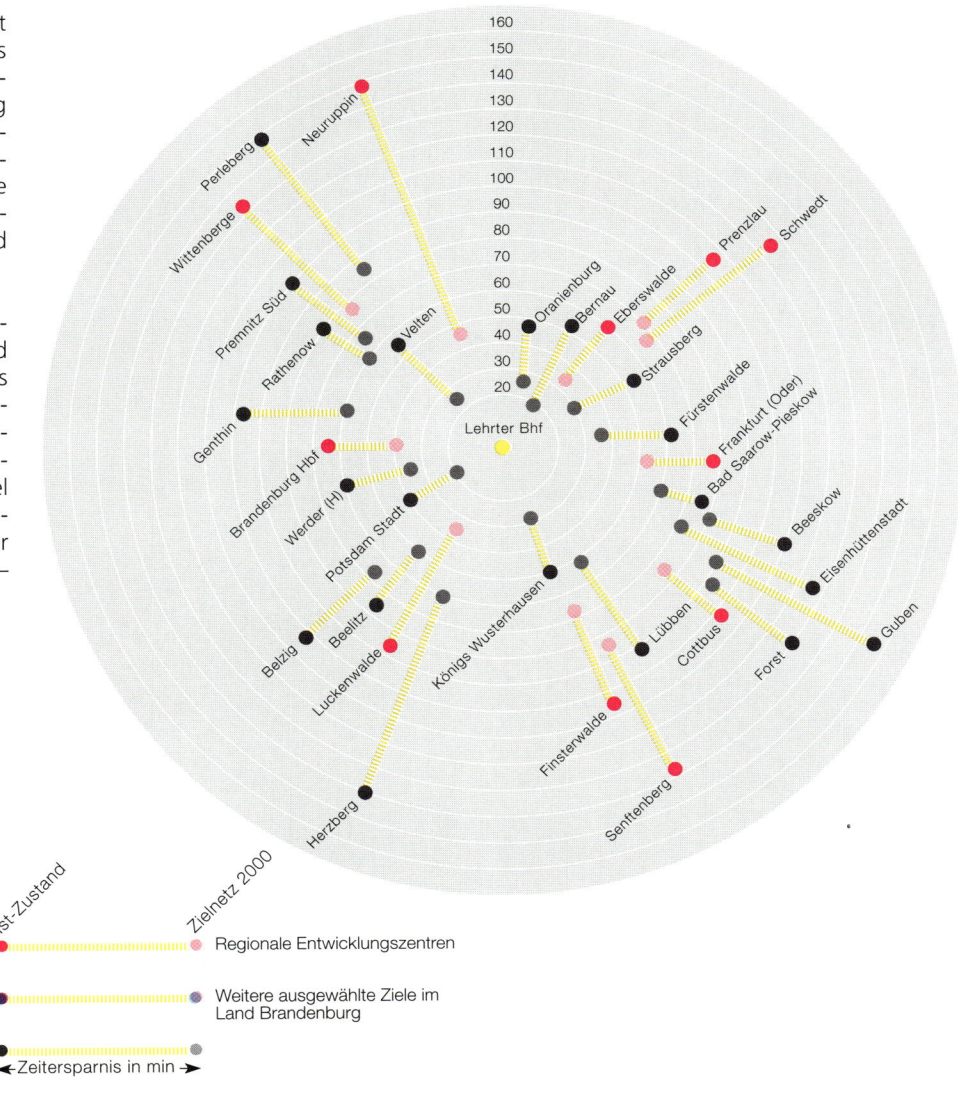

Bild 7: Reisezeiten im Regionalverkehr von Berlin/Brandenburg im Ist-Zustand und im Zielnetz 2000. Die im Zielnetz vorgesehene Einführung von Regionalverkehrszügen über die Stadtbahn, bzw. die Nord-Süd-Bahn (Stiel im Pilzkonzept) ermöglicht unter Revitalisierung der alten radialen Streckenführungen in Berlin sehr attraktive Reisezeiten, z. B. zwischen Städtekranz und Stadtmitte Berlin

- Regionale Entwicklungszentren
- Weitere ausgewählte Ziele im Land Brandenburg
- ←Zeitersparnis in min→

S-Bahnhof Ostkreuz mit Ringbahn oben und S-Bahn Richtung Osten unten, daneben moderner RegionalExpress Richtung Hbf

Planung mit Erfahrung und Kompetenz – für die Deutsche Bahn AG im Knoten Berlin

Die Probleme durch den zunehmenden Verkehr in Europa sind allgegenwärtig.

Zur Bewältigung dieser Aufgaben auf dem Gebiet des schienengebundenen Verkehrs im Knoten Berlin sind wir seit vielen Jahren ein verläßlicher Partner der Deutschen Bahn.

Unsere Leistungen:

- Verkehrsanlagen, Gleisbau, Tiefbau, Baustadienplanung, Kabeltiefbau
- Ingenieurbauwerke
- Leit- und Sicherungstechnik
- Telekommunikationstechnik
- Bahnstromtechnik
- Elektrotechnik
- Projektmanagement
- Vermessung

10119 Berlin
Torstraße 6-8
Tel 030/247 49-0
Fax 030/247 49-104

01219 Dresden
Wiener Straße 114/116
Tel 0351/4734-30
Fax 0351/4734-400

60437 Frankfurt/M
Berner Straße 45
Tel 069/500 08-0
Fax 069/500 08-202

80686 München
Edelsbergstraße 8
Tel 089/57 50 27/28
Fax 089/57 25 52

90429 Nürnberg
Spittlertorgraben 13
Tel 0911/9 29 80-0
Fax 0911/9 29 80-60

**GRE
Gauff Rail Engineering**

Hochtechnologie von Plasser & Theurer

Die Neue Bahn fordert neue Erhaltungsstrategien für den Fahrweg. Die Forderungen an den Gleisbauer die daraus resultieren sind:

- Maschinen für höchste Genauigkeit mit Computermeßtechniken
- Maschinen für Einsätze in kürzesten Zugpausen
- Maschinen mit komplexer Arbeitstechnologie

Unser Beitrag für das Hochleistungsnetz der Zukunft - Wirtschaftlichkeit und Hochtechnologie im Gleisbau

Messung der Gleislage
EM 250

Unterbauprüfung und Planumsverbesserung
PM 200

Gleisbau in Fließbandtechnik
SMD 80

Die perfekte Weichenerhaltung
Unimat 4S

Gleisdurcharbeitung für die Neue Bahn
09 Dynamic

H-MDZ

Bettungsreinigungsmaschinen für alle Einsatzbedingungen
RM 80/92

Wirtschaftliches Management des Bettungsmaterials
MFS 40

Weichentransport- und -verlegesystem
WM 26

Schienenschweißen auf der Strecke
K 355 SSW

Spezialfahrzeuge für Fahrleitungsbau und -umbau, Sicherheitsarbeiten und Brückeninspektion
MTW 100.013

Die positiven Erfahrungen im Betrieb von Hochleistungsstrecken beweisen am besten die Bedeutung der systematischen Gleiserhaltung mit modernen Maschinensystemen - **eine wesentliche Voraussetzung für die Wirtschaftlichkeit der "Neuen Bahn".**

Selbstverständlich Qualitätsstandard nach
ISO 9001

FORTSCHRITT IM GLEISBAU

Plasser & Theurer

Export von Bahnbaumaschinen Gesellschaft m.b.H. • A-1010 Wien • Johannesgasse 3
Tel. 1 / 515 72 - 0 • Telefax 1 / 513 18 01 • Tlx 1 / 32117 plas a

Die Berliner S-Bahn

Axel Nawrocki und Günter Ruppert

Die Berliner S-Bahn auf dem Weg in die Zukunft

Nach jahrzehntelanger Trennung in zwei Netze und beachtlichen Fortschritten nach der Wiedervereinigung wird das einstmals vorbildliche Netz wieder zusammengefügt. Ziele der vielfältigen Verbesserung von Organisation, Infrastruktur, Betriebsführung und Fahrzeugpark sind höherer Kundennutzen und gesteigerte Produktivität.

1 Die S-Bahn Berlin GmbH — heute

Seit Beginn des Jahres 1995 ist die Berliner S-Bahn aus dem Bereich Nahverkehr der DB AG ausgegliedert. Die Verantwortung für alle Betriebsprozesse, den Fahrzeugeinsatz und die fahrzeugwirtschaftlichen Entscheidungen sowie die Marketing- und Vertriebsaufgaben sind damit konzentriert und unter dem Dach einer Gesellschaft. Voraussetzungen bestehen nunmehr, dieses Eisenbahnunternehmen von vorrangig nach technischen Produktionsabläufen bestimmten Strukturen zur Marktorientierung zu entwickeln.

Diese, an die Markterfordernisse angepaßte Organisation und Personalstrategie ist unabänderlich und dringend, auch deshalb, weil mit der vollzogenen Regionalisierung das Bestellen und Bezahlen der Verkehrsleistungen bei den Ländern, Kreisen und Kommunen liegt. Angebot und Attraktivität erhalten — auch in Gemeinsamkeit und in Abstimmung mit den anderen Berliner und Brandenburger Verkehrsunternehmen — einen bevorzugten Stellenwert.

Seit Januar 1995 sind bei der S-Bahn Berlin GmbH die Voraussetzungen gegeben, Rechnungswesen und Controlling den neuen Erfordernissen entsprechend zu führen. Aufwand und Ergebnisse der Gesellschaft werden abrechnungs- und bilanzfähig gemacht sowie neue Aufgaben nach wirtschaftlichen Kriterien vorgegeben.

Die S-Bahn Berlin GmbH stellt sich als ein schlankes Unternehmen mit flacher Hierarchie dar (Bild 1). Klar definiert sind die Zuständigkeiten und Kompetenzen der Führungskräfte und Mitarbeiter, auch im Hinblick auf deren Ergebnisverantwortung.

2 Netzverknüpfung nach der Wiedervereinigung und Ausgangslage 1995

Unmittelbar nach der Wiedervereinigung Deutschlands wurden in Berlin und Brandenburg große Anstrengungen unternommen, die an vormaligen Grenzen zwischen Ost und West unterbrochenen S-Bahn-Strecken wieder zu verknüpfen.

Bereits am 2. Juli 1990 konnten die S-Bahn-Gleise auf der Stadtbahn wieder zwischen Ostkreuz und Westkreuz durchgehend befahren werden. Nach und nach wurden wieder Durchmesserlinien zwischen Städten

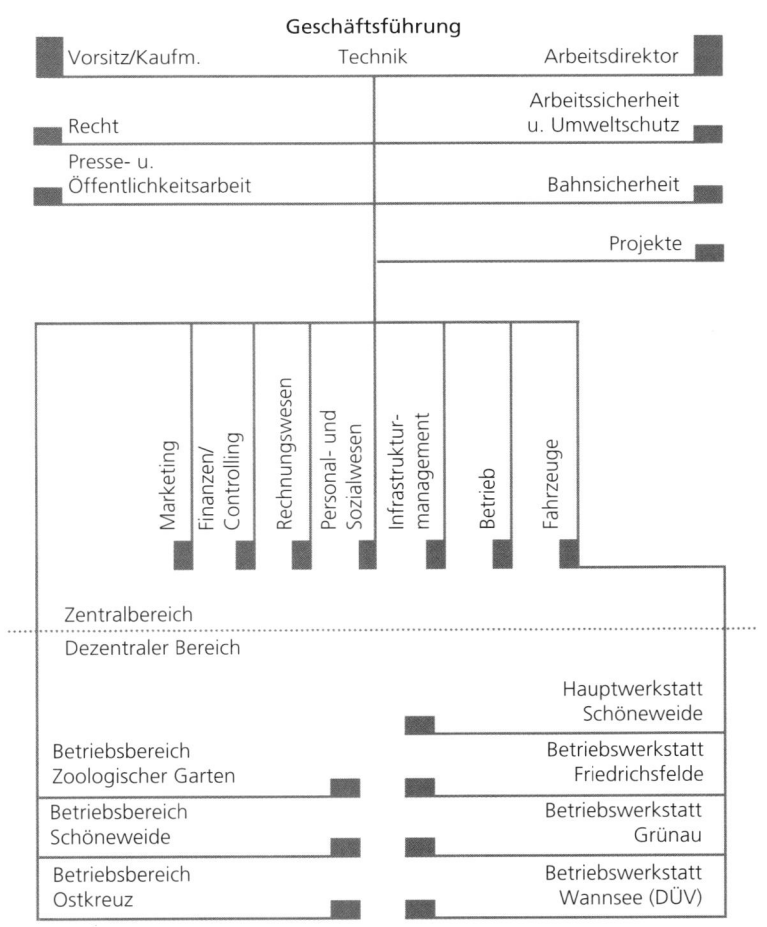

Bild 1: Struktur der S-Bahn Berlin GmbH

Die Berliner S-Bahn

und Vororten im Osten und Westen über die Stadtbahn eingerichtet.

Im Sommerfahrplan 1995 verkehrten über die Stadtbahn vier Linien mit sechs Zuggruppen an Werktagen in der Spitzenstunden. Das ergibt 24 Züge je Richtung und Stunde zwischen Hauptbahnhof und Charlottenburg. Trotz Einsatz der über 60 Jahre alten S-Bahn-Züge und trotz Bauzuständen beträgt die Fahrzeit zwischen Alexanderplatz und Bahnhof Zoologischer Garten nur 13 Minuten. Die S-Bahn ist damit angesichts der Stauprobleme im Straßenverkehr das schnellste Verkehrsmittel zwischen diesen beiden Berliner Geschäftszentren.

Die Ausgangslage 1995 kennzeichnen folgende Parameter:

▷ 820 000 Personen benutzen werktäglich die (ihre) S-Bahn,
▷ 4500 bei der S-Bahn-Beschäftigte sorgen für hohe Akzeptanz,
▷ 14 S-Bahn-Linien auf 294 Streckenkilometern umfaßt das Netz,
▷ 20-min-Grundtakt auf Außenstrecken — stark belastete Streckenabschnitte 2 min Zugabstand — übrige Innenstadt-Streckenabschnitte 3 min Zugabstand,
▷ Reisegeschwindigkeit durchschnittlich 37 km/h,
▷ Reiseweite durchschnittlich 14,2 km,
▷ Beförderte Personen 260 Millionen/ Jahr.

Innerhalb der Verkehrsgemeinschaft Berlin-Brandenburg beträgt der Anteil der Berliner S-Bahn nach Personenkilometern mehr als 35 Prozent.

3 Zielsetzung

Für die Regionalisierung des Nahverkehrs ist Kostentransparenz von außerordentlicher Bedeutung. Schließlich erwarten die Besteller der S-Bahn-Verkehrsleistungen, der Senat von Berlin und die Regierung von Brandenburg, bei den jährlichen Verhandlungen über Erlöse und das Kostengefüge ausführlich Einblick zu erhalten und Einfluß auf das Leistungs- und Produktivitätsverhalten des Gesamtunternehmens nehmen zu können. Die Kostenreduktion ist ein wichtiger Verhandlungsgegenstand. Davor aber steht das Angebot.

Oberstes Ziel ist *Kundennutzen*. Innerhalb der Kooperation aller Verkehrsträger in Berlin und Brandenburg gilt die *Zielsetzung Kundennutzen: ein Fahrplan — ein Fahrschein — ein Fahrpreis*.

Die Angebotsqualität muß gleichermaßen Kundenerwartungen erfüllen, geht es doch um das Einhalten solcher Grundwerte, insbesondere

▷ Pünktlichkeit und Zuverlässigkeit (bei jeder Zugfahrt wie im gesamten Betriebsgeschehen),
▷ Bereitstellen von ausreichendem Sitzplatzangebot (zu jeder Tageszeit),
▷ Sicherheit (für jeden Fahrgast und für die Zu-, Aus- und Umsteigenden),
▷ Sauberkeit (im Inneren und Äußeren der Züge, auf den Bahnsteigen, den Bahnhofs- und Streckenanlagen) und
▷ Service (Betreuungsaufgaben begleitend und wohltuend für die Fahrgäste, wie Auskünfte erteilen, Hilfe den Älteren oder Behinderten geben, ggf. Versorgung mit Zeitungen und dem kleinen Imbiß).

In allen Fällen geht es um die Interessen der Reisenden, letztlich aber auch um die Wirtschaftlichkeit des Unternehmens. Sobald sich die S-Bahn in ihrem Angebot und ihrer Attraktivität weiter verbessert, ist mit steigenden Fahrgastzahlen und Einnahmezuwächsen zu rechnen. Mit der S-Bahn zu fahren ist bereits heute eine Alternative zum „im Stau stehen".

Dazu werden vorbereitet bzw. wurden bereits schrittweise realisiert:

▷ optimale Betriebstechnologien (u. a. Fahrtenfolgen in Mindestzugfolgezeiten, Gleiswechselbetrieb),
▷ verkehrsplanerische Verbesserungen (z. B. Bahnhofsverschiebungen, zusätzliche Zugänge, behindertengerechte Gestaltung der Bahnhöfe),
▷ nachfragegerechte Linienführung und Zuggruppenkonzepte,
▷ Abstimmung und Integration im künftigen Verkehrsverbund Berlin-Brandenburg,
▷ Fahrzeugerneuerung.

Prognosen zum Verkehrsaufkommen bilden die Grundlage für rechtzeitige notwendige Entscheidungen, um das Leistungsangebot vorzubereiten.

Alle Grundsätze sind in einem Betriebskonzept zusammengefaßt, worauf sich vor allem die nachfolgenden Aussagen beziehen. Dieses Konzept, aufgebaut auf Prognosen zum Verkehrsaufkommen im Jahr 2010, bewährt sich als langfristige Arbeitsgrundlage für Grundsatz- und Investitionsentscheidungen; es wird ständig fortgeschrieben. Beeinflussend wirken u.a. neue verkehrspolitische Entscheidungen des Bundes und der Länder, sowie technische Weiterentwicklungen und effektivere Lösungen der Betriebsführung im Unternehmen.

4 Netzentwicklung

Im Jahr 1995 hatte das S-Bahn-Netz (Bild 2) eine

▷ Streckenlänge von 294 km, davon 72 km eingleisig,
▷ Linienlänge von 507 km,
▷ Haltestellen*) 145, davon 132 besetzt,
▷ Haltestellenabstand durchschnittlich 1850 m.

Die Zielvorstellung für das Berliner S-Bahn-Netz zeigt Bild 3. Das S-Bahn-Netz wird, wie es am 12. August 1961 mit rd. 335 Kilometern bestanden hat, im wesentlichen wieder hergestellt einschließlich der zwischenzeitlichen Erweiterungen und den heutigen verkehrlichen Anforderungen angepaßt.

Die schon im Bau befindlichen, für ein geschlossenes Netz dringend erforderlichen Lückenschlüsse sind:

▷ Nordring:
  Westend—Schönhauser Allee mit dem Nordkreuz (Lückenschluß),
▷ Südring:
  Treptower Park—Sonnenallee (Lückenschluß),
▷ Tegel—Hennigsdorf (Wiederinbetriebnahme).

Sobald diese umfangreichen Bauvorhaben abgeschlossen sind, wird das Reisendenaufkommen erheblich ansteigen; Marketing und Angebotsakzeptanz werden wesentlich dazu beitragen.

Neben dem Streckenausbau sind umfang-

---
*) Eisenbahnbetrieblich handelt es sich um Bahnhöfe und Haltepunkte.

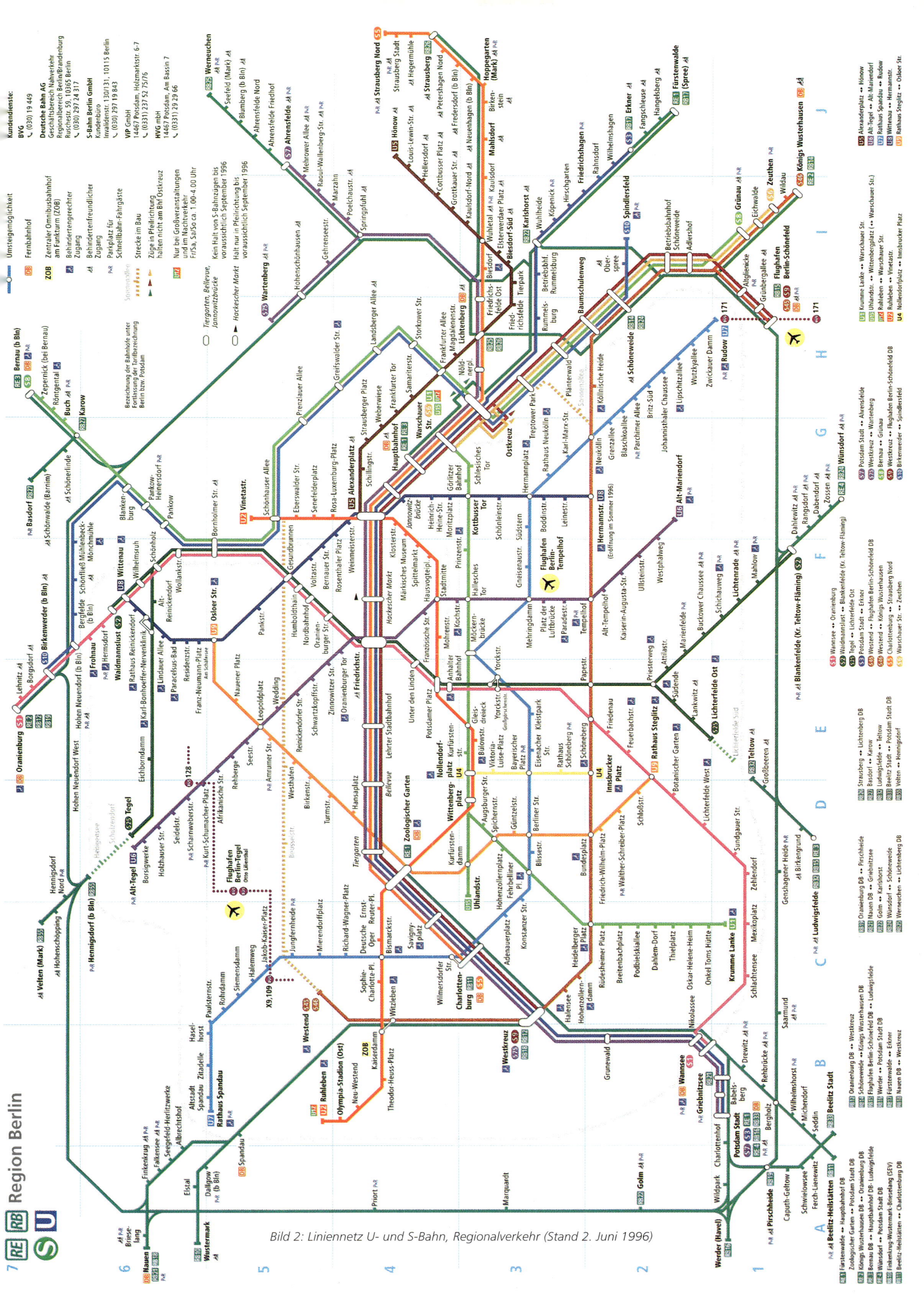

Bild 2: Liniennetz U- und S-Bahn, Regionalverkehr (Stand 2. Juni 1996)

Die Berliner S-Bahn

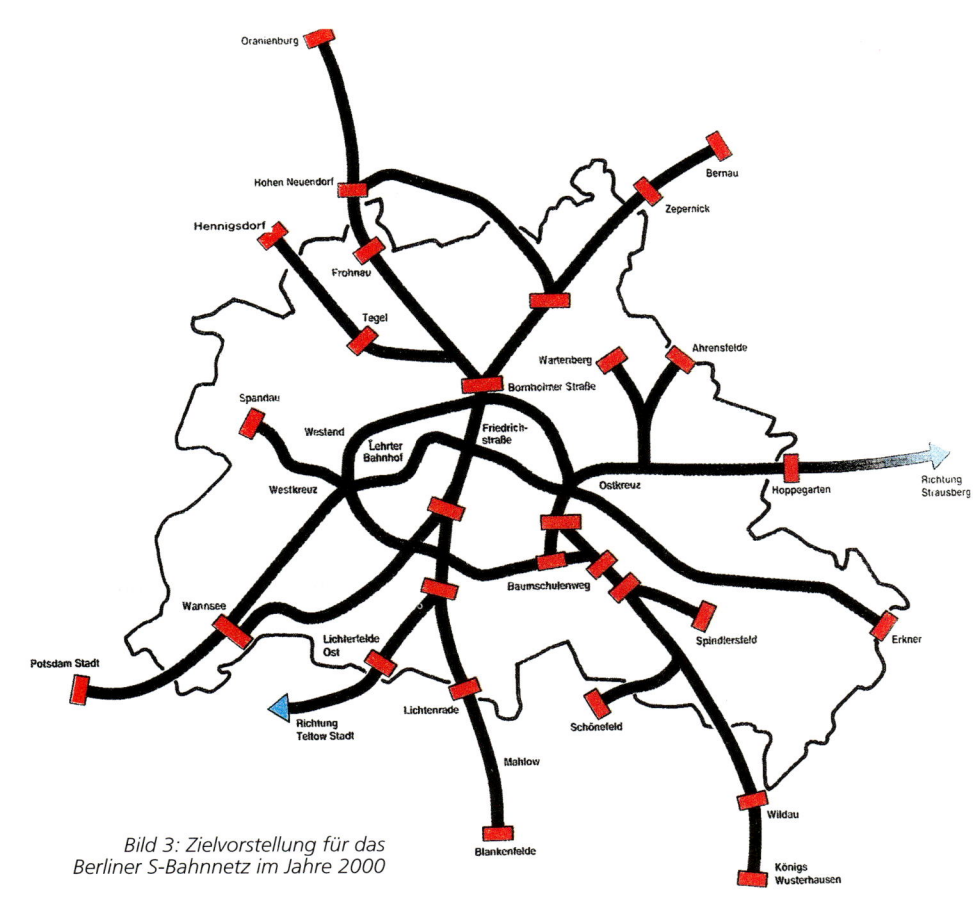

Bild 3: Zielvorstellung für das Berliner S-Bahnnetz im Jahre 2000

reiche Baumaßnahmen zum Aufrechterhalten der Verfügbarkeit des vorhandenen Streckennetzes notwendig. Dazu zählen vor allem

▷ die Stadtbahnsanierung (auf der 8,8 km Viaduktstrecke seit 1994 im Gange) und
▷ die Grunderneuerung des Knotenbahnhofs Ostkreuz.

Zusätzliche Bahnhöfe bzw. Haltepunkte sowie veränderte Zuwege auf vorhandenen Bahnhöfen, als Folge von veränderter städtischer Infrastruktur, werden künftighin von den Ländern bestellt.

5 Integration der Angebote S-Bahn- und Regionalverkehr

Für das globale Ziel, in Berlin ein einheitliches, kundenfreundliches Nahverkehrssystem zu schaffen, besitzt die Verzahnung von S-Bahn und Regionalbahn große Bedeutung. Während hierbei die S-Bahn-Funktion in der Erschließung des Stadtgebiets (Feinverteilung der Reisenden) und des nahen Umlands der Stadt in aufkommensstarken Relationen (Auslastung von mindestens einer Zuggruppe in der Hauptverkehrszeit) bis zu einem Reisezeitradius von etwa 45 Minuten ab City gesehen wird, obliegt dem Regionalverkehr die schnelle Anbindung der Region an die Stadt.

Dabei werden im Regionalverkehr innerhalb des S-Bahn-Bereiches durch wenige Halte an reisendenfreundlich gestaltete „Verknüpfungspunkte" zwischen S-Bahn und Regionalbahn, nämlich an den Endpunkten des S-Bahn-Netzes, in der Regel am Innenring sowie an ausgewählten innerstädtischen Verkehrsschwerpunkten, wie z.B. Fernbahnhöfe, höhere Reisegeschwindigkeiten (Expreßverbindungen) ermöglicht.

Ziel des „gemeinsamen" Leistungsangebots ist der Integrale Taktfahrplan. In festen, leicht merkbaren Takten — über den ganzen Tag und die Woche — mit optimierten Anschlüssen zu den anderen Verkehrsträgern — so wird künftig der Fahrplan angeboten. Abgestimmte Leistungen als integrierte Angebote haben einen enormen Kundenvorteil.

Für die am Innenring liegenden Regionalverkehrsbahnhöfe erübrigt sich wegen der dichten S-Bahn-Zugfolgen eine besondere Fahrplanabstimmung. Dies trifft gleichermaßen auf weitere Übergangsmöglichkeiten zum Regionalverkehr im Bereich der Verbindungsbahnen Ost-West und Nord-Süd zu.

Weitere Verknüpfungsbahnhöfe entstehen im Zusammenhang mit dem stufenweisen bedarfsorientierten Ausbau des Netzes innerstädtischer Zugangsstellen zum Regionalverkehr.

6 Entwicklung des Verkehrsaufkommens

Gegenwärtig werden für das Verkehrsaufkommen der Berliner S-Bahn im Jahre 2010 verschiedene Prognosen bearbeitet. Im wesentlichen fußen diese auf annähernd gleichen Ausgangsdaten, ergeben aber infolge unterschiedlicher Verfahren sowie durch Unsicherheiten bei der Beurteilung von Entwicklungen differierende Ergebnisse. Die Unterschiede liegen vor allem in der Verteilung der Verkehrsströme im Netz (Belastung von Stadtbahn und Innenring), weniger in der Gesamtbelastung des S-Bahn-Netzes.

Gegenwärtig arbeitet der Senat von Berlin an einer neuen Grundlage für Prognosedaten. Bis zu deren Vorliegen orientiert sich das Land Berlin hinsichtlich der Bemessung des Leistungsangebotes weitgehend am Istzustand unter Berücksichtigung der Netzerweiterungen bis zum Jahr 2000. Bis zur nächsten Überarbeitungsstufe des Betriebskonzepts wird eine vereinheitlichte Verkehrsprognose geschaffen sein.

Für die unternehmerische Zielsetzung der S-Bahn wird von einer aktiven Marktbearbeitung über ein angebotsorientiertes Liniennetz ausgegangen. Grundlage dafür ist die von der DE-Consult/DIW erarbeitete Verkehrsprognose (Bild 4). Diese berücksichtigt bereits eine realistische Zuscheidung der Verkehrsströme zur S-Bahn und zum Regionalverkehr.

Angebote des Nahverkehrs der DB AG im Raum Berlin-Brandenburg mit dem Regional-Expreß und der RegionalBahn sind seit dem Fahrplanwechsel 1995/96 erweitert worden. Mit diesen umsteigefreien Verbindungen aus der Region nach und durch Berlin — in Abstimmung mit dem S-Bahn-Angebot —

Die Berliner S-Bahn

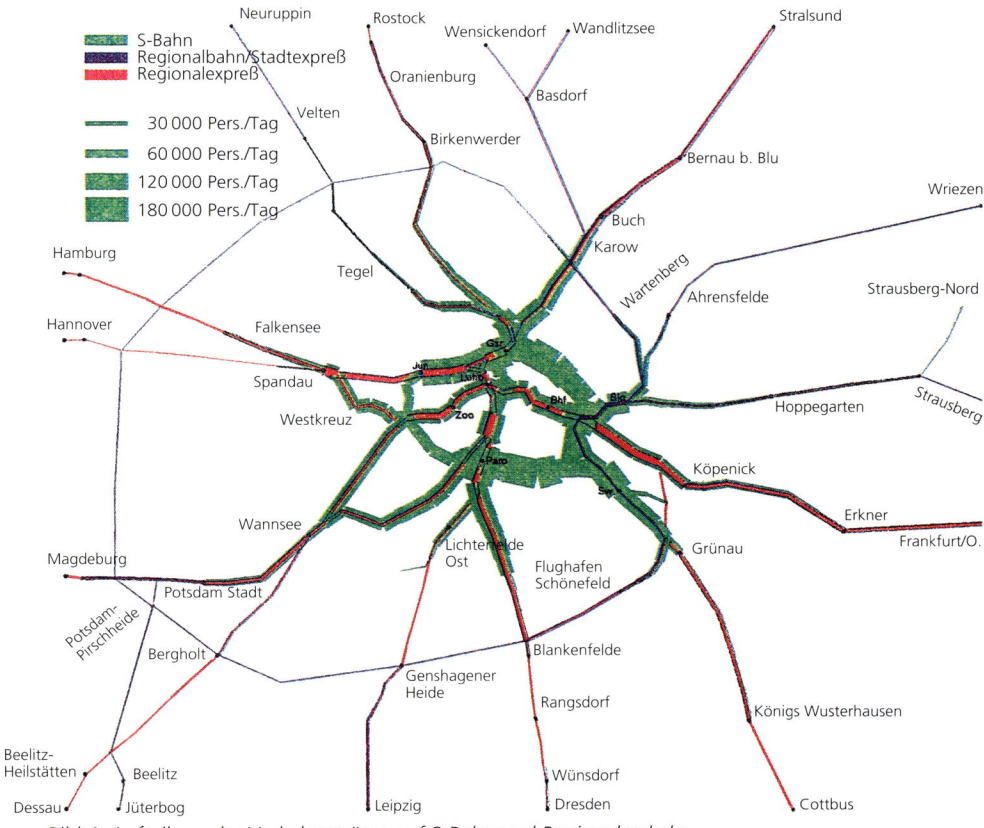

Bild 4: Aufteilung der Verkehrsströme auf S-Bahn und Regionalverkehr

Stammlinien von Endpunkt zu Endpunkt ebenso wie Teillinien. Durch Überlagerungen und Verflechtungen werden höhere Querschnittsbelastungen abgedeckt. Nach diesem Konzept werden die Stammlinien wie folgt über die innerstädtischen Kernstrecken geführt:

▷ Über die Stadtbahn
  von Osten 4 Linien, von Sellheimbrücke (SHB), Ahrensfelde (AHR), Strausberg Nord (STN) und Erkner (ERK),
  von Westen 2 Linien, von Falkensee (FKS) und Potsdam (PD).
▷ Über die Nord-Süd-Bahn
  von Norden 3, die Linien von Hennigsdorf (HND), Oranienburg (OR) und Blankenburg (BKB),
  von Süden 3, die Linien von Wannsee (WS), Teltow (TL) und Blankenfelde (BF).
▷ Über den Ring
  Vollring sowie
  mehrere Tangentiallinien, wie z. B. Birkenwerder (BZ)—Ostkreuz—Spindlersfeld (SPF) oder Königs Wusterhausen (KW)—Papestraße (PAP).

Zur Bedienung des in Bild 5 gezeigten Leistungsangebotes werden innerbetrieblich 32 Zuggruppen gebildet.

7 Nachfragegerechtes Liniennetz

Auf der Grundlage der Verkehrsprognose für den Bezugszeitraum 2010 wurde ein nachfrageorientiertes Liniennetz für den heute praktizierten 20-Minuten-Grundtakt entwickelt. Bild 5 zeigt für die Hauptverkehrszeit die Zugfahrten je Richtung innerhalb von 20 Minuten Grundtakt, und zwar kann eine maßgeschneiderte Produktpalette kundengerecht zur Verfügung gestellt werden.

Bild 5: Künftiges Liniennetz von Stammlinien und Teillinien. Jeder Strich entspricht einer Zugfahrt/Richtung innerhalb 20 Minuten Grundtakt

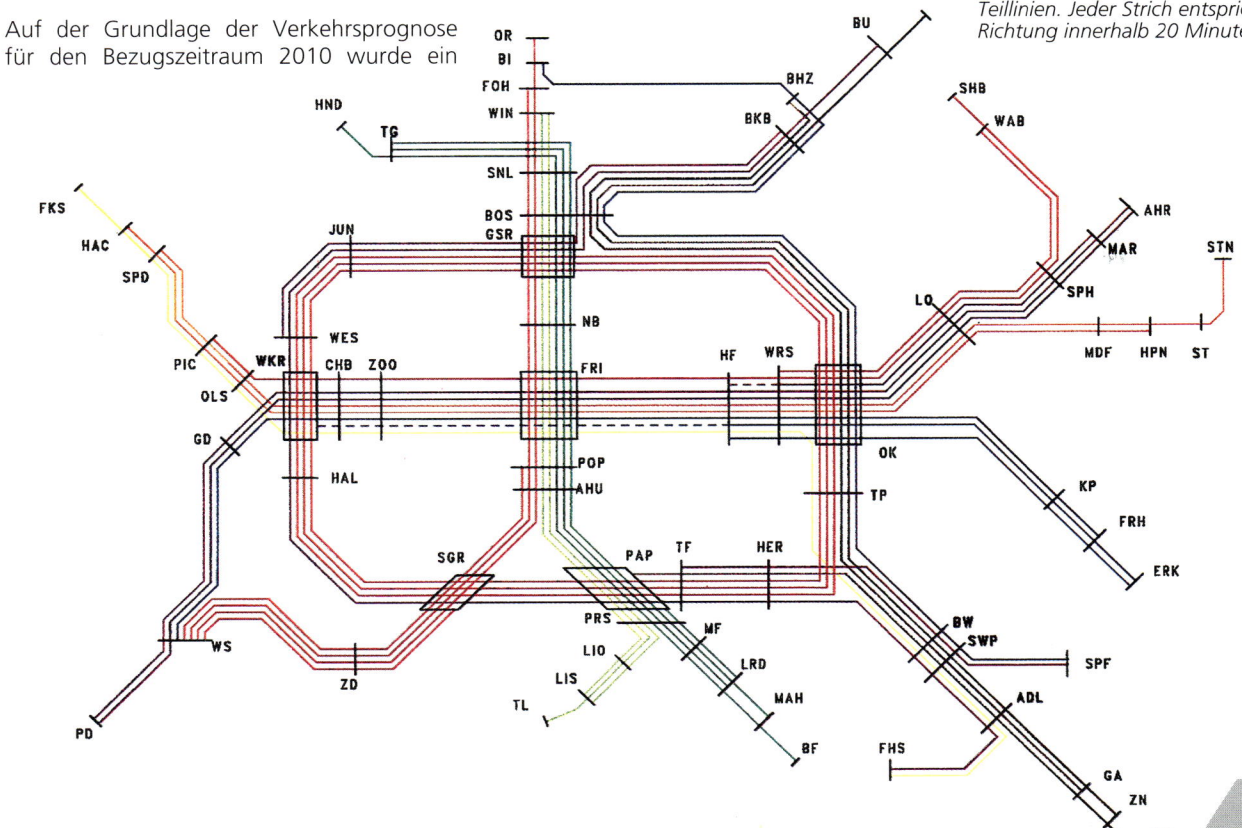

69

Die Berliner S-Bahn

Das künftige Liniennetz ist auf folgende verkehrliche und betriebliche Prämissen aufgebaut:

▷ Kongruenz von Nachfrage und Angebot,
▷ netzbezogen gestaffelte Auslastung der Züge (Innenstadt — hoher Anteil von Reisenden mit kurzen Wegen/ hohe Auslastung; Außenstrecken — lange Wege / in der Regel Sitzplatzangebot),
▷ weitmögliche Durchbindung von Radiallinien durch die Stadt als Durchmesser- bzw. Tangentiallinien,
▷ Reduzierung der für ein Verästelungsnetz typischen betrieblichen Abhängigkeiten durch eine klare Strukturierung des Netzes (betriebliche Stabilität, Übersichtlichkeit für den Reisenden),
▷ effektiver Fahrzeugeinsatz.

8 Betriebliche und verkehrliche Infrastruktur

Für den S-Bahn-Betrieb haben die Grunderneuerung der Stadtbahn sowie die komplette Wiederherstellung des Innenrings einschließlich der Errichtung des Nordkreuzes oberste Priorität. Diese Anlagen werden umfassend — bis zum Jahre 2000 — fertiggestellt, um in den zentralen Bereichen des Netzes stabile betriebliche Angebote zur Verfügung zu stellen. Dazu gehört auch der durchgehende zweigleisige Ausbau der Streckenabschnitte Wannsee—Potsdam Stadt und Priesterweg—Lichterfelde Ost als Voraussetzung für eine hohe Betriebsqualität auf den Verbindungsbahnen Ost-West und Nord-Süd.

Darüber hinaus werden weitere Streckenabschnitte zweigleisig hergestellt. Damit verbleiben letztlich, unter Berücksichtigung der Netzerweiterung, etwa 65 Kilometer eingleisige Strecken.

Für die Blockteilung sind bei den Ausbauplanungen im Netz nachfolgende sicherungstechnisch realisierbare Zugfolgen vorgesehen:

▷ 90-s-Zugfolge:
Stadtbahn, Nord-Süd-Bahn einschließlich Zulaufstrecken, Südring zwischen Ostkreuz und Papestraße, Baumschulenweg—Schöneweide, Ostkreuz—Biesdorfer Kreuz, Westkreuz—Olympiastadion (aufgrund des Sonderverkehrs).

▷ 120-s-Zugfolge:
übrige Innenringabschnitte einschließlich Zulaufstrecken, Nordkreuz—Blankenburg, Biesdorfer Kreuz—Springpfuhl, Hauptbahnhof—Karlshorst, Schöneweide—Grünau, Westkreuz—Wannsee.

Auf den nicht genannten zweigleisigen Abschnitten werden belegungsabhängig in der Regel Zugfolgen von 2,5 bis 3 Minuten, in Ausnahmefällen erweitert auf 4 bis 5 Minuten vorgesehen. Auf eingleisigen Streckenabschnitten ergibt sich die sicherungstechnisch zu realisierende Zugfolge im allgemeinen durch die Lage der Kreuzungsbahnhöfe.

Für Bauzustände, Störfallmanagement und Abweichungen vom Regelbetrieb wird im gesamten zweigleisig ausgebauten Netz Gleiswechselbetrieb vorgehalten. Nach Möglichkeit werden hierfür Weichenverbindungen genutzt, die für Funktionen des Normalbetriebs benötigt werden.

Die bauliche und ausrüstungstechnische Gestaltung der S-Bahnhöfe erfolgt in enger Abstimmung mit dem Geschäftsbereich Personenbahnhöfe der DB AG gemäß den festgelegten Grundausstattungsnormen.

Die Bahnhöfe des S-Bahn-Netzes werden ihrer verkehrlichen Bedeutung entsprechend drei Kategorien zugeordnet. Nach diesen Kategorien richtet sich die Ausstattung der Bahnhöfe. Hierzu gehören fernsteuerbare Zugzielanzeiger in Fallblatt-Technik mit integrierter Uhr, Fahrkartenverkaufsautomaten und -entwerter, Beschallungsanlagen, Notrufsäulen, Nothaltschalter, Abfertigungssäulen und Abfertigungsfunk, Mehrfachfernsprecher, Wegeleitsystem.

Im Zuge von Grunderneuerungen werden Bahnhöfe und Haltepunkte behindertengerecht gestaltet. Wo keine Grunderneuerungen geplant sind, erfolgt eine Nachrüstung auf der Grundlage von Bestellungen der Länder.

Beim Neubau und bei Grunderneuerungen findet die Bahnsteighöhe von 960 mm lt. EBO Anwendung.

Zur Stabilisierung der Energieversorgung der Berliner S-Bahn werden folgende Maßnahmen notwendig:

▷ Errichten von drei zusätzlichen Abnehmeranlagen,
▷ Weiterführen des bereits laufenden Programms zur Kabelsanierung im 30-kV-Netz,
▷ Errichten zusätzlicher Unterwerke, Schaltstellen und fernsteuerbarer Stromschienentrenner sowie Grunderneuerungen der vorhandenen Anlagen,
▷ Stabilisierung der Stromschienenanlagen im Zusammenhang mit der Grunderneuerung des Oberbaus durch den Einsatz von Aluminium-Verbund-Stromschienen,
▷ Ausbau und Zusammenfassung der Netzleitstellen Ostkreuz und Halensee einschließlich der Automatisierung des Betriebsführungsprozesses.

9 Fahrzeugbedarf und Behandlungsanlagen

Im derzeit betriebenen S-Bahn-Netz, 294 Kilometer Streckenlänge, werden täglich 550 Viertelzüge eingesetzt. Viertelzüge (Vz) sind Zwei-Wagen-Züge, bestehend aus dem Trieb- und dem Beiwagen. Diese beiden kurzgekuppelten Fahrzeuge sind die kleinste funktionstüchtige Einheit. Der größte zulässige Zugverband wird aus acht Wagen oder vier Viertelzügen gebildet; je nach Verkehrs-

Bild 6: S-Bahn Baureihe 475 (ex BR 165), Baujahre 1927 bis 1932

Die Berliner S-Bahn

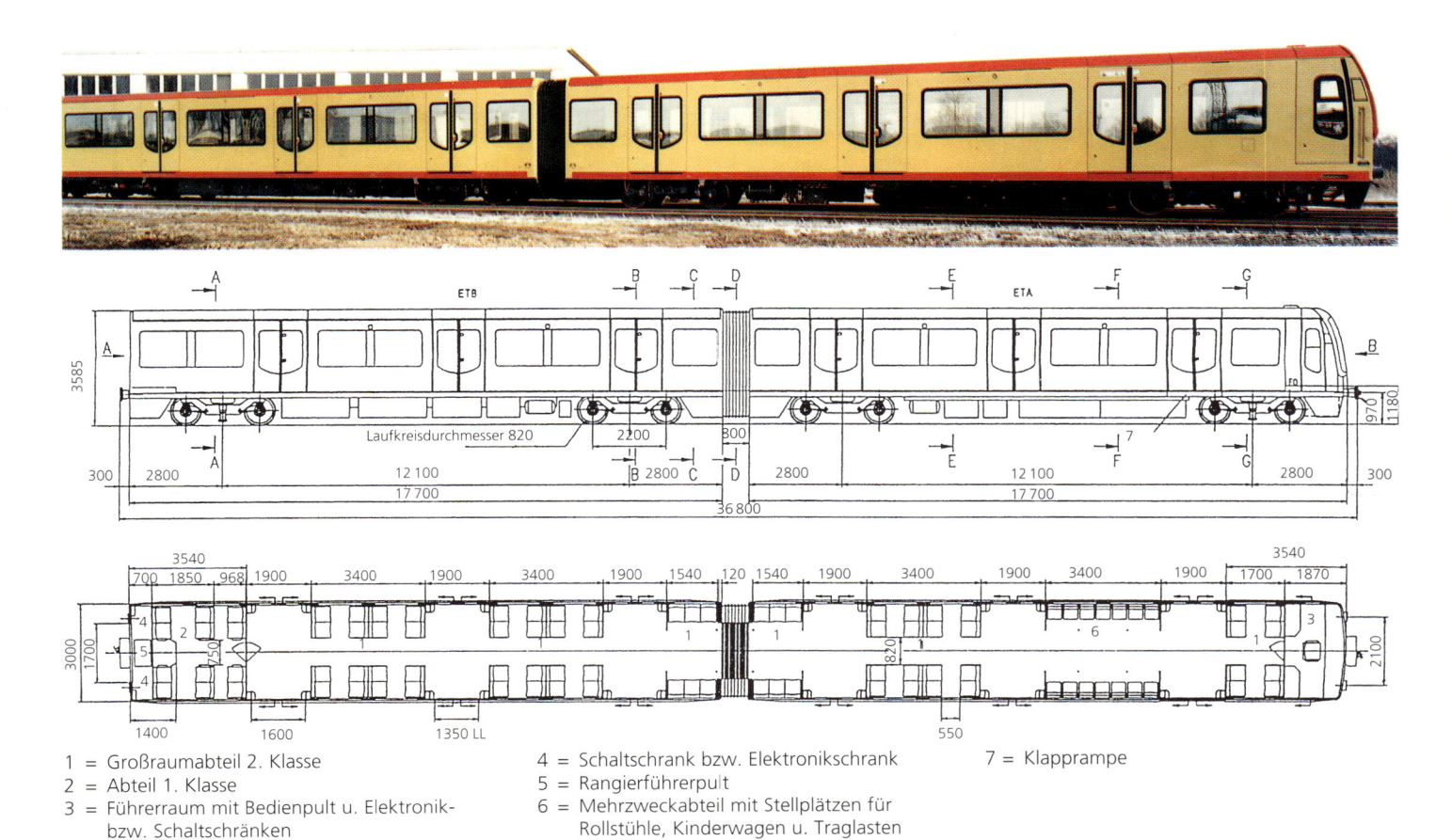

1 = Großraumabteil 2. Klasse
2 = Abteil 1. Klasse
3 = Führerraum mit Bedienpult u. Elektronik- bzw. Schaltschränken
4 = Schaltschrank bzw. Elektronikschrank
5 = Rangierführerpult
6 = Mehrzweckabteil mit Stellplätzen für Rollstühle, Kinderwagen u. Traglasten
7 = Klapprampe

Bild 7: Neue Einheitsbaureihe 481 für die Berliner S-Bahn (Viertelzug)

aufkommen werden Halb-, Dreiviertel- oder Vollzüge eingesetzt.

Die Altbaufahrzeuge (Bild 6) entsprechen nicht mehr den Erfordernissen moderner Nahverkehrsmittel. Trotz zwischenzeitlich durchgeführter Generalreparatur und häufiger Modernisierungsmaßnahmen ist der Instandhaltungsaufwand viel zu hoch. Die Ablösung dieser Fahrzeugbaureihen (475, 476 und 477) richtet sich nach der Inbetriebnahme neuer S-Bahn-Züge.

Vorgesehen sind 500 Viertelzüge der neuen Einheitsbaureihe 481 (Bild 7-9). Lieferant ist ein Konsortium von Deutsche Waggonbau AG und AEG Schienenfahrzeuge Hennigsdorf. Der Auftragswert für die insgesamt 500 Viertelzüge, Auslieferungsbeginn 1996, beläuft sich auf rd. zwei Milliarden DM.

Schon die Außen- und Innengestaltung unterscheiden die neuen von den schon über 60jährigen, noch im Betrieb befindlichen Fahrzeugen. Ausstattungsdetails, insbesondere die sorgfältig ausgewählten Materialien, pflegeleicht und resistent gegen Schmutz und Vandalismus, bestimmen den Reisekomfort. Der Raum des Triebfahrzeugführers wurde zweckmäßig ausgestattet: In der Mitte ist das Führerpult angeordnet, die Bediengeräte sind den Aufgaben des Triebfahrzeugführers optimal angepaßt. Daten zu den Fahrvorgängen, aber auch Diagnosedaten bei auftretenden Störungen sind von einem Display ablesbar. Eine transparente Rückwand des Führerraums erlaubt Sichtkontakt zu den Fahrgästen; auch ist der Sprechkontakt mit ihnen über die Mikrofonanlage möglich.

Bei der Entwicklung wurde ein geringerer Energieverbrauch und die verringerte Wartungshäufigkeit angestrebt. So ermöglichen die Stahlleichtbauweise, die energiesparende Drehstromantriebstechnik und auch die Möglichkeit der Rückspeisung von Bremsenergie in das Stromnetz insgesamt eine Energieersparnis um etwa ein Drittel gegenüber den Altbaufahrzeugen. Die Leittechnik auf der Basis eines 32-bit-Rechners steuert sicher und schnell das Fahr- und Bremsverhalten der Fahrzeuge, aber auch zuverlässig den Datenfluß des Informations- und Diagnosesystems, das den Fahrzeugführer ständig über den Betriebszustand des Zuges informiert.

Das Zuggruppenkonzept erfordert für den Zielzustand der Netzentwicklung einen betrieblich verfügbaren Fahrzeugpark von 730 Viertelzügen. Dazu ist eine Instandhaltungs- und Dispositionsreserve von annähernd neun Prozent zu berücksichtigen. Insgesamt wird eingeschätzt, daß die Anforderungen des Betriebskonzeptes mit einem Gesamtbestand von etwa 800 Viertelzügen erfüllt werden können.

Während in der Nebenverkehrszeit im wesentlichen die Anpassung an das gegenüber der Hauptverkehrszeit geringere Verkehrsaufkommen durch die Auslegung von Zuggruppen erfolgt, haben für einen effektiven Fahrzeugeinsatz in der Schwachverkehrszeit differenzierte Schwächungstechnologien (Zugtausch, Ab- und Zusetzen, Zugteilung) große Bedeutung.

Die Erweiterung der betrieblichen Abstellkapazitäten spielt dabei eine erhebliche Rolle. An den Wendepunkten von Zuggruppen werden Abstellanlagen benötigt und eingerichtet, ebenso an zentralgelegenen Punkten, wie Nordbahnhof und Papestraße. Diese Anlagen sind als moderne Abstell- und Reinigungsstellen konzipiert.

Die Berliner S-Bahn

Für die Instandhaltung des Fahrzeugparks werden künftig neben der Kapazität der Hauptwerkstatt Schöneweide insgesamt rd. 60 Arbeitsstände erforderlich. Diese verteilen sich auf die Betriebswerkstätten Friedrichsfelde, Grünau und Wannsee.

10 Zentralisierung und Betriebsleitung

In Vorbereitung ist ein rationelles, durchgängig integriertes und zukunftssicheres Projekt für eine effektive produkt- und leistungsorientierte Steuerung des S-Bahn-Betriebs (PULS).

Das Kernstück, die Betriebszentrale, soll unter anderem auch bessere Möglichkeiten schaffen, die S-Bahn in den künftigen Verkehrsverbund Berlin-Brandenburg (VBB) einzufügen. Hinsichtlich der verkehrlichen Verflechtung, der Sicherung von Anschlußbeziehungen und der Kompatibilität von Datenstrukturen und Schnittstellen zu anderen Verkehrssystemen werden besondere Anforderungen gestellt.

Ein modernes Betriebssteuerungssystem ist eine Voraussetzung dafür, daß die S-Bahn Berlin den künftigen anspruchsvollen Aufgaben gerecht werden kann:

▷ Spürbare Attraktivitätserhöhung des Öffentlichen Personennahverkehrs im Wettbewerb mit dem Individualverkehr durch Sicherheit, Zuverlässigkeit, Bedienungshäufigkeit und Schnelligkeit.
▷ Wesentliche Verbesserung der wirtschaftlichen Effizienz des Unternehmens, dadurch Chance zur Minderbelastung des öffentlichen Haushalts.

Bild 8: Die neue Baureihe 481 für die S-Bahn Berlin im Bild (links oben Ansicht, rechts oben Durchblick durch den breiten Übergang zwischen den beiden Wagen eines Viertelzuges, links vis-à-vis-Bestuhlung 2. Klasse)

Fahrzeug Typ	S-Bahn-Vollzug BR 481
Länge über Kupplung	147 200 mm
Drehzapfenabstand	12 100 mm
Achsabstand	2200 mm
Spurweite	1100 mm
Achszahl	32
Angetriebene Achsen	24
Antriebsleistung	2400 kW
Eigenmasse	236 t
Höchstgeschwindigkeit	100 km/h
Sitzplätze	376
Stehplätze (4 Pers/m²)	1176

Bild 9: Führerstand in der Baureihe 481

Die Berliner S-Bahn

▷ Technisch niveaugleiche Verflechtung der S-Bahn mit den Leitsystemen von U-Bahn, Straßenbahn und Omnibus für eine zentrale Verkehrslenkung in der Stadt und Region.
▷ Maßgeblicher Entwicklungsschub und Bewährungsfeld für leittechnische Komponenten als Voraussetzung eines erfolgreichen Technologietransfers auch im internationalen Maßstab.

Betriebssteuerung der S-Bahn ist die Einheit von

▷ Betriebsvorbereitung
 (Erarbeiten von Fahr-, Umlauf- und Personaleinsatzplänen),
▷ operativer Planung
 (kurzfristiges Verändern von Plänen, insbesondere im Zusammenhang mit Sonderverkehren, Baumaßnahmen usw.),
▷ Betriebsleitung
 (Überwachen und dispositive Beeinflussung des Verkehrsablaufs),
▷ Leistungsabrechnung/Controlling.

Bild 10: Einsatz der Technik für die Sicherheit der Fahrgäste

11 Sicherheitskonzept

Das Sicherheitskonzept der S-Bahn Berlin steht für eine sichere Reiseumwelt auf den Bahnhöfen und in den Zügen durch

▷ den bedarfsgerechten Einsatz von qualifizierten Mitarbeitern,
▷ die Zusammenarbeit der Sicherheitskräfte der S-Bahn mit Bundesgrenzschutz und Landespolizei bei kürzesten Informations- und Entscheidungswegen,
▷ den Einsatz innovativer Sicherheitstechnik auf Fahrzeugen, Bahnhöfen und Anlagen,
▷ den Aufbau einer Sicherheitszentrale als Teil der Betriebszentrale, Schaffung eines „Integrierten Notrufsystems S-Bahn" sowie eines Kommunikationsnetzes (Bild 10) und
▷ die Gestaltung sicherheitsfördernder Rahmenbedingungen.

Den S-Bahn-Mitarbeitern kommt eine besondere Verantwortung als Ansprechpartner des Unternehmen gegenüber den Fahrgästen zu. Ihr Auftreten, die Verhaltensweisen und das in Notsituationen schnelle und richtige Handeln beeinflussen in hohem Maße das subjektive Sicherheitsgefühl der Fahrgäste.

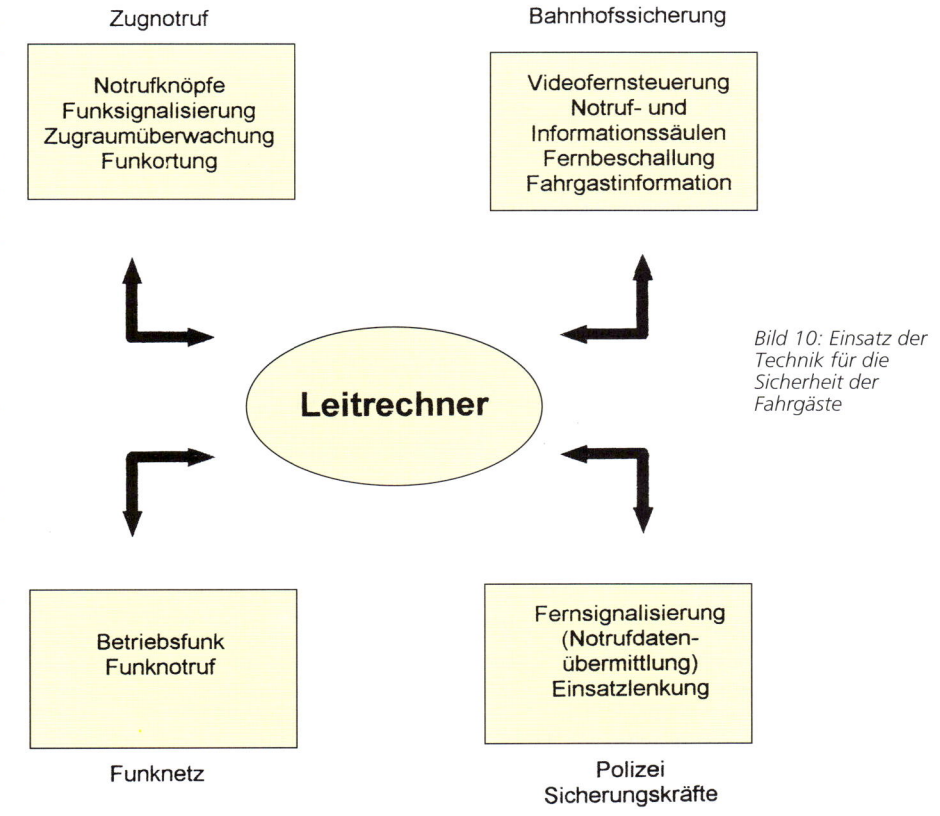

Mit der grundlegenden Modernisierung der Anlagen und der Rationalisierung des Betriebsablaufs entstehen Voraussetzungen, die Mitarbeiter und Mitarbeiterinnen durch ein verändertes Anforderungsprofil für kundendienstorientierte Aufgaben einzusetzen, insbesondere bei den Aufsichten, beispielsweise als Stationsbetreuer.

Die Aus- und Weiterbildungsinhalte wurden kurzfristig verändert. Vornehmlich in berufsbegleitender Aus- und Weiterbildung werden psychologische Grundkenntnisse und -fähigkeiten zur Konflikterkennung, -vermeidung und -bewältigung sowie Kenntnisse auf ausgewählten Rechtsgebieten vermittelt.

12 Schlußbemerkungen

Die S-Bahn Berlin GmbH orientiert sich kurz- und langfristig an der alle Verkehrsträger umfassenden Verkehrskonzeption für Berlin-Brandenburg, in Abstimmung mit der DB AG. Anforderungen, durch den Senat von Berlin und die Regierung von Brandenburg ab 1996 gestellt, werden zu ausgewogenen Verkehrsangeboten führen, die zur Mobilität der Bevölkerung und der Besucher Berlins und seines Umlandes wesentlich beitragen werden.

Jede Mitarbeiterin, jeder Mitarbeiter des neuen Unternehmens S-Bahn Berlin GmbH ist in der Pflicht, leistungsbereit und kreativ zu sein. Das ist, in Einschätzung der zurückliegenden Monate, schon zu einem Teil gelungen; das Jahr 1995 wurde erfolgreich abgeschlossen.

Doch die Kompetenz der Experten verlangt für die Umsetzung des Konzepts auch die Erfahrung der S-Bahn-Nutzer, der Fahrgäste. Dafür ist das Marketing-Team ganz nahe an den Fahrgästen durch Befragungen, aber auch mit solchen Aktionen wie „Steigen Sie ein" oder dem Bahnhofsfest zu „70 Jahre S-Bahn" in Oranienburg. Kundenwünsche und -erwartungen sind hoch und sollten stets und zufriedenstellend erfüllt werden.

Schrifttum
S-Bahn Berlin GmbH: Betriebskonzept S-Bahn Berlin, 1995.
Bundesminister für Verkehr: Bundesverkehrswegeplan 1992.

VISIONEN UND LÖSUNGEN   VISIONEN UND LÖSUNGEN

ATD-G
DAS GRÜNE GLEIS FÜR DEN NAHVERKEHR
AUF FESTER FAHRBAHN

PFLEIDERER
BAU- UND VERKEHRSSYSTEME AG

PFLEIDERER Bau- und Verkehrssysteme AG · Ingolstädter Straße 51 · 92318 Neumarkt · Tel. (0 91 81) 28-1 36 · Fax (0 91 81) 28-6 46

Rüdiger vorm Walde

Busse, Straßenbahn und U-Bahn im Verbund mit S-Bahn und Regionalbahn für den Verkehrsknoten Berlin

Nach Öffnung der Mauer hat sich die Situation des Verkehrs im Großraum Berlin grundlegend geändert. Die vorher isoliert arbeitenden Verkehrsbetriebe hatten völlig neue und große Verkehrsströme zu befördern, die nur durch eine schnelle Kooperation bewältigt werden konnten. Inzwischen hat sich die Situation konsolidiert und die Zukunftsprognosen lassen für den Großraum Berlin erhebliche Verkehrszuwächse erwarten. Ziel der im geplanten Verkehrsverbund tätigen Verkehrsbetriebe ist es deshalb, durch attraktivere Angebote und stärkere Kundenorientierung einen möglichst großen Anteil am Verkehrsmarkt zu erreichen.

Die Berliner Verkehrsbetriebe (BVG), größter Verkehrsbetrieb in der Verkehrsgemeinschaft Berlin-Brandenburg (VBB), wollen mit ihren drei Verkehrssystemen, U-Bahn, Straßenbahn und Bus, ihren Teil zu diesem Ziel beitragen. Alle drei Verkehrsmittel werden grundlegend modernisiert und somit für das erwartete wachsende Verkehrsaufkommen noch leistungsfähiger gemacht.

1 Ausgangslage nach der Öffnung der Mauer

Nach der Öffnung der Mauer im November 1989 hat sich die Situation des Verkehrs in und um Berlin grundlegend geändert. Die in 40 Jahren gewachsenen Verkehrsbeziehungen und Verkehrsgewohnheiten sind einer derart starken Umwälzung unterworfen worden, wie es in keiner anderen europäischen Stadt der Fall war. Bedingt durch die wirtschaftlichen Veränderungen vor allem im ehemaligen Ostteil der Stadt haben sich für den Berufs-, Einkaufs- und Freizeitverkehr im Vergleich zum Zeitraum vor 1989 grundlegend neue Wege eingestellt. Inzwischen ist eine gewisse Konsolidierung eingetreten. Damit können die Planungen für das künftige Verkehrsangebot im Großraum Berlin langfristiger und auf einer solideren Datenbasis erfolgen als in der ersten Zeit nach der Wiedervereinigung der Stadt.

Die Prognosen zeigen, daß in den nächsten 15 Jahren die Bevölkerung und damit auch das Verkehrsaufkommen in der Region Berlin deutlich zunehmen werden. Im Interesse einer attraktiven und lebenswerten Stadt und Region muß es daher das Ziel sein, möglichst große Anteile davon mit dem öffentlichen Verkehr zu bedienen. Dieses Vorhaben kann nur dann erfolgreich verlaufen, wenn die Verkehrsbetriebe der Region zusammenarbeiten und den Fahrgästen ein integriertes, abgestimmtes Konzept anbieten.

2 Verkehrsgemeinschaft Berlin-Brandenburg (VBB)

Bereits 1990 gab es auf Initiative der Berliner Verkehrsbetriebe (BVG) auf freiwilliger Basis der beteiligten Verkehrsbetriebe erste Arbeitsgruppen, um Tarife, Verkehrsangebote und Fahrpläne abzustimmen. Seit 1994 existiert die Verkehrsgemeinschaft Berlin - Brandenburg (VBB) mit ihren drei Fachausschüssen, in denen BVG, DB AG, S-Bahn Berlin GmbH sowie weitere in der Region tätige Verkehrsbetriebe zusammenarbeiten.

Themenschwerpunkte der einzelnen Fachausschüsse sind die Erarbeitung der gemeinsamen Planung, die Angebotskoordinierung der verschiedenen Betriebe und Systeme, die Klärung grundsätzlicher Fragen für die Verkehrsgemeinschaft und der Tarifangelegenheiten und die einheitliche Herangehensweise an die Fragen des Marketings und der Fahrgastinformation.

Für die Fahrgäste stellt sich im Ergebnis der Fachausschußarbeit die Verkehrsgemeinschaft als ein homogener Verbund dar, der ein attraktives, abgestimmtes Nahverkehrsangebot präsentiert. Die Fahrgastinformation hat bereits einen hohen Grad der Vereinheitlichung, wenngleich es immer noch Verbesserungsmöglichkeiten gibt. Sämtliche Verkehrsmittel haben ein einheitliches Liniennummernschema und abgestimmte Bezeichnungen für alle Haltestellen, Bahnhöfe, Linienziele etc.. Die Fahrpläne aller Verkehrsträger und -systeme werden nach gemeinsamen einheitlichen Grundlagen in einem Fahrplanheft — in Berlin 'Kursbuch' genannt — veröffentlicht.

Über die üblichen Informationsmedien hinaus stehen dem Kunden mit 'Fahrinfo' und 'Tipinfo' elektronische Auskunftssysteme zur Verfügung, die die optimalen Fahrverbindungen zwischen frei wählbaren Abfahrts- und Zielpunkten berechnen. Die Software enthält alle Linien, alle Haltestellen bzw. Bahnhöfe, alle Berliner Straßennamen hausnummernscharf und alle Fahrpläne der Verkehrsgemeinschaft. Durch regelmäßige Aktualisierung werden die größeren Bauvorhaben mit veränderten Streckenführungen und Fahrplanänderungen berücksichtigt. Fahrinfo- und Tipinfoauskünfte sind erhält-

Busse, Straßenbahn und U-Bahn...

lich am BVG-Kundentelefon, bei den BVG-Kundenzentren und an stark frequentierten bzw. verkehrlich bedeutenden Orten wie z. B. Bahnhof Zoologischer Garten oder Flughafen Tegel. Seit Sommer 1995 wird dieses Computerprogramm auch als PC-Diskettenversion mit halbjährlicher Aktualisierung verkauft. Ziel ist dabei immer die Vermittlung des "Persönlichen Fahrplans" mit Ausdruck der Fahrtroutenempfehlung direkt zum Kunden.

Wenngleich das bisher Geleistete schon ein wichtiger Schritt in die richtige Richtung ist, gibt es immer noch ausreichend Bedarf nach weiteren wichtigen Verbesserungen. Dazu gehört längerfristig z.B. der Aufbau einer Zentralen Verkehrsleitung. Hier sollen die verschiedenen Leitstellen der einzelnen Verkehrsbetriebe miteinander verknüpft werden und der notwendige Daten- und Informationsaustausch erfolgen. Sie verbessert die interne Kommunikation und stellt eine wichtige Schnittstelle nach außen zu den Medien und zur Polizei dar. Nach voller Inbetriebnahme kann die Fahrgastinformation im Störungsfall deutlich schneller, umfassender und aktueller erfolgen als es bislang der Fall sein kann.

Im folgenden wird auf die Aufgaben und Perspektiven der vorhandenen Verkehrssysteme näher eingegangen, wobei der Schwerpunkt auf Bussen, Straßenbahnen und U-Bahn (Bild 1), den Verkehrssystemen der BVG, liegt sowie auf deren Zusammenwirken mit S-Bahn und Regionalbahn.

3 Bus

3.1 Einsatz und Aufgaben

In den 80er Jahren wurden mit dem Unternehmenskonzept der BVG ("BVG-Konzept") erstmals Datengrundlagen für eine ganzheitliche Angebotsplanung geschaffen. Auf dieser Grundlage wurde neben der Bewertung der Maßnahmen im Schienennetz auch das Busnetz für die gesamte Stadt grundlegend überarbeitet. Dabei bekam der Bus als flächendeckendes BVG-Verkehrsmittel im Sinne des arbeitsteiligen Zusammenwirkens der verschiedenen Verkehrssysteme des ÖPNV vorrangig folgende Funktionen:

▷ Anbindung von Wohngebieten an bezirkliche Zentren,

Bild 1: Fahrzeuge der neuen Generation der BVG

▷ Zubringerverkehr von Wohn- und Gewerbegebieten zu benachbarten Schnellbahnhöfen,
▷ Feinverteilung innerhalb der Netzmaschen des Schnellbahn- bzw. Straßenbahnnetzes,
▷ Herstellung von durchgehenden Radial- und Tangentialverbindungen in Ergänzung des Schienennetzes und
▷ Vorlaufbetrieb für Schnellbahnlinien.

Die Resonanz der Kunden war trotz der vielen Änderungen, die das neue Konzept brachte, überwiegend positiv. Auch die im Einzelfall erforderliche Abkehr von "Traditionslinien" wurde von den Fahrgästen in der Regel akzeptiert, naturgemäß um so besser, je mehr die Maßnahmen im Vorfeld durch gezielte Öffentlichkeitsarbeit vorbereitet waren. Seit Mai 1995 steht nach Abschluß der letzten Neuordnungsphase nunmehr ein nachfrageorientiertes Busnetz als integraler Bestandteil des Berliner ÖPNV-Netzes mit einer Streckenlänge von ca. 1230 km und einer Linienlänge von ca. 1760 km zur Verfügung. 1994 wurden von den Bussen der BVG ca. 430 Millionen Personen befördert; am stärksten Querschnitt waren es dabei mehr als 30 000 Personen pro Tag. Im BVG-Busnetz werden die Angebote differenziert auf die Kundenwünsche ausgerichtet. Dabei sind drei Produkttypen zu unterscheiden: ExpressBus-Linien, Stadtbus-Linien sowie Ergänzungslinien.

3.2 ExpressBus

Dieses 1993 eingeführte Produkt ist wesentlicher Bestandteil des neuen BVG-Busnetzes, dessen Einführung sowohl mit Marketing- wie auch mit betriebswirtschaftlichen Argumenten zur Erhöhung der Produktivität begründet ist. Die ExpressBus-Linien sind eigenständige Linien auf Verbindungen mit

Bild 2: Verknüpfungspunkt zwischen U-Bahn und Bus am U-Bhf Hallesches Tor

Busse, Straßenbahn und U-Bahn...

hoher Nachfrage, aber bisher relativ geringen BVG-Marktanteilen. Die Produktivitätserhöhung wird vor allem durch Konzentration auf die wichtigen Haltestellen — nur Verkehrsschwerpunkte werden bedient — und die Ausnutzung der für den Kfz-Verkehr eingerichteten „Grünen Welle" realisiert. Der ExpressBus soll vor allem die höherwertigen Schienen-Systeme S-Bahn, U-Bahn und Straßenbahn ergänzen bzw. besser vernetzen (Bild 2).

3.3 Stadtbus- und Ergänzungslinien

Um das Omnibus-Angebot gegenüber dem Fahrgast transparenter zu gestalten und stärker auf die differenzierten Kundenbedürfnisse auszurichten, wird eine weitere Produktdifferenzierung angestrebt.

Stadtbuslinien weisen eine dichte, leicht begreifbare Taktfolge auf (mindestens 10-min-Takt) und dienen der Verknüpfung wichtiger städtischer Zentren. Sie haben eine ausgeprägte eigenständige Funktion und werden in stark frequentierten Abschnitten mit überwiegend kurzen bis mittleren Reiseweiten und häufigen Fahrgastwechseln in der Regel mit Gelenkbussen betrieben. Auf Linien mit langen Reiseweiten und wenigen Fahrgastwechsel-Schwerpunkten wird dagegen ein Einsatz von Doppeldeckbussen angestrebt.

Ergänzungslinien dienen der Abrundung des Busnetzes und bieten weitere Ansätze zur Ausrichtung auf spezielle Kundenkreise und -wünsche. Diese Linien erfüllen zuallererst kleinräumige Zubringerfunktionen und dienen der schnellen Erreichbarkeit der übergeordneten Schienenverkehrsmittel von Gewerbestandorten, Nahversorgungszentren, Ausbildungsstätten sowie Freizeiteinrichtungen. Die Einsatzzeiten sowie die Taktfolge werden gezielt den Kundenwünschen angepaßt, wozu auch der Einsatz kleinerer Fahrzeuge zur flächenhaften Erschließung mit Haustürbedienung zählt.

4 Straßenbahn

4.1 Aufgaben

Die Entwicklung der Berliner Straßenbahn war in der Nachkriegszeit äußerst wechselhaft und durch gravierende, politisch bedingte Einschnitte gekennzeichnet. Nach den Kriegszerstörungen (95% der Fahrleitungen und 67% der Wagen waren zerstört) erfolgte rasch der Wiederaufbau. Aus politischen Gründen wurde der gemeinsame Straßenbahnbetrieb in einen westlichen und einen östlichen Betriebsteil getrennt; bereits 1953 wurde der die Ost-West-Sektorengrenze überschreitende, durchgehende Straßenbahnbetrieb eingestellt.

Während der westliche Netzteil im Rahmen der autoorientierten Verkehrspolitik schrittweise bis 1967 stillgelegt und durch Bus- und U-Bahnlinien ersetzt wurde, fand im östlichen Teil Berlins nach einer Phase des Rückbaues auch aus Kostengründen eine Renaissance der Straßenbahn statt. Sie wurde hier neben der S-Bahn zum Rückgrat des ÖPNV (Bild 3). Obwohl sich die Straßenbahn bis heute fast ausschließlich auf die östlichen Bezirke beschränkt, stellt sie mit ca. 176 km Streckenlänge bzw. mit ca. 335 km Linienlänge immer noch das größte Straßenbahnnetz in Deutschland dar (Bild 4). 1994 wurden ca. 150 Millionen Personen befördert; der stärkste Querschnitt hat dabei eine Belastung von täglich 43 000 Personen. Geplant sind Streckennetzerweiterungen zurück in die alte Berliner Mitte (Alexanderplatz, Friedrichstraße, Potsdamer Platz) sowie in die westlichen Bezirke, wobei hier jedoch die Netzverknüpfung mit der S- und U-Bahn im Vordergrund steht.

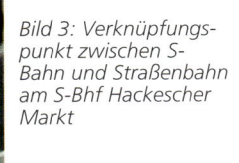

4.2 Fahrzeuge

Der Fahrzeugpark setzt sich derzeit noch hauptsächlich aus Fahrzeugen der tschechischen Tatra-Werke zusammen, die in ihrem

Bild 3: Verknüpfungspunkt zwischen S-Bahn und Straßenbahn am S-Bhf Hackescher Markt

Bild 4: Straßenbahn-Netz mit geplanten Streckenerweiterungen
— Bestand BVG (Regellösung)
— Bestand (andere Verkehrsbetriebe)
-- geplante Streckenerweiterung

Busse, Straßenbahn und U-Bahn...

ursprünglichen Zustand nicht mehr den Anforderungen entsprechen, die heute an moderne Straßenbahnwagen gestellt werden. Ein Großteil der Fahrzeuge, die noch jünger als 10 Jahre sind, wurde bereits einer grundlegenden Modernisierung unterzogen. Die insgesamt 447 Wagen werden sowohl aus Sicht der Fahrgäste als auch in technischer Hinsicht deutlich verbessert. Für die Kunden bedeutet dies zum Beispiel eine völlig neue Innenausstattung, verbesserte Heizung und Lüftung, neue Türen mit Reversiereinrichtungen, neue Innenbeleuchtungen, optische sowie akustische Fahrgastinformationen sowie eine Gestaltung im neuen BVG-Design.

Langfristig setzt die BVG auf neue Fahrzeuge mit Niederflurtechnik. 1994 begann die Auslieferung von 60 dreiteiligen 100 % niederflurigen Fahrzeugen (Bild 5). Diese Fahrzeuge lehnen sich in der Konstruktion an den bekannten Bremer Niederflurwagen an. Die BVG erwartet von der modernen Bauweise (geringes Gewicht, Rückspeisung der Bremsenergie, Wartungsfreundlichkeit) einen wichtigen Beitrag zum wirtschaftlichen Betrieb und bietet damit den Fahrgästen einen angemessenen Reisekomfort. Bis zum Jahr 2000 werden insgesamt 285 neue Wagen benötigt.

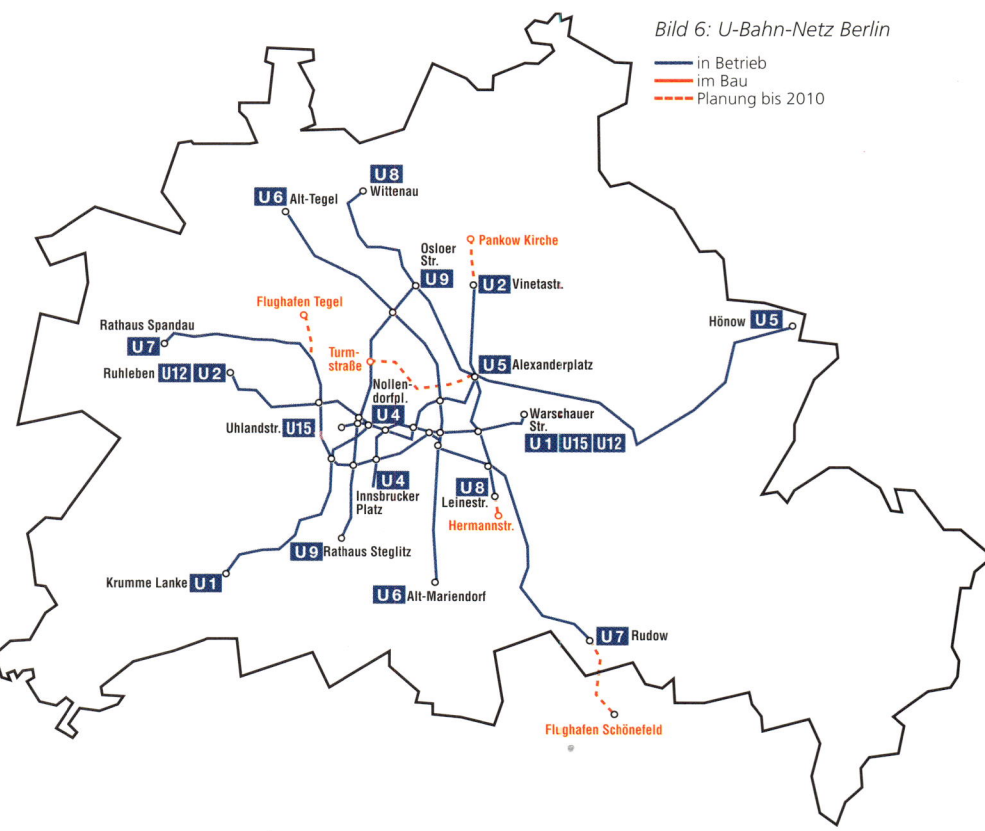

Bild 6: U-Bahn-Netz Berlin
— in Betrieb
— im Bau
---- Planung bis 2010

5 U-Bahn

5.1 Entwicklung und Aufgaben

Mit ca. 150 Kilometern Linienlänge und ca. 1600 Wagen stellt die Berliner U-Bahn das größte U-Bahnsystem in Deutschland dar (Bild 6). 1994 wurden ca. 450 Mill. Personen befördert; die stärkste Linie ist die U7 mit mehr als einer halben Million Fahrgäste am Tag. Die Aufgaben entsprechen denen einer klassischen U-Bahn: kleinere Verkehrsströme werden an den Einstiegspunkten gebündelt und als starke Verkehrsströme im U-Bahnsystem weiterbefördert. Das Liniennetz berücksichtigt die dezentrale Stadtstruktur Berlins mit den zwei großen Oberzentren um Alexanderplatz und Kurfürstendamm sowie den ca. 50 wichtigen Mittel- und Unterzentren mit Einkaufs- und Arbeitsstätten. Die größte Netzdichte befindet sich im Bereich der Innenstadt zwischen Charlottenburg und Alexanderplatz in Mitte.

Bei der weiteren Entwicklung des U-Bahnnetzes bis zum Jahr 2010 liegt der Schwerpunkt auf der Schließung von Netzlücken zwischen U-Bahn und S-Bahn, um im Sinne des Verbundgedankens eines gemeinsamen Netzes den Fahrgästen ein noch attraktiveres Angebot anbieten zu können. Folgende Verlängerungen sind z.Zt. im Bau bzw. in Planung:

▷ U1 / U15 bis S-Bhf Warschauer Straße (Oktober 1995 eröffnet),
▷ U2 bis S-Bhf Pankow (wird z.Zt. bewertet),
▷ U5 bis S-Bhf Lehrter Bahnhof („Zentralbahnhof") (Eröffnung voraussichtlich 2002) und
▷ U8 bis S-Bhf Hermannstraße (Eröffnung Juli 1996).

Darüber hinaus ist eine Reihe von weiteren Streckenverlängerungen beabsichtigt. Die

Bild 5: Der neue Straßenbahnwagen GT6

entsprechenden Trassen sind im Flächennutzungsplan von Berlin festgelegt und werden freigehalten.

5.2 Betrieb

Die Berliner U-Bahn ist nicht nur der größte, sondern auch der älteste deutsche U-Bahnbetrieb. Nachdem lange Zeit der Streckenausbau im Vordergrund stand, ist jetzt die Modernisierung des Systems von besonderer Bedeutung. Aufbauend auf der bisher vorhandenen konventionellen Ausstattung mit unterschiedlichem technischen Niveau wird ein umfassendes Konzept für die Modernisierung erarbeitet. Dieses Konzept hat folgende Zielsetzungen:

▷ Erhöhung der Zuverlässigkeit des Zugbetriebs durch schnelleres Erkennen und Beseitigen von technischen und betrieblichen Störungen,
▷ Verdichtung der Zugfolge bis auf elektronischen „Sicht-Abstand",
▷ schrittweise Automatisierung des U-Bahnbetriebs,
▷ größere Flexibilität bei der Betriebseinsatzplanung und -auswertung,
▷ nachfrageorientiertes Angebot insbesondere in Spitzenzeiten.

Neben diesen betrieblichen Zielsetzungen werden die folgenden wesentlichen Verbesserungen für die Kunden im Vordergrund stehen:

▷ Durch den automatischen Bahnbetrieb wird der Zugfahrer von Betriebsaufgaben befreit und übernimmt Aufgaben der Kundenbetreuung.
▷ Die erhöhte Personalpräsenz stärkt das Sicherheitsgefühl der Fahrgäste.
▷ Die Fahrgastinformation wird aktueller und neben statischen auch dynamische Systeme beinhalten.
▷ Die Reisegeschwindigkeit wird erhöht.
▷ Die Einhaltung der Anschlüsse wird erleichtert.
▷ Die Hilfs- und Notrufeinrichtungen werden verbessert.

Erste Komponenten des Konzeptes werden auf der U 7 eingebaut und getestet. Es handelt sich um eine Zuglaufüberwachung mit Zugidentifikation, neue Kommunikationsnetze zur schnellen Datenübertragung, sowie eine zentrale technische Betriebsüberwachung (Fahrstromanlagen, Hilfs- und Notrufanlagen sowie andere technische Einrichtungen). Die Ausstattung der übrigen Strecken sowie Leitstellen für jede Linie werden folgen.

5.3 Fahrzeuge

Ende der fünfziger Jahre wurde im Westteil Berlins damit begonnen, den gesamten Fahrzeugpark zu erneuern. Inzwischen nähern sich die ältesten dieser Fahrzeuge dem Ende ihrer Nutzungsdauer. Die in Ost-Berlin zur Deckung des Fahrzeugbedarfs aus älteren S-Bahnwagen in U-Bahnwagen umgebauten Wagen sind inzwischen bereits außer Dienst gestellt. Als Ersatz für diese Fahrzeuge und im Hinblick auf eine in den kommenden Jahren erforderliche Erweiterung des Wagenparks werden ab 1996 Fahrzeuge einer neuen Generation eingeführt (Bild 7).

Bei dieser neuen Fahrzeuggeneration handelt es sich um einen Sechswagenzug der Baureihe H, der als ein wichtiges Merkmal die vollständige Durchgängigkeit vom ersten bis zum letzten Wagen bietet. Dadurch erwartet die BVG ein erhöhtes Maß an Sicherheit und Freizügigkeit im Zug. Die an beiden Enden vorhandenen Führerstände können bei Einführung des automatischen Bahnbetriebes problemlos ausgebaut werden. Durch eine erstmals in Berliner U-Bahnfahrzeugen eingebaute Luftfederung mit Niveauregulierung kann der Wagenboden abhängig vom Beladungszustand der benötigten Höhe über Schienenoberkante angepaßt werden. Dies hat insbesondere für die behinderten Fahrgäste den großen Vorteil, daß eine fast niveaugleiche Einstiegsmöglichkeit gewährt werden kann. Auch die anderen technischen Einrichtungen des Wagen richten sich nach dem neuesten Stand der Technik und Kundenbedienung. Die Probefahrten mit den ersten H-Zügen finden im Laufe des Jahres 1996 statt; die Serienbelieferung ist ab 1997 geplant.

6 S-Bahn, Regionalbahn

Die Schnellbahn der S-Bahn Berlin GmbH, nach der U-Bahn zweitwichtigstes Verkehrsmittel, gehört in Berlin zu den besonders traditionsreichen Verkehrssystemen und war trotz des „Kalten Krieges" immer ein Verbindungsglied zwischen West und Ost. Seit der Maueröffnung hat die S-Bahn jetzt wieder u.a. die Aufgabe, die beiden Stadthälften und das Umland miteinander zu verbinden.

Innerhalb des S-Bahnrings werden durch die in Ost-West Richtung verlaufende „Stadtbahn", die Nord-Süd-S-Bahn und auch die Ringbahn selbst Binnenverkehre bedient und durch den dichten Bahnhofsabstand

Bild 7: Der neue U-Bahnzug Baureihe H (1:1 Modell)

Busse, Straßenbahn und U-Bahn...

Bild 8: Umsteigen am gleichen Bahnsteig zwischen S- und U-Bahn am Bahnhof Wuhletal

Aufgaben ähnlich denen einer U-Bahn übernommen. Die Vernetzung mit der U-Bahn erfolgt an vielen gemeinsamen Bahnhöfen. Ein besonders gutes Beispiel ist der Bahnhof Wuhletal (Bild 8). Hier halten U-Bahn und S-Bahn im Richtungsbetrieb jeweils am selben Bahnsteig und der Fahrgast muß zum Umsteigen lediglich die Bahnsteigkante wechseln.

Noch weitergehende Aufgaben übernimmt der im Aufbau befindliche Regionalverkehr der Deutschen Bahn AG. Regionalexpresszüge verbinden die entfernt gelegenen Zentren im Land Brandenburg mit Berlin. Die Regionalexpreßlinien sind gekennzeichnet durch lange Reiseweiten, wenige Halte, große Bahnhofsabstände und hohe Reisegeschwindigkeiten. Die Regionalexpreßlinien werden durch Regionalbahnlinien für den zwischenörtlichen Verkehr ergänzt. In Berlin halten Regionalexpresse und Regionalbahnen nur an ausgewählten Bahnhöfen, die damit als Verknüpfungspunkte mit dem innerstädtischen Netz eine besondere Rolle spielen.

7 Ausblick

In den nächsten Jahren wird die Zusammenarbeit der Verkehrsbetriebe in der Region Berlin/Brandenburg weiter intensiviert und in einem Verkehrsverbund Berlin/Brandenburg zusammengefaßt werden. Dies ist eine Notwendigkeit, um im zukünftigen Verkehr den Marktanteil des ÖPNV halten und sogar erhöhen zu können. Die Gesellschaft zur Vorbereitung eines Verkehrsverbundes Berlin/Brandenburg hat ihre Arbeit bereits aufgenommen.

Die angestrebte Liberalisierung des Verkehrsmarktes bringt für die „alteingesessenen" Verkehrsbetriebe einen Konkurrenzdruck, dem rechtzeitig durch interne Neustrukturierung, Rationalisierung und Steigerung der Qualitäten entsprochen werden muß. Für die BVG bedeutet dies vorrangig eine durchgreifende Modernisierung der Fahrzeuge und Anlagen, Senkung der spezifischen Produktionskosten zur Erstellung der Verkehrsleistung und eine weitere Orientierung auf die Kundenwünsche. Gerade hier muß der Wechsel von einem Eigenbetrieb, der „Beförderungsfälle transportiert", zu einem modernen Dienstleistungsunternehmen, das „Kunden bedient", deutlich werden.

Für den Verkehrsknoten Berlin ist es wichtig, daß der zu erwartenden Verkehrsnachfrage ein moderner öffentlicher Nahverkehr zur Verfügung steht, der ein attraktives Leistungsangebot zu einem angemessenen Preis für die Bürger bereithält. Die Berliner Verkehrsbetriebe (BVG) sind entschlossen, ihren Beitrag für die lebenswerte Entwicklung Berlins zu leisten.

Götz Herberg

Lösungsansätze zur Integration des Flughafens Berlin Brandenburg International in das Schienennetz der Deutschen Bahn AG

Im Verhältnis zu anderen Regionen Deutschlands steht die Region Berlin/Brandenburg mit seinem Bevölkerungspotential von 6 Millionen Menschen vor großen Herausforderungen, wobei dies vor allem für den Bereich des Luftverkehrs gilt. Berlin als Hauptstadt und europäische Metropole braucht direkten Anschluß an das internationale Luftverkehrsnetz mit möglichst vielen Umsteigemöglichkeiten. Das bestehende Airportsystem mit den Flughäfen Tegel, Tempelhof und Schönefeld ist nicht in der Lage, diesem Anspruch gerecht zu werden. Die Kapazitäten der drei Flughäfen sind begrenzt und sie werden aufgrund der anhaltenden Nachfrage nach Luftverkehrsleistungen ab dem Jahr 2000 nicht mehr aufnahmefähig sein. Längerfristiges Ziel ist es daher, einen neuen internationalen Flughafen mit Drehkreuzfunktion zu errichten. Erklärtes Ziel der Flughafenplaner der Berlin Brandenburg Flughafen Holding ist es, den neuen Flughafen Berlin Brandenburg International in das Eisenbahnnetz der Deutschen Bahn AG einzubinden. An den beiden Standortvarianten Sperenberg bzw. Schönefeld werden Lösungsansätze aufgezeigt.

1 Moderne Flughäfen als zukunftsorientierte Verkehrsverbundsysteme

Integrierte Verkehrssysteme gewinnen in Zukunft immer mehr an verkehrspolitischer Bedeutung. Wirtschaftliche, wie auch ökologische Gründe sprechen für eine sinnvolle Systemlösung von Luftverkehr und Schiene.

Das „Luftverkehrskonzept 2000" der Bundesregierung fordert verstärkt eine zukunftsorientierte Verbundlösung von Luftverkehr und Schiene. Wo es ökonomisch und ökologisch sinnvoll erscheint, soll eine Verlagerung des Kurzstrecken-Luftverkehrs auf die Schiene erfolgen. Unter diesem Gesichtspunkt ist es angeraten, daß bei der Planung eines neuen Flughafens den Fragen einer umweltgerechten Schienenanbindung besondere Beachtung geschenkt wird.

Am Pariser Flughafen „Charles de Gaulle" ist erstmals in Europa eine integrierte Verbundlösung von Hochgeschwindigkeitszug und Flugzeug realisiert worden. Lyon, Marseille oder Lille können bequem und schnell mit dem TGV (Train à grande vitesse) erreicht werden. Demnächst folgen weitere Großstädte in Frankreich. Europäische Verbindungen nach Amsterdam, Brüssel, London oder Köln werden in Betracht gezogen.

2 Flughafen Berlin Brandenburg International

Bei der Entscheidungsfindung für den Standort des neuen Flughafens Berlin Brandenburg International (BBI) spielt die Möglichkeit der Einbindung in das Schienennetz der DB AG eine nicht unwesentliche Rolle (Bild 2).

Für BBI stehen zwei Standorte zur Auswahl — der stadtnahe, bereits bestehende Flughafen Berlin-Schönefeld und der stadtfernere Standort Sperenberg. Beide Standorte scheinen geeignet, die Funktion eines Single-Flughafens für die Region Berlin Brandenburg mit einer Endkapazität von 45 Millionen Passagieren zu übernehmen. Hinsichtlich der Verkehrsanbindung, insbesondere der Anbindbarkeit an das Schienennetz, bestehen zwischen beiden Standorten jedoch qualitative Unterschiede, die im einzelnen näher untersucht werden sollen.

3 Schienenverkehrsanbindung Standortmodell Schönefeld

Der Flughafen wird im Fern- und Regionalverkehr sowie durch einen S-Bahn Anschluß über den vorhandenen Bahnhof Flughafen Berlin-Schönefeld erschlossen. Trotz des vorhandenen elektrischen Schnellbahnsystems und einer relativ geringen Entfernung von ca. 28km bis ins Stadtzentrum von Berlin müssen. u.a. aufgrund der zahlreichen Haltepunkte, Fahrzeiten mit der S-Bahn in die City von 50 Minuten in Kauf genommen werden. Wesentlich kürzere Fahrzeiten ließen sich mit Hilfe eines Airport-Express erreichen.

3.1 Verteilung des Schienenpersonenverkehrsaufkommens

Die modellhafte Ermittlung des Schienenpersonenverkehrsaufkommens für den Standort Berlin-Schönefeld basiert auf den Anteilen des Originäraufkommens für das Jahr 2010 in Höhe von ca. 19 Mio. Passagieren/Jahr bei einem Gesamtaufkommen von ca. 25 Mio. Passagieren/Jahr.

Flughafen Berlin Brandenburg International

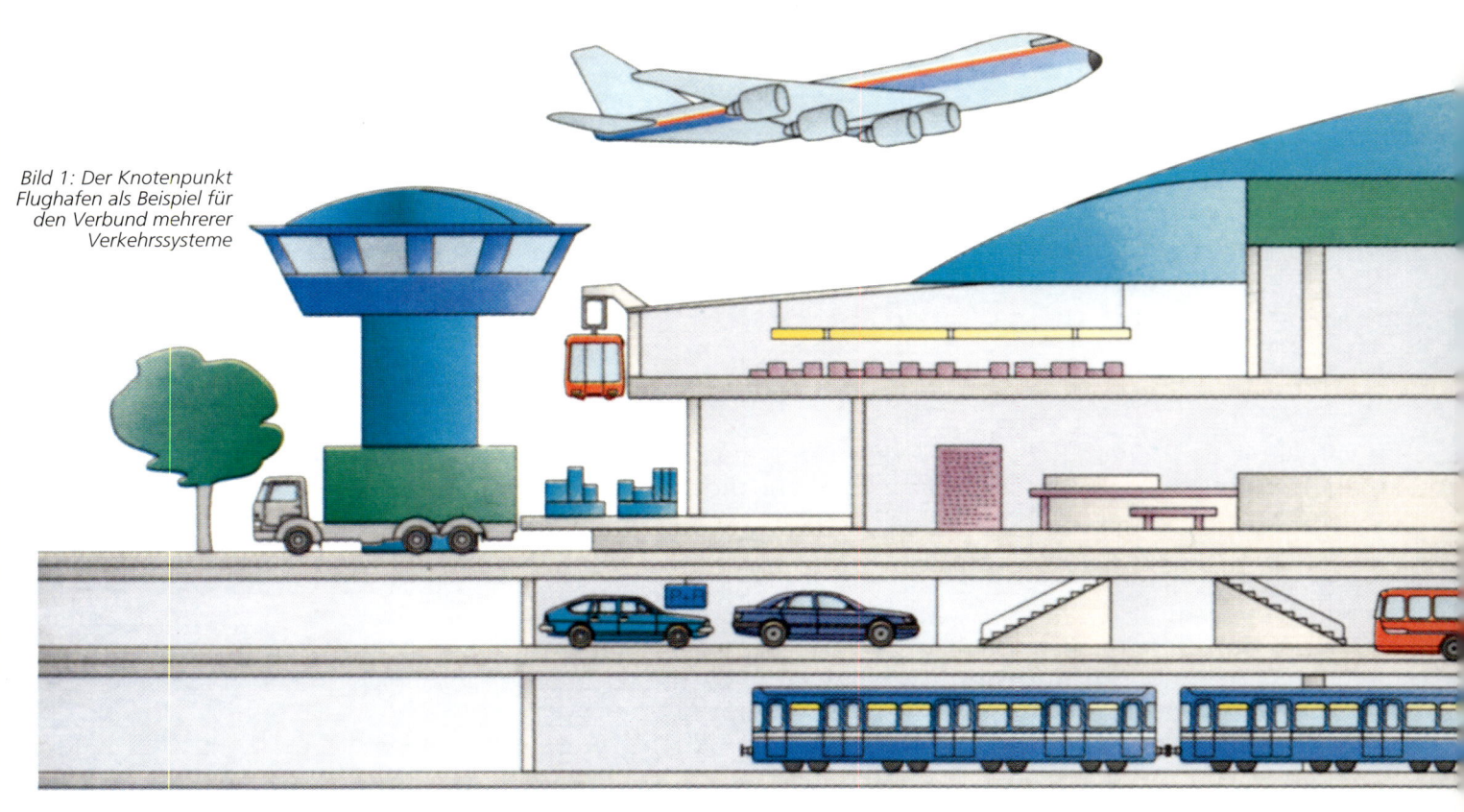

Bild 1: Der Knotenpunkt Flughafen als Beispiel für den Verbund mehrerer Verkehrssysteme

Bild 2: Verkehrsanbindung BBI-Standorte

Verkehrsnetz Schiene:
- IC-Verkehr
- sonstiger Fernverkehr
- Regionalverkehr
- Flughafen-Express
- Güterverkehr
- Passagiertransportsystem

Verkehrsnetz Straße:
- Bundesautobahn
- Bundesstraße

Linienführung Fern- und Regionalverkehr am Standort Schönefeld

IR 5	Cottbus - Berlin Lehrter Bhf. - Schwerin
R 7	Lübbenau - Berlin Lehrter Bhf. - Groß Schönebeck/Liebenwalde
R 10	Elsterwerda - Berlin-Lichtenberg - Angermünde
R 15	Potsdam Pirschheide - Berlin-Lichtenberg
R 21	Potsdam Pirschheide - Königs Wusterhausen

Linienführung Fern- und Regionalverkehr am Standort Sperenberg

IC 1	Hannover - Berlin Lehrter Bhf. - Halle
IC 2	Hannover - Berlin Lehrter Bhf. - Leipzig
IC 4	Hannover - Berlin Lehrter Bhf. - Leipzig
IR 2	Leipzig - Berlin Lehrter Bhf. - Stralsund
IR 4	Leipzig - Berlin Lehrter Bhf. - Rostock
D 2	Karlsbad - Leipzig - Berlin Lehrter Bhf.
R 5	Angermünde - Berlin Lehrter Bhf. - Jüterbog

Flughafen Berlin Brandenburg International

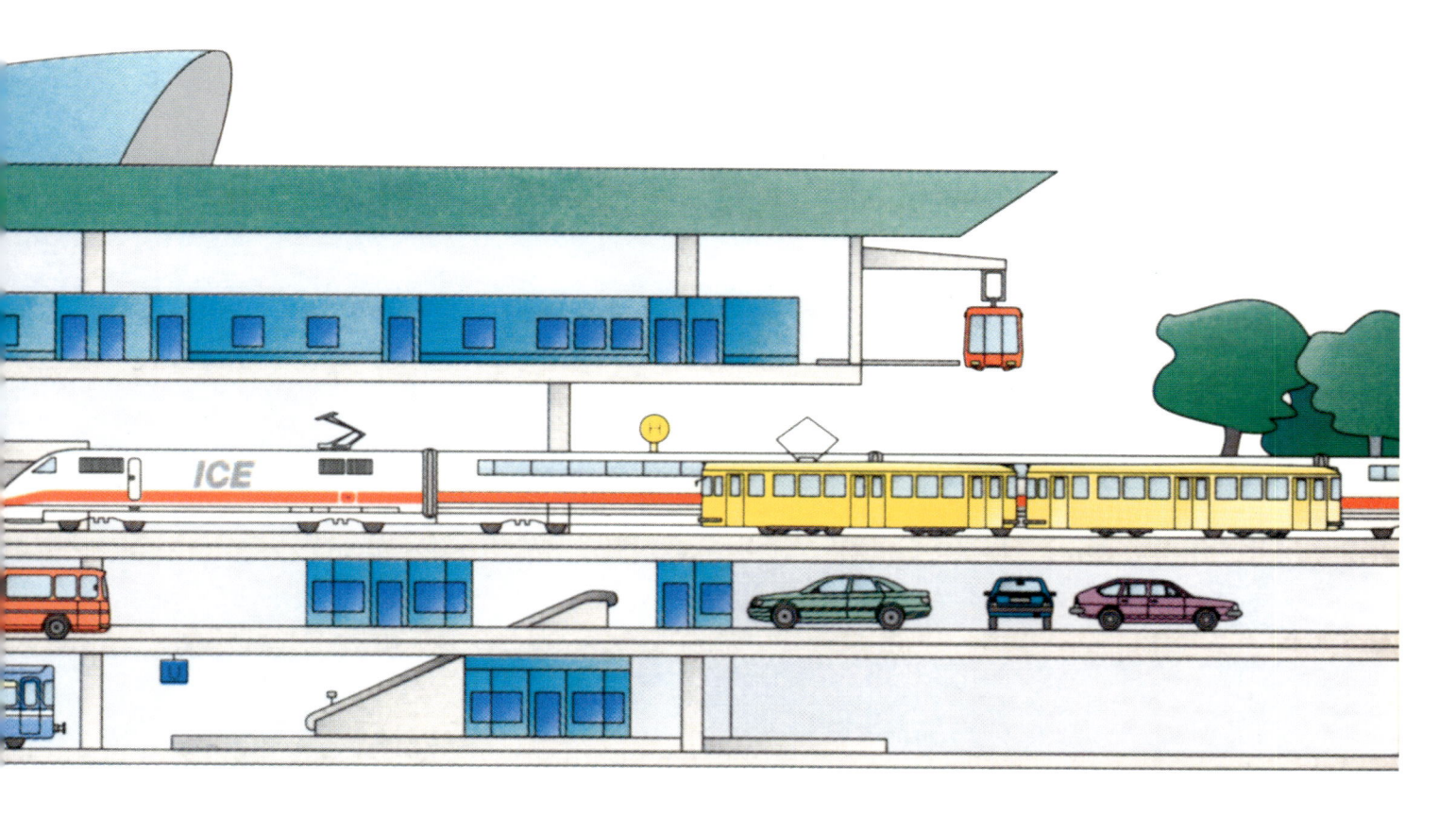

Unter Berücksichtigung eines ermittelten Fernverkehrsanteils in Höhe von ca. 5000 Personen pro Tag ergibt sich folgende Verteilung des Personenverkehrsaufkommens:

▷ Airport-Express . . . . 38 %
▷ Fernverkehr. . . . . 7 %
▷ Regionalverkehr . . . . 44 %
▷ S-Bahnverkehr . . . . 5 %
▷ U-Bahnverkehr . . . . 6 %.

Das Personenverkehrsaufkommen Airport-Express verteilt sich mit rd. 80 % auf die Relation Berlin und mit rd. 20 % auf die Relation Potsdam.

3.2 Airport-Express

Bei einer Standortentscheidung für den Flughafen Berlin-Schönefeld ist der Einsatz von Airport-Express-Zügen aus den Hauptaufkommensgebieten Berlin, mit ca. 78 Prozent des Gesamtpassagieraufkommens, und der zukünftigen Landeshauptstadt Potsdam vorgesehen. Ausgangsbahnhof in Berlin ist der Lehrter Bahnhof. Die Linienführung erfolgt über Bahnhof Papestraße direkt zum Bahnhof Berlin-Schönefeld. Geplant ist eine Taktfolge von 15 bis 20 Minuten mit 120 Zügen pro Tag. Die Fahrzeit vom Lehrter Bahnhof zum Flughafen Berlin-Schönefeld beträgt 16 Minuten.

Die Landeshauptstadt Potsdam und das Umland sollen über den Bahnhof Potsdam-Stadt erschlossen werden. Die Linienführung geht vom Bahnhof Potsdam-Stadt über Potsdam-Pirschheide zum Bahnhof Berlin-Schönefeld. Die Fahrzeit mit dem Airport-Express würde 19 Minuten betragen. Alle 30 Minuten, bei 48 Zügen pro Tag, fährt ein Airport-Express Richtung Flughafen Schönefeld. Eine Führung des Airport-Express bis Potsdam-Pirschheide ist in jedem Fall möglich. Für die Führung eines Airport-Express von Potsdam-Stadt zum Bahnhof Berlin-Schönefeld wird eine direkte Linienführung unterstellt, wie sie auch für eine mögliche Führung des Regionalverkehrs im Ergebnis der Untersuchungen Trassenfreihaltung für den Eisenbahnverkehr Potsdam-Stadt—Wildpark/Potsdam Pirschheide empfohlen wurde. Der Neubau einer Verbindungskurve zwischen Potsdam-Pirschheide und Potsdam-Stadt ist Voraussetzung für die angedachte Linienführung.

Im Bahnhof Berlin-Schönefeld erfolgt der Übergang auf ein effizientes Personentransportsystem (PTS), welches die Verbindung zu den Terminalanlagen herstellt. Die direkte Integration des Terminals mit dem Bahnhof wäre eine weitere Variante, die den Vorteil hätte, daß man auf das aufwendige PTS-System verzichten könnte.

Eine zusätzliche Möglichkeit zur Verbesserung der schienengebundenen Verkehrsanbindung des Flughafens Berlin-Schönefeld an das Berliner Nahverkehrssystem wäre die Verlängerung der U-Bahnlinie 7 von Rudow bis zum Bf Flughafen Berlin-Schönefeld.

3.3 Fernverkehr

Eine direkte Einbindung des Flughafens Berlin-Schönefeld in das Hochgeschwindigkeitsnetz der DB AG ist bei Umsetzung des sogenannten Pilzkonzeptes der DB AG für Berlin nicht ohne weiteres möglich. Die Fernverkehrsstrecken verlaufen zukünftig in Nord-Süd-Richtung und tangieren den Bahnhof Berlin-Schönefeld, der am südlichen Berliner Außenring liegt, nicht mehr.

3.4 Regionalverkehr

Über den südlichen und östlichen Berliner Außenring wird der Flughafen Berlin-Schönefeld durch ein ausgebautes Netz an Inter-Regio- und Regionalverkehr (Potsdam, Königs Wusterhausen, Elsterwerda und Angermünde R10, R15, R21 sowie Cottbus, Görlitz, Lübbenau, Groß Schönebeck/Liebenwalde und Schwerin IR5, R7) bedient. Die Innenstadt Berlins wird im Regionalverkehr durch keine Linie direkt berührt. Die

Flughafen Berlin Brandenburg International

östliche Stadthälfte wird über die Bahnhöfe Schöneweide, Ostkreuz und Lichtenberg mit der Linie SE 23 (Birkenwerder-Bf Berlin-Schönefeld) erschlossen.

4 Schienenverkehrsanbindung Standort Sperenberg

Das Grundkonzept für die schienenseitige Anbindung des BBI-Standortes Sperenberg geht von einer weitgehenden Trennung zwischen Personenverkehr unter Einbeziehung der auf 200 km/h ausgebauten Fernverkehrsstrecke Berlin—Halle/Leipzig (Anhalter Bahn) und dem Güterverkehr unter Nutzung der Strecke Zossen—Sperenberg—Jüterbog, mit Anbindung an die Fernverkehrsstrecken Berlin—Dresden und Berlin—Halle/Leipzig, aus. Die für den Standort Sperenberg vorliegenden schienenseitigen Erschließungskonzepte unterstellen eine maximale Nutzung der vorhandenen Schieneninfrastruktur auf dem Abschnitt der Anhalter Bahn. Am Standort Sperenberg sind optimale Voraussetzungen gegeben, um den Luftverkehr mit der Schiene zu verknüpfen. Über die Schienenanbindung ist es möglich, große Ballungszentren und damit zusätzliche Aufkommenspotentiale sowohl im Passagier- als auch im Frachtbereich zu erschließen. Nicht zu unterschätzen ist auch die Möglichkeit der Einbeziehung des BBI-Standortes Sperenberg in das Transeuropäische Hochgeschwindigkeitsnetz Paris—Berlin—Warschau—Moskau. Konzepte, nach denen der Bahnhof und der Terminal eine Einheit bilden, sind in der Diskussion.

4.1 Verteilung des Personenverkehrsaufkommens

Die Ermittlung des Schienenpersonenverkehrsaufkommens für Sperenberg basiert auf den Anteilen des Originäraufkommens für Sperenberg im Jahre 2010 in Höhe von ca. 17 Mio. Passagieren/Jahr bei einem Gesamtaufkommen von ca. 23 Mio. Passagieren/Jahr. Unter Berücksichtigung eines Fernverkehrsanteils von 5300 Personen/Tag ergibt sich folgende Verteilung des Personenverkehrsaufkommens:

▷ Airport-Express . . . . 65 %
▷ Fernverkehr . . . . 7 %
▷ Regionalverkehr . . . . 28 %.

Das Personenverkehrsaufkommen Airport-Express verteilt sich mit rd. 80 % auf die Relation Berlin und mit rd. 20 % auf die Relation Potsdam.

4.2 Airport-Express

Ausgehend vom zu erwartenden Originäraufkommen an Passagieren und zusätzlicher Aufkommensanteile für die Nutzergruppen Begleiter, Besucher und Beschäftigte am Flughafen BBI, sind Airport-Express Züge aus den Hauptaufkommensgebieten, der Bundeshauptstadt Berlin und der Landeshauptstadt Potsdam vorgesehen. Die Linienführung des Airport-Express von Berlin zum Flughafen BBI verläuft ausgehend vom Lehrter Bahnhof über Papestraße über die Anhalter Bahn direkt zum BBI-Bahnhof. Die Fahrzeit beträgt max. 19 Minuten bei einer Taktzeit von max. 15-20 Minuten in der Hauptverkehrszeit in der Relation Berlin. Auf dieser Strecke werden bis zu 120 Airport-Express-Züge pro Tag verkehren.

Die Anbindung der Landeshauptstadt Potsdam ist vom Bahnhof Potsdam-Stadt über den Berliner Außenring und die Anhalter Bahn direkt mit dem Flughafen BBI möglich. Damit könnte ebenfalls eine qualitativ hochwertige schienenseitige Anbindung der Landeshauptstadt Potsdam an den Flughafen BBI in Sperenberg für 48 Züge pro Tag im 30 Minuten-Takt angeboten werden.

4.3 Fernverkehr

Die Modernisierung der Anhalter Bahn ist im Bundesverkehrswegeplan 1992 (BVWP '92) vorgesehen. Geplant sind weiterhin der Lückenschluß der Anhalter Bahn durch die Realisierung des Nord-Süd-Tunnels. Beide Vorhaben sind eine wesentliche Voraussetzung für die Einbindung des Flughafens BBI am Standort Sperenberg in das Hochgeschwindigkeitsnetz der DB AG.

Nach den bisherigen Planungen der DB AG fahren ab dem Jahr 2002 auf dem zweigleisigen Hochgeschwindigkeitsabschnitt der Anhalter Bahn 116 IC- und Fernzüge pro Tag. Der Flughafen BBI am Standort Sperenberg würde nach den Planungen der DB AG demnach über direkte InterCity-Verbindungen nach Halle/Leipzig (IC1, IC2), München (IC5), Hannover (IC4) sowie über InterRegio/D-Zug-Anschlüsse nach Leipzig/Stralsund (IR2), Leipzig/Rostock (IR4) sowie Karlsbad/Leipzig (D2) verfügen. Alle Strecken werden über Berlin geführt.

4.4 Regionalverkehr

Die Erschließung der Städte und Gemeinden im Bereich der Anhalter Bahn, besonders des regionalen Entwicklungsschwerpunktes Luckenwalde/Jüterbog, erfolgt durch die R-Linie Angermünde—Berlin—Jüterbog (RE3, SE15) mit einem Angebot von 48 Zügen pro Tag. Auf der R-Linie sind zwischen Berlin—Lehrter Bahnhof und Flughafen BBI Haltestellen am Potsdamer Platz, in Lichterfelde-Ost, Teltow, Großbeeren, Birkengrund, Ludwigsfeld, Thyrow, Trebbin und Woltersdorf konzipiert. Es besteht weiterhin optional die Möglichkeit der Verlängerung der Regionalbahnlinien RB502 (Brandenburg—Jüterbog) und SE11 (Potsdam—Treuenbrietzen) über Jüterbog hinaus in Weiterführung zum Standort Sperenberg, dadurch würden die Räume um Potsdam, Treuenbrietzen und Jüterbog zusätzlich erschlossen.

4.5 Schieneninfrastruktur

Zur Eröffnung des Flughafens BBI im Jahre 2010 wird erwartet, daß die Anhalter Bahn für Geschwindigkeiten bis zu 200 km/h zugelassen ist und den gesamten Fern- und Regionalverkehr als auch den zusätzlichen Airport-Express-Verkehr aufnehmen kann.

5 Ausblick

Im Juni 1996 haben die Gesellschafter der Berlin Brandenburg Flughafen GmbH die Entscheidung für den Ausbau des „Single-Flughafens Schönefeld" getroffen. Alle vorbereiteten Maßnahmen für die Durchführung des Planfeststellungsverfahrens werden eingeleitet.

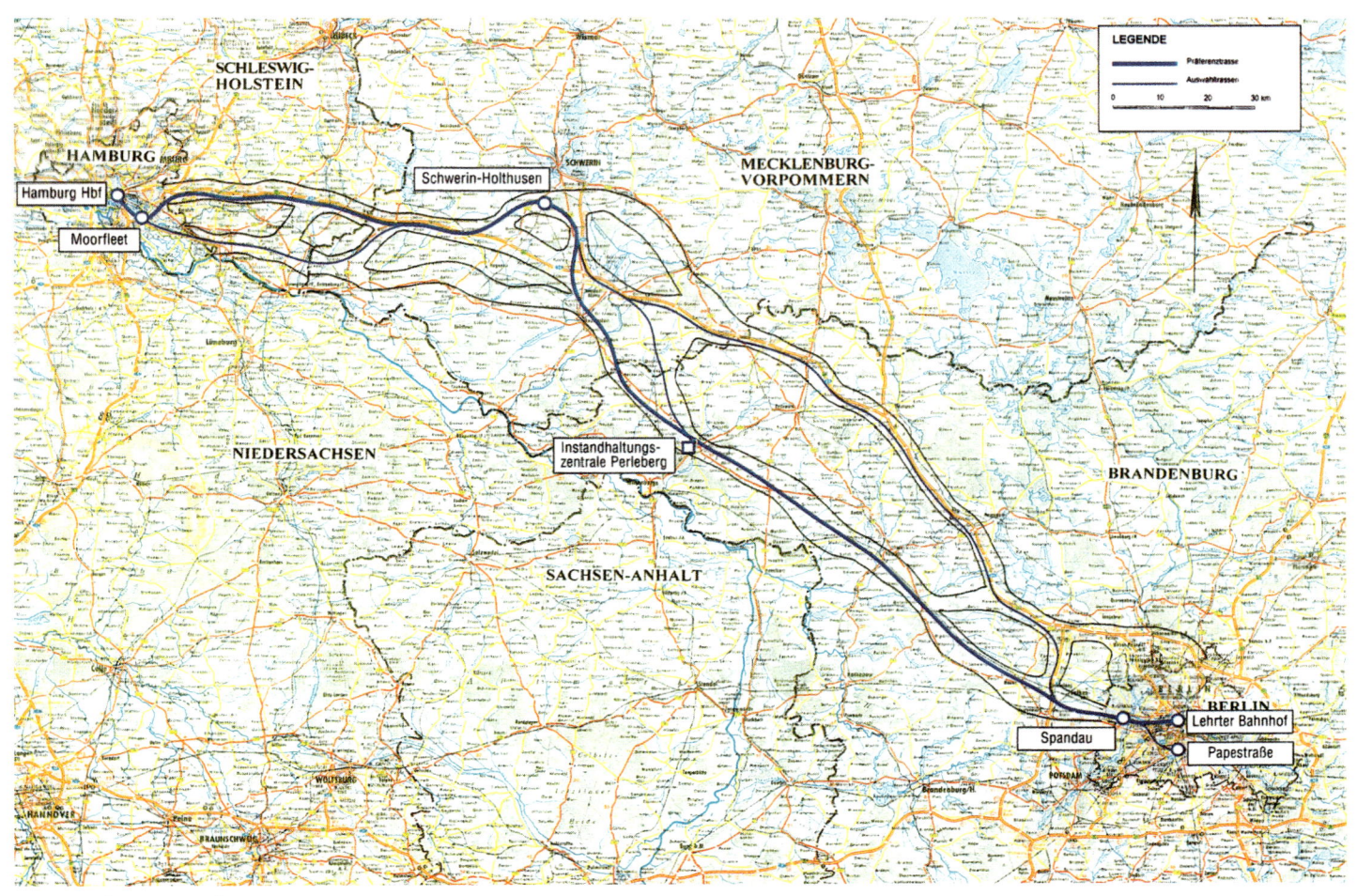

Bild 4: Präferenztrasse der MPG

beurteilt wird, um dann später in den Planfeststellungsverfahren vom Eisenbahn-Bundesamt in einzelnen Streckenabschnitten genehmigt zu werden.

4 Die Abschnitte müssen zusammenpassen — vom Suchraum zum Trassenverlauf

Der Zeitplan der Magnetschnellbahn-Planungsgesellschaft ist eng: In etwa drei Jahren sollen die Planfeststellungsverfahren soweit vorangeschritten sein, daß 1998/1999 mit dem Bau der ersten Streckenabschnitte begonnen werden kann (Bild 3). Im Jahr 2005 soll dann der Betrieb auf der weltweit ersten Transrapid-Strecke zwischen den beiden größten deutschen Metropolen zur Routine gehören.

Um dies zu erreichen, müssen die Planungen in den einzelnen Ländern optimal aufeinander abgestimmt sein. Die Planungsgesellschaft hat daher sofort nach ihrer Gründung den Kontakt mit den entsprechenden Gremien in den betroffenen Bundesländern — den beiden Stadtstaaten Berlin und Hamburg sowie den drei Flächenländern Brandenburg, Mecklenburg-Vorpommern und Schleswig-Holstein — aufgenommen und einen Länderarbeitskreis eingerichtet, der Koordinierungsentscheidungen trifft.

So wurde vereinbart, vor Eintritt in das Raumordnungsverfahren zunächst in einem Vorverfahren nach alternativen Grobkorridoren für den späteren Trassenverlauf in den Flächenländern zu suchen. Dazu wurde in einem ersten Schritt ein sogenannter Suchraum festgelegt. Seine südliche Grenze ist die Elbe mit ihren zahlreichen ökologisch bedeutsamen Feuchtgebieten; im Norden wird er durch die mecklenburgisch-brandenburgische Seenplatte begrenzt.

Dann wurden sogenannte Raumwiderstandskriterien festgelegt, mit deren Hilfe Räume mit vergleichsweise geringem von solchen mit vergleichsweise hohem Raumwiderstand unterschieden werden konnten. Die Räume mit dem geringeren Raumwiderstand bilden sogenannte Grobkorridore, wie sich zeigte, entlang bereits bestehender Infrastruktur: einen im nördlichen Bereich des Suchraums entlang der Autobahn A 24; einen weiteren im südlichen Bereich, der sich aus Abschnitten entlang der Autobahn A 25, Bundesstraße B 5, einer 220-kV-Überlandleitung und Bahnlinien zusammensetzt.

Diese Bereiche wurden sowohl aus Umweltsicht als auch aus verkehrlichen und trassierungstechnischen Blickwinkeln kommentiert; entsprechend wurden ihre genauen Grenzen für die weiteren Untersuchungen zur Trassenfindung festgelegt. Anschließend wurden innerhalb der einzelnen Korridorabschnitte mit einer Breite von mehr als 4 km die jeweils trassierungstechnisch möglichen Linienentwürfe entwickelt und bewertet. Das Ziel ist eine möglichst weitgehende Optimierung des Trassenverlaufs.

Von ihm hängt auch die Entscheidung über die Lage des Bedarfshaltepunktes im Raum Schwerin ab. Je nach endgültigem Trassenverlauf sowie den Prognosen zur Verkehrsentwicklung, den Möglichkeiten der Verknüpfung mit dem öffentlichen Nahverkehr und der Anbindung des Individualverkehrs, hätte er neben Schwerin—Holthusen auch

Transrapid

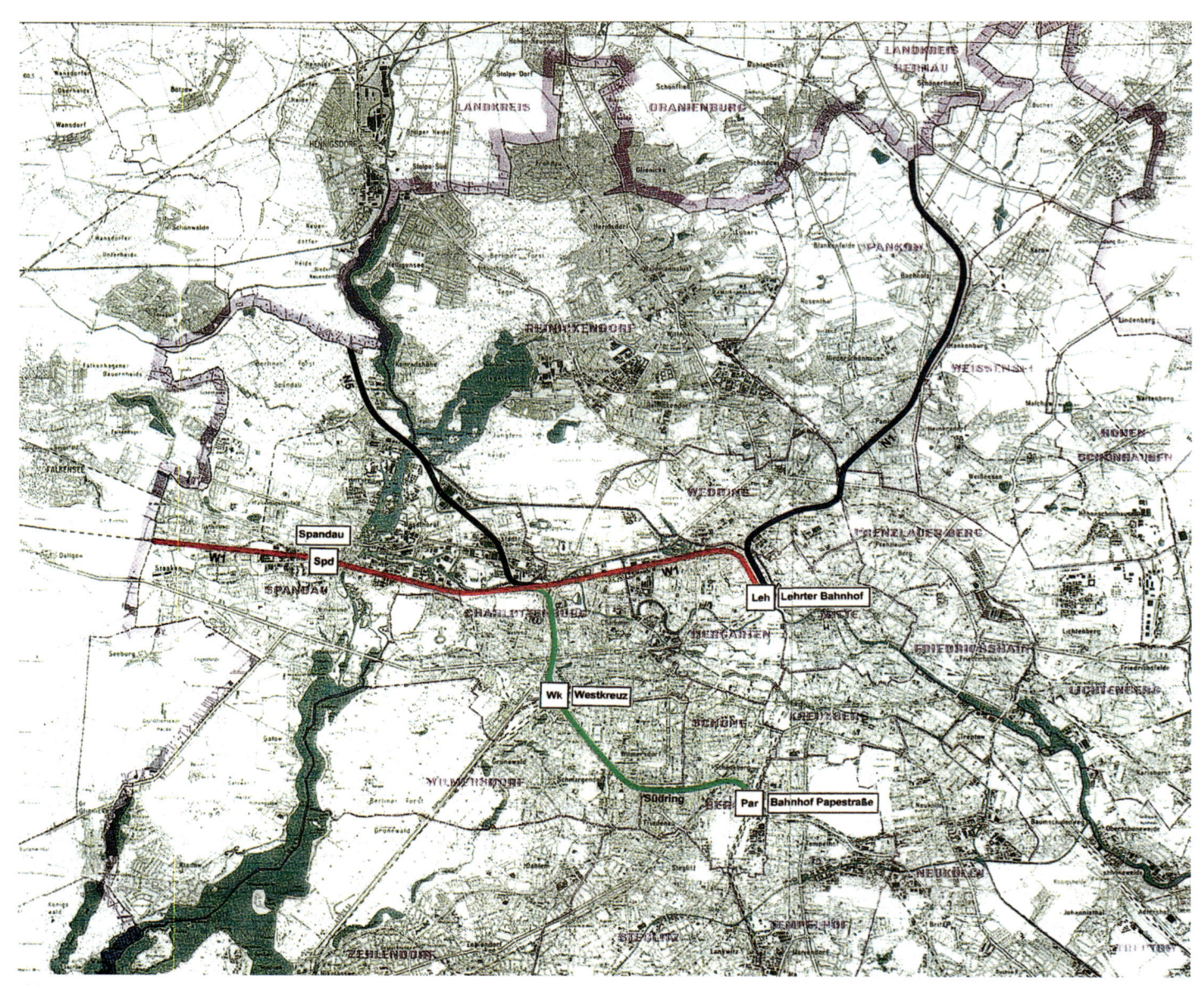

Bild 5: Engere Trassenwahl für den Großraum Berlin

in Parchim, Lüblow oder Ludwigslust sein können.

5 Von Zentrum zu Zentrum — mit dem Transrapid in die Ballungsräume hinein

Parallel zu den Untersuchungen in den Flächenländern wurde auch in den Stadtstaaten Berlin und Hamburg nach den günstigsten Trassenvarianten und nach optimalen Haltepunkten gesucht.

Denn das Fahren mit der Magnetschnellbahn soll besonders attraktiv werden: Erst wenn der Transrapid sowohl mit öffentlichen als auch mit privaten Verkehrsmitteln bequem zu erreichen ist, und die Fahrt von Stadtzentrum zu Stadtzentrum in weniger

Bild 6: Möglichkeit einer Bündelung mit einer Autobahn

als einer Stunde bewältigt wird; wenn die Zwischenstopps an den Unterwegsbahnhöfen nicht mehr als zwei Minuten betragen und eine Wartezeit von höchstens zehn Minuten an den Zielbahnhöfen die Regel ist; erst dann werden die Menschen das neue Hochleistungssystem voll annehmen.

In Hamburg war die Suche nach einem entsprechenden Zielbahnhof einfach: Dort sprechen sich alle Beteiligten eindeutig für den Hauptbahnhof als zentralem Endhaltepunkt aus, da an ihm schon heute alle öffentlichen und fußläufigen Verkehre zusammentreffen. Die Ausrichtung auf dies Zentrum ist so stark, daß auf einen peripheren Haltepunkt in Moorfleet, Reinbek oder Geesthacht eventuell verzichtet werden könnte. Da am Hamburger Hauptbahnhof gegenwärtig keine ausreichenden Parkflächen für den motorisierten Individualverkehr vorhanden sind, wird von der MPG die Station Moorfleet mit seinem S-Bahnanschluß als peripherer Halt favorisiert.

6 Zum Planungsstand in Berlin

Ganz anders war die Situation in Berlin: Die mehr als doppelt so große Metropole Berlin weist eine polyzentrische Struktur und mehrere herausragende Verkehrsknoten auf mit jeweils ganz spezifischen Eigenschaften und unterschiedlichen Anschlußqualitäten. Folglich war ein Zielbahnhof für den Transrapid nicht ohne weiteres erkennbar.

Ausgehend von den zwei Einfallskorridoren aus den Flächenländern wurden daher in Abstimmung mit der vom Berliner Senat und dem Land Brandenburg zur Betreuung des Projekts eingerichteten Arbeitsgruppe im Einzugsgebiet von Berlin zunächst 15 Korridore zur Erschließung verschiedener Haltepunkte untersucht.

Abhängig vom jeweiligen Einfallskorridor kamen ursprünglich vier Bahnhöfe als mögliche Zielbahnhöfe in Betracht: der Bahnhof Westkreuz, der Bahnhof Gesundbrunnen, der Lehrter Stadtbahnhof und der Bahnhof Papestraße (Südkreuz). Gleichzeitig wurde wegen der Größe Berlins — die Grundfläche der Stadt ist so groß wie die des Ruhrgebietes — nach einem weiteren peripheren Haltepunkt gesucht. Er sollte insbesondere eine gute Anbindung an den motorisierten Individualverkehr garantieren; außerdem sollte er in ein Kommunikationszentrum mit Einkaufsmöglichkeiten integrierbar sein und genügend freie Fläche für Parkplätze zur Anbindung an den Busverkehr und das Park&Ride-System aufweisen.

Grundsätzlich wurde bei all diesen Planungen die Realisierung des Pilzkonzepts, die Umsetzung aller Eisenbahn-Planungen im Großraum Berlin, die Neugestaltung des Regierungsviertels am Potsdamer Platz und die Möglichkeit einer Anbindung an den neuen Standort für den Flughafen Berlin-Brandenburg als Bestand vorausgesetzt.

Unter Berücksichtigung all dieser Vorgaben und Kriterien sowie der wesentlichen für die Stadt- und Verkehrsplanung und für die Umwelt relevanten Aspekte konnten 15 Trassenvarianten nach und nach auf insgesamt drei Auswahltrassen verdichtet werden: Auf eine, die als Westeinführungslinie bezeichnet wird, also aus dem Südkorridor kommt, und über Spandau führt, im wesentlichen also dem Entwurf im Finanzierungskonzept entspricht. Zum anderen auf zwei aus dem Nordkorridor kommende Varianten, von denen eine über den Bahnhof Gesundbrunnen führt und zum Lehrter Stadtbahnhof als Endhaltepunkt gelangt, während die andere über Velten und Hennigsdorf in Richtung Westend verläuft (Bild 5).

Die Variante über Spandau ist besonders interessant. Denn im Laufe der Trassenuntersuchungen konnte nachgewiesen werden, daß sich Westend als sogenannter Gelenk- oder Gabelungspunkt eignet, von dem aus die Trasse sowohl zum Lehrter Bahnhof wie auch zum Bahnhof Papestraße weiterge-

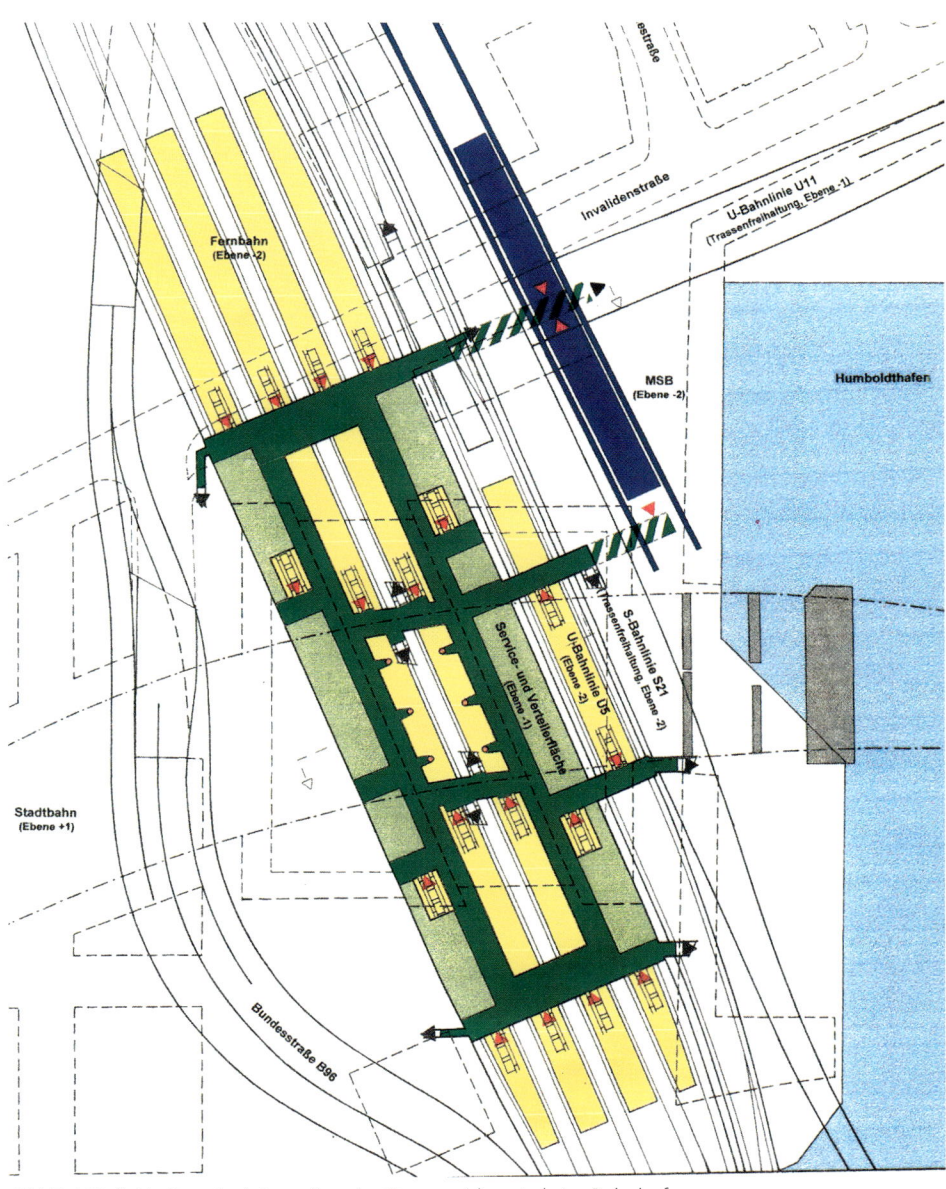

Bild 7: Möglichkeiten der Integration des Transrapid am Lehrter Bahnhof

Transrapid

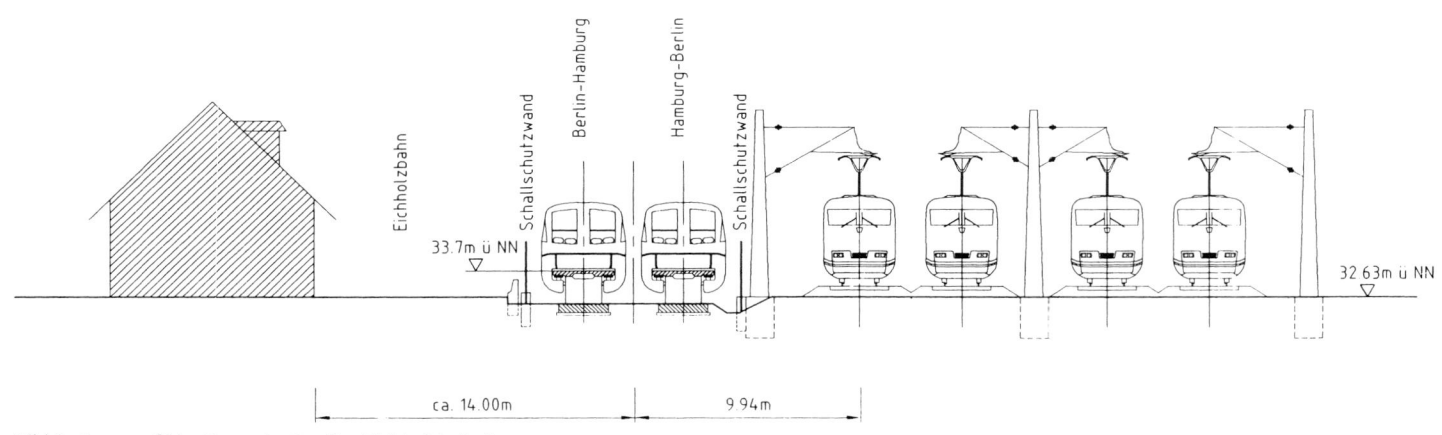

Bild 8: Querprofil im Zuge der Straße „Eichholzbahn"

baut werden kann. Von welchem dieser beiden Zielbahnhöfe der Transrapid künftig im 10 bis 15 Minuten-Takt Richtung Hamburg schweben wird, ist noch nicht endgültig entschieden.

7 Papestraße oder Lehrter Bahnhof — letzte Analysen entscheiden

Um in den Raumordnungsverfahren eine durchgehend optimierte Gesamttrasse vorschlagen zu können, wurden die verschiedenen Trassen-Alternativen sowohl unter Umweltaspekten als auch nach betrieblichen sowie verkehrlichen Gesichtspunkten untersucht.

So wurde in der verkehrlichen Untersuchung für neun Planfall-Alternativen mit verschiedenen Trassenverläufen und Haltepunkt-Kombinationen nach dem Einfluß dieser Parameter auf das Fahrgastaufkommen gefragt. Dabei stellte sich die im Finanzierungskonzept vorgeschlagene Kombination von Bahnhof Spandau mit Zielbahnhof Westkreuz als nicht besonders günstig heraus, während eine Kombination des Haltepunkts Bahnhof Spandau mit einem Endhaltepunkt Bahnhof Papestraße oder Lehrter Bahnhof das höchste Aufkommen an Fahrgästen versprach. Der dritte mögliche Haltepunkt an der Achse des Pilzkonzepts dagegen, der Bahnhof Gesundbrunnen, wurde wegen seiner wenig attraktiven verkehrlichen Anbindung inzwischen ganz aus der weiteren Untersuchung herausgenommen.

Im Ergebnis zeigte diese Studie, daß es in Berlin eigentlich nur zwei sinnvolle Endhaltepunkte für den Transrapid gibt: den Lehrter Bahnhof und den Bahnhof Papestraße, beide an der Achse des Pilzkonzepts. Im Hinblick auf das Fahrgastaufkommen sind beide Bahnhöfe in etwa gleich attraktiv. Auch die Heranführung des Transrapids an bestehende Bahnsteige und Gleiskörper ist technisch jeweils möglich.

Beide Zielbahnhöfe erfüllen somit für sich genommen die Forderungen

▷ verkehrliche Erschließung des zentralen Bereichs von Berlin,
▷ Anbindung an den Eisenbahnfern-, Regional- und den schienengebundenen öffentlichen Personennahverkehr und sind
▷ mit der Eisenbahnkonzeption für Berlin insgesamt kompatibel.

Diese Vorzüge drücken sich nicht zuletzt in relativ hohen Verkehrsnachfragedaten in Höhe von 40 bis 45 000 Ein- und Aussteigern (Stand 1995) sowohl am Bahnhof Papestraße als auch am Lehrter Bahnhof aus. Differenzierungen ergaben sich bei der *verkehrlichen Beurteilung* wie folgt:

Mit dem MSB-Endhalt am *Lehrter Bahnhof* wird eine optimale Verknüpfung mit den Produkten des Schienenpersonenfernverkehrs und des öffentlichen Personennahverkehrs erreicht. Dies ist vor allem dadurch bedingt, daß am Lehrter Bahnhof nicht nur ein Anschluß an die Nord—Süd-Fernverkehrsverbindungen (wie beim Bahnhof Papestraße), sondern auch an den Fernverkehr in Ost—West-Richtung vorhanden ist. Fernverkehrsrelevante Ziele liegen in kurzen Entfernungsbereichen, die entweder zu Fuß (Regierungsviertel) oder durch den ÖPNV optimal angebunden sind. Darüber hinaus sind alle Räume des Landes Brandenburg durch den Regionalverkehr an den Lehrter Bahnhof optimal angebunden; dies gilt insbesondere für die aus Sicht des Landes Brandenburg wichtige Anbindung der Landeshauptstadt Potsdam. Eine unmittelbare U-Bahn-Anbindung ist mit Bau der geplanten U 5 in Ost—West-Richtung gegeben. Ferner besteht eine Anbindung an das Berliner Straßenbahnnetz.

Am Endhalt *Papestraße* ist zwar im direkten Vergleich zum Lehrter Bahnhof die Abwicklung der Pkw-/Taxi-Zubringerverkehre über das Straßennetz (Stadtautobahn) besser und die Schaffung zusätzlichen Parkraums leichter realisierbar. Bezüglich der Verknüpfung mit dem Schienen-Personenfernverkehr ist jedoch zu berücksichtigen, daß am Bahnhof Papestraße eine Anbindung an die West—Ost-Fernverkehrsverbindung nicht vorhanden ist (insoweit könnte eine Anbindung lediglich über den 2. peripheren Haltepunkt Spandau erfolgen). Darüber hinaus besteht am Bahnhof Papestraße auch keine unmittelbare Anbindung an das U-Bahn- und an das Berliner Straßenbahnnetz.

Mithin resultiert die in den Verkehrsuntersuchungen festgestellte annähernde Gleichwertigkeit des Zielbahnhofs Papestraße aus einer vergleichsweise stärkeren Betonung der Individualverkehrskomponente gegenüber dem Lehrter Bahnhof, dessen optimales Verkehrsaufkommenergebnis vor allem aus der hervorragenden Einbindung in das öffentliche Schienenverkehrsnetz ergibt. Aus verkehrlicher Sicht ergibt sich damit auch unter diesem Gesichtspunkt eine deutliche Präferenz für den Zielbahnhof Lehrter Bahnhof. Die gilt nicht zuletzt auch im Hinblick auf die nur fußläufige Entfernung zum Regierungsviertel.

Ein weiteres Kriterium für die raumordnerische Beurteilung der beiden Zielbahnhöfe war die Möglichkeit der *stadtverträglichen Weiterführung* der MSB vom Berliner Zielbahnhof in Richtung Süden (im Rahmen eines künftigen Anschlußprojektes).

Aus städtebaulichen Gründen, aber auch zur Wahrnehmung der Weiterführungsmöglichkeiten nach Süden, wurde die MSB-Station *Lehrter Bahnhof* bereits in Tieflage (unmittelbar neben dem planfestgestellten Baufeld des Lehrter Bahnhofs, angrenzend

Bild 9: Querung der Havel vor dem Rathaus Spandau

an das Hafenbecken des Humboldthafens) angeordnet. Die Lage des MSB-Terminals in -2-Ebene — d.h. auf der Höhe der parallel im Lehrter Bahnhof verlaufenden Fernbahn-Bahnsteige — wurde so gewählt, daß eine Weiterführung im Tunnel entweder in Anlehnung an die S-Bahn-Trasse 21 mit Abschwenkung ab Potsdamer Platz zum Anhalter Bahnhof oder in Anlehnung an die Wilhelm-Straße mit Einbindung in die Achse des Anhalter Bahnhofs möglich ist. Mit diesen Möglichkeiten stehen mehrere Varianten zur Weiterführung der MSB zum Lehrter Bahnhof aus zur Verfügung, die von den Planungen des Pilzkonzeptes unabhängig sind und jeweils mit der Notwendigkeit eines neuen rd. 2 km langen Tunnels, einhergehen.

Dem gegenüber ist vom Zielbahnhof *Papestraße* aus eine Fortsetzung der MSB-Trasse in Richtung Süden ohne Tangierung des Potsdamer-Platz-Bereiches unmittelbar auf der Linie der Anhalter Bahn möglich.

Die Vergleichende Beurteilung der beiden möglichen Zielbahnhöfe in Berlin führte aus der Sicht der MPG zu dem Ergebnis, daß

▷ „die Trassenzuführung zum Lehrter Bahnhof umwelt- und stadtverträglicher gestaltet werden kann als zum Zielbahnhof Papestraße",
▷ der Lehrter Bahnhof aus verkehrlicher Sicht Vorteile gegenüber dem Zielbahnhof Papestraße aufweist,
▷ die stadtverträgliche Weiterführung der MSB-Trasse nach Süden von beiden Zielbahnhöfen möglich ist und
▷ die Planungssicherheit über die Ausgestaltung des Lehrter Bahnhofs höher zu bewerten ist als am Bahnhof Papestraße.

Insgesamt bietet der Zielbahnhof Lehrter Bahnhof infolge seiner günstigeren Trassenzuführung, seiner höheren verkehrlichen Effizienz und seines geringeren Investitionsbedarfes die besseren Möglichkeiten zur Optimierung des Gesamtprojektes. In Abwägung der dargestellten Vor- und Nachteile ergibt sich somit eine deutliche Präferenz in Richtung Zielbahnhof Lehrter Bahnhof.

8 Präferenztrasse — die Beste der möglichen Trassen

Die Präferenztrasse ist das Ergebnis umfänglicher Varianten und Untersuchungen. Der Verlauf der Präferenztrasse von Hamburg-Hauptbahnhof über den Haltepunkt Moorfleet, über den Haltepunkt Schwerin/Holthusen mit dem zentralen Instandhaltungszentrum bei Perleberg, der westlichen Einführung nach Berlin und dem Haltepunkt Spandau bis hin zum Zielbahnhof Lehrter Bahnhof erfüllt nach Überzeugung des Maßnahmeträgers die Kriterien sowohl hinsichtlich der angestrebten größtmöglichen Umwelt- bzw. Raumverträglichkeit, der Wirtschaftlichkeit sowie des erwarteten Bedarfs in optimaler Weise (Bild 4). Dennoch werden in Teilbereichen — insbesondere dort, wo unter Umweltgesichtspunkten die Variantenunterschiede allzu signifikant sind — auch noch Varianten zur Präferenztrasse den Ländern zur Beurteilung vorgelegt (z. B. in Schleswig-Holstein alternativ zur Trasse entlang der Bundesautobahn A 24 die Variante entlang der Bundesautobahn A 25).

Die Präferenztrasse unterstreicht noch einmal die erwarteten Vorteile. Die Reisezeit von unter 60 Minuten von Zentrum zu Zentrum bei hohem Komfort wird die gewünschten Effekte ermöglichen: die Verlagerung des Verkehrs aus der Luft und von der Straße auf den Transrapid und damit einen erheblichen Beitrag zur nachhaltigen Umweltentlastung. Dabei stellt der Transrapid — als sinnvolle Ergänzung und Abrundung des Angebotes der Deutschen Bahn AG im Segment der Personenbeförderung im Hochgeschwindigkeitsbereich — die Vernetzung mit den anderen Verkehrsträgern sicher, sowohl an den Zielpunkten Berlin und Hamburg, als auch an den drei weiteren Haltepunkten.

9 Ausblick

Noch bleibt also abzuwarten, auf welcher Strecke letztendlich die umweltfreundliche, wirtschaftliche und schnelle Magnetschnellbahn Transrapid ab dem Jahr 2005 die deutsche Hauptstadt durchschwebt und wo genau die Ziel- und Haltepunkte sind. Sicher dagegen ist, daß sie das Zentrum Berlins erreichen wird. Die beiden größten Metropolen Deutschlands werden dann durch ein System verbunden sein, das durch die Kombination aller Vorteile eines Nahverkehrsmittels mit denen des Personenfernverkehrs besticht — ein auf der Welt einmaliges Zukunftssystem, eine Vision für das 21. Jahrhundert. Auf der Strecke Berlin—Hamburg wird diese Vision bereits im Jahr 2005 zur Wirklichkeit.

SPREE

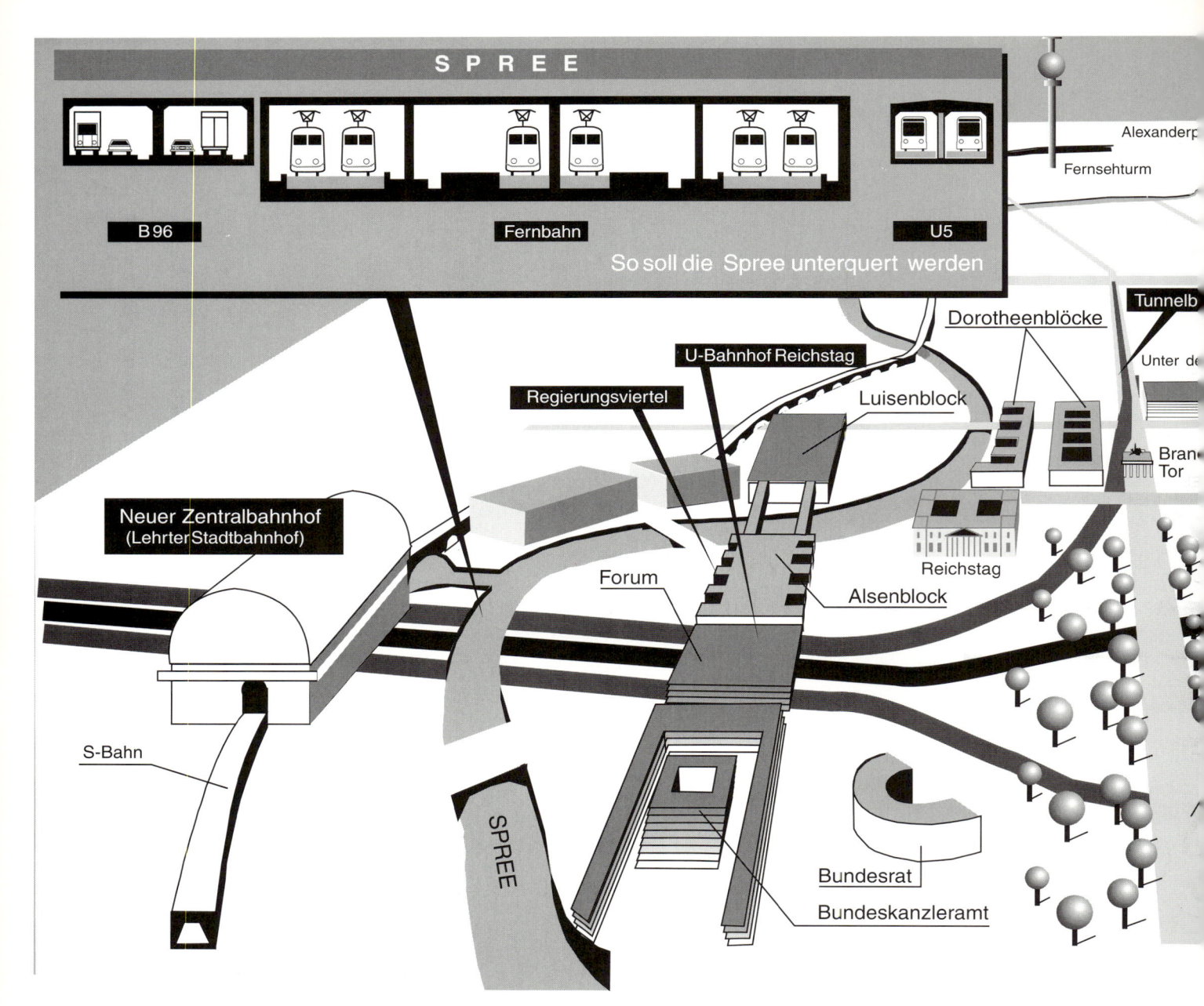

B 96 | Fernbahn | U5

So soll die Spree unterquert werden

- Alexanderp[latz]
- Fernsehturm
- Tunnelb[...]
- Dorotheenblöcke
- Unter d[en Linden]
- U-Bahnhof Reichstag
- Luisenblock
- Regierungsviertel
- Bran[denburger] Tor
- Neuer Zentralbahnhof (Lehrter Stadtbahnhof)
- Reichstag
- Forum
- Alsenblock
- S-Bahn
- SPREE
- Bundesrat
- Bundeskanzleramt

Startbaugrube Schildvortrieb vor dem Reichstag und Spreebogen

Übersicht über die geplanten Tunnel-Bauten im Berliner Zentrum

Friedrichstraße
U5
Tunnelbau für U3
Leipziger Straße
Leipziger Platz
Gleisdreieck
…elmstraße
Potsdamer Platz
(mit unterirdischen
U,-S-und Regionalbahnhof)
…ger
Ebertstraße
Potsdamer Straße
Vier Fernbahn-Tunnelröhren
(unterirdischer Schildvortrieb)
Kulturforum
…aße des 17. Juni
Autotunnel
(offene Baugrube)
TIERGARTEN

Die Baugrube für den Regionalbahnhof Potsdamer Platz, rechts unten die Info Box

95

ATLAS Zweiwegebagger

Spurtreu*, standfest, spurtschnell und hubstark. ATLAS-Zweiwegebagger für Schiene und Straße.

*Mit rechnergesteuertem Fahrwerk.

ATLAS WEYHAUSEN GMBH · MASCHINENFABRIK
POSTFACH 1844 · D-27747 DELMENHORST
TELEFON (0 42 21) 49 10 · TELEFAX (0 42 21) 49 12 13

Horst Weigelt

Historische Entwicklung des Eisenbahnknotens Berlin

Der Aufstieg Berlins zur pulsierenden Metropole ist untrennbar verbunden mit der dynamischen Entwicklung der Berliner Eisenbahnen vom frühen Streckenstern zum herausragenden zentraleuropäischen Eisenbahnknoten und mit dem rasanten Anstieg des Nah- und Regionalverkehrs auf der Schiene zum verkehrlichen Grundgerüst von Groß-Berlin. Stadtbahn und S-Bahn wurden weltweit zu Vorbildern.

Berlin war Bahnstadt sui generis mit dem bisherigen Höhepunkt 1938/39. Auf Kriegszerstörungen und Teilung der Stadt folgte die politisch motivierte Umfahrung West-Berlins über den Berliner Außenring, die Verstümmelung des Bahnnetzes in Westberlin bei gleichzeitigem Infrastrukturausbau und Fernbahnelektrifizierung in Ost-Berlin.

Der Beitrag zeigt im Zeitraffer die Entwicklung von Infrastruktur, Leistungsangebot, Verkehrsmengen und Betrieb von den Anfängen bis zur Wiedervereinigung Deutschlands. Orientierung und Überblick als Plattform für den Blick in die Zukunft sind Ziele des Beitrags, nicht vollständige Chronologie oder Vertiefung im Detail. Das bleibt der Spezialliteratur überlassen.

1 Verkehrsknoten Berlin — vor der Eisenbahn

Als die ersten Pfeifsignale der Berlin—Potsdamer Eisenbahn von 1838 die Berliner Luft durchschnitten, war Preußens Hauptstadt bereits eine Großstadt mit etwa 300 000 Einwohnern und einer außergewöhnlichen Wohndichte [1].

Im Zeitalter des Fuhrwerks waren die Sandstraßen Brandenburgs besser befahrbar gewesen als anderswo lehmige Erdstraßen oder steigungsreiche Gebirgsstraßen und hatten die Versorgung der zahlreichen Bevölkerung erleichtert. Gewichtiger war freilich das Transportvolumen per Binnenschiff. Von alters her bildeten Spree und Havel eine Hauptverkehrsader, die durch Kanäle mit Oder und Elbe verbunden worden war.

Beginnend mit der „Chaussee" Berlin—Potsdam von 1795 und forciert mit dem preußischen Chausseebauplan waren bis 1836 in Brandenburg 1072 km dieser Kunststraßen entstanden, die den Straßenverkehr erleichterten [2]. Besserer Fahrweg, leichtere und komfortablere Fahrzeuge und eine straffe Organisation hatten zum neuartigen Verkehrssystem „Schnellpost" geführt. Berlin bildete bereits im Netz der preußischen Fahrpost den herausragenden Verkehrsknoten mit dem zentral gelegenen Posthof Königstraße/Ecke Poststraße [3].

2 Erste Bauphase von Berliner Eisenbahnstrecken 1837–1851

2.1 Berlin 1846 — Endpunkt von 5 Eisenbahnlinien

In wenigen Jahren wurde die gewachsene Verkehrsstruktur aus Fuhrwerken, Postkutschen und Binnenschiffen von der verkehrlichen Revolution durch die Eisenbahn dra-

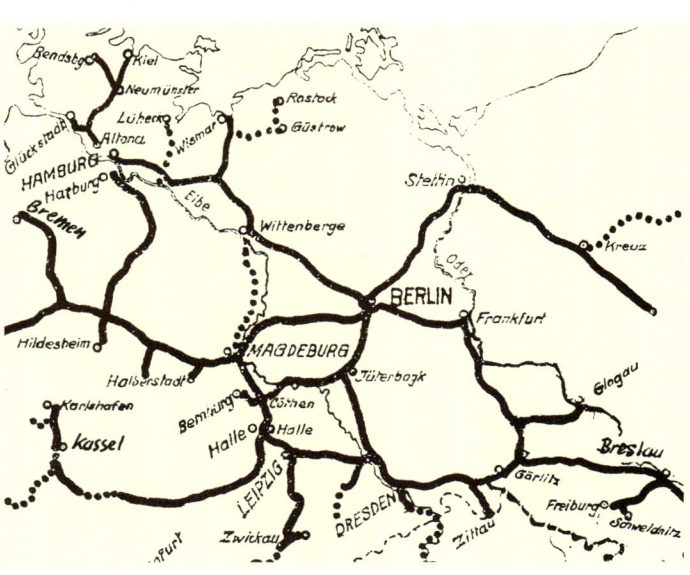

Bild 1: Berlin im Eisenbahnnetz von 1848 (gepunktete Linien bis 1852)

Historische Entwicklung

matisch verändert — ebenso wie dies die erste vollständige Dampfeisenbahn, die Bahn Liverpool-Manchester, ab 1830 in ihrem Einzugsgebiet bewirkt hatte. Denn das technischbetriebliche System Eisenbahn war billiger, schneller, sicherer, leistungsfähiger und dies für Jedermann und sämtliche Güter [4, 5].

Berlin konnte zwar nicht den Ruhm der ersten deutschen Eisenbahn von 1835 beanspruchen, wie Nürnberg und Fürth, oder der ersten deutschen Fernbahn von 1839, wie Leipzig und Dresden, — aber Berlin war bereits 1846 Endpunkt von 5 Eisenbahnlinien und damit bedeutendster Eisenbahnstandort im norddeutschen Eisenbahnnetz (Bild 1).

In einem unvergleichlichen Tempo hatten 4 private Eisenbahngesellschaften nach Verkehrsabschätzungen die Streckenplanungen erstellt, die Baukosten veranschlagt, das Kapital gesammelt und den Eisenbahnbau durchgezogen [6, 7]. Nach nur 14 Monaten Bauzeit ging 1838 die Berlin—Potsdamer Eisenbahn in Betrieb. Rasch folgten 1841 die Berlin—Anhalter, 1842 die Berlin—Frankfurter und 1842/1843 die Berlin—Stettiner Eisenbahn.

Zweifellos erleichterten ebene oder wenig bewegte Gelände den Eisenbahnbau ebenso wie geringe Besiedlung. So konnte beispielsweise die rd. 26 km lange Berlin—Potsdamer Eisenbahn in langen Geraden trassiert werden mit insgesamt nur 5 Bögen und relativ großen Halbmessern zwischen 1000 und 1600 m [10].

Im Jahr 1846 kam mit der Inbetriebnahme der Berlin—Hamburger Eisenbahn bis zur 1842 eröffneten Strecke Hamburg—Bergedorf die fünfte Berliner Fernbahn hinzu. Sie bildete zugleich den Abschluß dieser ersten nahezu hektischen Bauphase, die Berlin innerhalb von nur einem Jahrzehnt Schienenverbindungen zur Nord- und Ostsee, nach Osten und Westen sowie nach Süden gebracht hatte.

Zwar gab es nun eine Pause von zwei Jahrzehnten bis weitere Strecken nach Berlin eingeführt wurden, aber die Verlängerungen der 5 Radialen, ihre Verknüpfung mit dem schlesischen, rheinischen und süddeutschen Netz erweiterten jedes Jahr die Vorzüge der Eisenbahn auf größere Entfernungen. Allein die Reisezeiten schrumpften jeweils auf rd. ein Drittel der Schnellpost und ein Sechstel der gewöhnlichen Fahrpost.

Die Eisenbahngesellschaften hatten ihre „Bahn-Höfe" nach dem damaligen Stand der Eisenbahntechnik gleichsam selbstverständlich als Kopfbahnhöfe angelegt. Aus kommerziellen Gründen schoben sie diese Endpunkte des neuen Verkehrssystems so nahe wie möglich an die Quell- und Zielpunkte des Personen- und Güterverkehrs heran, also bis an den Rand der Bebauung in Berlin, die seinerzeit weitgehend durch die sog. Akzisemauer begrenzt war (Bild 2).

2.2 Vom Streckenstern zum Eisenbahnknoten

Die ersten Jahre waren die 5 Bahnlinien in Berlin nicht vernetzt. Private Unternehmer entwickelten zwar schon ab 1844 Projekte für eine Bahn zur Verbindung der Berliner Kopfbahnhöfe, wobei erstmals der Begriff einer „Berliner Stadtbahn" auftaucht. Und 1848 erreichte der jeweils zweimal umzuladende Transit-Güterverkehr durch Berlin bereits 35 772 t [6]. Aber erst die Mobilmachung des preußischen Heeres von 1850 ließ den Mangel der fehlenden Schienenverbindung der 5 Bahnen so deutlich zutage treten, daß auf Anordnung von König Friedrich Wilhelm IV. eine eingleisige „Verbindungsbahn" längs der Stadtmauer und in Geländelage quer über Plätze und Straßen bis 1851 fertiggestellt wurde. Jetzt erst

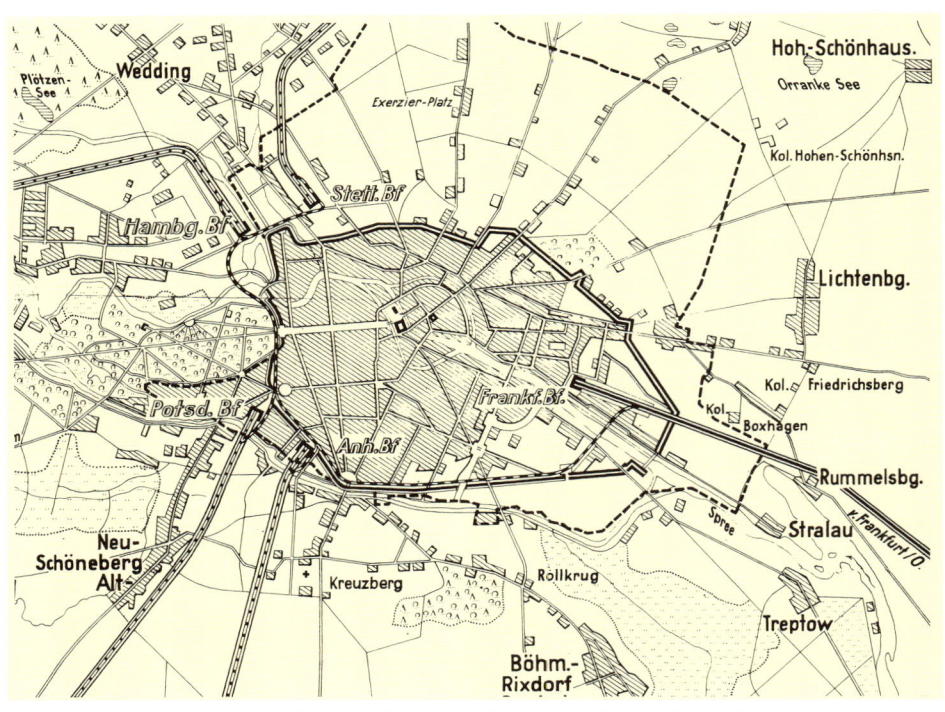

Bild 2: Die bis 1846 errichteten Kopfbahnhöfe in Berlin und die 1851 fertiggestellte „alte Verbindungsbahn". (Ausgezogene Linie: Akzisemauer; gestrichelte Linie. Weichbildgrenze von Berlin)

konnte vom „Eisenbahnknoten" Berlin gesprochen werden (Bild 2). Freilich blieben die Transitreisenden auf Droschkenfahrten zwischen den Bahnhöfen angewiesen.

3 Zweite Bauphase von Berliner Eisenbahnstrecken 1865–1882

3.1 Abkürzende Radialstrecken und Ringbahn

Zu keiner Zeit beharrte das Eisenbahnsystem in einem unveränderten Ausbauzustand. Vielmehr erforderten der Verkehrszuwachs ebenso wie neue Industrien die Erweiterung von Verkehrsanlagen für Personen und Güter, von Bahnhofsgleisen, Lokschuppen, Werkstätten u. a. m. Die Eisenbahn war eine Wachstumsindustrie schlechthin. Im Rahmen der vorliegenden Abhandlung können jedoch nur große Elemente des Systems Eisenbahn berücksichtigt werden. Was nun die Strecken betraf, so kann von einer zweiten intensiven Neubauphase gesprochen werden, die in den sechziger Jahren einsetzte und sich in den Gründerjahren fortsetzte.

Die Ergebnisse dieser Neubauphase waren zunächst 1866 die Eröffnung der Berlin—Görlitzer Bahn im Abschnitt Berlin — Cottbus (1867 bis Görlitz) und 1867 die direkte, abkürzende Einführung der preußischen Ostbahn von Küstrin nach Berlin, nachdem Ost- und Westpreußen bis dahin über

Historische Entwicklung

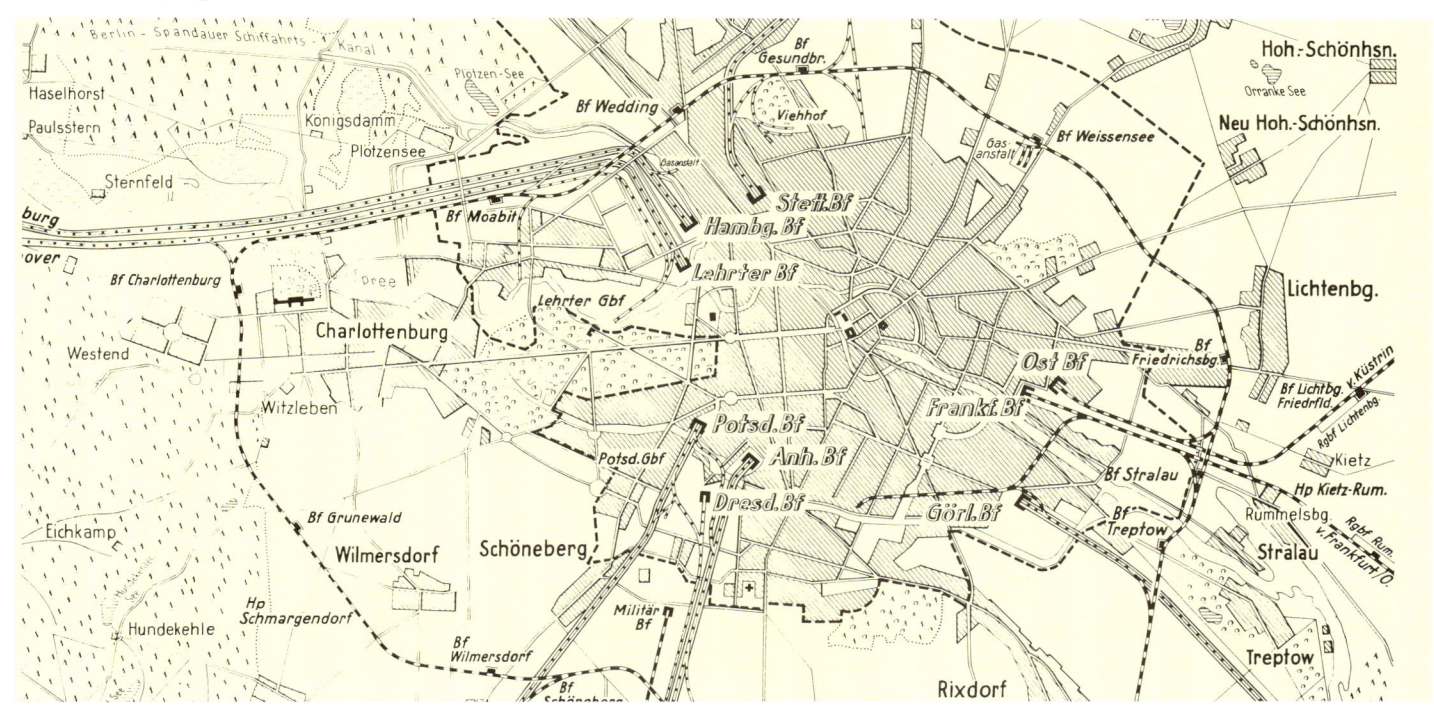

Staatsbahnen
Privatbahnen
Privatbahnen unter
Staatsverwaltung

Bild 3: Zehn Kopfbahnhöfe (einschließlich Militärbahn) und die Ringbahn sind die prägenden Strukturen des Eisenbahnknotens Berlin von 1877
(zum Südring vgl. Bild 8)

Frankfurt/Oder angebunden waren. Ab 1871 führte der kürzeste und schnellste Weg nach Hannover über die neue, gestreckt trassierte Eisenbahnstrecke Berlin—Stendal—Lehrte [6].

Zwanzig Jahre hatte das Provisorium des „alten Verbinders" gedauert, bis 1871 die „Neue Verbindungsbahn" zwischen Moabit und Schöneberg als ein östlicher Halbring in Betrieb genommen werden konnte, zunächst nur für Güterzüge, ab 1872 auch für Personenzüge. Der nunmehr leistungsfähigere Knoten Berlin bildete mit neuen Güteranlagen eine wesentliche Basis für den Bauboom der Gründerjahre, womit der Anteil der Binnenschiffahrt für die Baustofftransporte nicht hintenangestellt werden soll.

Nur wenig zeitversetzt gingen 1875 die Berlin—Dresdner Bahn sowie 1877 die Nordbahn bis Neubrandenburg mit Ziel Stralsund in Betrieb. Einen Sonderfall bildete die 1875 eröffnete Militärbahn Berlin—Jüterbog—Schießplatz Kummersdorf, die später auch für zivilen Regionalverkehr benutzbar wurde. Damit hatte Berlin 10 radiale, bis in die Stadt hineingeführte Fernstrecken und die Militärbahn aufzuweisen. Sämtliche Strecken endeten in einzelnen Kopfbahnhöfen mit der Besonderheit, daß Reisezüge der Nordbahn den Stettiner Bahnhof mitbenutzten (Bild 3).

Das überaus wertvolle Erbe dieser Zeit besteht bis in unsere Tage

▷ in der Streckeneinführung aus den namensgebenden Gebieten nahezu in der Luftlinie,
▷ und zwar tief in das heutige Berliner Stadtgebiet hinein.

Im Jahr 1877 wurde die westliche Ringbahn vollendet und damit der Ring in der markanten Form des „Hundekopfes" geschlossen. Mit 8 bzw. 12 km Durchmesser wurden die Fehler des engen Londoner „Cercle" vermieden, und der Ring weitgehend außerhalb des damaligen Baugebietes angelegt, um künftige Neubaugebiete zu erschließen (Bilder 3 und 8).

3.2 Die Berliner Stadtbahn — ein großer Wurf und Prototyp

Zwar waren mit der Vollendung des Ringes eine leistungsfähige Verbindung der Radialstrecken für Güterzüge sowie eine Stammbahn für Güterverkehrsanlagen und Industriegleisanschlüsse geschaffen und auch der Personennahverkehr aufgenommen werden, doch war die Ringbahn nicht geeignet, den Durchreisenden das Umsteigen von Bahn zu Bahn zu erleichtern. August Orth brachte 1871 die erste Anregung für eine „Berliner Zentralbahn", die, im allgemeinen dem Spreelauf folgend, Berlin in seiner größten Ausdehnung von Ost nach West durchschneiden und vorhandene Bahnhöfe wie auch die Ringbahn mit dem Innern der Stadt verbinden sollte (nach 6).

Die neu gegründete Deutsche Eisenbahnbaugesellschaft (DEBG) integrierte unter ihrem Vorsitzenden Hartwich die Idee dieser Durchmesserstrecke in ihren spekulativen Plan, eine abkürzende Eisenbahn nach Südwestdeutschland zu bauen. Da es der DEBG nicht gelang, das nötige Kapital aufzubringen, beschränkte sie sich auf die Berliner Durchmesserstrecke und bat 1873 die Regierung um finanzielle Beteiligung.

Nach schwierigen Verhandlungen beteiligte sich der Staat gemeinsam mit der DEBG, der Berlin—Potsdam—Magdeburger, der Magdeburg—Halberstädter und der Berlin—Hamburger Eisenbahn an der neu gegründeten „Berliner Stadteisenbahngesellschaft". Die genannten Bahnen hatten Interesse an der Einführung ihrer Züge in die vorteilhafte Stadtbahn, und der Staat sah die einmalige Chance, die bereits im stillen und günstig getätigten Grundstückskäufe durch die DEBG zu nutzen, um kurzfristig eine Verbesserung für den Stadtverkehr zu erreichen, ebenso aber die aus strategischen Gründen vorangetriebene „Wetzlarer Bahn" mit dem Neubauabschnitt Sangerhausen—Güsten—Berlin ohne zusätzlichen Bahnhofsneubau ins Innere Berlins einzuführen.

In der diesbezüglichen Gesetzesvorlage im preußischen Landtag von 1873 wird angesichts der großen Entfernungen zwischen äußeren Wohngebieten und der inneren

Historische Entwicklung

——·— Staatsbahnen
··==·· Privatbahnen
━━━━ Privatbahnen unter Staatsverwaltung

Bild 4: Der Eisenbahnknoten Berlin von 1882 mit Stadtbahn und Ringbahn. Die Verstaatlichung der Privatbahnen ist mit Ausnahme der Berlin—Hamburger Bahn abgeschlossen (zum Südring vgl. Bild 8)

Stadt „ein mit Lokomotiven betriebenes Netz von Eisenbahnen" gefordert, „welche die Stadt in einigen Hauptrichtungen durchschneiden, einesteils in einem, dem Zentrum der Stadt nahegelegenen Kreuzungspunkte sich berühren, anderenteils in ihren an der Peripherie gelegenen Endpunkten durch eine um die Stadt gezogene Ringbahn miteinander verbunden sind" [11]. Die Stadtbahn bildete insofern auch einen Bestandteil der damaligen Nahverkehrskonzeption.

Das in der Landtagsvorlage vorgestellte Konzept der viergleisigen Stadtbahn mit Funktionsteilung von Fern- und Nahverkehr stammt vermutlich von Hartwich. Die 1882 eröffnete viergleisige Stadtbahn wurde jedenfalls ein großer Wurf mit Modellcharakter, denn sie vereinigte gleich zwei fortschrittliche Planungsprinzipien (Bild 4): Zum ersten wurden auf zwei, ausschließlich dem Lokalverkehr dienenden Gleisen die Nahverkehrszüge von östlichen und westlichen Strecken sowie vom nördlichen und südlichen Ring gebündelt quer durch die innere Stadt geführt und die Fahrgäste an günstig zu den Arbeits-, Einkaufs- oder Vergnügungsstätten gelegenen Stationen herangeführt. Zugleich ermöglichten diese Stadtbahngleise eine schnelle und leistungsfähige Verbindung im Binnenverkehr der zunächst 9 Stationen [12].

Zum zweiten bildeten die zwei Ferngleise mit ursprünglich 4 Fernpersonenbahnhöfen — später 5 einschließlich Bahnhof Zool. Garten — einen aufgelösten Zentralbahnhof in Durchgangsform. Die Dezentralisierung vermied die Massierung von Reisendenströmen und Nahverkehrsmitteln, und die Durchgangsform ermöglichte flächensparsame Bahnhöfe sowie Anordnung der Lokomotiv- und Abstellanlagen außerhalb der inneren Stadt (Bild 5).

Und was die Kombination von Nahverkehr und Fernverkehr in einer viergleisigen Durchmesserstrecke betraf, so wurde diese zum Prototyp für weltweit ähnliche Lösungen, wie z. B. in Hamburg, Warschau oder Brüssel. Hegemann bezeichnete 1930 die Stadtbahn als eine der genialsten und nachahmungswürdigsten Leistungen im Städtebau der Welt (18).

Bild 5: Bahnhof Friedrichstraße um 1910 — von Osten gesehen. Links der Fernbahnsteig mit Schnellzuglokomotive, rechts Bahnsteig der Stadt-, Ring- und Vorortbahn mit typischen Zug, bestehend aus Tenderlokomotive und Abteilwagen

Die 11,3 km lange Viaduktbahn nahm Reisezüge aus Westen und Osten und natürlich von der Wetzlarer Bahn auf, nachdem diese 1879 zunächst im Dresdener Bahnhof endete.

4 Ausgestaltung des Knotens Berlin: Große Bahnhöfe und Vorortstrecken 1869–1916

4.1 Erneuerung und Erweiterung der Kopfbahnhöfe

Bis 1870 war die Zahl der in Berlin ankommenden und abfahrenden Eisenbahnreisenden auf 5,2 Mio. Personen angestiegen. Zwischen 1871 und 1900 war die Wachstumskurve der Bevölkerung Berlins (ohne Vororte) am steilsten, als sich die Bevölkerung in etwa verdoppelte [1]. Aber schon 1876 hatte sich die Frequentierung der Berliner Personenbahnhöfe auf insgesamt 10,1 Mio. nahezu verdoppelt und zwang zur Erweiterung von Bahnanlagen.

4.1.1 Das Beispiel Potsdamer Bahnhof

Bei den allerersten Kopfbahnhöfen war das einzige Streckengleis an einen einzigen, zumeist überdachten Bahnsteig von rd. 100 m Länge herangeführt worden, wie z. B. beim ersten Potsdamer Bahnhof. Über Drehscheiben am Gleisende konnte die Lokomotive abgezogen, auf einem parallelen „Maschinengleis" zurückgefahren und wiederum über Drehscheiben in den seitlich angelegten Lokomotivschuppen überführt werden.

Die geplante oder abschnittsweise verwirklichte Zweigleisigkeit von neuen Strecken legten es nahe, beide Streckengleise in den Bahnhof einzuführen. Deshalb wurde bei den Kopfbahnhöfen der vierziger Jahre je ein Abfahrtbahnsteig und Ankunftsbahnsteig angelegt mit dazwischen liegenden Nebengleisen, wie z. B. beim Frankfurter Bahnhof von 1843 und beim Hamburger Bahnhof von 1846.

Da der Güterverkehr und seine Einnahmen stärker stiegen als der Personenverkehr, erweiterten die Bahngesellschaften als erstes die ursprünglich recht dürftigen Güterverkehrsanlagen unter Anbindung an die Personenbahnhöfe [6]

Beim ersten großen Umbauprojekt der Berlin—Potsdam—Magdeburger Eisenbahngesellschaft (BPME) von 1865 verlangte der Berliner Magistrat eine Aufteilung in den Personenbahnhof zwischen Potsdamer Platz und Landwehrkanal und in den Güterbahnhof südlich des Kanals. Darüber hinaus wurde die Hochlegung der Bahnanlagen zur kreuzungsfreien Querung der Straßen gefordert.

Die Berücksichtigung dieser Vorgaben und einer großen Alleestraße nach dem Konzept von Lennè in der Achse Nollendorfplatz—Bülowstraße—Gneisenaustraße hätte einen Straßentunnel unter dem neuen Güterbahnhof der BPME und dem künftigen der Anhalter Bahn erfordert. Eine solche Investition schien der BPME nicht zumutbar. Die Alleestraße wurde nach Süden bis zur heutigen Yorkstraße abgeknickt. Nach Erweiterung auch des Anhalter Bahnhofs bildeten schließlich breite Bahnanlagen einen Nord-Süd-Riegel in der Stadt [6].

Im Jahr 1872 wurde der neue Potsdamer Personenbahnhof eröffnet. Mit nunmehr 4 Bahnsteiggleisen und einem Durchlaufgleis für Lokomotiven schienen die Planer seinerzeit eine weitsichtige Vergrößerung der Gleisanlagen vorgenommen zu haben. Das Empfangsgebäude vor Kopf wurde in repräsentativer Renaissancearchitektur gestaltet (Bild 6), und die glasgedeckte Bahnsteighalle mit den Abmessungen von 36 mal 172 m faszinierte Reisende und Besucher.

Weitaus größere Flächen beanspruchte der Güterbahnhof mit Ladestraßen, Vieh- und Militärrampen, getrennten Güterschuppen für Empfang und Versand von je 250 m Länge, Eilgutschuppen und -rampen sowie Aufstell- und Ordnungsgleisen, Lokomotivschuppen und Werkstätten (Bild 8).

Nur kurze Zeit verharrte der Potsdamer Bahnhof in diesem Ausbauzustand. Seine ausgezeichnete Lage nahe am Regierungs-, Geschäfts- und Einkaufsgebiet einerseits sowie die enorme Ausdehnung der Vororte im Einflußgebiet der Bahn erzeugte einen besonders starken Anstieg des Vorortverkehrs.

Im Jahr 1874 erschloß die „Wannseebahn"

Bild 6: Empfangsgebäude des zweiten Potsdamer Bahnhofs von 1872 nach einer Zeichnung von G. Theuerkauf

Villengebiete in Schlachtensee und Wannsee und verstärkte die Nachfrage, so daß die Potsdamer Bahn als erste 4-gleisig ausgebaut und die 1891 in Betrieb genommenen Vorortgleise als „neue Wannseebahn" in einen westlichen Flügelbahnhof eingeführt wurden. Im folgenden Jahr wurde als östlicher Flügelbahnhof der Ringbahnhof eröffnet, der Nahverkehrszüge vom Ring an die Innenstadt heranführte (Bild 8).

4.1.2 Die übrigen Kopfbahnhöfe

Das Beispiel Potsdamer Bahnhof vermittelt am eindringlichsten die Dynamik der Berliner Verkehrsentwicklung und den Druck zur Erweiterung der Infrastruktur.

Die Reihe der Erneuerung von alten Kopfbahnhöfen hatte allerdings die Niederschlesisch-Märkische Eisenbahn (NME) mit Inbetriebnahme ihres „Schlesischen Bahnhofs" im Jahr 1869 eröffnet. Bereits 1845 war die Frankfurter Bahn in der NME aufgegangen, die alsbald durchgehende Züge Berlin—Breslau mit Abzweig Kohlfurt—Görlitz anbot. Nach starkem Verkehrszuwachs zwischen dem bevölkerungsreichen sowie wirtschaftsstarken Schlesien und Berlin war ein Neubau überfällig. Der neue Personenbahnhof mit rd. 200 m langer Halle war nach damaligem Standard mit 5 Gleisen ausgelegt. Die Bahnsteighalle ging beim Bau der Stadtbahn im neuen Durchgangsbahnhof „Schlesischer Bahnhof" auf.

Historische Entwicklung

Auch der 1876 eröffnete neue Stettiner Bahnhof wies das Grundmuster von 4 Bahnsteiggleisen und einem Durchlaufgleis auf. Wegen der Nähe Berlins zur Ostsee wurde der „Stettiner" zum Berliner Ferienbahnhof schlechthin mit starkem Saisonverkehr und hohen Verkehrsspitzen an Wochenenden, so daß er als einziger Berliner Kopfbahnhof kurz nach der Jahrhundertwende um 4 weitere Bahnsteiggleise für den Fernverkehr erweitert wurde, nachdem 1898 für den starken Vorortverkehr ein Flügelbahnhof errichtet worden war.

Der zweite Anhalter Bahnhof von 1880 war seinerzeit der eindruckvollste Berliner Fernbahnhof. An das repräsentative Empfangsgebäude schloß sich die gewaltige, 60 m weite und 170 m lange Bahnsteighalle an, stützenfrei von einer kühnen Stahlkonstruktion überspannt (Bild 7). Da der Personenbahnhof außer den Zügen der Anhalter Bahn auch die der Dresdener Bahn aufnahm, erhielt er von vornherein 6 Bahnsteiggleise und ursprünglich 2 Durchlaufgleise.

Das vielfältige Fernzugangebot bis in die Alpenländer und nach Italien, die großartige Bahnhofsarchitektur von Schwechten und die imponierenden Schnellzuglokomotiven verschmolzen bei den Berlinern zu einer starken emotionalen Bindung an ihren „Anhalter".

Die während der zweiten Phase des Streckenbaus neu errichteten Bahnhöfe der Lehrter, Görlitzer und Küstriner Bahn (Ostbahn) waren standardmäßig mit je 4 Bahnsteiggleisen mit oder ohne Durchlaufgleis ausgelegt worden.

4.1.3 Güterbahnhöfe und Rangierbahnhöfe

Die stetige Ausweitung des Güterverkehrs führte nicht nur zur Vergrößerung der Güterbahnhöfe an den Endbahnhöfen, sondern auch zu einer Vielzahl kleinerer Ladebahnhöfe mit Güterschuppen an Ringbahn und Radialstrecken. Nahgüterzüge übernahmen die Bedienung der Güterbahnhöfe und die Zuführung zu den bis 1898 errichteten Rangierbahnhöfen Tempelhof, Schöneweide, Spandau, Pankow und Lichtenberg, wo Durchgangsgüterzüge zu den deutschen Eisenbahnknoten gebildet wurden und umgekehrt (Bild 8).

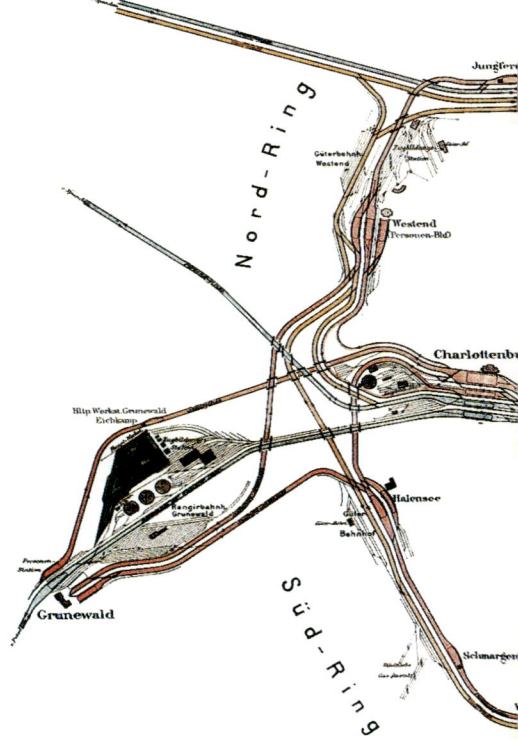

Bild 8: Die Eisenbahnanlagen in und um Berlin 1896

Bild 7: Die imponierende, 60m breite und mit einer viel bewunderten Stahlkonstruktion überspannte Bahnsteighalle des zweiten Anhalter Bahnhofs von 1880 in einem zeitgenössischen Holzschnitt

Bemerkung:

Die Längenmaße der Stationen sind gegen die Breitenmasse stark verkürzt.

- Fern - Gleise
- Stadt-, Stadt-Ring- u. besondere Vorort-Gleise
- Besondere Güter-Gleise
- Werkstatts-Anlagen

4.2 Ausbau für den Personennahverkehr

Das heutzutage unvorstellbar rasche Anwachsen der Bevölkerung Berlins und der Städte und Gemeinden im Umland von 0,8 auf rd. 3,5 Mio. Einwohner zwischen 1870 und 1910 führte zur Bebauung der Freiflächen beiderseits der Ringbahn und sodann zur Besiedlung der Vororte längs der radialen Eisenbahnstrecken.

Ab 1882 wurde die Ringbahn innerhalb von

Historische Entwicklung

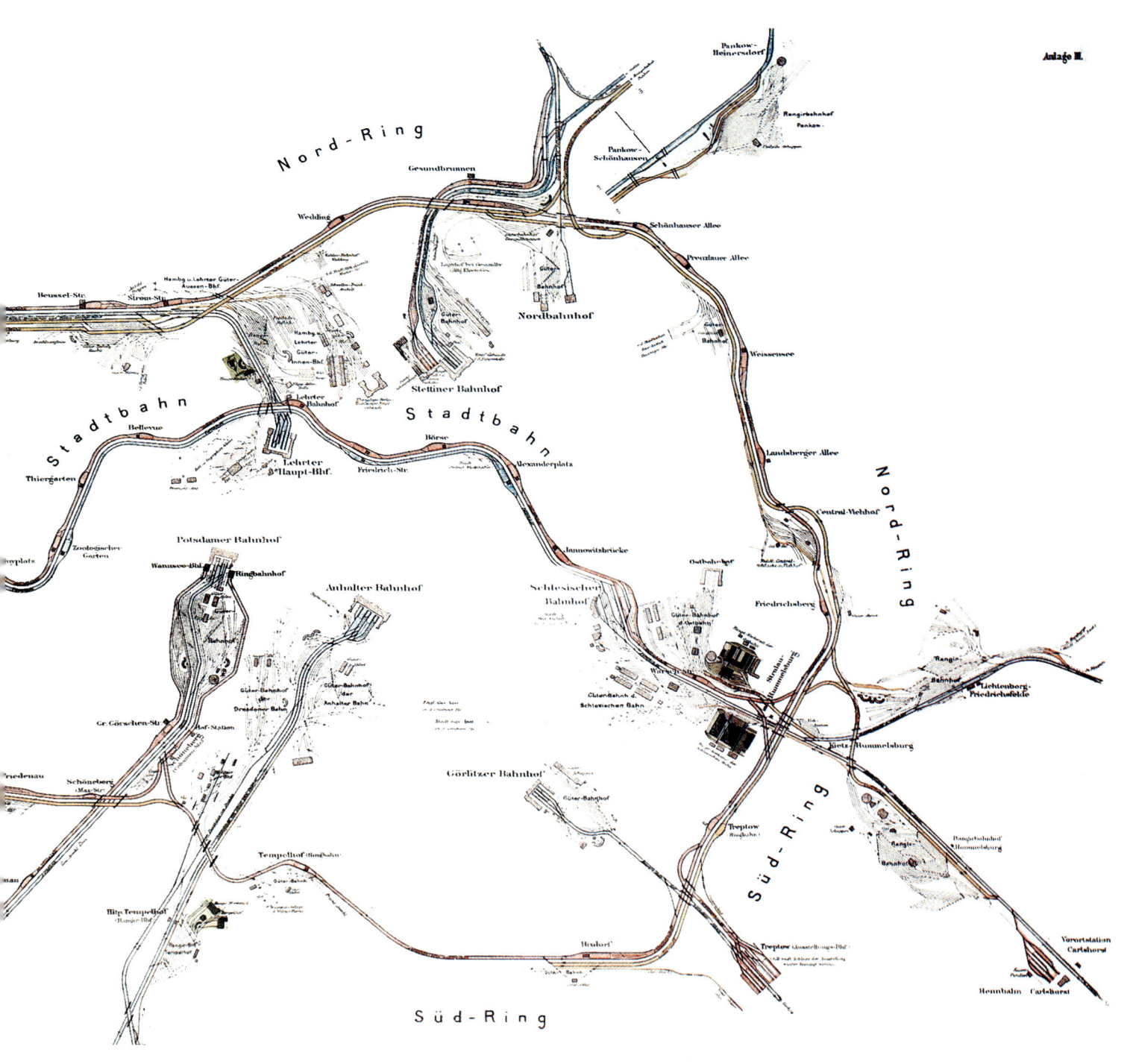

zwei Jahrzehnten viergleisig, mit besonderen Gleisen für den Personennahverkehr, ausgebaut. Des weiteren wurden die Nahverkehrsgleise von Stadtbahn und Ringbahn derart miteinander verbunden, daß Züge vom nördlichen und südlichen Ring direkt in die Stadtbahn hineinfahren konnten. Auf diese Weise entstand das Liniennetz „Stadt- und Ringbahn".

Zwischen 1882 und 1916 erweiterten die Preußische Staatsbahnen Zug um Zug ihr Leistungsangebot zu den Vororten und damit zum System „Stadt-, Ring- und Vorortbahnen". Charakteristisch war, daß die Vorortzüge zunächst im Mischbetrieb mit Fernreise- und Güterzügen auf den radial ausstrahlenden Hauptstrecken verkehrten, daß aber nach und nach besondere Vorortgleise gebaut wurden, und zwar bis 1916 nicht weniger als 148 km. Die „Stadt-, Ring- und Vorortbahnen" waren weniger durch technisch-betriebliche Merkmale als durch die Gültigkeit des außerordentlich günstigen Nahverkehrstarifs abgegrenzt. Verluste wurden durch Überschüsse aus dem Güterverkehr abgedeckt. Berlin wuchs sternförmig entlang der Bahnstrecken ins Umland.

Bis zur Jahrhundertwende war das dampfbetriebene System der „Stadt-, Ring- und Vorortbahnen" in der Lage, den ständig steigenden Verkehr mit jährlichen Zuwachsraten zwischen 6 und 16 % (!) zu bewältigen (Bild 9). Schließlich erwies sich jedoch eine Erhöhung der Systemkapazität durch Elektrifizierung als unabweisbar, zunächst allerdings aufgeschoben durch den Ersten Weltkrieg.

Historische Entwicklung

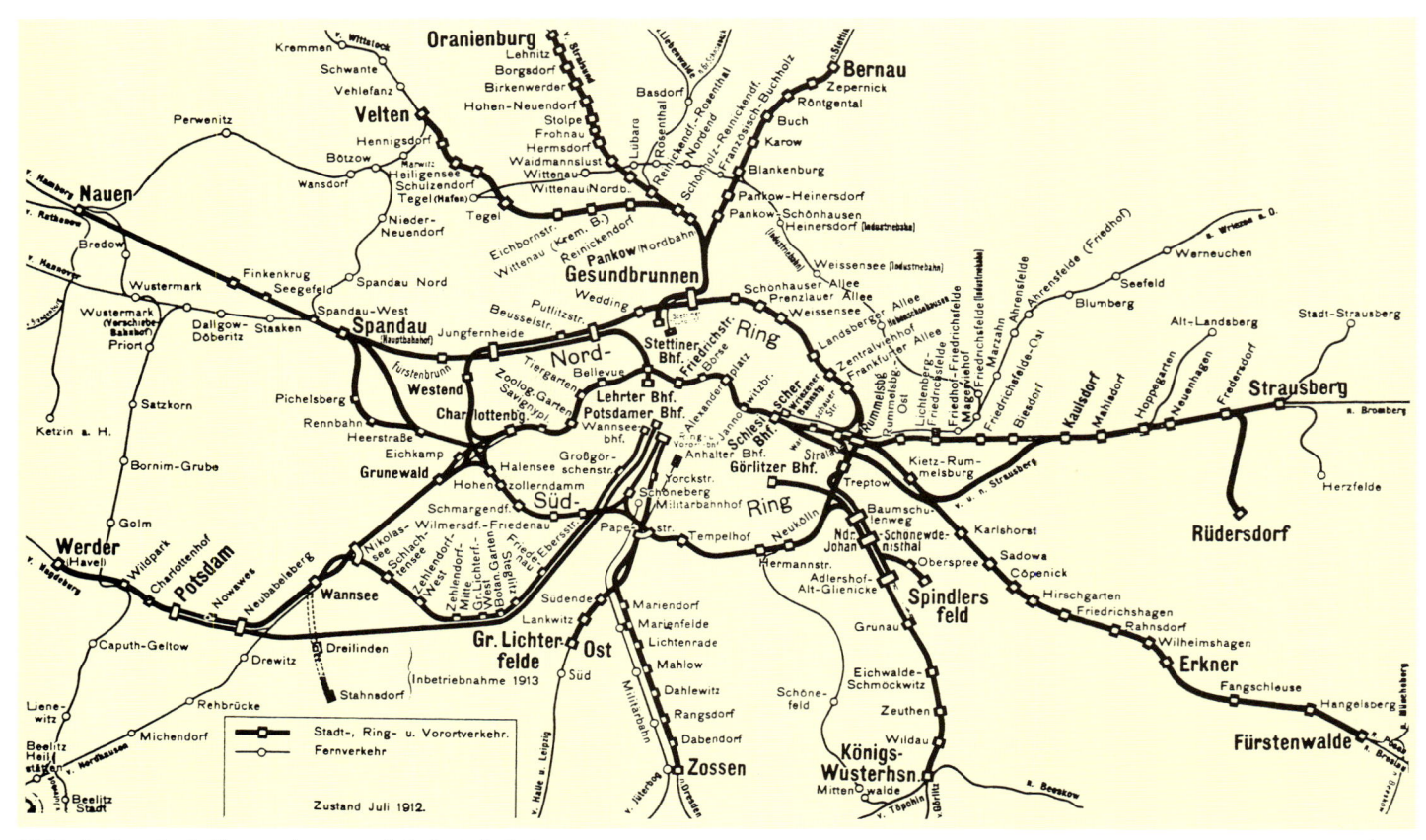

Bild 9: Berliner Stadt-Ring- und Vorortverkehr im Juli 1912

5 Eisenbahnknoten Berlin 1895

Für die Zeit kurz vor der Jahrhundertwende bietet das bereits zitierte Werk „Berlin und seine Eisenbahnen 1846 bis 1896" neben der Entwicklungsgeschichte eine Dokumentation über Verkehr und Betrieb, die seinesgleichen sucht [6].

5.1 Bahnanlagen

In einem verzerrten Plan bietet Bild 8 vielfältige Einzelheiten über die „Gleisanlagen in und um Berlin" von 1896. Die Genauigkeit der Darstellung läßt Streckengleise, Personenbahnhöfe, Lokomotivschuppen, Güterbahnhöfe, größere Gleisanschlüsse u. a. m. erkennen.

Nachdem die Personenbahnhöfe eingehender behandelt wurden, verschafft Bild 8 einen guten Überblick über die Güterverkehrsanlagen zur Zeit der Arbeitsteilung zwischen Bahn und Fuhrwerk. Mit einer Vielzahl von Güterbahnhöfen, großen, wie z. B. demjenigen der Anhalter Bahn, kleinen, wie z. B. dem von Rixdorf und spezialisierten, wie für die Markthallen am Alexanderplatz, wird die langsame Fuhrwerksfahrt zwischen Ziel- bzw. Quellpunkt und Güterbahnhof verkürzt und der entsprechende Rangieraufwand im Bahnsystem in Kauf genommen.

5.2 Verkehr

Das Bild 10 zeigt das in fast 30 Richtungen aufgefächerte Angebot an durchgehenden Fernreisezügen, Wagengruppen und Kurswagen zwischen Berlin, dem Reichsgebiet und angrenzenden europäischen Ländern. Berlin war seinerzeit der herausragende mitteleuropäische Eisenbahnknoten.

Die Gesamtzahl der im Fernverkehr in Berlin abgefahrenen Reisenden betrug 1894/95 4,2 Mio. Reisende/Jahr. Davon entfielen auf die Stettiner Bahn 740 Tsd, Anhalter Bahn 660 Tsd, Ostbahn und Niederschlesisch-Märkische Bahn jeweils über 500 Tsd, Potsdamer Bahn 420 Tsd, Hamburger und Lehrter Bahn je 300 bis 350 Tsd Reisende.

In ganz andere Größenordnungen war der boomende alltägliche Nahverkehr hineingewachsen: Der Nahverkehr auf der Stadtbahn erreichte 28,5 Mio. Fahrten im Jahr 1893, auf der Ringbahn 11,5 Mio. und der Vorortverkehr 41 Mio. Fahrten 1894. Einwohnerzuwachs, Wanderungsbewegung in die Vororte, häufiges Fahrtenangebot und ein günstiger Tarif stimulierten zusammen den aus heutiger Sicht schier unglaublichen Anstieg des Schienennahverkehrs.

Im Güterverkehr beförderte die Eisenbahn 1895 insgesamt 5,6 Mio.t sowie die Wasserstraßen 5,1 Mio.t von und nach Berlin. Im gebrochenen Verkehr Wasserstraße/ Eisenbahn wurden 10,7 Mio.t befördert. Von den reinen Bahnfrachten entfielen 4,6 Mio.t auf den Empfang, davon 1,86 Mio.t Stein- und Braunkohlen und 0,68 Mio.t landwirtschaftliche Erzeugnisse. Beim Versand von insgesamt nur 0,86 Mio.t dominierten Maschinen, Papierwaren und Sammelladungen [6].

5.3 Betrieb

Die Leistungen der Dampfeisenbahn kurz vor der Jahrhundertwende waren beeindruckend: Die Nahverkehrsgleise (Stadtgleise) der Stadtbahn wurden im planmäßigen Werktagsverkehr von 438 Dampfzügen in beiden Richtungen zusammen befahren. Auf den Ferngleisen der Stadtbahn verkehrten 96 Züge „des örtlichen Verkehrs" und 72 Fernreisezüge. Stärkst belasteter Kopfbahnhof war im Fernverkehr der Anhalter Bahnhof mit 43 ankommenden oder abfahrenden Fernzügen, im Nahverkehr der Potsdamer Bahnhof einschließlich Wannsee-

Historische Entwicklung

Bild 10: Reiseverbindungen im durchgehenden Berliner Verkehr, Sommer 1895.
(Durchgehende Linien: durchgehende Züge; gestrichelte Linien: Kurswagen und Wagengruppen)

und Ringbahnhof mit zusammen 394 Züge/ Werktag [6]. Im Güterverkehr war der Nordring am stärksten befahren mit 110 Fern- und Nahgüterzügen.

Die Fakten beweisen: Berlin war eine Bahnstadt sui generis!

6 Stadtbahnverstärkung — Quantensprung im Nahverkehr — Planungen für die Fernbahn

Die Abnutzung der Bahn im Ersten Weltkrieg, die Auslieferung zahlreicher Fahrzeuge nach dem Waffenstillstand und die Reparationszahlungen der 1924 gegründeten Deutschen Reichsbahn Gesellschaft (DRG) führten insgesamt zu Rückständen bei der Instandhaltung, vor allem aber bei der Modernisierung des Eisenbahnsystems, und dies in einer Phase, da Personenkraftwagen, Lastkraftwagen und Flugzeuge als ernsthafte Wettbewerber auftraten [5]. Berlin kam jedoch bei der Modernisierung noch am besten davon.

6.1 Stadtbahnverstärkung und Bahnhofserweiterungen

Vierzig Jahre nach Inbetriebnahme der Stadtbahn stellte sich der Reichsbahn zunächst die dringliche Aufgabe, die gemauerten Stadtbahnbögen zu verstärken. Bemessen hatte man sie um 1875 für 13,9 t Achsdruck, belastet ab 1903 mit 17 t, was bereits zu Schäden geführt hatte, und nun erforderten die schweren, leistungsstarken Schnellzuglokomotiven den Lastenzug N mit 25 t Achsdruck [24]. Dazu kam die dynamische Belastung durch die zahlreichen Stadt- und Vorortzüge.

Im Schutze von Hilfsbrücken wurde in jedem Bogenfeld jeweils ein Sohlgewölbe eingezogen, die Pfeiler verstärkt und ein zusätzliches Traggewölbe eingezogen. Diese Verstärkung „unter dem rollenden Rad" zog sich über mehr als ein Jahrzehnt hin und kostete rd. 125 Mio. Reichsmark, seinerzeit eine enorme Summe. Die damalige Verstärkung der Fundamente ermöglicht 1995/98 eine zweite Stadtbahnsanierung und die Fernbahn-Elektrifizierung, ohne die Fundamente anfassen zu müssen.

Im Zuge dieser Arbeiten wurden die hochbelasteten und daher längere Haltezeit für Ein- oder Aussteigen sowie Ladearbeiten an Gepäckwagen aufweisenden Fernbahnhöfe Friedrichstraße (1918/24) und Zoologischer Garten (1935/40) um je einen Fernbahnsteig mit 2 Bahnsteiggleisen erweitert, einschließlich Neubau der Bahnsteighallen für Nah- und Fernverkehr. Auch der Bahnhof Alexanderplatz erhielt eine neue Halle (1923/24).

Angesichts des insgesamt für die Stadtbahn und die S-Bahn erforderlichen großen Finanzvolumens verwundert es nicht, wenn seitens der DRG die Umgestaltung der Kopfbahnhöfe in den Hintergrund trat.

6.2 Systementwicklung S-Bahn — ein Quantensprung

Leistungsgrenzen der Stadt-, Ring- und Vorortbahn, hohe Betriebskosten des personalintensiven Dampfbetriebes, Qualitätsdefizite im Vergleich zur elektrisch betriebenen Hoch- und Untergrundbahn sowie hieraus resultierende Verluste beim Modal split veranlaßten die Reichsbahn nach dem Ersten Weltkrieg zur Intensivierung der Vorarbeiten und zu Versuchsbetrieben für ein elektrisch betriebenes Netz.

Historische Entwicklung

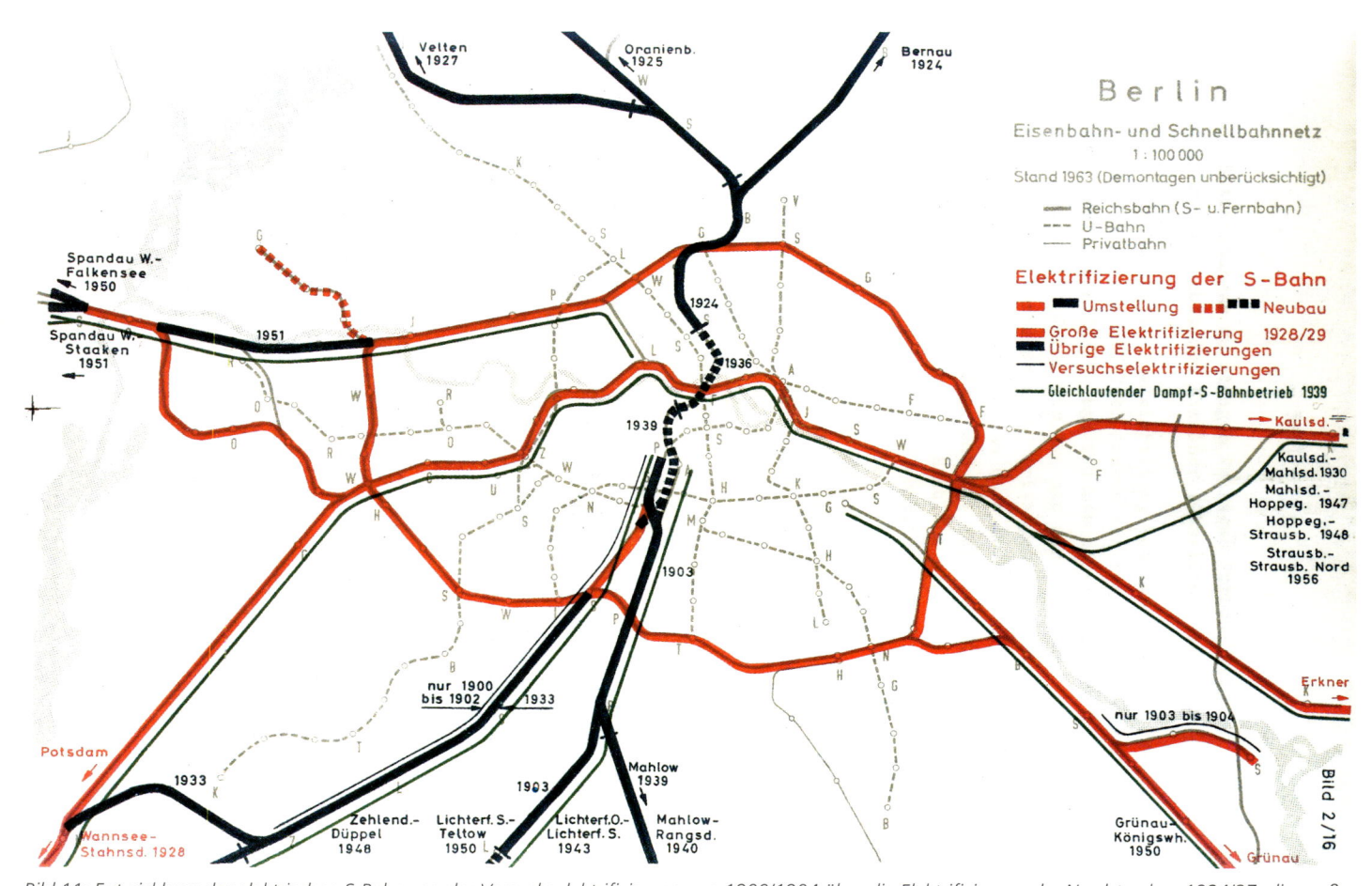

Bild 11: Entwicklung der elektrischen S-Bahn von der Versuchselektrifizierung von 1900/1904 über die Elektrifizierung der Nordstrecken 1924/27, die große Elektrifizierung 1928/29, die Nord-Süd-S-Bahn 1936/39 bis zu den Erweiterungen des S-Bahn-Netzes von 1940 bis 1956. In Grau: U-Bahn-Netz

Die Nahverkehrsgleise (Stadtgleise) der Stadtbahn bewältigten 1925 rd. 800 Züge/Werktag in beiden Richtungen. Der Potsdamer Bahnhof verzeichnete an 8 Kopfbahnsteiggleisen täglich über 1000 Züge. Das größte Fahrgastaufkommen im Zu- und Abgang hatten die Bahnhöfe Friedrichstraße und Alexanderplatz mit rd. 100 000 Personen zu verzeichnen.

Aus gründlicher Systementwicklung, wie bei Remy [12] nachzulesen, ging schließlich die Innovation der besonderen, mit Hauptbahnen kompatiblen Stadtschnellbahn hervor, die 1930 die Bezeichnung „S-Bahn" erhielt. Damit übersprang die Reichsbahn den damaligen Stand der Technik bei den U-Bahnen.

Kernstücke der Systementwicklung waren Elektrifizierung mit Gleichstrom 800 V und Stromschiene, automatisches Blocksystem, 96 cm hohe Bahnsteige, stufenloser Einstieg, Triebwagen mit Steuerwagen als 2-, später 4-Wagen-Einheit, maximal 8 Wagen mit 142 m Zuglänge, fortschrittliche Raumaufteilung mit Quersitzen und Doppelschiebetüren mit elektropneumatischer Schließung vom Fahrerstand.

Nach einzelnen Teststrecken wurde in einer einmaligen Kraftanstrengung 1928/29 mit der „Großen Stadtbahnelektrifizierung" das Kernnetz und weitere Radialstrecken ohne Betriebsunterbrechung auf das neue System S-Bahn umgestellt. Auf diesem Netz von 263 km Streckenlänge wurden 1930 werktäglich 2269 Züge gefahren (Bild 11).

Die S-Bahn erzeugte mit Reisezeitverkürzungen von 20-25 %, Taktverdichtung und besseren Fahrzeugen Verkehrszuwächse zwischen 16 und 36 %. Die Leistung je Stadtbahngleis konnte auf 32 Züge/Stunde und 125 000 Fahrgäste je Tag gesteigert werden, zur Olympiade 1936 sogar auf 40 Züge/Stunde und Gleis. Die Betriebskosten wurden um 15 % gesenkt.

Für die seit 1908 auf den Potsdamer Ferngleisen zwischen Zehlendorf Mitte und Potsdamer Bf verkehrenden Expreßzüge (Bankierzüge) erhielten die Ferngleise ebenfalls die Stromschiene.

Schließlich wurde die Berliner S-Bahn Vorbild für die Gleichstrom-S-Bahn in Hamburg von 1938 und Wechselstrom-S-Bahnen nach 1965 [28].

6.3 Kopfbahnhöfe, Nord-Süd-Tunnel und Stadtentwicklung im Wettstreit der Ideen

In den zwanziger Jahren traten die Grenzen der vor 40 bis 50 Jahren erneuerten Kopfbahnhöfe deutlich zutage: Zu kurze Bahnsteige, gegenseitige Behinderung der Ein- und Ausfahrten sowie der Rangierfahrten, Engpässe, teilweise zu geringe Zahl der Bahnsteiggleise. Die Zersplitterung der Wartung von Lokomotiven und Wagen auf viele, z. T. beengte, unzweckmäßige Anlagen war äußerst kostenintensiv.

Im Grunde handelte es sich bei den Berliner Kopfbahnhöfen noch immer um Endbahnhöfe von ein oder zwei Strecken, die andernortes bei benachbarter Lage längst zu großen Kopfbahnhöfen mit Linienverknüpfung zusammengefaßt worden waren, wie in Frankfurt/Main oder zuletzt (1915) in Leipzig.

Historische Entwicklung

Die stärkere Kritik an den Kopfbahnhöfen und insbesondere an den ausgedehnten Bahnflächen südlich von Potsdamer und Anhalter Bahnhof kam von Stadtplanern. Bereits zur Jahrhundertwende war klar geworden, daß die dynamische Entwicklung des Berliner Raumes eine alle Teilräume integrierende Stadt- und Verkehrsplanung erforderte. Im Jahr 1908 schrieben Berlin und umliegende Gemeinden einen Städtebauwettbewerb für „Groß-Berlin" aus, der 1910 mit der Preisverleihung endete. Hinsichtlich der Eisenbahn zielten die wesentlichen Vorschläge darauf ab,

▷ den Güterverkehr in weiter außen gelegenen Rangierbahnhöfen abzufangen und diese untereinander durch eine äußere Güterumgehungsbahn zu verbinden,
▷ den Potsdamer und Anhalter Fernbahnhof zusammenzulegen und
▷ eine durchgehende Verbindung von den südlichen zu den nördlichen Strecken zu schaffen [8, 13, 19].

Eine Illustration von Lage und Gestalt eines Zentralbahnhofs am Spreebogen nach den Vorstellungen von Eberstadt, Möhring und Petersen zeigt Bild 12.

Remy faßte die Entwicklung von der ursprünglichen Idee einer Nord—Süd—Bahn bis zum Jahr 1934 zusammen [13]: „Geboren wurde der Gedanke schon mit der Stadtbahn. Schuf man eine West-Ostverbindung, so war die naturgegebene Ergänzung eine Nord-Südverbindung. Aber die technische Durchführbarkeit scheiterte an der bereits zu weit fortgeschrittenen Bebauung. Denn man dachte nur an eine Hochbahn. An Untergrundbahnbauten in dem Berliner Sand wollte noch kein Techniker glauben ... Bis anfangs des Jahrhunderts die Firma Siemens den Gedanken mit einer Teillösung aufgriff und sich um den Bau einer Untergrund-Verbindungsbahn vom Wannseebahnhof zum Stettiner Bahnhof bewarb. Man dachte damals noch an einen gebrochenen Verkehr. Nur dieser eigentliche Stadtverkehr sollte elektrisch betrieben werden."

Remy stellte dann fest, daß ein Trassenstreit am Potsdamer Platz die Realisierung verschleppte bis der Krieg sie verhinderte und

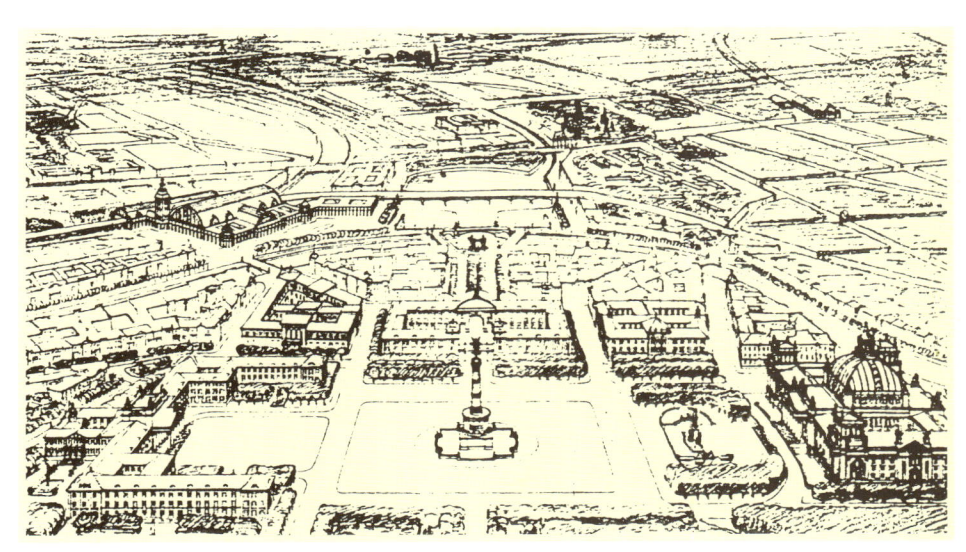

Bild 12: Aus dem Wettbewerb Groß-Berlin: Vorschlag von Eberstadt, Möhring und Petersen. Im Vordergrund Spreebogen mit Bebauungsvorschlag „Königsplatz". Dahinter links der vorgeschlagene Zentralbahnhof am Berührungspunkt der von Süden im Tunnel heranzuführenden Süd-Nord-Bahn mit der Stadtbahn. Vor der hochliegenden Stadtbahnhalle ist die tiefer liegende Halle der Süd-Nord-Fern- und Vorortbahn zu erkennen, im Anschluß der Einschnitt in Richtung Trasse der Lehrter Bahn

fuhr fort: „Schon aber hatte der Gedanke in allen der städtebaulichen Zukunft der Reichshauptstadt gewidmeten Arbeiten festen Fuß gefaßt ... Der Wettbewerb Groß-Berlin 1910 griff ihn ... in einem weitgesteckten Rahmen auf. Wie bei der Stadtbahn sollten Nord—Südbänder für den Fern- und Vorortverkehr geschaffen werden."

Vermutlich ältestes Dokument dieser Entwicklung ist der Entwurf „Nord—Südbahn durch Berlin", wofür Gustav Schimpf 1897 den Schinkelpreis erhielt [32].

Vertiefte Kenntnisse über die Nahverkehrsströme veranlaßten L. Jänecke 1926 zu dem Vorschlag einer Nord—Süd-S-Bahn, um Vorortfahrgäste ohne Umsteigen in die City zu befördern und Fernbahnhöfe — mit Umsteigen — zu verbinden [15].

Auf Wunsch der Stadt Berlin wurde dennoch der Entwurf einer viergleisigen Nord—Süd-Bahn für Fern- und Nahverkehr einschließlich Vereinigung von Anhalter und Potsdamer Bahnhof durchgearbeitet. Daß die wirtschaftlichen Betrachtungen innerhalb der Deutschen Reichsbahn Gesellschaft (DRG) angesichts der großen Investitionen und der damaligen Bebauung negativ ausgehen mußten, ist nachvollziehbar, denn seinerzeit waren keinerlei Staatszuschüsse für die aus übergeordneten, städtebaulichen oder verkehrspolitischen Gründen im Tunnel zu führenden Strecken zu erwarten.

Vielmehr zahlte die DRG noch immer jährlich Hunderte Millionen Reichsmark an Stelle des Reiches an die Alliierten des Ersten Weltkrieges.

6.4 Nord—Süd-S-Bahn: Vorbild für unterirdische Verbindungsbahnen

Jäneckes Vorschlag einer unterirdischen S-Bahn vom Anhalter Bahnhof über den Potsdamer Platz, Kanonierstraße und Neustädtische Kirchstraße zum Bahnhof Friedrichstraße von 1926 bildete die Ausgangsposition für anschließende Verhandlungen zwischen Reichsbahn und Stadt Berlin, im Endergebnis mit einer Linienführung über eine Station „Unter den Linden".

Die Vorarbeiten waren also weit fortgeschritten, als nach Hitlers Machtergreifung nach rasch realisierbaren, politisch verwertbaren Projekten zur Arbeitsbeschaffung gesucht wurde. Im diesbezüglichen Spitzengespräch am 19. September 1933 fand die Nord—Süd-S-Bahn die Zustimmung Hitlers. Auf dessen Forderung nach Vereinigung von Potsdamer und Anhalter Bahnhof weiter südliche zeigte DRG-Generaldirektor Dorpmüller einige (Vor)-Entwürfe [nach 26]. Das Gespräch löste Aufträge zur Variantenentwürfen für einen leistungsfähigen Kopfbahnhof an 5 verschiedenen Stellen und auch für einen Nord—Süd-Fernbahntunnel aus [nach 31]. Aber diese Entwicklungslinie

Historische Entwicklung

wurde durch die Gigantonomie der Hauptstadtplanung überrollt.

Der im Februar 1934 begonnene Bau der Nord—Süd-S-Bahn mußte beschleunigt durchgezogen werden, um zur Olympiade 1936 die erste Teilstrecke Humboldthain—Stettiner Bahnhof—Unter den Linden der Weltöffentlichkeit vorstellen zu können. Anfang 1939 wurde der Betrieb bis Potsdamer Platz und zum Jahresende bis Yorkstraße bzw. Anhalter Bahnhof und Großgörschenstraße aufgenommen (Bild 11). Zu dieser Zeit war schon wieder Krieg.

Die Nord—Süd-S-Bahn beförderte die Fahrgäste von den nördlichen und südlichen Vororten direkt in die City — verbunden mit Reisezeitgewinnen von 20 min und mehr. Der ohnehin hoch belastete Bahnhof Friedrichstraße erfuhr einen weiteren Verkehrszuwachs, so daß nun nach Angaben von Bock werktäglich rd. 325 000 Fahrgäste den Bahnhof als ankommende, abfahrende oder umsteigende Fahrgäste berührten [8]. Die Nord—Süd-S-Bahn bildete das Vorbild für die unterirdischen Verbindungsbahnen München, Stuttgart und Frankfurt als Stammstrecken der neuen S-Bahn-Netze und auch für die City-S-Bahn in Hamburg.

6.5 Eisenbahnplanung für die „Neugestaltung Reichshauptstadt"

In mehreren städtebaulichen Konzeptionen im und seit dem Wettbewerb Groß-Berlin findet sich eine vom Königsplatz vor dem Reichstag (heute Platz der Republik) ausgehende repräsentative Nord-Süd-Straße. Hitler und Albert Speer machten hieraus das gigantomanische Projekt einer Prachtstraße von 120 m Breite als Teil einer über 30 km langen Nord—Süd-Achse. Dem waren überaus bedeutende Bahnanlagen im Weg.

Bild 13: Schema für die Fernbahn-Konzeption von 1937/38 als Folge der „Neugestaltung der Reichshauptstadt"

Die von der 1937 gegründeten Reichsbahnbaudirektion aufgestellte Planung zur Umgestaltung der Berliner Bahnanlagen basierte auf der unbegreiflichen Vorgabe der Machthaber, sämtliche Fernbahnhöfe, auch die der Stadtbahn (!), in der inneren Stadt aufzugeben und ihre Aufgaben in einer Art „Ringbahnkonzept" auf 4 Fernbahnhöfe am Innenring zu verteilen [16, 31].

Das Konzept ist geradezu ein Lehrbeispiel dafür, wie „harmlos" Schemabilder (Bild 13) aussehen können und wie erst die konkrete Entwurfsbearbeitung den vollen Umfang von Streckenverlegungen, Streckenverflechtungen, Überwerfungsbauwerken und den entsprechenden Flächenverbrauch zutage treten läßt. Bild 14 läßt diesen Umfang allein schon im Ausschnitt der verzerrten Darstellung deutlich erkennen.

Wenige Jahre vor dieser überspannten Planung hatten Verkehrsfachleute noch vor der Verlegung der Kopfbahnhöfe nach außen gewarnt. Aber schon ab 1937 gingen monumentale Repräsentation des „Reiches" vor Kundennutzen und Wettbewerbskraft der Bahn. Mit der Verwirklichung dieser Eisenbahnplanung wäre der ureigenste Vorteil der Bahn an ihrem stärksten Ziel- und

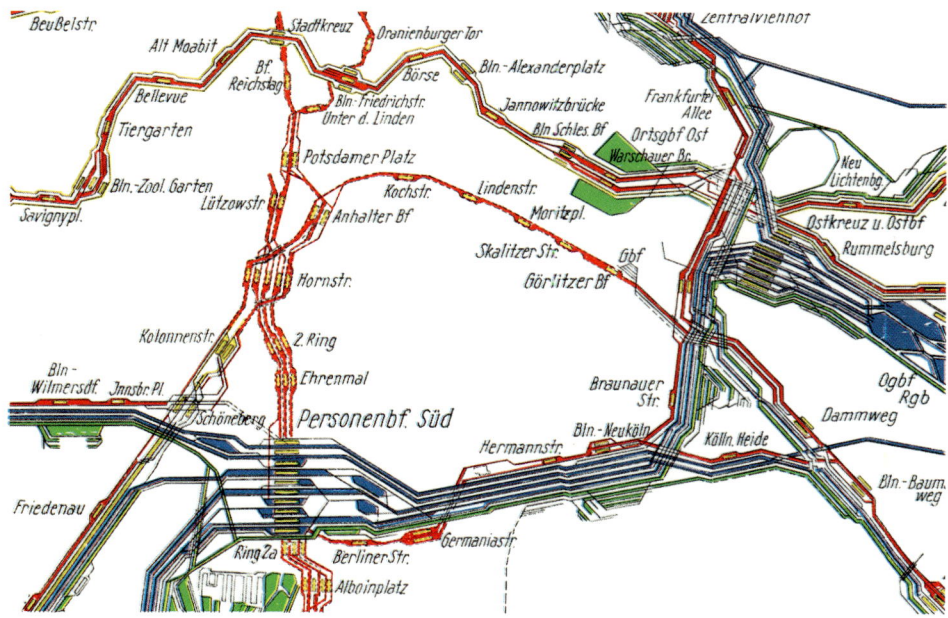

Bild 14: Entwurf der Reichsbahnbaudirektion von 1937/38 zur Umsetzung der Fernbahnkonzeption nach Bild 13 unter vollständiger Auflassung der Fernbahnhöfe in der inneren Stadt (Ausschnitt)

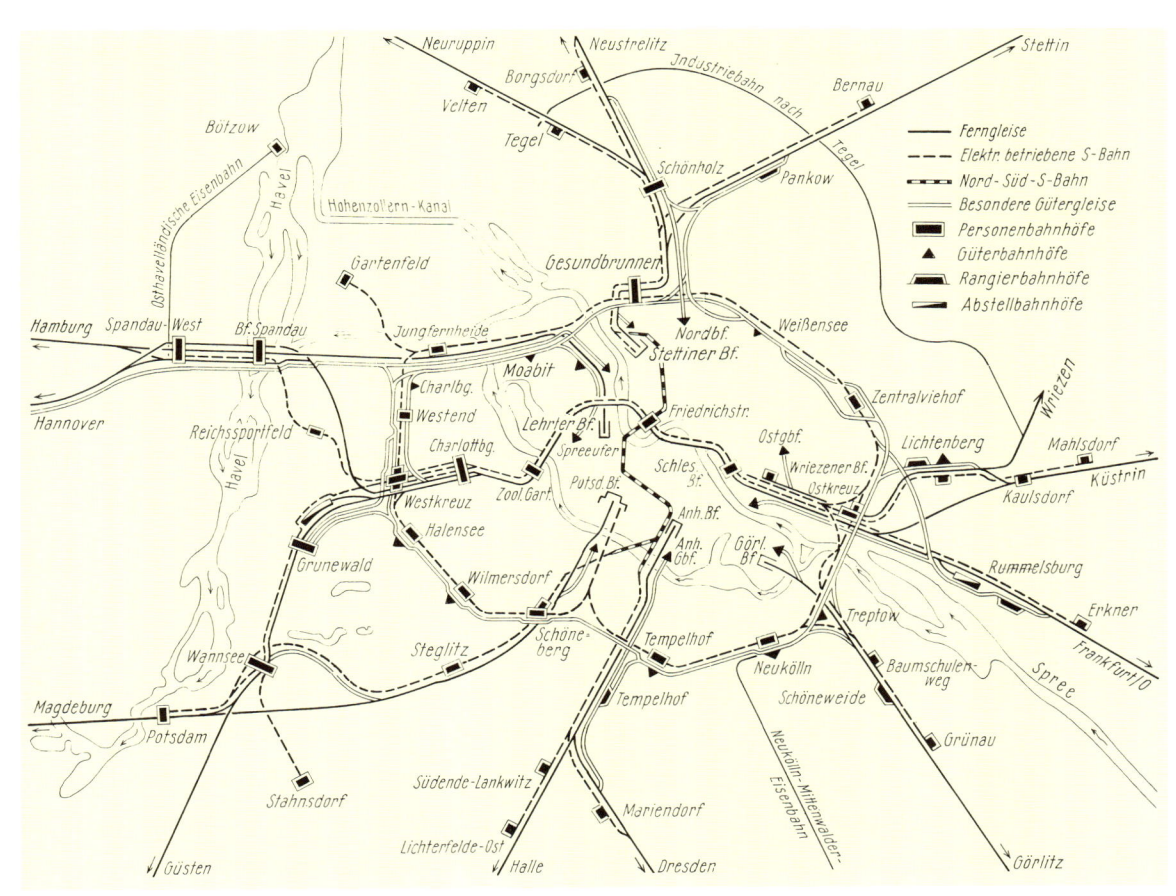

Bild 15: Eisenbahnknoten Berlin 1939 in vereinfachter Darstellung

Quellpunkt des Personenfernverkehrs zunichte gemacht worden, nämlich die zügige Einfahrt bis an die Innenstadt, ohne Umwege, schnell und staufrei. Die gleichzeitig geplante Fern-S-Bahn, u. a. auf Stadtbahn-Ferngleisen und in einem Nord—Süd-Tunnel, hätte die Nachteile nicht aufgewogen!

Als positives Ergebnis hinterließ die Baudirektion u.a. den eingleisigen Güteraußenring (GAR) zwischen Großbeeren, Grünau und Karow. Zusammen mit den zwischen 1902 und 1928 erstellten westlichen Abschnitten war Berlin zu etwa 2/3 zu umfahren, allerdings auf noch unvollkommenen Anlagen (Bild 20).

7 Eisenbahnknoten Berlin 1939

In den letzten Friedensjahren vor dem Zweiten Weltkrieg, also 1938 und bis August 1939, erreichte der Eisenbahnverkehr in der Bahnstadt Berlin trotz aufstrebender Wettbewerber seinen bisherigen Höhepunkt. Hans Bock hat das damalige Leistungsbild rekonstruiert [8]:

7.1 Bahnanlagen

In schematisierter Darstellung zeigt Bild 15 die Strecken und Bahnhöfe des Eisenbahnknotens Berlin Ende 1939. Die räumliche Ausdehnung der großen Personen- und Güterbahnhöfe entsprach im großen und ganzen dem Zustand von 1895 (Bild 8). Die wesentliche Veränderung gegenüber damals bildete die elektrische S-Bahn mit besonderen Vorortgleisen und der Nord—Süd-Tunnelstrecke. Sie stellte weltweit das größte und modernste Schnellbahnsystem dar, das von einem Eisenbahnunternehmen betrieben wurde. Mit Streckenverlängerungen erreichte das S-Bahn-Netz im August 1943 eine Streckenlänge von 294,5 km, davon im Mischbetrieb mit der Fernbahn nur 68,6 km (vgl. Bild 11). Außerdem gab es noch Linien der „Dampf-S-Bahn".

7.2 Verkehr

Die stark angestiegene Nachfrage im Personenfernverkehr von und nach Berlin hatte 1939 zu einem eindrucksvollen Leistungsangebot von 259 Reisezugpaaren/Tag im Regelverkehr geführt. Hinzu kamen zu Zeiten des Spitzenbedarfs noch Saison-Vor- und Nachzüge. Hieraus kann auf ein Verkehrsvolumen von etwa 40 Mio. Fernreisenden/Jahr — in Abfahrt und Ankunft zusammengenommen — geschlossen werden.

Die größte Zahl der D-Züge (einschließlich FDt und FD) hatte der Anhalter Bahnhof mit 49 Zugpaaren aufzuweisen, gefolgt von der Stadtbahn mit 39 Zugpaaren (Tafel auf S.110). Schwere Dampfzüge beherrschen das Bild des Eisenbahnfernverkehrs, während leichte Schnelltriebwagen (FDt) besonders schnelle Tagesrandverbindungen aus dem Reichsgebiet boten — mittags an, spätnachmittags ab Berlin —, allerdings in nur 6 Relationen.

Das Strombild der Fernreisezüge von 1939 unterstreicht die Bedeutung Berlins als dem seinerzeit größten zentraleuropäischen Eisenbahnknoten (Bild 16). Insbesondere ist der starke, vom Anhalter Bahnhof ausgehende Strom an Fernzügen nach Süden und Südwesten zu erkennen. Die Fahrplanleiste

Historische Entwicklung

Bahnhof	Zugpaare			zus.	in %
	D	E	P		
Anhalter Bf	49	3	21	73	28,2
Potsdamer Bf	11	3	5	19	7,3
Görlitzer Bf	2	3	9	14	5,4
Stettiner Bf	12	14	26	52	20,1
Lehrter Bf	16	—	12	28	10,8
Stadtbahn	39	8	26	73	28,2
	129	31	99	259	100,0

Tafel: Anzahl der Zugpaare in den Berliner Fernbahnhöfen, 1939
Quelle: [8]

des Anhalter Bahnhofs für die Morgenspitze 1938 dokumentiert das europaweite Leistungsangebot (Bild 17).

Die S-Bahn und die dampfbetriebenen, ergänzenden Vorortbahnen der Reichsbahn beförderten 1939 insgesamt 515 Mio. Personen, das ergab einen Verkehrsanteil am öffentlichen Nahverkehr Berlins von knapp 33 %. Täglich beförderte die Reichsbahn rd. 1,25 Mio. Personen.

Die Menschentrauben auf den Berliner Bahnhöfen und das Tempo des Berliner Verkehrs gehörten unverwechselbar zur pulsierenden Weltstadt Berlin.

Der Berliner Eisenbahngüterverkehr erreichte 1939 ein Volumen von 14,6 Mio. t im Empfang, davon allein 6 Mio. t Kohle, und 4,82 Mio. t im Versand. Mit Ziel Berlin verkehrten arbeitstäglich 205 Ferngüterzüge. Davon endeten 40 Eilgüterzüge ohne Berührung von Rangierbahnhöfen direkt in großen Berliner Güterbahnhöfen und 165 Güterzüge in den 7 Rangierbahnhöfen [8]. 99 Nahgüterzüge und Übergabezüge führten die Frachten den 48 Güterbahnhöfen und den Spezialanlagen zu. Stärkste Entladebahnhöfe für Wagenladungen waren Anhalter Gbf, Nord-Gbf, Görlitzer Gbf und Gbf Halensee, stärkstes Stückgutaufkommen hatten Anhalter und Schlesischer Bahnhof. Den Güterbahnhof Spreeufer verließen täglich 120 Wagen mit Sammelgütern großer Speditionen, davon ein großer Teil in Direktzügen nach Hamburg und Westen. Im Postverkehr wurden den Reisezügen täglich 135 Postwagen beigestellt, davon etwa 35 im Anhalter Bahnhof.

Die Bahn war das Rückgrat des Berliner Güterverkehrs mit dem Lastkraftwagen überwiegend in der Rolle des Zubringers und Verteilers. Im Massengutverkehr erzielte die Binnenschiffahrt einen hohen Marktanteil.

7.3 Betrieb

Die Streckenbelastung mit Fernreisezügen vermittelt Bild 16. Hauptmagistralen für den Güterverkehr nach Berlin und darüber hinaus waren die Strecken von Hamburg, Hannover/Stendal, Lübbenau und Breslau/Frankfurt (Oder). Innerhalb von Berlin selbst war der Streckenabschnitt Spandau—Putlitzstraße am stärksten belastet, gefolgt von Papestraße—Neukölln und dem Ostring.

Wegen der Zusammenballung des Verkehrs im Eisenbahnknoten Berlin und der starken Betriebsbelastung beschränkte sich die Reichsbahndirektion Berlin auf die Hauptstadt und ihr Umland mit nur 1185,8 km Betriebslänge.

Bild 17: Morgenspitze im Anhalter Bahnhof — ein Dokument des Leistungsstandes von 1938. Links Ankunft, rechts Abfahrt der Züge mit den Abfahrts- bzw. Ankunftszeiten an den Endbahnhöfen

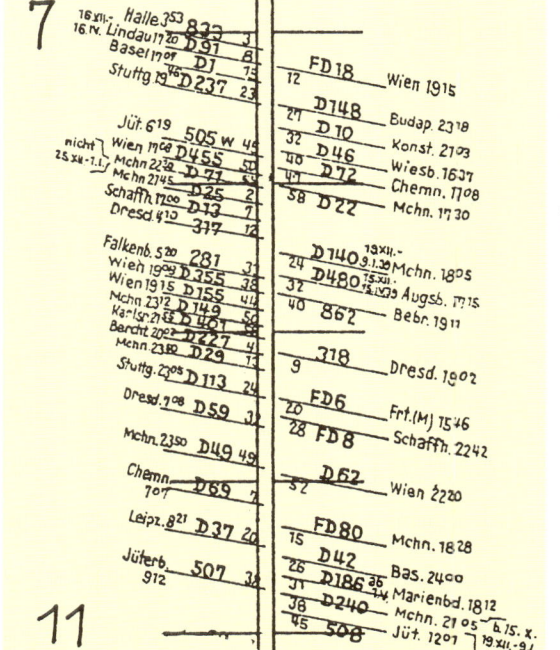

Bild 16: Der herausragende Eisenbahnknoten Berlin im mitteleuropäischen Fernverkehr von 1939

Historische Entwicklung

8 Im Schnittpunkt der Machtblöcke 1945–1989

8.1 Zerbombt, Zerschossen, Ausgebrannt

Nach der deutschen Kapitulation in Berlin, am 2. Mai 1945, waren die Anlagen und Fahrzeuge des Eisenbahnknotens Berlin durch Bombenangriffe und Bodenkämpfe in großem Ausmaß zerstört, ausgebrannt oder beschädigt. Mit Ausnahme des Schlesischen Bahnhofs waren die großen Empfangsgebäude nur noch Ruinen. Von den Bahnsteighallen standen günstigenfalls noch die Stahlkonstruktionen. Zwei Drittel aller Güterhallen waren nicht mehr nutzbar, die meisten zentral gelegenen total zerstört, die Rangierbahnhöfe Seddin und Wustermark nur noch Trümmerfelder. Infolge Sprengung war der Nord—Süd-S-Bahntunnel auf voller Länge überflutet. Auch zahlreiche zerstörte Brücken, Stellwerke, Lokomotivanlagen und Fahrzeuge gehörten zu dem heutzutage unvorstellbaren Schadensbild von 1945 [8].

Wie überall in Deutschland gingen Eisenbahner aller Sparten und Ränge mit primitiven Werkzeugen an die Räumung der Trümmer und die Wiederherstellung von Gleisen, Signalanlagen und Fahrzeugen. Nach einzelnen Strecken im Mai und Juni war im August 1945 auf den meisten Strecken ein beschränkter Zugbetrieb möglich.

Bild 18: Auf der Stadtbahn: Links die S-Bahn — ein Quantensprung im Nahverkehr, rechts die konventionelle Dampfeisenbahn, auch 1939 noch Standard des Berliner Fernreise- und Güterverkehrs

Wie in Leipzig oder München hofften die Eisenbahner, alsbald wieder Vorkriegsstandard zu erreichen. Doch in der Viersektoren-Stadt Berlin wurde alles anders.

8.2 Zwischen Breitspur und Blockade — die ersten Nachkriegsjahre und die Bahn

Zunächst einmal wurde im Juni 1945 die russische Breitspur, die von sowjetischen Pionieren durch Umspuren der Normalspur bis nach Berlin vorgestreckt worden war, vorübergehend auf einem Gleis über die Stadtbahn bis Potsdam vorgebaut, um dem gesundheitlich angeschlagenen Stalin eine komfortable Eisenbahnreise zur Potsdamer Konferenz der drei großen Siegermächte zu ermöglichen.

Nachdem die Sowjets vorerst die Leitung der Reichsbahn in ihrer Besatzungszone selbst übernommen hatten, übertrugen sie mit Befehl Nr. 8 des Befehlshabers des Militärtransportwesens der Sowjetischen Besatzungstruppen und des Befehlshabers der Transportabteilung der Sowjetischen Militäradministration (SMAD) vom 11. August 1945 den „Eisenbahnbetrieb in der sowjetischen Besatzungszone den deutschen Eisenbahnern" ab 1. September 1945, und das waren die Führungskräfte und Mitarbeiter der Deutschen Reichsbahn (DR) [27].

War es für die Reichsbahn schon schwierig genug, das beschädigte und abgenutzte Bahnsystem in Gang zu bringen, so schwächte die von den Sowjets angeordnete Demontage von rd. 5000 km zweiter Streckengleise — darunter die der Berliner Radialstrecken mit Ausnahme der Frankfurter Bahn — die Leistungsfähigkeit des Systems und verlängerte wegen der Kreuzungsaufenthalte die Transportzeiten ganz erheblich [21].

Da die Sowjetunion ihre politische Doktrin in den westlichen Besatzungszonen nicht durchsetzen konnte, hatte sie die Behinderungen des Verkehrs zwischen den Westzo-

Bild 19: Schnelltriebwagen SVT 137 „Fliegender Kölner" vor einer Probefahrt 1935 im Bahnhof Friedrichstraße. 1939 erreichte der SVT auf der Rennstrecke über Stendal bis Hannover 133,4 km/h, bis Köln 118,1 km/h Reisegeschwindigkeit. Dahinter D-Zug mit ehemals preußischen D-Zug-Wagen

111

Historische Entwicklung

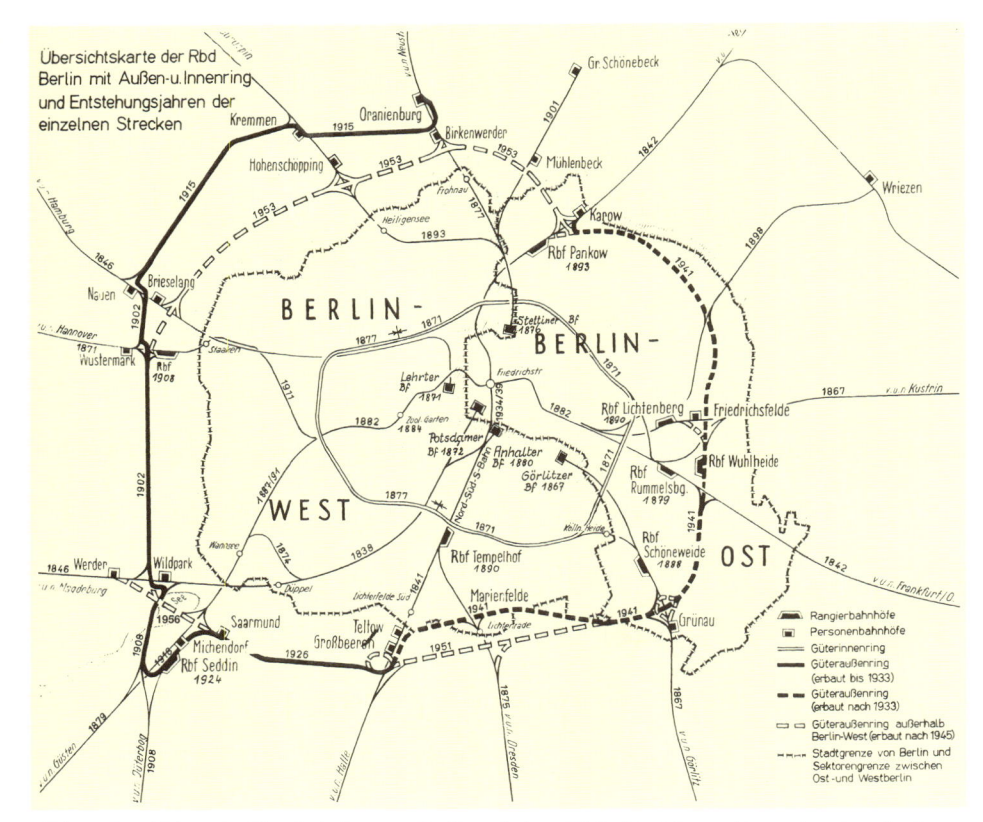

Bild 20: Geschichte des Eisenbahnknotens Berlin auf einen Blick: Die Jahreszahlen geben jeweils die erste Inbetriebnahme der Strecke — in welchem Teilausbau auch immer — sowie die der großen Bahnhöfe an. Als letztes großes Strukturelement des Knotens Berlin schuf die DR nach 1950 aus Anfängen den zweigleisigen Berliner Außenring (BAR), nach [8]. Bezüglich tatsächlicher Knotenausbildung siehe Bild 23

nen und Berlin seit Anfang 1948 verstärkt. Am 24. Juni 1948 wurden alle Land- und Wasserwege nach Berlin blockiert. Die legendäre Luftbrücke der Westalliierten sicherte die Existenz von West-Berlin und solidarisierte hier Sieger und Besiegte [1].

Am 12. Mai 1949 konnte der Landverkehr mit Westdeutschland wieder aufgenommen werden. Gemäß Beschluß des Kontrollrates vom 10. September 1945 waren 13 zivile Versorgungs-Güterzüge und 2 Militärgüterzüge je Richtung zwischen Westdeutschland und Berlin zugelassen. Im Reiseverkehr verkehrten allmählich 13 Zugpaare im Sommer, 10 im Winter — alles in allem ein kümmerliches Angebot im Vergleich zu 1939.

8.3 Von Stadt- und Stadtbezirksgrenzen zu Grenzen der Machtblöcke

Nach Gründung der beiden deutschen Staaten und der weiteren Profilierung der Machtblöcke von Ost und West wurden frühere vom Normalbürger nicht wahrgenommene Grenzen des Stadtgebietes zum Umland und zwischen den Stadtbezirken Schritt für Schritt zu schließlich dichten Grenzen zwischen den Machtblöcken verwandelt. Sie zerschnitten den Wirtschafts- und Lebensraum der Region Berlin und nicht zuletzt die Strecken und Bedienungssysteme des Eisenbahnknotens Berlin, der in hundert Jahren in enger Verzahnung von Wirtschaft und Eisenbahn ausgebaut worden war.

Von 7 der insgesamt 11 radial nach Berlin führenden Hauptbahnen befanden sich 1950 nach der Errichtung der Ost/West-Grenzen die Endbahnhöfe des Personenverkehrs sowie die Hauptgüterbahnhöfe auf West-Berliner Gebiet. Auch der Innenring, über dessen Gütergleise die Radialstrecken untereinander sowie mit Rangierbahnhöfen und Güterbahnhöfen verbunden waren, lag nun zu $^2/_3$ in West-Berlin (Bild 20).

8.4 Neubau- und Ausbaustrecke Berliner Außenring (BAR)

Zwar verliefen nun Eisenbahnstrecken vom DDR-Gebiet nach Westberlin oder durch Westberlin hindurch nach Ostberlin, aber die „Durchläuferzüge" auf der S-Bahn zwischen Potsdam, Falkensee und Oranienburg einerseits und Ost-Berlin ohne Halt in West-Berlin bewiesen bis 1958 ebenso wie einst die „Korridorzüge" zwischen Berlin und Ostpreußen ohne Halt auf polnischem Gebiet, daß Grenzen nicht automatisch zum Zertrennen der Gleise führen müssen.

Vielmehr war es eine rein politische Entscheidung der DDR, den Berliner Güter-Außenring (GAR) in geeigneten Abschnitten zweigleisig auszubauen, im Süden auf DDR-

Bild 21: Brückeneinbau am Berliner Außenring nahe Grünau 1951 durch die Brückenmeisterei der RbD Halle. Improvisierter Vorbaukran, Vorkriegsbaumaschinen und Parolen bilden ein besonderes Dokument der damaligen Anstrengungen

Historische Entwicklung

Bild 22: Noch 1959 befand sich der Görlitzer Bahnhof im wesentlichen in dem Zustand seiner letzten Betriebsjahre 1945 bis 1951 — auch im Nachkriegszustand mit der Würde der Architektur von August Orth

8.5 Fernbahnstillegungen in Westberlin — Bahnhofsausbau in Ostberlin

Die zunehmende Wirksamkeit der politischen Grenze zwischen DDR und West-Berlin drosselte den von West-Berliner Bahnhöfen ausgehenden Regional- und Fernverkehr mit der DDR. Während die Deutsche Reichsbahn die Bahnanlagen im Osten erweiterte, legte sie in West-Berlin Fernpersonenbahnhöfe und Strecken still: Görlitzer Bahnhof am 30. April und Lehrter Bahnhof am 28. August 1951, Anhalter und Stettiner Bahnhof am 18. Mai 1952, für immer — wie sich noch zeigen sollte (Bild 22). Der Potsdamer Fernbahnhof war wegen besonders starker Kriegszerstörungen nicht mehr in Betrieb genommen worden.

Mit der Schließung der Kopfbahnhöfe waren in West-Berlin insgesamt 26 Bahnsteiggleise weggefallen. Und in Ost-Berlin standen nur die Kapazitäten des Schlesischen Bahnhofs — nun Ostbahnhof — sowie bedingt des Bahnhofs Friedrichstraße zur Verfügung. Demzufolge

Gebiet zu verlegen, ringsum zu schließen und radial auf Berlin zulaufende Strecken derart anzuknüpfen, daß West-Berlin umfahren und Zugverbindungen von allen Bezirken der DDR nach Ost-Berlin hergestellt werden konnten (Bilder 20 und 21).

Nach dem ersten Spatenstich am 1. November 1950 für den „Berliner Außenring (BAR)" wurde unter Konzentration aller verfügbaren Kräfte und des Materials — sogar unter Rückbau anderer Streckengleise — bis zum 10. Juli 1951 die rd. 25 km lange Neubaustrecke Genshagener Heide/Ludwigsfelde—Grünau fertiggestellt. Sie ersetzte die auf Westberliner Gebiet verlaufende Strecke. Bis 1956 war der gesamte Außenring geschlossen und bis 1962 zweigleisig mit teilweise sehr leistungsfähigen Verknüpfungen mit den Radialstrecken fertiggestellt [21, 22, 30].

Bild 23: Der Eisenbahnknoten Berlin in der Streckenkarte „Eisenbahnen in Deutschland" mit Stand 1. Januar 1991 zeigt im wesentlichen die Ausgangslage nach dem 9. November 1989

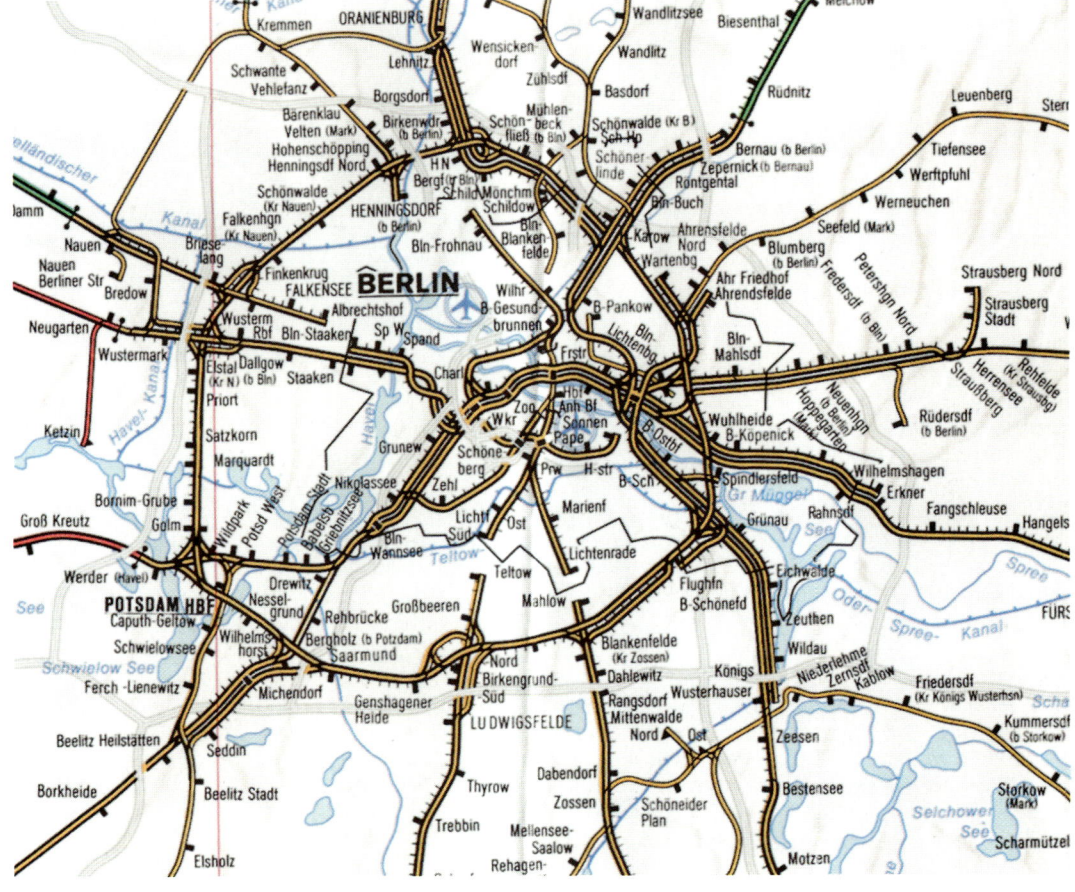

113

Historische Entwicklung

Bild 24: Wachtturm in der Grenzübergangsstelle (GÜST) Griebnitzsee. In dem von Mauern umschlossenen Bahnhof bedienten die Grenztruppen der DDR die Stellwerke ab 1983 selbst, um einen „Durchbruch" von Zügen zu verhindern

Bild 25: Die „schnellen" Zugverbindungen im geteilten Deutschland von 1962

nutzte die DR den Vorortbahnhof Lichtenberg als Fernbahnhof, der ab 1973 auf 6 Fernbahnsteiggleise ausgebaut wurde und die Hauptlast des Fernverkehrs übernahm, obwohl der Ostbahnhof zum repräsentativen „Hauptbahnhof" avancierte. Auf diese Weise entstand im Osten Berlins ein dezentralisierter Fernverkehrsknoten (Bild 23). Dort lag — bezogen auf ganz Berlin — der Schwerpunkt des Fernreiseverkehrs.

In West-Berlin blieb nur der Bahnhof Zoologischer Garten an der Stadtbahn übrig. Nach 1961 wurden alle Transitzüge zwischen der Bundesrepublik und Westberlin auf die Grenzübergangsstelle Griebnitzsee und die Einfahrt nach Westberlin über die Wetzlarer Bahn konzentriert (Bild 24). Zwischen Zoo und Friedrichstraße bedienten die Transitzüge den spärlichen Reiseverkehr zwischen Bundesrepublik und Ost-Berlin und fuhren als Leerfahrt zum Abstellbahnhof Rummelsburg, am Alexanderplatz auf nur noch eingleisiger Strecke. Nach dem Viermächteabkommen von 1972 fuhren die Hamburger Züge über Nauen–Wustermark—Grenzübergangsstelle Staaken zum Bahnhof Zoo.

Das Strombild der D- und Eilzüge von 1962 (Bild 23) läßt im Vergleich zu Bild 17 die dramatischen Veränderungen im Fernpersonenverkehr im geteilten Deutschland erkennen, insbesondere auch die Konzentration der Fernreisezüge auf Ost-Berliner Bahnhöfe. Für schätzungsweise zwei Drittel aller Fernreisenden mit Zielen in Ost- und Westberlin führten die Umwegfahrten zu spürbaren Reisezeitverlängerungen.

Unter großen Anstrengungen erzielte die Reichsbahn einen großen Fortschritt für den Eisenbahnknoten Berlin: Im September 1981 erreichte die Fernbahnelektrifizierung von Süden kommend Ludwigsfelde am Außenring, 1982 Seddin, 1984 Berlin-Schöneweide und Berlin Lichtenberg (Bild 26). Bei der weiteren Ausdehnung der elektrischen Zugförderung mit 15 kV 16 2/3 Hz blieb die Fernbahn in West-Berlin ausgespart.

Bild 26: Die Fernbahnelektrifizierung erreicht Berlin. Erster Zug mit elektrischer Traktion 1984 im Bahnhof Berlin-Schöneweide

8.6 Berliner S-Bahn im Spannungsfeld von Ost und West

8.6.1 Klammer zwischen Ost und West

Kurz nach Beseitigung der Kriegsschäden begann die Reichsbahn mit der Erweiterung der elektrischen S-Bahn im östlichen Netzteil, zuerst bis Straußberg, gefolgt von Elektrifizierungen bis Falkensee (1950), bis Staaken, Königs Wusterhausen und Teltow (1951, Bild 11). Ziel war die Nahverkehrsbedienung unter Abkopplung der Dampfvorortzüge von West-Berliner Kopfbahnhöfen. Zum Jahresende 1952 fuhren die S-Bahn-Züge von Pankow über eine elektrifizierte Gütergleisverbindung zum Ostring und wei-

Historische Entwicklung

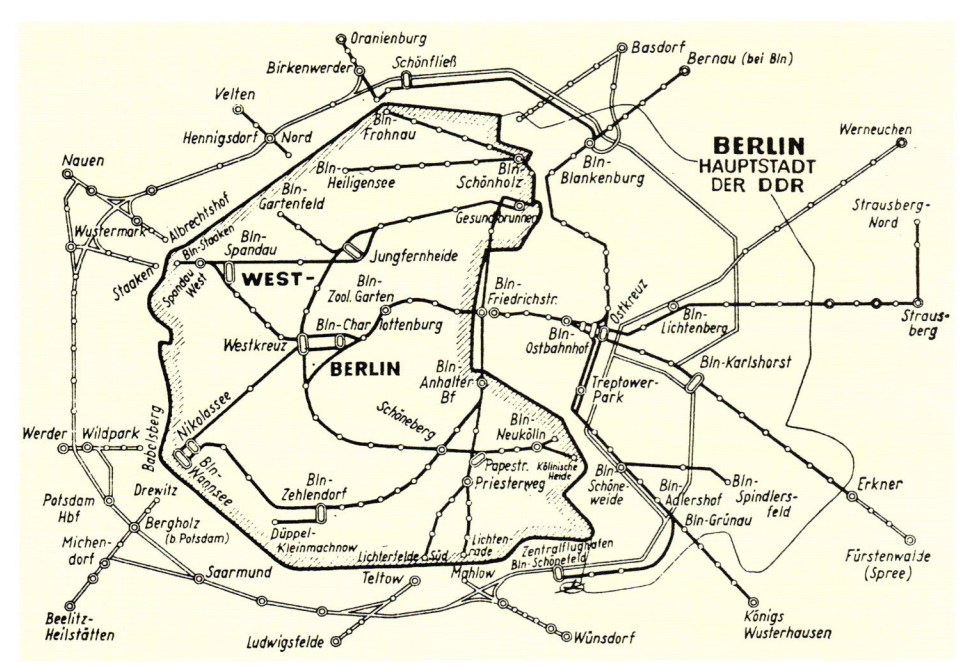

Bild 27: Streckennetz der S-Bahn im geteilten Berlin von 1966. Starker Strich: Elektrische S-Bahn, Doppelstrich: Dampf- bzw. Diesel-S-Bahn, später teilweise im elektrischen Betrieb

ter zur Stadtbahn und mieden damit den französischen Sektor.

Anfang August 1961 umfaßte das S-Bahn-Netz 335,2 km Streckenlänge. Das jährliche Verkehrsvolumen lag bei rd. 420 Mio. beförderten Personen oder etwa einem Drittel des gesamten öffentlichen Nahverkehrs von ganz Berlin.

Aber für die Bevölkerung im Großraum Berlin war die Bedeutung noch viel größer als der Verkehrsanteil: Die S-Bahn beförderte nicht nur täglich 70 000 Grenzgänger, die in Ost-Berlin wohnten und in Westberlin arbeiteten (und umgekehrt), sondern Besucher vom Westteil und Ostteil Berlins. Und von West-Berlin aus flogen auch DDR-Bürger, die keine Reisebewilligung bekommen hatten oder der DDR für immer den Rücken kehrten, in die Bundesrepublik.

8.6.2 Die West-Berliner Insel-S-Bahn

Am 13. August 1961 wurde mit Errichtung der „Mauer" das Netz der öffentlichen Nahverkehrslinien zwischen West- und Ost-Berlin sowie West-Berlin und dem Umland zertrennt, von dem in West-Berlin verlaufenden S-Bahnnetz 9 Radialstrecken sowie der Süd- und Nordring. Das in West-Berlin gelegene Netz wurde gleichsam eine Insel-S-Bahn (Bild 27).

In den fast drei Jahrzehnten der Teilung Berlins bildete der Bahnhof Friedrichstraße einen Grenzbahnhof besonderer Art: Der Tunnelbahnsteig der Nord—Süd-S-Bahn und ein Bahnsteig der Stadtbahn bildeten einen in Ost-Berlin gelegenen, streng abgegrenzten Umsteigebahnhof der West-Berliner S-Bahn mit Umsteigemöglichkeiten über den „exeritrialen" Fernbahnsteig zu den Transitzügen. Ein weiterer S-Bahnsteig war Endpunkt der Ostberliner S-Bahn. Dazwischen lagen die Anlagen der „DDR-Grenzorgane", denn Friedrichstraße war im S-Bahn-Netz der einzige Übergang zwischen West- und Ost-Berlin, der insbesondere nach dem Berlin-Abkommen von 1971 stark von West-Berlinern und Bürgern der Bundesrepublik zum Besuch in Ost-Berlin genutzt wurde.

Seit etwa 1950 war die Reichsbahn im Westberliner S-Bahn-Netz auf Verschleiß gefahren, zumal das System noch relativ neu war. Allmählich fiel es in der Qualität hinter U-Bahn und Schnellbus zurück. Es gab Fahrgastschwund. Den entscheidenden Verkehrsverlust brachte jedoch der S-Bahn-Boykott durch die Westberliner Bevölkerung als Antwort auf die Mauer von 1961.

Nach Differenzen über die Löhne Westberliner Reichsbahner, Eisenbahnerstreik 1980 und Ablehnung von Subventionen durch West-Berlin beschränkte die Reichsbahn 1981 ihre marode S-Bahn in West-Berlin auf nur noch 3 Linien mit 73 km Streckenlänge und 40 von 70 Bahnhöfen. Die daraufhin vom Senat aufgenommenen Verhandlungen über die Einfügung der S-Bahn ins Westberliner ÖPNV-Netz führten schließlich zur Übernahme des S-Bahn-Betriebes am 9. Januar 1984 durch die westlichen Berliner Verkehrs-Betriebe (BVG) [25].

Die kurzfristig anberaumte Übernahme war schwierig und der Investitionsbedarf für die Finanzierung des Nachholbedarfes bei der Unterhaltung von Anlagen und Fahrzeugen erheblich. Nach dem Start mit nur 2 Teillinien auf 21,1 km Streckenlänge wurde das Westberliner Netz am 1. Februar 1985 auf 3 Linien mit 71,4 km ausgeweitet. Rund die Hälfte des Teilnetzes von 145 km (1961) blieb außer Betrieb: die Strecken nach Spandau/Staaken, Gartenfeld, Heiligensee und Lichterfelde Süd sowie der westliche Ring.

8.6.3 Weiterer S-Bahn-Bau im Osten

Die S-Bahn wurde in den 80er Jahren zur Großsiedlung Marzahn und bis Ahrensfelde parallel zur Werneuchener Bahn vorgestreckt. S-Bahnen wurden auch auf oder parallel neben dem Außenring gebaut, parallel zum östlichen Außenring bis Wartenberg, zuerst auf, später parallel zum nördlichen von Blankenburg bis Birkenwerder unter Anbindung an die vorhandene S-Bahn nach Oranienburg sowie vom Grünauer Kreuz nach Flughafen Schönefeld. Zwischen Potsdam bzw. Falkensee und Ostberlin übernahmen „Sputniks" die Verbindung. Das waren Doppelstockzüge, die auf dem BAR Berlin „umkreisten".

9 Eisenbahnstruktur Berlin 1989

Im letzten Jahr des geteilten Berlins, 1989, wies die Eisenbahn im Großraum Berlin eine Struktur auf, die es nicht mehr zuließ, von einem homogenen „Eisenbahnknoten Berlin" zu sprechen. Diese Struktur läßt sich zum besseren Verständnis in folgende großräumige Bestandteile gliedern (Bild 23):

▷ Elektrifizierter Berliner Außenring BAR mit Anbindung der bedeutenden Radialstrecken und Rangierbahnhöfe.
▷ Elektrifizierter Fernverkehrsknoten Ost-Berlin, gestützt auf BAR und die Fernbahnhöfe Hauptbahnhof (International, Langstrecken) und Lichtenberg.
▷ Nicht elektrifizierte Fernverkehrsstrecken Grenzübergangsstelle (GÜST) Griebnitzsee—Zoologischer Garten—Friedrich-

Historische Entwicklung

straße und GÜST Staaken—Zoolog. Garten—Friedrichstraße für Transitzüge.
▷ Gleichstrom-S-Bahn der DR in Ost-Berlin und Umland, gestützt auf eine Nord-Süd-Tangente über den östlichen Innenring und die Ost-West-Achse Friedrichstraße— Ostkreuz (172,8 km).
▷ Gleichstrom-S-Bahn innerhalb West-Berlins, betrieben von der BVG, gestützt auf die Nord-Süd-S-Bahn und die Ost-West-Achse Charlottenburg—Friedrichstraße (71,4 km).
▷ Güterverkehrsgleise und -bahnhöfe im Inselbetrieb in Westberlin, gestützt auf den ausgedünnten westlichen Güterinnenring unter Anbindung an die Rangierbahnhöfe Wustermark (über Staaken) und Seddin (über Drewitz oder Griebnitzsee).

Nicht zu übersehen waren die stillgelegten Strecken und Bahnhofsanlagen in West-Berlin und an den Grenzen, die im Laufe der Jahrzehnte von Strauchwerk und Bäumen überwuchert wurden. Von den wenigen Modernisierungen in West-Berlin durch die DR sind vor allem die Bahnsteighallen des Bahnhofs Zoologischer Garten zu nennen, wobei die Bahnhofsgaststätte von der Westberliner Verwaltung des ehem. Reichsbahnvermögens (für Nicht-Betriebsanlagen) errichtet wurde, die auch neue Güterverkehrsanlagen in alten Güterbahnhöfen erstellte, Läden modernisierte u.a.m. [8].

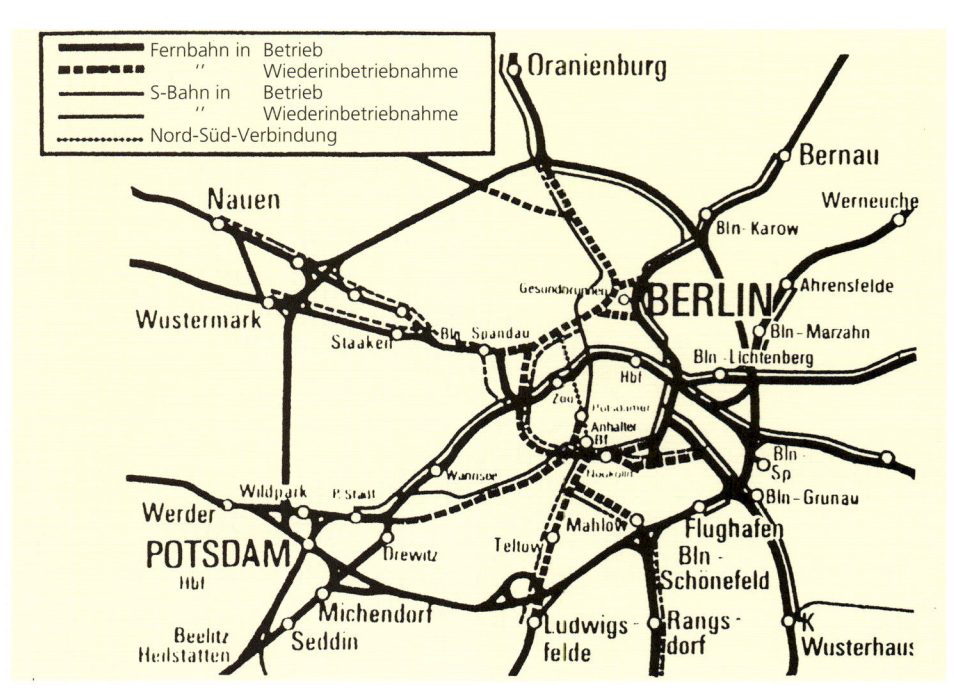

Bild 29: Die Baumaßnahmen zur Herstellung eines Ost und West integrierenden Eisenbahnknoten aus der Sicht von 1990

Die Eisenbahnstruktur war ganz auf die politische Situation zur Zeit des Kalten Krieges ausgerichtet. Die Entspannungspolitik der siebziger Jahre hatte sich in den Bahnanlagen noch nicht positiv ausgewirkt, wenngleich die Zahl der Transitzüge erhöht worden war.

Ost-Berlin war nach wie vor „Bahnstadt" mit neuen Großsiedlungen an Schienenstrecken, gebremster Motorisierung und staatlich verordnetem Gütertransport per Bahn. In West-Berlin hatte zwar die „Mauer" bahnaffine Siedlungsstrukturen konserviert und das erweiterte U-Bahn-Netz starke Verkehrsströme übernommen. Jedoch wurde die Bahn im Fernverkehr mit dem Westen von Flugzeug, Pkw, Reisebus und Lkw völlig in den Schatten gestellt, nicht zuletzt, weil Reise- bzw. Transportzeiten und Qualität des Reichsbahn-Angebotes hinter westlichem Standard zurückblieben. Mit großen Anstrengungen der Reichsbahner erzielte Verbesserungen wurden in den achtziger Jahren wieder durch Millionen zerbröselnder Betonschwellen zunichte gemacht.

Bild 28: Sommerfahrplan 1993. Ein Meilenstein in der Geschichte des Eisenbahnknotens Berlin: InterCityExpreß koppelt Berlin an Hochgeschwindigkeitsstrecken in Westdeutschland

10 Eisenbahnknoten Berlin in einem Europa ohne Grenzen

Die friedliche Revolution vom November 1989 eröffnete ein neues Zeitalter der deutschen Geschichte mit dem historischen Datum der Deutschen Einheit vom 3. Oktober 1990. Damit begann zugleich eine neue Epoche für den Eisenbahnknoten Berlin: Aus der zerstückelten und sanierungsbedürftigen Struktur entsteht in einem Kraftaufwand ohnegleichen die modernste, in ihrer Konzeption richtungsweisende Bahn-Infrastruktur, die Ost und West integriert und Strukturprobleme der dreißiger Jahre löst.

Die erste große Verbesserung im S-Bahn-Netz und der erste Erfolg bei der Rekonstruktion des Eisenbahnknotens Berlin bildete die Durchbindung der S-Bahnen in Friedrichstraße: Seit dem 2. Juli 1990 gibt es wieder Durchmesserlinien zwischen Vororten in West und Ost. Wiedereröffnungen von stillgelegten Strecken folgten und markierten Meilensteine der neuen Epoche.

Auch im Fernverkehr konnten die Deutsche Reichsbahn und die Deutsche Bundesbahn in nunmehr restriktionsfreier Zusammenarbeit das Zugangebot für Berlin von Fahrplan zu Fahrplan sprunghaft verbessern. Freilich zeigten sich nun die Mängel der Bahn-Infrastruktur in vollem Umfang. Fehlende Elektrifizierung in Westberlin, zu wenig Bahnsteige, Umwegfahrten aus Süddeutschland und schließlich die Notwendigkeit zur Sanierung der Stadtbahn.

Das Ausmaß der erforderlichen Bauprojekte zur Wiederherstellung des Eisenbahnknotens Berlin, zur Einbindung der südlichen und nördlichen Linien, zur Errichtung zeitgemäßer Güterverkehrsanlagen und generell zur Ausrichtung auf die Anforderungen der Zukunft ist gewaltig (Bild 29).

Einen besonderen Meilenstein bei der Modernisierung der Berliner Fernbahn bildete die Erneuerung der Wetzlarer Bahn und der Stadtbahn mit Elektrifizierung bis Bahnhof Zoologischer Garten: Im Sommerfahrplan 1993 wurde Berlin an das ICE-Netz angeschlossen. Allein schon die bisherigen Aufbauleistungen verdienen eine besondere Dokumentation.

Manchem Berliner Bürger mag der Fortgang der Arbeiten für den neuzeitlichen Eisenbahnknoten Berlin zu langsam gehen. Der gedrängte Rückblick auf über 150 Jahre Berliner Eisenbahngeschichte ermöglicht es jedoch, den Zeitbedarf für die Errichtung des alten Eisenbahnknotens ebenso nachzuvollziehen wie das Ausmaß seiner Zerstückelung. Und die zukunftsgerichteten Beiträge dieses Buches vermitteln Einblicke in die Größe der Aufgaben, aber auch die großartigen Perspektiven für die Nutzer des künftigen Eisenbahnknotens Berlin in einem Europa ohne Grenzen.

Bild 30: Bundesverkehrsminister Wissmann und Heinz Dürr, Vorstandsvorsitzender der DB AG feierten am 10. Januar 1994 in Berlin-Hauptbahnhof die Vereinigung der beiden deutschen Bahnen und das Jahrhundertwerk Bahnreform

Schrifttum

[1] Ribbe, W. (Hrsg.): Geschichte Berlins. Berlin, 1987.
[2] Liman, H.: Preußischer Chausseebau — Meilensteine in Berlin. Berlin 1993.
[3] Beyer, Kl.: Knotenpunkt Berlin Königstraße/Ecke Poststraße - Preußens Postreiseverkehr in: Berliner Festspiele (Hrsg.), Die Reise nach Berlin, Berlin 1987.
[4] Weigelt, H.: Die Vorgeschichte der Eisenbahn in Entwicklungslinien und Synchronopse, in: Weigelt (Hrsg.), Fünf Jahrhunderte Bahntechnik, Darmstadt, 1986.
[5] Weigelt: H.: Epochen der deutschen Eisenbahngeschichte, in: Fünf Jahrhunderte Bahntechnik, vgl. [4].
[6] Kgl. Preuß. Min. der öff. Arbeiten (Hrsg.): Berlin und seine Eisenbahnen 1846 bis 1896. Berlin 1896, Nachdruck Berlin 1982.
[7] Ottmann, K.: Berlin und seine Eisenbahnen bis zur Jahrhundertwende, in: Archiv für Eisenbahntechnik (74) 1964, H. 3.
[8] Bock, H.: Entstehung und Schicksal der Eisenbahnen in Berlin (1838-1961) in: Jahrbuch für Eisenbahngeschichte (11) 1979, Karlsruhe.
[9] Gottwald, A.B.: Berliner Fernbahnhöfe, 3. Aufl., Düsseldorf, 1985.
[10] Bley, P.: 150 Jahre Eisenbahn Berlin—Potsdam. Düsseldorf 1988.
[11] Arbeitskreis Berliner Nahverkehr (Hrsg.): 100 Jahre Berliner Stadtbahn, in: Berliner Verkehrsblätter, Nr. 1, 1982.
[12] Remy: Die Elektrisierung der Berliner Stadt-, Ring- und Vorortbahnen als Wirtschaftsproblem, Berlin, 1931.
[13] Remy: Die Geschichte der Berliner Nord-Süd-S-Bahn, Verkehrstechnische Woche, Heft 30/31, Juli 1936.
[14] Bley, P.: Berliner S-Bahn, Berlin, 1980.
[15] Jännecke, L.: Die verkehrliche Bedeutung der Nord-Süd-S-Bahn in Berlin, in: Verkehrstechnische Woche, H. 42, Oktober 1933.
[16] Bock, H.: Planungen der Reichsbahnbaudirektion in Berlin 1937-1945 in: Archiv für Eisenbahntechnik, Folge 24, Oktober 1969.
[17] Arbeitskreis Berliner Nahverkehr (Hrsg.): Wesentliche Daten zur Berliner Verkehrsgeschichte in: Berliner Verkehrsblätter, Nr. 7, 1988.
[18] Hegemann, W.: Das steinerne Berlin, Reprint, Braunschweig, 1976.
[19] DRG, Rbd Berlin(Remy): Entwurf zu einer Denkschrift über den Bau einer Verbindungsbahn Anhalter Bahnhof—Stettiner Bahnhof, Februar 1933.
[20] Graßmann, E.: Plan für den künftigen Ausbau des Berliner Schnellbahnnetzes, Berlin, 1963.
[21] Preuß, E.: Der Reichsbahn Report 1945-1993, Berlin, 1994.
[22] Garkisch, W. u. Groth, H.: Die Deutsche Reichsbahn von 1945-1985, Berlin, 1985.
[23] Nierich, G.: Die Berliner S-Bahn für das Jahr 2000, Die Bundesbahn 3/1992.
[24] Fechter: Umbauarbeiten auf der Berliner Stadtbahn, Vortrag 29. 3. 1938.
[25] BVG Hrsg.: Ein BVG-Portrait, Berlin, 1987.
[26] Aus Akten der Reichskanzlei nach Gottwald, A.: Julius Dorpmüller, die Reichsbahn und die Autobahn, Berlin 1995.
[27] Garn, R. (Hrsg.): Die Reichsbahn ohne Reich, Berlin, 1996.
[28] Weigelt, H.: Vom Bahnzeitalter zum Autozeitalter die Rolle des schienengebundenen Personenverkehrs für Berlin; Vortrag in der ersten „Berliner Verkehrswerkstatt" am 9. Nov. 1991.
[29] Remmert, W.: Eisenbahn-Infrastrukturkonzept für Berlin. ETR — Eisenbahntechnische Rundschau 43 (1994) H. 7/8.
[30] Feldwisch, W., Nesnau, H. u. Pinkert, B.: Eisenbahnbrückenbau in Berlin. ETR — Eisenbahntechnische Rundschau 44 (1995) H. 1/2.
[31] Kühlmann, B.: Eisenbahn-Größenwahn in Berlin — Die Planungen von 1933 bis 1945 und deren Realisierung, Berlin 1996.
[32] Schimpf, G.: Nord—Südbahn durch Berlin, Schinkelpreis Bauingenieurwesen 1897, Plansammlung TU Berlin.

leistungsfähig
innovativ
bewährt

Unser Lieferprogramm

- **WEICHEN U. KREUZUNGEN**
  in allen Vignolschienen-Profilen
  in DB/DR- u. Industrieausführung

- **WEICHEN/-ANLAGEN**
  in Rillenschienen-Profilen für den ÖPNV

- **SONDERKONSTRUKTIONEN**

- **WEICHEN- U. GLEISSCHWELLEN**
  aus Holz und Stahl

- **OBERBAUMATERIALIEN**

- **WEICHENZUBEHÖR**

- **INNOVATIVE INGENIEURLEISTUNGEN**

WBG WEICHENWERK BRANDENBURG GMBH

Uferstraße, 14774 Brandenburg-Kirchmöser
Telefon (03381) 810-0 · Basa-Telefon 92452 App. 660
und 662
Telefax (03381) 810-123 · Basa-Fax: 92452 App. 134

Geschäftsstelle Berlin BWG und WBG
Frankfurter Allee 216 · 10365 Berlin
Telefon (030) 5578475 · Telefax (030) 5578474

Peter Münchschwander

Künftige Bahnanlagen und Betriebsführung im Großraum Berlin

Die Verkehrsmetropole Berlin wird wieder eine herausragende Stellung in Europa einnehmen. Der Umzug von Regierung und Parlament an die Spree wie auch das weitere Zusammenwachsen von West- und Osteuropa prägen in entscheidendem Maße die Ausgestaltung der Schienenwege im Knoten Berlin.

Leistungsfähige und schnelle Eisenbahnverbindungen in und um Berlin werden für die Bewältigung der damit verbundenen, stetig wachsenden Verkehrsströme notwendig.

Ein qualitativ hochwertiger Zugbetrieb auf diesen Anlagen ist durch die Zusammenführung von Disposition und Steuerung in Verbindung mit modernsten rechnergestützten Betriebsleitsystemen sicherzustellen.

1 Die Bedeutung Berlins als expandierende europäische Verkehrsmetropole

Die Europäische Union hat 1994 die Einrichtung der transeuropäischen Netze beschlossen. Diese werden einen wichtigen Beitrag leisten zum Ausbau der europäischen Infrastruktur und zur Wettbewerbsfähigkeit Europas.

Ein Hauptzentrum im Transeuropäischen Netz wird Berlin werden. Hier kreuzt sich die wichtige Ost-West-Verbindung Moskau—Berlin—Paris mit Verlängerung durch den Kanaltunnel zum britischen Festland mit der Nord-Süd-Trasse von Skandinavien nach Norditalien. Mit der Integration Berlins in das europäische Hochgeschwindigkeitsnetz werden die Weichen für eine Verkehrsmetropole europäischer Dimension gestellt. Auch innovative Verkehrssysteme wie der Transrapid zwischen Hamburg und Berlin werden die Attraktivität der Stadt weltweit stärken.

Die Eisenbahnanlagen der zu erwartenden Verkehrsentwicklung anzupassen, ist das Hauptanliegen der DB AG im Schienenverkehrsknoten Berlin.

Auf der Basis der Verkehrsprognose für das Jahr 2010 nach Bundesverkehrswegeplanung (BVWP) wurde ein Konzept für den Eisenbahnknoten Berlin entwickelt und Maßnahmen zum Ausbau des Streckennetzes abgeleitet. Dieses Konzept berücksichtigt nationale und internationale Verkehrsströme, ökologische Gesichtspunkte, die vorhandene Infrastruktur wie auch neue Lösungen und ordnet sich nahtlos in die umfassende Verkehrsplanung Berlin/Brandenburg ein.

Große Aufgaben erfordern großartige Lösungen — im nachfolgenden werden Elemente des Konzeptes näher beschrieben.

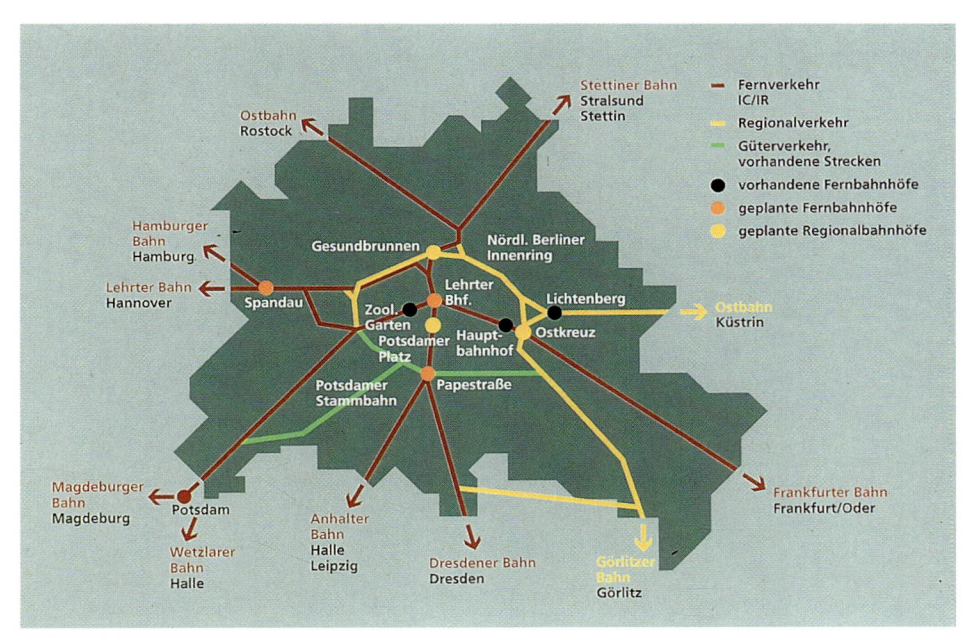

Bild 1: Pilzkonzept

2 Die Eisenbahnkonzeption für Berlin

2.1 Das Pilzkonzept

Der Wiederaufbau und Ausbau des Eisenbahnnetzes in der Hauptstadt und Metropole Berlin sowie dem Umland in Brandenburg ist die Basis zur Bewältigung der zukünftigen Verkehrsaufgaben.

Für die konzeptionellen Planungen des Kno-

Bahnanlagen und Betriebsführung

Bild 2: Projekte der Verkehrsanlagen im zentralen Bereich Berlins

Lehrter Bahnhof
Als zentraler Fern- und Regionalbahnhof ist er zugleich Umsteigebahnhof zur neuen U-Bahnlinie U5, zu der Ost-West-Fernbahn und den S-Bahnlinien auf der Stadtbahn.

Spreebogen
Im Spreebogen zwischen Lehrter Bahnhof und dem nördlichen Tiergarten werden die Spree und das Regierungsviertel von Fernbahn, U5 und B96 unterquert.

Potsdamer Platz
Der unterirdische Regionalbahnhof bietet Umsteigemöglichkeiten zur S1, S2 und zur später geplanten U3.

Tunnelbau
Die viergleisige Fernbahn wird im Zentralen Bereich unterirdisch in Tunnelanlagen geführt und erstreckt sich von der Invalidenstraße bis südlich des Landwehrkanals.

Bahnhof Papestraße
Der oberirdische Fernbahnhof entsteht östlich des vorhandenen S-Bahnsteiges der S2 und bietet Umsteigemöglichkeiten zur S2 und S4.

- Fernbahn Tunnelstrecke
- Oberirdische Strecke
- Bereiche weiterer Planung
- Stadtbahn
- U-Bahn Neubau
- Bereiche weiterer Planung
- Südring
- Bundesstraße B 96 Verlegung (Tunnel)

tens Berlin wurden zwei Grundvarianten zur Netzstruktur entwickelt:

▷ das Achsenkreuzmodell und das Ringmodell.

Im Ringmodell war die Erschließung der Innenstadt durch den Wiederaufbau des Berliner Innenrings (BIR) einschließlich der Sanierung der Stadtbahn als Ost-West-Durchmesserstrecke sowie der Aufbau von Fernbahnhöfen an den Schnittpunkten des BIR mit den Fernverkehrsradialen in Westkreuz, Gesundbrunnen, Ostkreuz und Tempelhof vorgesehen.

Die historisch gewachsene Netzstruktur der Eisenbahnanlagen mit den Radialstrecken und der Stadtbahn wird im Achsenkreuzmodell wiederhergestellt. Kernstück ist die Errichtung einer neuen Nord-Süd-Verbindung im zentralen Bereich als zeitgemäßer und leistungsfähiger Ersatz der ehemaligen Kopfbahnhöfe. Gegenüber dem Ringmodell wurden folgende Vorteile aufgezeigt:

▷ Die Züge des Regional- und Fernverkehrs können aus allen Richtungen bis in die Innenstadt fahren.
▷ Das Liniensystem wird durch die Trennung des Ost-West-Verkehrs vom Nord-Süd-Verkehr übersichtlicher und erleichtert den Reisenden die Orientierung.
▷ Schaffung einer höheren Kapazität des Knotens bei geringeren Kosten und einer insgesamt geringeren Störanfälligkeit des Systems.
▷ Letztendlich werden mit dem Achsenkreuzmodell kürzere Fahrzeiten durch den Knoten Berlin realisiert.

Die Entscheidung zu einer Kombination beider Grundmodelle wurde unter Berücksichtigung der Vor- und Nachteile hinsichtlich der Ausbaustufen, der Abhängigkeiten von den Baumaßnahmen im Regierungsviertel sowie der Finanzierung getroffen.

Das daraus entstandene Pilzkonzept (Bild 1) beinhaltet zum einen den Ausbau des Berliner Innenrings, nördlicher Teil, und der Stadtbahn (der Hut des Pilzes) sowie zum anderen den Neubau einer viergleisigen Nord-Süd-Verbindung (der Stiel des Pilzes).

Die Verwirklichung dieses Konzeptes ist zeitlich abgestimmt mit den Bauvorhaben im Parlamentsbereich des Spreebogens.

Bahnanlagen und Betriebsführung

Die Maßnahmen haben einen Gesamtwertumfang von 10 Milliarden DM.

2.2 Elemente des Konzeptes

2.2.1 Schnellbahnverbindung Hannover—Berlin, Abschnitt Staaken—Berlin Hbf

Das Projekt Staaken—Berlin Hbf setzt sich aus mehreren Vorhaben zusammen:

1. Abschnitt Humboldthafen—Berlin Hauptbahnhof,
2. Rekonstruktion Bahnhof Berlin-Friedrichstraße,
3. Abschnitt Staaken—Friedrichstraße.

Schwerpunkt dieses Projektes ist die 1982 eröffnete, als Viaduktstrecke gebaute Stadtbahn, beginnend am Bahnhof Charlottenburg und weiter über Zoo, Friedrichstraße und Alexanderplatz zum Hauptbahnhof führend. Im Oktober 1994 wurde mit der Sanierung im Rahmen der Sperrung der Fernbahngleise begonnen. Über eine Länge von 9 km werden in der Bauphase alle Viaduktbögen saniert, ca. 100 Brücken, Tunnel und Durchlässe instandgesetzt bzw. neu gebaut.

Mit der Rekonstruktion des gesamten Oberbaues wird erstmalig in Europa die Oberbauform „Feste Fahrbahn" (Bauart Berlin) auf einer Viaduktstrecke für Fern- und S-Bahn eingebaut. Die Elektrifizierung der Fernbahn wie auch der Umbau der auf dem Abschnitt befindlichen Bahnhöfe sind Bestandteil des Projektes. Die Sanierung auf der Stadtbahn wird zeitgleich mit Aufnahme des Betriebes auf der Schnellfahrstrecke Hannover—Berlin abgeschlossen. Der Hauptbahnhof erhält im Zuge der Maßnahmen am Westkopf eine Gleisfelderweiterung zur Herstellung ICE-gerechter Bahnsteiglängen.

Die Rekonstruktion des Bahnhof Friedrichstraße erfolgt im wesentlichen durch den komplexen Umbau der hochbaulichen Anlagen unter Beachtung der Belange des Denkmalschutzes. Das betrifft die Neugestaltung der Treppen und Bahnsteige wie auch des Empfangsgebäudes.

2.2.2 Neubau Nord-Süd-Verbindung

Die Nord-Süd-Verbindung bildet neben der Stadtbahn das Kernstück des Pilzkonzeptes für den Schienenverkehrsknoten Berlin (Bilder 2 und 3). Planungen zu einer Nord-Süd-Querung der Stadt wurden bereits in den zwanziger Jahren angestellt. Die dichte Bebauung der Innenstadt und nach dem Krieg die Teilung Berlins verhinderten eine Realisierung.

Die neu zu schaffende Nord-Süd-Verbindung beginnt an den beiden Anbindungskurven des BIR, führt über Lehrter Stadtbahnhof, Potsdamer Platz, Gleisdreieck, Yorckstraße, Bahnhof Papestraße und endet beim Prellerweg, wo sich die Strecke in Richtung Anhalter Bahn und Dresdner Bahn teilt. Markantes Teil dieser Verbindung ist der neue, viergleisige 3,4 km lange Tunnel vom Lehrter Stadtbahnhof unter Spree und Tiergarten hindurch bis zum Bahnhof Gleisdreieck.

Auf dem Abschnitt werden im Fern- und Regionalverkehr 16 Linien mit insgesamt 185 Zugpaaren/Tag verkehren. In den Planungen ist außerdem die Option für einen Flughafen-Shuttle nach Berlin-Schönefeld mit 60 Zugpaaren/Tag berücksichtigt worden.

Vom Norden können Züge aus Richtung Hannover, Hamburg, Rostock und Stettin/Stralsund über den nördlichen BIR herangeführt werden. Am Kreuzungspunkt der Stadtbahn mit dem Tunnel entsteht der neue Fernbahnhof Lehrter Stadtbahnhof (Bilder 4 und 5), auf dem in die Fern- und Regionalzüge der Stadtbahn, aber auch in U-, S- und Straßenbahn umgestiegen werden kann. In Höhe Potsdamer Platz wird ein Bahnhof für den Regionalverkehr eingerichtet (Bilder 6 und 8). Am südlichen Kreuzungspunkt der Neubaustrecke mit der Ringbahn (S-Bahn) wird der Fernbahnhof Papestraße errichtet. Nach Süden werden die Züge weitergeführt in Richtung Dresden und Halle/Leipzig.

Die Baumaßnahmen für die Nord-Süd-Verbindung wurden im Oktober 1995 mit dem ersten Spatenstich eingeleitet. Sie ist die einzige Neubaustrecke des Konzeptes, alle anderen Strecken werden auf oder neben Gleistrassen erbaut, die bis in die Nachkriegszeit hinein betrieben wurden.

Bild 3: Verlauf der 3,5 km langen Nord-Süd-Fernbahn (rote Linie) mit B 96 (gelb) und U-Bahn-Linien U5 und U3 (blau)

Bahnanlagen und Betriebsführung

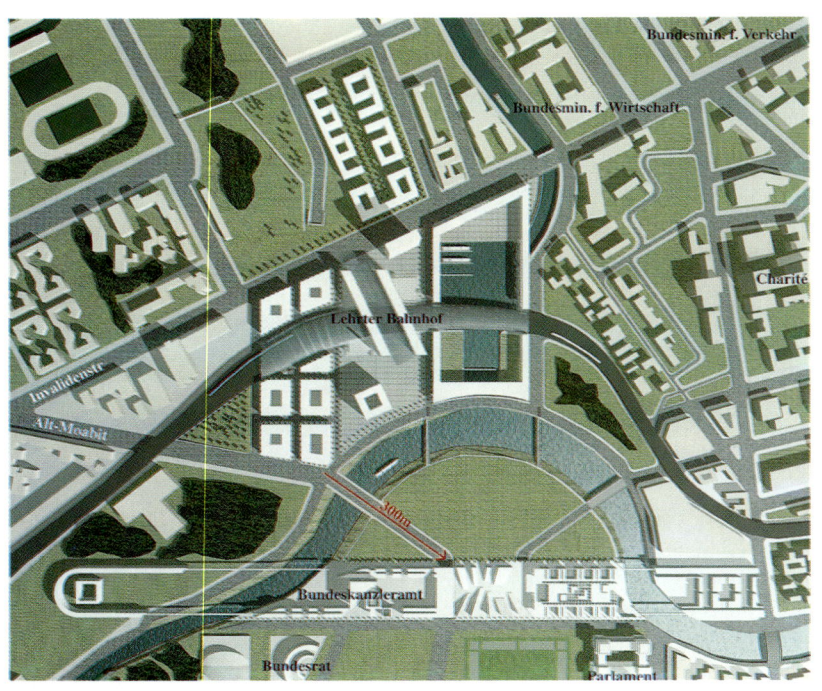

Bild 4: Geplantes Stadtquartier Lehrter Bahnhof und sein Umfeld (Computergrafik)

Für die Realisierung dieser Baumaßnahme wurde die Projektgesellschaft für Verkehrsanlagen im Zentralen Bereich (PVZB) gebildet, welche das Vorhaben gesamtverantwortlich leitet.

2.2.3 Südanbindung Dresdener und Anhalter Bahn

In Verlängerung der Nord-Süd-Verbindung hinter dem Bahnhof Papestraße befindet sich der Abzweig in Richtung Dresden und Halle/Leipzig. Diese beiden Abschnitte sind nach Bau des Berliner Außenringes (BAR) in den fünfziger Jahren für den Fernverkehr eingestellt worden.

Im Rahmen des Konzeptes ist ein zweigleisiger Wiederaufbau mit Elektrifizierung für beide Abschnitte geplant. Die Inbetriebnahmen in Richtung Dresden und Halle/Leipzig sind nach dem Jahr 2000 vorgesehen.

2.2.4 Triebzuganlage Berlin-Rummelsburg

Mit der Aufnahme des ICE-Verkehrs über die Schnellbahnverbindung Hannover—Berlin und weiterer auf Berlin zulaufender, rekonstruierter Strecken wird eine neue Anlage für die Wartung und Instandsetzung von Triebzügen in Berlin notwendig.

Für täglich 44 ICE-Züge und eine weitere Anzahl von NeiTech-Triebwagen, die ab 1998 auf dem herkömmlichen Streckennetz

Bild 5: Blick in die große Halle des Lehrter Bahnhofs am Schnittpunkt der Ost-West-Stadtbahn mit der tiefliegenden Nord-Süd-Fernbahn (Computergrafik)

Bild 6: Blick von der Passerelle des Regionalbahnhofs Potsdamer Platz (Computergrafik)

122

Bahnanlagen und Betriebsführung

eingesetzt werden, ist eine leistungsfähige Abstell- und Behandlungsanlage vorgesehen.

2.2.5 Berliner Innenring, nördlicher Abschnitt

Der Berliner Innenring, nördlicher Abschnitt umfaßt die Fernbahn- wie auch die S-Bahnanlagen. Schwerpunkt der Maßnahmen zum Pilzkonzept sind der Wiederaufbau der seit 1961 unterbrochenen und stillgelegten S-Bahnstrecken von

▷ (Westend)—Jungfernheide—Beusselstraße—Putlitzstraße (Westhafen)—Wedding—Gesundbrunnen,
▷ Gesundbrunnen—Schönhauser Allee,
▷ (Gesundbrunnen)—Bornholmer Straße—Pankow,
▷ Bornholmer Straße—Wollankstraße,
▷ Neubau Bornholmer Straße—Schönhauser Allee (Bild 7),

und der Fernbahnstrecken

▷ Berliner Innenring (zweigleisig) vom Güterbahnhof Halensee bis Abzweig Vpr (Schönhauser Allee) über die Güterbahnhöfe Charlottenburg und Moabit sowie dem Regionalbahnhof Gesundbrunnen,
▷ Verbindungskurven Grunewald—Halensee (eingleisig), Grunewald—Witzleben und Abzweig Fürstenbrunner Weg—Abzweig Güterbahnhof Charlottenburg,
▷ Schnellbahnverbindung Lehrter Bahnhof—Jungfernheide (Spandau),
▷ Schnellbahnverbindung Lehrter Bahnhof—Gesundbrunnen,
▷ Nordbahn von Gesundbrunnen bis Schönholz,
▷ Stettiner Bahn von Gesundbrunnen bis Pankow und die zusätzlichen Maßnahmen Umbau Moabit—Containerbahnhof Hamburger und Lehrter Bahnhof, Anschluß Gaswerk, Anschluß Schering, Abstellanlage Schönholz.

Bild 7: Bauarbeiten am Nordkreuz — Herstellung von zwei S-Bahntunnel von Schönhauser Allee in Richtung Bornholmer Straße

Der Aufbau der Fernbahn (1-4 gleisig) einschließlich Elektrifizierung auf einer Gesamtgleislänge von 77,5 km und der S-Bahn (zweigleisig) mit einer Gesamtgleislänge von 41 km umfaßt insgesamt 129 Ingenieurbauwerke. Davon werden 33 Straßen- und Fußgängerbrücken, 41 Eisenbahnbrücken und 55 Stützmauern rekonstruiert bzw. neu gebaut.

Das Projekt sieht auch die Erneuerung von 6 S-Bahn- und 3 Fernbahnhöfen vor. Baubeginn für die Maßnahmen war Ende 1992,

Bild 8: Links der bestehende S-Bahnhof Potsdamer Platz der Nord-Süd-S-Bahn, rechts daneben der geplante Regionalbahnhof Potsdamer Platz

Bahnanlagen und Betriebsführung

und Abschluß insgesamt wird nach dem Jahr 2001 sein.

Weitere Bestandteile des Maßnahmenkataloges Schienenverkehrsknoten Berlin sind die zum Teil fertiggestellten Vorhaben

▷ S 4 Treptower Park—Neukölln,
▷ S 5 Westkreuz—Spandau,
▷ S 22 Schönholz (a)—Hennigsdorf,
▷ S 25 Lichterfelde Ost—Teltow,
▷ VDE 2 Hamburg—Berlin, Abschnitt Nauen—Spandau (a),
▷ VDE 4 Hannover—Berlin, Abschnitt Wustermark—Staaken,
▷ VDE 5 Magdeburg—Berlin, Abschnitt Werder—Griebnitzsee,
▷ Nordkreuz (a)—Karow,
▷ Umbau Berlin Ostkreuz,
▷ Blankenfelde (a)—Dresden,
▷ Nordkreuz (a)—Birkenwerder,
▷ Kombinierter Ladungsverkehr Umschlagbahnhof Großbeeren.

Die Stadt Berlin zu einem wichtigen internationalen Knoten im europäischen Hochgeschwindigkeitsnetz auszubauen, ist ein wesentliches Anliegen, das diesen Planungen zugrunde liegt. Der Wiederaufbau und Ausbau des Bahnnetzes entspricht dem zu erwartenden Verkehrsaufkommen in der Region. Die Prognosen für den Bahnverkehr gehen davon aus, daß bis zum Jahr 2010 das jährliche Verkehrsaufkommen im Fernverkehr von derzeit 13 Millionen auf 50 Millionen Reisende von und nach Berlin und im Regionalverkehr Berlin/Brandenburg von 30 Millionen auf 130 Millionen Fahrgäste ansteigen wird. Im Betriebsprogramm Pilzkonzept sind dementsprechend im Fernverkehr 21 Linien mit 183 Zugpaaren / Tag einschließlich einer IC-Linie Hamburg—Berlin (bis zur Realisierung des TRANSRAPID Berlin—Hamburg) und im Regionalverkehr 19 Linien mit 424 Zugpaaren / Tag vorgesehen.

Diese nationalen wie auch internationalen Verkehrsströme mit der Bahn zu steuern und damit umweltgerecht über die Stadt zu verteilen ist von entscheidender Bedeutung für ein funktionierendes Verkehrssystem im zukünftigen Großraum Berlin.

3 Organisation und Betriebsführung

3.1 Konzeption für die künftigen Leistungszentren des Geschäftsbereiches Netz

Die Betriebsführung des Geschäftsbereiches Netz wird heute im Knoten Berlin noch größtenteils nach der klassischen Betriebsorganisation realisiert. Das heißt, Betriebsstellen auf Bahnhöfen der jeweiligen Strecken steuern den Zugbetrieb vor Ort. Die Koordinierung zwischen den einzelnen Betriebsstellen wird durch eine übergeordnete, zentralisierte Dispositionsstelle (Betriebsleitung) vorgenommen. Das ist historisch so gewachsen und erfuhr in den letzten Jahrzehnten lediglich Veränderungen in der zu handhabenden Sicherungstechnik, von den mechanischen Stellwerken über elektromechanische bis hin zu Relaisstellwerken. Die lokale Präsenz der Stellwerke sowie deren Bedienpersonal blieb weitgehend erhalten.

Mit der Einführung rechnergesteuerter Stellwerke, den Elektronischen Stellwerken (erstes ESTW 1988 in Murnau), eröffneten sich neue Perspektiven für die Abkehr von der lokalen, personal- und materialintensiven Struktur der Betriebssteuerung. Die Bereitstellung dieser leistungsfähigen Systeme der Informations- und Betriebsleittechnik ermöglicht grundlegend neue Ansätze in der Gestaltung der Betriebsführung.

Die Zusammenführung der Bedienebenen mehrerer ESTW sowie die Konzentration der operativen und dispositiven Funktionen zur Steuerung des Zugbetriebes auf Strecken und Knoten im Netz bilden die Basis der neuen funktionalen und organisatorischen Einheiten, die Betriebszentralen (BZ). Sie gewährleisten die notwendige Flexibilität und Produktivität der Leistungserstellung auf dem Fahrweg mit optimaler Ausnutzung der vorhandenen Ressourcen bei einer insgesamt hohen Betriebsbereitschaft.

Die steigenden Anforderungen an Überwachung, Disposition und Steuerung des Zugbetriebes ergeben sich durch die immer komplexere Verflechtung der unterschiedlichen Produkte, Produktionsmittel und Qualitätsmaßstäbe unserer Kunden. Über eine höhere wirtschaftliche Effizienz, das heißt niedrige Systemkosten und wettbewerbsfähige Trassenpreise, sind diese Anforderungen zu realisieren.

Das Hauptgeschäftsfeld des GB Netz ist die Bereitstellung der Infrastruktur und Fahrplantrassen sowie die Steuerung der Produkte unserer Kunden in den bestellten Zeitlagen und vereinbarten Qualitätskriterien. Die BZ sind somit für die Steuerung der Gesamtabläufe auf den Strecken und deren Verknüpfungen zuständig. Der Zuständigkeitsbereich bezieht sich also vom Grundsatz her auf Streckengleise und die zug-

Bild 9: Arbeitsplätze in einer Betriebszentrale

fahrtbezogenen Hauptgleise der Betriebsstellen.

Der Gesamtbereich einer BZ untergliedert sich entsprechend dem Arbeitsvolumen in mehrere Steuerbezirke und innerhalb dieser die funktionale Verteilung der Aufgaben in ein Team.

Die betrieblich zusammenhängenden Teile von Strecken und Knoten werden in Steuerbezirke eingeteilt. Diese können je nach Betriebsprogramm und Örtlichkeit Strecken von hundert und mehr Kilometern Länge mit dazwischenliegenden Knoten umfassen. Innerhalb der Steuerbezirke werden verschiedene Funktionen wahrgenommen.

Der örtlich zuständige Fahrdienstleiter (özF) ist ein in die BZ integrierter Arbeitsplatz eines ESTW mit der vollen Bedien- und Anzeigeoberfläche (Bild 9). Die Steuerung und Disposition des strecken- und zugfahrtbezogenen Betriebes wird im Regelfall ausschließlich durch den Zuglenker (Zlr) wahrgenommen. Für die ordnungsgemäße Abwicklung des Betriebsprogramms stehen dem Arbeitsplatz mehrere rechnerunterstützte Systeme zur Verfügung.

In der Dimensionierung und Abgrenzung der Steuerbezirke können einem Zuglenker zwischen zwei und fünf örtlich zuständige Fahrdienstleiter zugeordnet werden.

Das BZ-Konzept ist grundsätzlich erst durch die Automation der Betriebssteuerung möglich. Mit dem Einsatz neuester technischer Systeme wird ein weitgehend automatisierter Betrieb sowie eine umfassende Systemunterstützung in der Betriebsführung geschaffen.

Die Rechnerunterstützten Betriebsleitsysteme (RBL) bauen auf der Prozeßsteuerebene der ESTW auf und gewährleisten die automatische Datengewinnung sowie die systemübergreifende Informationsverknüpfung.

Als RBL-Teilsysteme kommen im betrieblichen Teil der BZ zur Anwendung

▷ die dispositive Betriebssteuerung (RBS),
▷ das Rechnerunterstützte Betriebsmeldeverfahren (RBmv),
▷ die dispositive Fahrplanbearbeitung (DFB) und

▷ das Melde- und Überwachungsverfahren (MÜV).

Maßgebend für die Effizienz und Flexibilität der Rechnerunterstützung ist die Ausprägung der Bedienoberfläche, d. h. die Schnittstelle zwischen Mensch und Maschine.

Nach den aktuellen Erfordernissen wurde ein Standard-Bedienplatz entwickelt mit der größtmöglichen Integration von Systemen. Dieser verfügt über

▷ max. acht hochauflösende Monitore,
▷ die Bedieneinrichtungen Maus und Tastatur (DET) sowie
▷ eine Telekomeinrichtung mit Zugriff auf Lautsprecheranlagen und Funk.

Art und Umfang der Anzeigen auf den Monitoren werden durch den jeweiligen Bediener entschieden. Im Regelbetrieb werden nur die unbedingt benötigten Informationen angezeigt. Auf Unregelmäßigkeiten wird automatisch aufmerksam gemacht.

Vom Standard-Bedienplatz aus können alle Funktionen wie z. B. Zuglenker oder Fahrdienstleiter wahrgenommen werden, er ist multifunktional nutzbar.

Für das netzdeckende Konzept Betriebszentralen kann nicht vorausgesetzt werden, daß die Stellwerksebene in Form von ESTW vollständig realisiert ist. Die noch in großem Umfang vorhandenen Relaisstellwerke mit zum Teil noch sehr langen Restnutzungszeiten werden durch verschiedene Möglichkeiten in die Betriebszentralen eingebunden.

Die Überwachung der Funktionsfähigkeit aller Eisenbahnbetriebsanlagen einschließlich Instandhaltung und Entstörung ist ein wesentliches Ziel des Konzeptes. Über die Technische Betriebszentrale (TBZ) werden zwei Funktionen realisiert:

▷ Die Anlagenüberwachung und -steuerung erfaßt alle System- und Betriebszustände der Anlagen.
▷ Die Einsatzlenkung technischer Dienste wertet Diagnosen aus und setzt diese in Einsatz- und Entstörungsaufträge um.

Die schrittweise Realisierung des Konzeptes Betriebszentralen im Netz der DB AG ist für die nächsten zehn Jahre geplant. Begonnen wurde mit dem Pilotprojekt Betriebszentrale Magdeburg, welches in der ersten Stufe Ende 1995 in Betrieb ging. Als eines der nächsten großen Projekte ist die Einrichtung der Betriebszentrale Berlin vorgesehen.

3.2 Die Betriebszentralen in Berlin für Fernbahn und S-Bahn

Für den Knoten Berlin werden je eine BZ für die Fernbahn und für die S-Bahn aufgebaut (Bild 10). Die getrennte Einrichtung der BZ S-Bahn ergibt sich aus dem separaten Gleichstrom-Netz von ca. 300 km Streckenlänge. Auf der Basis der ESTW-Technik wird die lückenlose Disposition sowie unter Einbeziehung moderner Betriebssteuersysteme die automatisierte Steuerung des gesamten S-Bahnbetriebes möglich. Dabei sind u. a. die systemtechnischen Komponenten Betriebsleitrechner, Zuglenkrechner, Zugnummernmeldeanlage und eine zentrale Datenbank vorgesehen.

Die Inbetriebnahme der BZ S-Bahn ist in mehreren Etappen geplant. Die 1. Stufe wird unter Berücksichtigung der laufenden und geplanten Streckenbaumaßnahmen realisiert. Die ersten BZ-gesteuerten Bereiche sind der Abschnitt S5 Westkreuz—Pichelsberg und Teilbereiche des Nordringes S4. Die bereits in Betrieb befindlichen ESTW-Abschnitte werden im Jahre 1998 stufenweise angepaßt und umgeschaltet.

Die Einrichtung der Betriebszentrale Fernbahn in Berlin wird erstmals in einem Eisenbahnknoten dieser Dimension vorgenommen. Zur Veranschaulichung: die Ausdehnung des Einzugsbereiches im Endzustand erstreckt sich in der Nord-Süd-Relation über 450 km Streckenlänge, das heißt von Saßnitz im Norden bis Elsterwerda im Süden. In der Ost-West-Relation sind es von Frankfurt/Oder an der Grenze zur Republik Polen bis Oebisfelde 370 km Streckenlänge.

Damit wird der Einzugsbereich der Betriebszentrale im Endzustand den gesamten nordöstlichen Netzbereich der DB AG auf einer Streckenlänge von ca. 2200 km umfassen.

Die Inbetriebnahme erfolgt entsprechend den fertiggestellten Strecken nach Neu-/Ausbauprogramm bzw. Verkehrsprojekten Deutsche Einheit in mehreren Etappen.

Die BZ steht mit folgenden Investitionsvorhaben im unmittelbaren Zusammenhang:

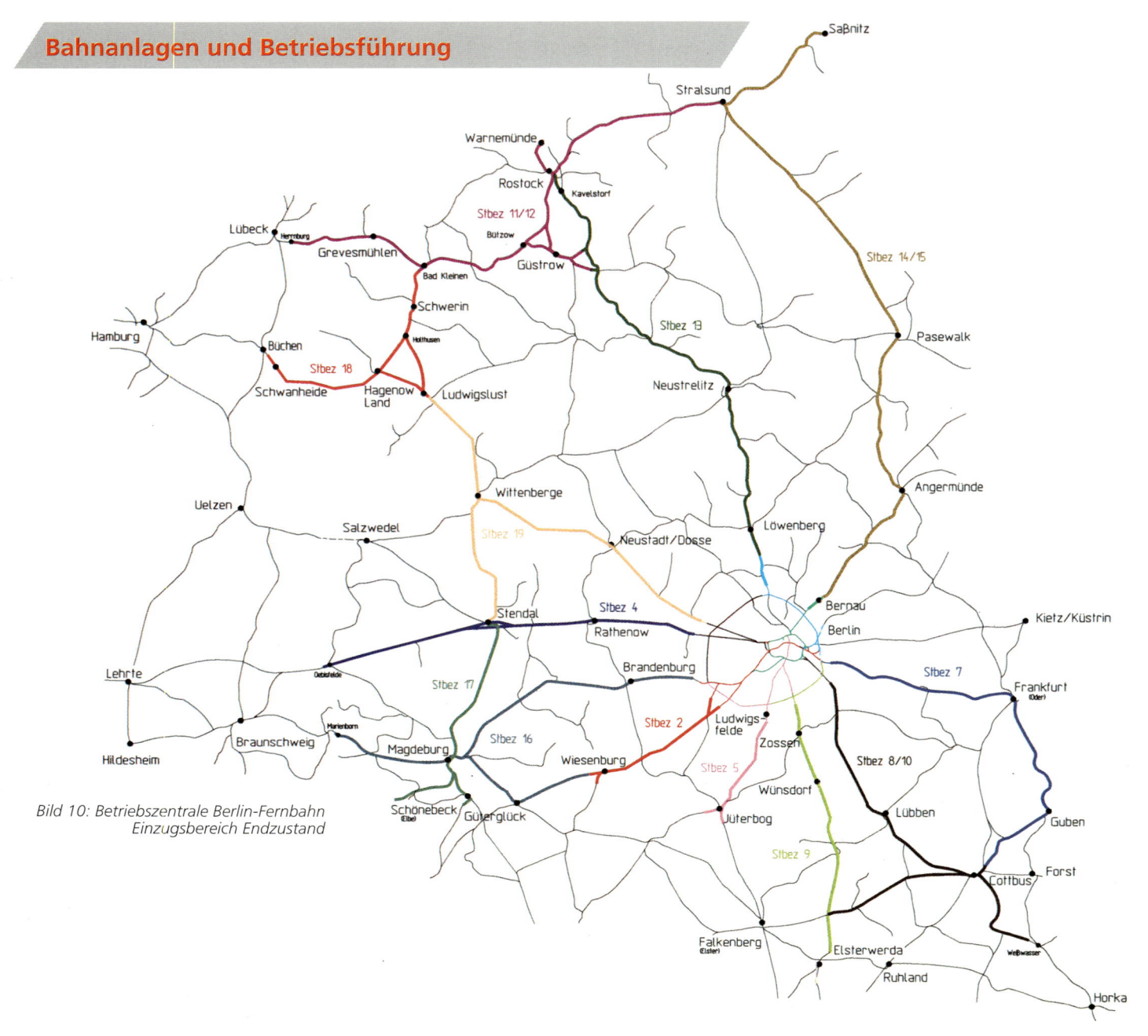

Bahnanlagen und Betriebsführung

Bild 10: Betriebszentrale Berlin-Fernbahn Einzugsbereich Endzustand

▷ ABS Hamburg—Berlin (ESTW Nauen),
▷ SBV Hannover—Berlin (ESTW Oebisfelde, Rathenow, Ruhleben, Hauptbahnhof),
▷ ABS Magdeburg—Berlin (ESTW Potsdam-Wildpark),
▷ Berlin Nord-Süd-Verbindung (ESTW Südkreuz),
▷ Berliner Innenring/Nördlicher Abschnitt (ESTW Nordkreuz),
▷ Anhalter Bahn (ESTW Genshagener Heide),
▷ ABS Nürnberg—Berlin Projekt 8.3 (ESTW Jüterbog).

Das für die Aufgaben der BZ notwendige Ausrüstungsniveau ist im vorangegangenen Abschnitt ausführlich dargestellt worden. Dieses wird im Bereich der BZ Berlin entsprechend der ersten Inbetriebnahmeetappe in den Jahren bis 2000 schrittweise hergestellt. Erweiterungsetappen nach 2000 werden optional bis zum Endzustand berücksichtigt, so unter anderem die Integration der BZ Magdeburg und der Fernsteuerzentrale Hagenow Land.

Die BZ wird mit weiteren operativen Organisationseinheiten auch der anderen Geschäftsbereiche, zu denen funktionale Zusammenhänge bestehen, an einem gemeinsamen Standort eingerichtet. Das sind im einzelnen folgende Einheiten:

▷ Betriebsleitung Berlin,
▷ Zentralschaltstelle (Zes) Berlin,
▷ Transportleitung Personenverkehr,
▷ Transportleitung Güterverkehr,
▷ Lokdienst.

Im Geschäftsbereich Netz werden die Betriebszentralen an den 7 Standorten der neuen Niederlassungen netzübergreifend eingerichtet.

Diese Form der Zentralisation von Überwachung, Steuerung und Disposition ist bei anderen Bahnverwaltungen weltweit erfolgreich erprobt worden und hat sich unter Betriebsbedingungen bereits mehrfach bewährt. Die Beispiele der Dänischen Staatsbahn (DSB), der Schwedischen Staatsbahn (SJ) wie auch bei Bahnverwaltungen in Japan bzw. den USA beweisen die Richtigkeit und Notwendigkeit des eingeschlagenen Weges.

Gleisbau in allen Sparten...

...von der Schnellbahnstrecke bis zur Stadt-, Privat- und Nebenbahnanlage, vom Industrie- und Kranbahngleis bis zur steilsten Bergbahnstrecke.

Über die umfangreiche, große Leistungspalette unseres Unternehmens informieren wir Sie gerne ausführlich. Rufen / faxen Sie uns einfach an oder senden Sie uns den Coupon mit Ihrer genauen Anschrift.

☐ Prospekt „Gleisbau"
☐ Typenblatt „Gleis-Schnellumbauzug"
☐ Typenblatt „Stopfmaschinen"
☐ Typenblatt „WESPE" (mechan. Vegetationskontrolle)
☐ Prospekt „Bauunternehmung"
→ Fax (0 71 61) 60 24 00

01665 Klipphausen (Dresden)
Tel. (03 52 04) 4 57-0 / Fax 4 57 57

LEONHARD WEISS Halle
06184 Dölbau (Halle)
Tel. (03 46 02) 6 66 00 / Fax 6 66 01

GTG Gleis- und Tiefbau
07549 Gera
Tel. (03 65) 73 73 8-0 / Fax 7 37 38 19

10405 Berlin
Tel. (0 30) 44 37 13-0 / Fax 44 37 13 11

12435 Berlin
Tel. (0 30) 61 73 72-10 / Fax 61 73 38 12

74072 Heilbronn
Tel. (0 71 31) 9 96 80 / Fax 99 68 19

76189 Karlsruhe
Tel. (07 21) 9 50 13-0 / Fax 9 50 13 20

80999 München
Tel. (0 89) 89 26 08-0 / Fax 89 26 08 11

85051 Ingolstadt
Tel. (08 41) 7 74 56 / Fax 7 40 69

90451 Nürnberg
Tel. (09 11) 96 27 50 / Fax 9 62 75 50

97080 Würzburg
Tel. (09 31) 1 28 00 / Fax 1 31 50

LEONHARD WEISS GmbH & Co.
Bauunternehmung

Postfach 1369, 73013 Göppingen, Tel. (0 71 61) 6 02-0, Fax 60 24 00 · Postfach 1565, 74555 Crailsheim, Tel. (0 79 51) 33-0, Fax 3 31 12

Präzision und Zuverlässigkeit

Messungen durch gleisfahrbares Längsprofil-Meßgerät

Ihr zuverlässiger Partner bei Engineering-Aufgaben im Gleisoberbau

- Bauaufsicht bei der Herstellung des lückenlosen Gleises

- Ultraschallprüfungen an Gleis- und Weichenschienen

- Längs- und Querprofilmessungen am Schienenkopf mit rechnergesteuerter Ergebnisdokumentation

- Messungen von Rad-Schiene-Schallemissionen im Gleis, hervorgerufen durch kurzwellige, periodische Fehler der Fahrfläche

GEMET GmbH
EIN UNTERNEHMEN DER GOLDSCHMIDT-GRUPPE

- Abteilung Meßtechnik und Gleisbau-Überwachung -
Gerlingstraße 65 · D-45139 Essen
Tel.: 02 01/173-2389 · Fax: 02 01/173-1903

Moderne und naturkonforme Verkehrswege ins dritte Jahrtausend

Wir sind Ihr zuverlässiger Partner für Projekte des
- schienengebundenen Nah- und Fernverkehrs,
- Straßen- und Wasserbaus

in West- und Osteuropa.

Consulting
Planung
Projektierung
Vermessung
Bauüberwachung
Controlling

Geschäftsleitung:
10245 Berlin, Markgrafendamm 24, Haus 16
Tel. 030 / 29 38 06 10, Fax 030 / 29 38 06 11

Firmensitz:
85737 Ismaning, Carl-Zeiss-Ring 19 - 21
Tel. 089 / 99 65 75-0, Fax 089 / 99 65 75 85
Niederlassungen:
10245 Berlin, 01159 Dresden, 99084 Erfurt

EPV GIV
Europrojekt Verkehr
Gesellschaft für Ingenieurleistungen
im Verkehrswesen mbH

Neue Dynamik für mehr Mobilität

- Gleisbau
- Bahnsteige
- Ingenieurbau
- Unterführungen
- Kabeltiefbau
- Bahnbetriebsgebäude
- Orientierungssysteme
- Sanitäranlagen
- Überdachungen
- Gleisinstandhaltungen
- Brückensanierungen

Hohe Geschwindigkeiten bei den höchsten Sicherheit-Standards möglich machen; mit moderner Gleisbau-Technologie für termingerechtes und sicheres Bauen im Betrieb

Neue Transparenz in Glas und Stahl - gebündelte Technologien für menschengerechte und ästhetische Infrastrukturen

Orientierung, Schutz und Hygiene auf Bahnhöfen und überall da, wo die Bahn Menschen, Güter und Städte miteinander verbindet

Moderne Technik für die Ausrüstung, Versorgung und die Sicherheit auf deutschen und europäischen Strecken

Wir von HERING-BAU sind fast immer dabei, wenn Menschen mit der Bahn unterwegs sind.
Für die Reisenden bedeutet das seit über 100 Jahren ein deutliches Plus an Sicherheit, Ästhetik und Komfort.

Durch systematische Lösungen für die Infrastruktur von Nah- und Fernverkehrsstrecken schafft HERING-BAU neue Mobilität.
Wenn Sie mehr über uns erfahren wollen, wenden Sie sich an die Unternehmensleitung.

D-57299 Burbach
Neuländer 1
Telefon (02736) 27-0
Telefax (02736) 27-109

Bauen für die Bahn — **HERING BAU**

Peter Reinhardt

Bahnhöfe von morgen

Die Deutsche Bahn AG macht ihre Bahnhöfe zu den ersten Adressen innerstädtischer Infrastruktur. Als hochtechnisierter Verkehrsknotenpunkt, Dienstleistungszentrum und Kommunikationsforum wird der Bahnhof von morgen seinen Standortvorteil als eine zentral gelegene Immobilie mit überraschenden Konzepten unternehmerisch zu nutzen wissen.

1 Moderne Metamorphose

Es ist noch garnicht so lange her, daß die imposanten „Kathedralen der Technik" als Sinnbilder einer überwältigend schnelldrehenden Industriegesellschaft von Hamburg bis München, von Köln bis Berlin die Mitte der Metropolen markierten. Der Boom des Automobils und der Vielfliegerei setzte diesem Monopol ein Ende.

Doch die Zeit ist im Fluß: Grenzöffnung, Mauerfall, Europagedanke. Der Kollaps des Individualverkehrs steht unmittelbar bevor, die Fliegerei entpuppt sich in ihrer Warteschleife zwischen verstopften Zufahrtswegen, Check-In-Parcour und Starterlaubnis auf kurzen und mittleren Strecken als zeitraubende, unökonomische, lästige Prozedur. Und die zwangsweise errungenen Einsichten einer neuen Umweltverantwortung tun das ihrige. Der Sieger im Wettlauf um die Mobilität der modernen Gesellschaft? Die Deutsche Bahn.

Langfristig zeigt der Trend zum Schienenverkehr deutliche Tendenz nach oben: Forcierter Ausbau des ICE-Hochgeschwindigkeitsnetzes im Fernverkehr, Konzentration der Haltepunkte im Nahverkehr, erhöhtes Pendleraufkommen durch die weiterhin zunehmende Arbeitsplatzkonzentration in den Ballungsräumen.

Gute Aussichten also für die Immobilie Bahnhof. Diesen konkurrenzlosen Standortvorteil in zumeist zentraler Lage wird die Bahn zu nutzen wissen. Denn soviel ist klar: Die Entwicklung der innerstädtischen Konzentrationsprozesse führt zu einer Ausweitung der nachgefragten Produktpalette — und die Entwicklung und Akzeptanz der neuesten Kommunikationstechniken werden ein verändertes Kaufverhalten mit sich bringen. Darauf wird die Bahn vorbereitet sein. Wird der Bahnhof des 21. Jahrhunderts zur interdisziplinären Drehscheibe einer ereignisorientierten, ökologisch denkenden Informationsgesellschaft?

2 Neue Bahn — neue Bahnhöfe

Der Weg ist weit — aber die neue Bahn ist nicht mehr zu halten! Startschuß war der 1. Januar 1994: Die Bahnstrukturreform, der Zusammenschluß der Deutschen Bundesbahn (West) und der Deutschen Reichsbahn (Ost) zur Deutschen Bahn AG, dem „Unternehmen Zukunft".

Augenscheinlichster Faktor der Neuorientierung nach marktwirtschaftlichen Gesetzen ist die Neugründung des Geschäftsbereichs Personenbahnhöfe. Zielsetzung: Den neuen Bahnhof als modernen Verkehrsknotenpunkt, Dienstleistungszentrum und Kommunikationsort neu zu definieren. Unternehmerisches Denken ist angesagt, eine strikte Kundenorientierung, ein klares Marken-Profil.

Das Stichwort heißt „Ganzheitliche Verantwortlichkeit" — vom Bahnhofsvorplatz bis zur Bahnsteigkante. Der Bahnhof als eine in sich geschlossene Erlebniswelt — so, wie es der Reisende und Besucher wahrnimmt. Was bisher aufgeteilt war in die unterschiedlichen Ressorts mit z.T. divergierenden Interessen wird jetzt unter der Leitung eines übergreifenden Bahnhofs-Managements mit aller Kraft auf einen Nenner gebracht: Deutsche Bahn — Unternehmen Zukunft.

3 Viel zu tun

6476 Bahnhöfe mit einem Durchschnittsalter von immerhin 83 Jahren warten auf ihre Revitalisierung von den Haltepunkten in ländlichen Räumen über Kleinstadtbahnhöfe bis zu den Groß- und Weltstadtbahnhöfen im Schnittpunkt mit städtischen Verkehrssystemen. Da steckt viel Zukunft drin — aber auch viel Arbeit — sprich: Sanierung in Milliardenhöhe!

Für die größeren und mittleren Bahnhöfe ist die Aufgabenstellung auf eine kurze Gleichung zu bringen: Der neue Deutsche Bahnhof = Qualität = Ökonomie = Markenprodukt.

Qualität

Erstes und vorrangiges Ziel ist die spürbare Steigerung des Qualitäts-Begriffs Bahnhof:

▷ Umfassende Sanierung der Bausubstanz und Wiederherstellung der architektonischen Ausdruckskraft,
▷ Deutliche Steigerung der Sauberkeit, der Sicherheit und des kundenorientierten Service,
▷ Breit ausgebaute Angebotspalette vielfältigster Dienstleistungen durch vorbildlich geschultes Personal,
▷ Anhebung des technischen Standards nach den Maßstäben modernster Verkehrs- und Kommunikationstechnologie,
▷ Bessere Integration des „Marktplatz Bahnhof" in die sozio-kulturelle und wirtschaftliche Infrastruktur der Städte und Gemeinden.

Bahnhöfe von morgen

Bild 1: Bahnhof Berlin-Zoologischer Garten, 1995 einer der ersten Prototypen für innerstädtische Erlebnisräume der Deutschen Bahn AG

Bild 2: Bahnhof Berlin-Zoologischer Garten, Blick in die neu gestaltete ebenerdige Halle – hell, freundlich, einladend

Ökonomie

Zweitens gilt es, das Konzept Bahnhof auf ein tragfähiges Fundament wirtschaftlicher Rentabilität zu stellen. Das heißt:

▷ Optimales Infrastruktur-Angebot für alle Eisenbahnverkehrsunternehmen,
▷ Stationspreise zur Verrechnung,
▷ Vermietungs- und Verpachtungserträge in Relation zum neuen Qualitätsanspruch des Bahnhofs.

Marke

Als drittes bleibt die Positionierung des Bahnhofs als erkennbares Marken-Produkt:

▷ Integration aller Service-Leistungen, die am Standort nachgefragt werden,
▷ Überzeugung durch eigenständige Architektur / Erscheinungsbild,
▷ Abgrenzung zu herkömmlichen Einkaufszentren,
▷ Abdeckung des gesamten Dienstleistungs-Spektrums,
▷ Gewinnung neuer Kundengruppen (z. B. Senioren / Kinder).

Nein — das Ziel ist noch nicht erreicht. Denn vor dem Bahnhof von morgen stehen die Herausforderungen von heute. Es gilt, die ersten erkennbaren Zeichen zu setzen, Aufbruchstimmung zu demonstrieren, Klar-Schiff zu machen. Also fangen wir mit dem Naheliegendsten an.

4 Das 3-S-Programm

Sicherheit, Sauberkeit, Service — mit diesen Kernpunkten des „3-S-Programms" ist die erste Maßnahmen-Strategie zur kurzfristigen Qualitätssteigerung der derzeitigen Bahnhofs-Situation schnell auf den Punkt gebracht.

Sicherheit

Das persönliche Sicherheitsgefühl gehört zu den sensibelsten Themen des neuen Bahnhofskonzeptes. In enger Kooperation zwischen dem Sicherheitspersonal der privaten Bahnschutz GmbH, dem Bundesgrenzschutz, der Landespolizei und automatischer Überwachung wird eine Sicherheits-Präsenz geschaffen, die die Aufgabenstellungen der Vorbeugung und Reduzierung der Kriminalität und Randgruppen-Probleme auch mit der Durchsetzung einer neu formulierten Hausordnung erkennbar durchsetzen wird.

Sauberkeit

Der Bahnhof von morgen wird eine gepflegte Erscheinung. Externe Reinigungsdienste und die BahnReinigungs GmbH garantieren für die konsequente Einhaltung eines neuen Sauberkeitsstandards, für eine umweltorientierte Müllbeseitigung und präventive Müllvermeidung.

Service

Die Entwicklung einer neuen Servicekultur ist einer der grundlegendsten Faktoren der neuen Bahnhofs-Philosophie. Verstärkter Personaleinsatz von Service-Mitarbeitern, kundenorientiertes Informations-System, bedarfsgerechte Angebote für Kinder, Behinderte, Frauen und Senioren, ein spezieller VIP-Service. Der Kunde muß spüren: dies ist sein „großer Bahnhof"!

Erste Anzeichen: die Info-Riesen der mittlerweile schon Bahn-typischen Figuren-Familie, die neu installierten Service-Points und bald auch die Reise-Center sowie die Testläufe der ersten Prototypen innerstädtischer Erlebnisräume wie zum Beispiel am Bahnhof Zoo in Berlin (Bilder 1 und 2). Alles braucht seine Zeit — und ein derart hochkomplexes Projekt wie der Bahnhof von morgen will nicht nur gestaltet, sondern auch finanziert werden.

5 Das neue Erscheinungsbild

Greift dieses „3-S-Programm" erst einmal richtig, gilt es den Bogen weiter zu spannen. Denn, will der Bahnhof von morgen seine neu anvisierten Zielgruppen überzeugen, bedarf es eines gründlichen Image-Wechsels. Und das in zwei scheinbar widerstreitende Richtungen: Gilt es einerseits — ganz im Sinne einer modernen Marken-Politik — ein bundesweit einheitliches Erscheinungsbild mit kontinuierlichen Elementen und Strukturen zu entwickeln — muß andererseits die Identität der lokalen Situation kultiviert werden.

Der vielschichtige Design-Prozeß zwischen Architektur und Public Design, von Grafik-, Material- und Farb-Konzept muß formal und inhaltlich spannungsreichen, aber bundesweit konformen Systematiken folgen — und zugleich lokaltypischen Charakter zeigen. Der Bahnhof als unverwechselbare Persönlichkeit.

6 Das Vermarktungs-Konzept

Ist jeder Bahnhof einerseits Verkehrsknotenpunkt und damit ein elementarer Baustein des Groß-Gefüges Deutsche Bahn AG, so ist er auf der anderen Seite in Zukunft auch ein in sich geschlossenes Unternehmen. Ein souveräner Organismus, der — zwar im Rahmen festgelegter Spielregeln — aber doch in eigener Regie und nach marktwirtschaftlichen Gesetzen planen und handeln muß.

Erster Schritt in diese neue Entwicklungs-Phase ist der konsequente Aufbau eines professionellen „Bahnhofs-Managements". Hier liegt die unternehmerische Verantwortung für den Bahnhof als Ganzes, hier werden die Pächter organisiert, Werbegemeinschaften gegründet, Veranstaltungen inszeniert. Der Center-Manager — ein „Bahnhofs-Vorsteher" neuen Typs? Ein Super-Job für Vollblut-Unternehmer mit Sinn für Zukunft!

Vorbedingung für ein langfristig tragfähiges Konzept ist allerdings eine spürbare Aufwertung des Branchen- und Produkt-Mix: Austausch der Bier-und-Korn-Gastronomie gegen eine leistungsfähige und facettenreiche Erlebnis-Gastronomie, Auf- und Ausbau anspruchsvoller Galerie- und Laden-Passagen, Integration kulturstiftender Events unter dem Leitmotiv „Forum Bahnhof". Es geht also um nicht mehr und nicht weniger darum, einen gesellschaftlichen Verdichtungsprozeß zu initiieren, ein vielfarbiges, artenreiches, abgesichertes Territorium kosmopolitischen Lebens zu schaffen, das neue Organisationsformen städtischer Kultur geradezu anzieht.

Bild 3: Mit einem Investitionsvolumen von 300 Millionen DM wird der Leipziger Hauptbahnhof „ein Taktgeber moderner Großstadtkultur"

Denn angesichts einer Besucherfrequenz von 3,7 Milliarden Kontakten pro Jahr mit einer durchschnittlichen Aufenthaltsdauer von 20 Minuten bieten die Bahnhöfe von morgen ein Zielgruppenpotential, das für die konzentrierte Ansiedlung beratender, sozialer und medizinischer Berufe, Banken, Versicherungen, Touristik und Verkehr sowie mit Kinderbetreuung und Seniorentreff, der Ansiedlung kommunaler Dienste, Polizeiwachen und Vereinsstätten beste Voraussetzungen für eine klimaunabhängige und infrastrukturell optimierte Stadt in der Stadt bietet.

7 Hohe Ziele — hohe Investitionen

Klar, daß hier erst einmal massiv investiert werden muß. Allein die Sanierung der baulichen Grundsubstanz wird Milliarden in Anspruch nehmen: Hallendächer, Bahnsteige, Wartebereiche müssen in Dimension und Ausstattung auf ICE-Niveau gebracht werden, neue Beleuchtungsqualitäten müssen geschaffen und dunkle Ecken und Winkel zurückgebaut, ein neues Wegeleit-System mit Zu- und Abgängen, Rampen, Aufzügen, Rolltreppen und Laufbändern konzipiert, umweltgerechte Ver- und Entsorgungs-Konzepte erarbeitet, neueste Medien- und Informationstechnik installiert und eine reibungslose Verknüpfung mit dem öffentlichen Personennah- und Individualverkehr geschaffen werden.

Die Empfangssituation im Bahnhofsfoyer und auf dem Bahnsteig wird sich ändern müssen, der image- und umsatzmäßig maßgeblichen Zielgruppe der Geschäftsreisenden wird mit anspruchsvollen Lounges und klimatisierten Bahnsteigbereichen, mit multimedialen Konferenzräumen und eigenen Business-Centern eine Alternative zum Flughafen-Ambiente zu bieten sein. Inszeniertes Licht wird eine wichtige atmosphärische Rolle spielen, das Angebot an Erholungs- und Unterhaltungsbereichen, an pulsierendem Leben.

8 Prototyp Bahnhof

Die ersten Weichen sind gestellt: Leipzig, Köln, Berlin werden Testfall und Prüfstein zugleich.

Allein das neue Bahnhofs-Konzept der sächsischen Messe-Metropole — eine Kooperation des Düsseldorfer Architektur-Büros Hentrich-Petschnigg & Partner und der Projektentwickler BME — repräsentiert ein Investitionsvolumen von 300 Millionen DM (Bilder 3 und 4). Einem Besucherstrom von täglich 180 000 Menschen (das sind Hunderttausend mehr als heute) werden 25 000 qm Ladenfläche für gute Fach- und Einzelhandelsgeschäfte, weitere 5000 qm für bahnspezifische Dienstleister, 12 000 qm Büroflächen und Parkflächen für 2000 PKW zur Verfügung stehen. Der Leipziger Bahnhof wird ein riesiger Mikrokosmos, ein Um-

Bahnhöfe von morgen

Bild 4: Das neue Konzept für den Leipziger Hauptbahnhof im Modellfoto

schlagplatz für Menschen und Ideen, ein Taktgeber modernster Großstadtkultur.

Ähnlich Köln: Täglich werden über 150 000 Fahrgäste diesen Knotenpunkt der Hochgeschwindigkeitsstrecken Paris/London—Berlin/Frankfurt (M) in seiner einmalig kulturellen Verdichtung zwischen Dom, Wallraf-Richartz-Museum, Museum Ludwig und Römischem Museum passieren. Hier gehen die Zeichen der Zukunft auf Tuchfühlung mit den Zeugen der Vergangenheit — und betten die „Erlebniswelt Bahnhof" in ein faszinierend gegenwärtiges Spannungsfeld.

9 Berliner Vision

Umfassendstes Großprojekt ist zweifellos die Neukonzeption der Berliner Bahnhöfe. Aus dem Zusammentreffen der historisch wohl einmaligen Herausforderungen nach Mauerfall und Hauptstadtbeschluß, europäischem Gedanken und neuer lokaler Identität kommt hier der infrastrukturellen Planung eine der zentralen gesellschaftskulturellen Aufgaben zu. Nach der Sprengung der zum Verfall verdammten historischen Kopfbahnhöfe aus der politischen und verkehrstechnischen Isolation heraus stand die zukünftige Hauptstadt Berlin bahnhofstechnisch quasi als „tabula rasa" da.

Diese Ausgangslage gilt es, als Chance zu begreifen. In Berlin ist die Zukunft allgegenwärtig: Zukünftig 3,6 Millionen Einwohner, zukünftiger Regierungssitz, zukünftiges Dienstleistungszentrum. Berlin — die größte Baustelle der Welt, noch nie wurden in so kurzer Zeit so viel Kapital und Ideen in eine Stadt investiert wie in die neue Spree-Metropole.

Ein Szenario — wie geschaffen für den Bahnhof von morgen. Nein, es wird keinen neuen Berliner Hauptbahnhof geben. Zu überdimensional ist das städtische Terrain, um es verkehrstechnisch an einem Punkt zu fokussieren. Berlin ist polyzentral. Jeder Bezirk ist eine Stadt für sich — jeder Block ein „Kiez", wie der Berliner sagt.

Der Mobilitätsbedarf der zukünftigen Hauptstadt Berlin ist bahntechnisch nur durch ein Netz zu fangen. Durch ein „Achsenkreuz" — oder in der Anfangsphase bis zum Ausbau des Südrings nach 2005 durch das „Pilz-Konzept": Ost-West-Achse, Nord-Süd-Tunnel und Nord-Ring.

Berlin erhält ein flächendeckendes „Wagenrad" mit den ersten großen Bahnhöfen der neuen Generation: In der Mitte das ICE-Euro-Kreuz auf dem Gelände des ehemaligen Lehrter Bahnhofs in unmittelbarer Nähe des neuen Parlamentsviertels. Als freizeitorientiertes Nord-Kreuz der ehemalige Bahn-

hof Gesundbrunnen, das Ost-Kreuz im Bezirk Lichtenhain, das Süd-Kreuz im Bereich Papestraße als Anbinder zum Individualverkehr und dem neuen Großflughafen Berlin-Brandenburg, Bahnhof Spandau als West-Kreuz. Dazwischen die Bahnhöfe Potsdamer Platz, Zoologischer Garten, Friedrichstraße. Jeder Bahnhof für sich wird ein ganz spezielles Stück Berlin sein.

Ja: Der Bahnhof von morgen hat das Zeug zum Publikumsmagnet. Viel kreuz-und-querer als die bislang eher monostrukturellen Flughäfen, viel eigendynamischer als die künstlich beatmeten „Malls", die Shopping-Center amerikanischer Prägung. Der Bahnhof der Zukunft ist ein Verdichtungsprozeß, ein Teilchenbeschleuniger, ein Schrittmacher — vielleicht ein Traffic-Parc einem ganz eigenständigen „genius loci", der magischen Anziehungskraft eines städtischen Treffpunkts zur Jahrtausendwende.

HENSEL INGENIEUR GMBH
INGENIEURBÜRO FÜR BAUWESEN
KASSEL · ERFURT · BERLIN

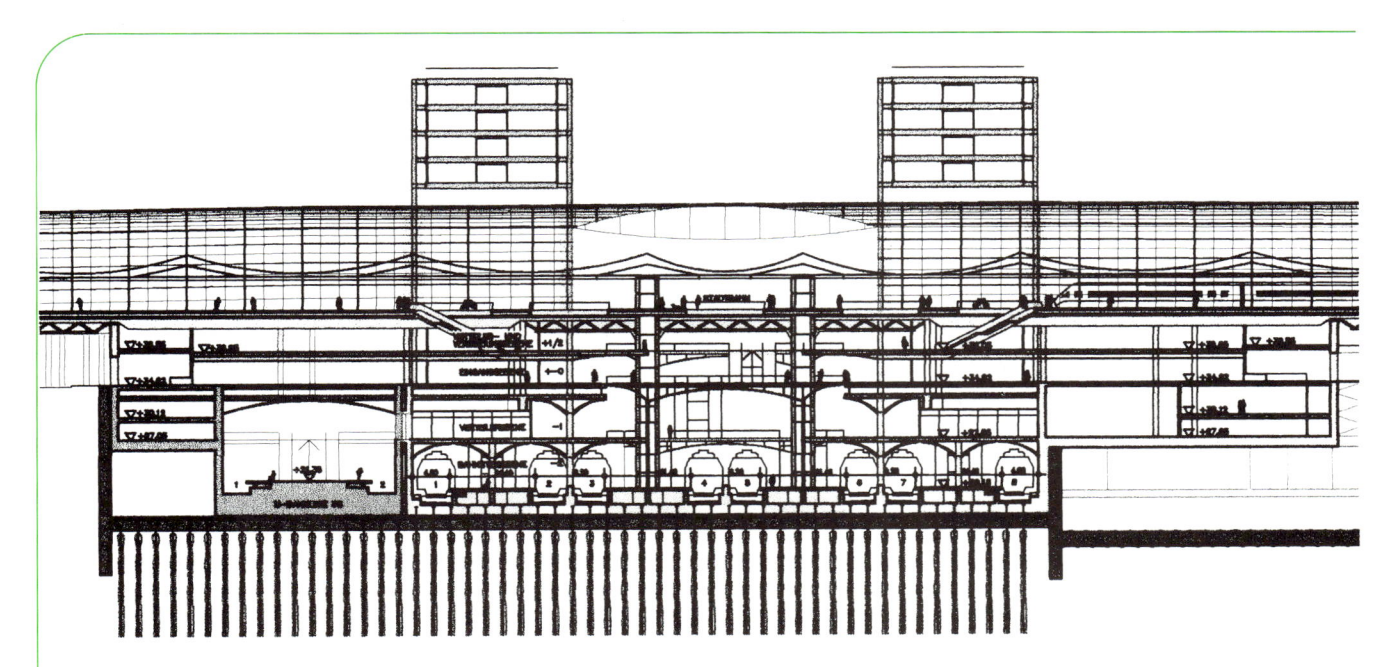

HIG

Querschnitt durch den Lehrter Bahnhof

- Baucontrolling
- Bauüberwachung
- Projektsteuerung
- Brückenbau
- Hoch- und Industriebau
- Straßen- und Gleisbau

- Finanzierungsanalysen
- Baukostenkontrolle
- Projektsteuerung
- Machbarkeitsstudien, Analysen
- Objektplanung Ingenieurbauwerke
- Objektplanung Verkehrswege
- Ausführungsplanung
- Gutachten
- Ausschreibung
- Bauüberwachung

Dipl.-Ing. Bodo Hensel
- Prüfingenieur für Baustatik
- Vereidigter Sachverständiger für Baustatik und -konstruktion

HENSEL INGENIEUR GMBH · HIG

Unser Beitrag zum Verkehrsknoten Berlin im Auftrag von DB AG und PVZB Berlin

- Kostencontrolling
- Kostenzuscheidung

für die Bauwerke

- Lehrter Bahnhof
- Spandauer Bahnhof
- Bahnhof Papestraße
- Bahnhof Potsdamer Platz

■ 34119 Kassel · Kölnische Straße 115-117 · Telefon: 05 61 / 70 97-0 · Fax: 05 61 / 7 09 71 97
■ 99091 Erfurt · Zur Alten Ziegelei 18 · Telefon: 03 61 / 7 40 53-0 · Fax: 03 61 / 7 40 53 28
■ 12161 Berlin · Rheinstraße 45 · Telefon: 0 30 / 85 99 82-0 · Fax: 0 30 / 85 99 82 14

Strom für die Bahn

Elpro liefert schlüsselfertige Anlagen und Komponenten für den öffentlichen Personennahverkehr und für Industrie-, Regional- und Hauptbahnen:

- Gleichrichterunterwerke mit Dioden- und Thyristorstromrichtern
- Leittechnik für Bahnstromversorgung
- Zugsicherungsanlagen
- Bahnstromschaltanlagen für Wechselstrombahnen
- Fahrleitungsanlagen
- Weichenheizungs- und Beleuchtungsanlagen.

PLANUNG · ENTWICKLUNG · PROJEKTIERUNG
HERSTELLUNG · WARTUNG

Elpro
Leit- und Energietechnik GmbH
Geschäftsbereich Verkehrstechnik

Marzahner Straße 34 · 13053 Berlin
Telefon: 030/98 61-25 71 · Telefax 030/98 61-25 72

EIN UNTERNEHMEN DER ELPRO GRUPPE

Reibungsloser Verkehrsfluß ist keine Glücksache!

IBV Ingenieurbüro Dipl.-Ing. H. Vössing GmbH
Ingenieurbüro für Bau- und Verkehrswesen

Brunnenstraße 29-31 • 40223 Düsseldorf
Tel.: 02 11 / 90 545 • Fax: 02 11 / 90 54 619

Düsseldorf Berlin Bochum Erfurt Essen Frankfurt Hamburg Kassel Köln Merseburg Stuttgart

Siegfried Tenner

Lehrter Bahnhof in Berlin

Im Rahmen des sogenannten „Pilzkonzepts" für die Neuordnung des Berliner Schienenfernverkehrs müssen im zentralen Bereich drei neue Bahnhöfe gebaut sowie zwei bestehende umfassend saniert und umgebaut werden. An der Stelle des jetzigen S-Bahnhofs Lehrter Bahnhof soll der neue, zentrale Bahnhof der Bundeshauptstadt entstehen, an dem sich die unterirdisch in Nord/Süd-Richtung geführten Schienennah- und Fernverkehre mit denen in Ost/West-Richtung auf einem Viadukt geführten kreuzen werden. Nach derzeitigen Schätzungen wird hier ein Fahrgastaufkommen von rd. 220 000 Personen/Tag im Jahr 2010 erwartet. Die Teilinbetriebnahme des Kreuzungsbahnhofs ist für das Jahr 2000 und die vollständige Inbetriebnahme im Jahr 2002 geplant.

1 Der Lehrter Bahnhof und die Geschichte seiner Planungen

Südlich des heute in Berlin geplanten Lehrter Bahnhofs wurde bereits zwischen 1869 und 1871 als Endpunkt der Eisenbahnlinie Lehrte—Berlin der erste Lehrter Bahnhof als Kopfbahnhof in seiner Hauptachse parallel zum Humboldthafen erbaut. Die Straßenanlagen in seinem Umfeld wurden hierzu überwiegend neu geordnet. Um eine Anhebung der die Bahn kreuzenden Invalidenstraße so gering wie möglich zu halten, wurden die Gleise in der Bahnsteighalle tiefer als sonst üblich verlegt.

Das ehemalige Empfangsgebäude wurde als Hallenbau mit zwei Seitenschiffen errichtet (Bild 1); das westliche Schiff diente den ankommenden, das östliche Schiff den abreisenden Fahrgästen. Als Nutzung wurden nur für den Personenbahnhof unbedingt erforderliche Einrichtungen zugelassen. Gepäckannahme und -ausgabe waren ebenso eingerichtet wie Droschkenhallen im Ankunfts- und Abfahrtsbereich. In der südlichen Ecke waren die Königszimmer untergebracht. Die rund 190 m lange Bahnsteighalle umfaßte 5 Gleise.

Die fehlende Nord/Süd-Verbindung zwischen den nördlichen und südlichen Berliner Kopfbahnhöfen war immer wieder Anlaß, über einen Kreuzungspunkt nachzudenken. 1907 wurde ein Zentralbahnhof im Bereich des Lehrter Bahnhofs propagiert. Über drei Stockwerke verteilt sollten

▷ über der Straße Alt Moabit — in bisheriger Höhenlage — die Gleise der Stadtbahn verlegt werden,

Bild 1: Historische Aufnahme vom Kopfbahnhof Lehrter Bahnhof

▷ unter der Straße — auf Geländehöhe — sollten die Fernbahnsteige der Nord/Süd-Verbindung liegen und
▷ darunter die Bahnsteige der Vorortbahnen.

Im Jahr 1917 wurde durch den Ingenieur Mächler eine unterirdische Verbindung vorgeschlagen; beginnend am Potsdamer Platz bis nördlich des Lehrter Bahnhofs. Direkt darüber sollte eine Straße verlaufen mit Anschlüssen an die Bauflächen für das Regierungszentrum und die Erweiterung der Innenstadt.

Die Speer'sche Planung für „Germania" (1936) sah vor, das gesamte Gebiet um den Reichstag und nördlich der Spree zu verändern. Durch den zweiten Weltkrieg unterblieb diese gigantische Stadtumgestaltung. Wegen starker Kriegseinwirkungen am Lehrter Bahnhof und des auf wenige Fernzüge Berlin—Hamburg geschrumpften Fahrplans wurden die Züge auf die Stadtbahn verlegt, der Betrieb des Lehrter Bahnhofs 1951 eingestellt und seine Gebäude 1959 abgerissen.

2 Der neue Lehrter Bahnhof und seine Verkehrsplanung — eine verkehrsplanerische und bautechnische Herausforderung

Der jetzt anstehende Neubau ist hinsichtlich seiner verkehrlichen Bedeutung und seiner

Lehrter Bahnhof

Nutzung nicht vergleichbar mit dem Bahnhof von 1870 und stellt in vielfacher Hinsicht eine besondere Herausforderung und Chance für die Deutsche Bahn AG und ihre Projektpartner dar.

Das Bahnfahren soll wieder einem größeren, potentiellen Kundenkreis als Alternative zum motorisierten Individualverkehr und zum Flugverkehr in dessen Kurz- und Mittelstreckenbereich nähergebracht werden. Dies will die Deutsche Bahn AG mit einer größeren Kundenfreundlichkeit — auch im Sinne einer räumlichen Annäherung — erreichen. Die Bahn muß den Reisenden möglichst direkt an seinen Zielort bringen, und der liegt sehr oft, insbesondere für Geschäftsreisende, im Zentrum der Städte. In der neuen und alten Hauptstadt Berlin wird mittel- und langfristig eine Revitalisierung und dominante Zentrumsbildung zwischen den Entwicklungsschwerpunkten Potsdamer Platz, Friedrichstraße, Alexanderplatz und Regierungsviertel entstehen. Direkt in dieses neue-alte Herz von Berlin will sie daher den neuen Bahnverkehr führen. Nach derzeitigen Schätzungen wird hier ein Fahrgastaufkommen von rd. 220 000 Personen/Tag im Jahr 2010 erwartet.

Unter den gegebenen städtebaulichen Bedingungen erfordert dies den Bau der Tunnelstrecke unter dem Tiergarten und der Spree, vom Gleisdreieck über Potsdamer Platz bis zum Lehrter Bahnhof (Bild 2). Der Betrieb des oberirdischen Schienennahverkehrs der zukünftigen Kreuzung darf dabei zu keinem Zeitpunkt unterbrochen werden. Für die offene Baugrube im Bereich des Spreebogens muß das Flußbett der Spree temporär umgelegt werden. Das Teilstück unter dem Tiergarten soll umweltschonend im Schildvortrieb ausgeführt werden.

Die Nord/Süd-Strecke mit den neuen Bahnhöfen ist die größte und komplexeste infrastrukturelle Baumaßnahme in der Berliner Geschichte, für deren Bewältigung es vor Ort nur wenig Erfahrungswerte gibt. Die Durchführung, für die Know-how aus aller Welt eingekauft wird, steht zudem unter enormen Zeitdruck. Die Deutsche Bahn AG, als der hierbei größte und federführende Vorhabensträger und das Land Berlin als Bauherr für den parallel geführten Straßentunnel der B 96 und der U-Bahn-Linie U 5 haben der Bundesregierung zugesichert, daß die Baumaßnahmen in Berlins zentralem Bereich so zeitgerecht abgeschlossen werden, daß das neue Regierungsviertel über und unmittelbar neben den Tunnelanlagen spätestens ab dem Jahr 1998 errichtet werden kann.

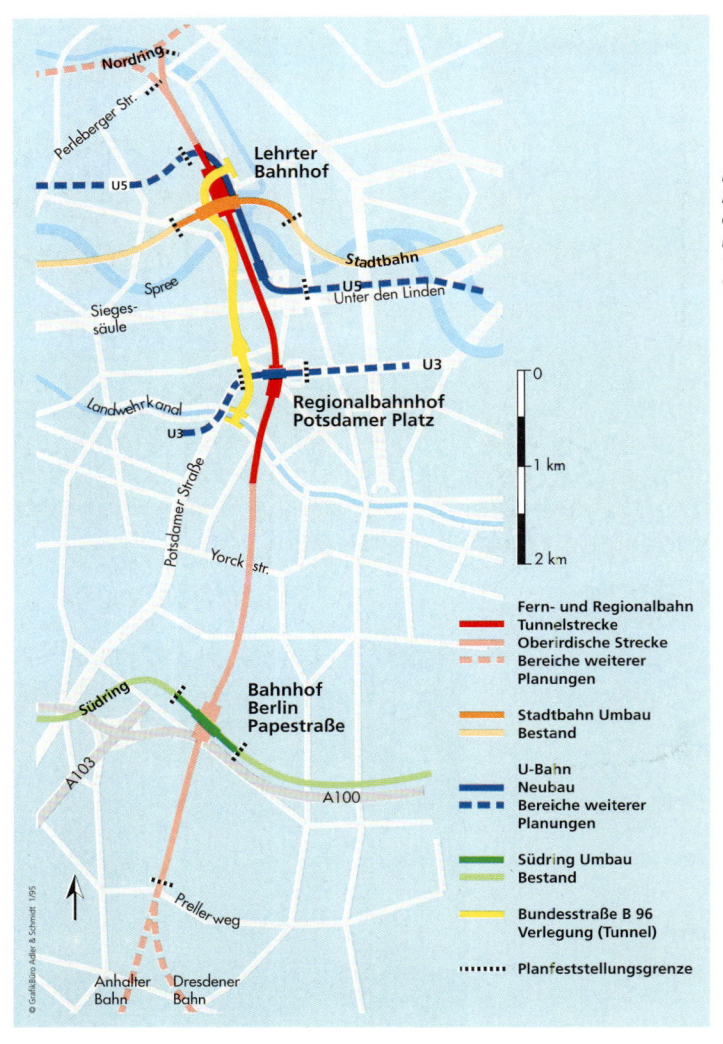

Bild 2: Die neue Nord/Süd-Strecke für den Fern- und Regionalverkehr mit dem Verkehrsnetz im Herzen von Berlin

Die Erstellung des Kreuzungspunktes Lehrter Bahnhof ist darüber hinaus eng verknüpft mit dem Projekt der Stadtbahnsanierung. Die Aufrechterhaltung des Stadtbahnverkehrs während der Bauzeit erfordert ein Abrücken von der bestehenden Stadtbahntrasse nach Süden, was den vorzeitigen Bau der neuen Brücke, die quer durch den neuen Bahnhof führt, ermöglicht. Maßgebend werden damit die baulichen Abläufe auch von den betrieblichen Zwischenzuständen der Stadtbahnsanierung mitbestimmt.

Nördlich des Stadtbahnhofs wurde ab Herbst/Winter 1995/1996 mit der Baugrube für die Fern- und Regionalbahn, für die U-Bahn und den Straßentunnel der B96 begonnen (Bild 3). Gleichzeitig mit der Baugrube für die ostwestliche Brücke werden auch deren Fundamente im Humboldthafen erstellt. Dies ist die Voraussetzung, daß entsprechend dem Zeitplan die Stadtbahn und die Fernbahn über die neue Brücke geführt werden können.

In einer zweiten Bauphase wird dann der alte Stadtbahnhof der S-Bahn abgebrochen, die Baugrube ausgehoben und der Lückenschluß zwischen dem nördlichen Bahnhofsteil und dem südlichen realisiert.

Meilensteine des Großbauvorhabens Lehrter Bahnhof sind:

▷ Planfeststellungs-
   beschluß .... September 1995
▷ Baubeginn .... Oktober 1995
▷ Inbetriebnahme Brücke
   Humboldthafen .... Februar 1999
▷ Inbetriebnahme
   Straßentunnel .... Dezember 1999
▷ Teilinbetriebnahme
   Lehrter Bahnhof .... Mai 2000
▷ Fertigstellung Bahnhof .... Mai 2002

Lehrter Bahnhof

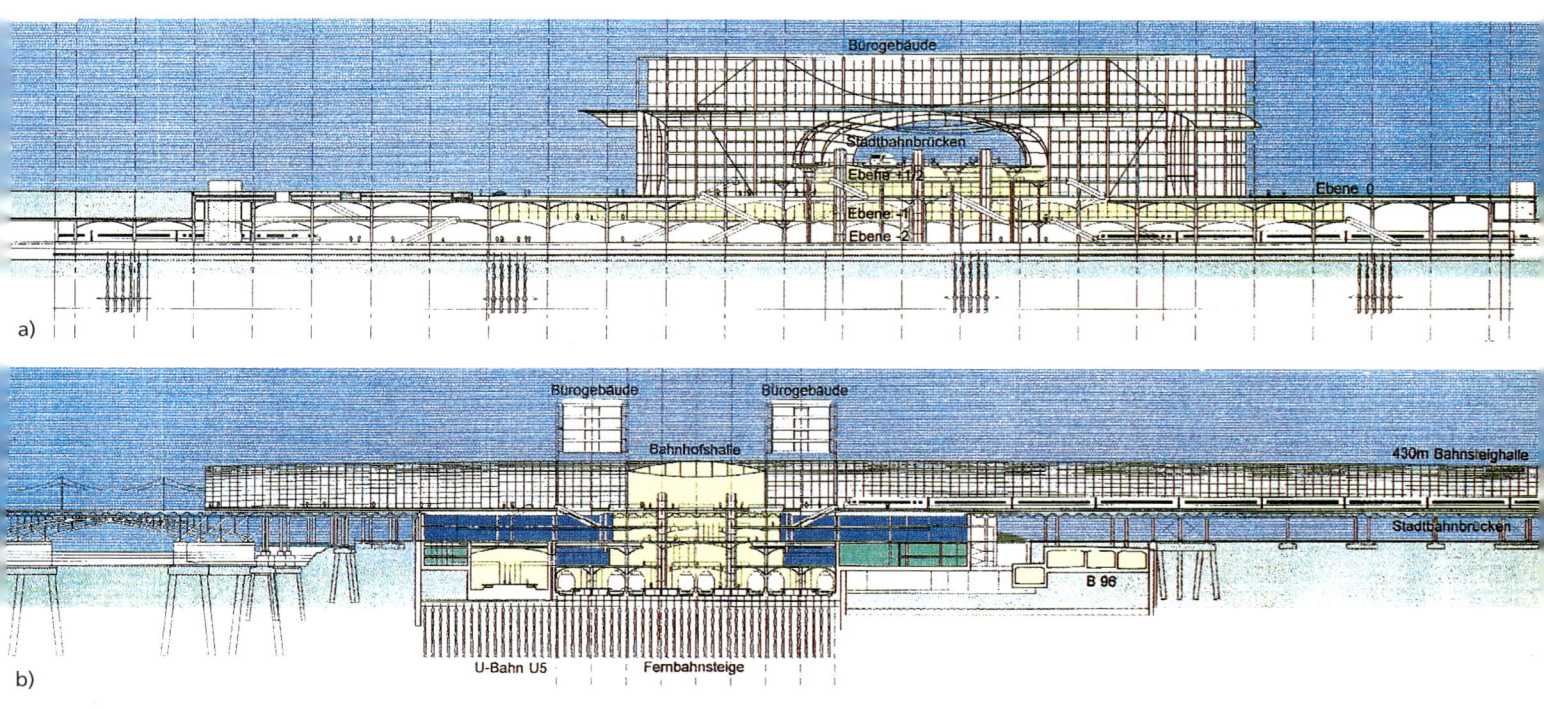

Bild 3: a) Längsschnitt durch den Lehrter Bahnhof in der Achse der Nord/Süd-Strecke. b) Längsschnitt durch den Lehrter Bahnhof in der Achse der Stadtbahn.

3 Der Lehrter Bahnhof und seine Nutzung

Für das Baulos Lehrter Bahnhof werden die Baukosten für den bahnbetrieblichen Bereich durch öffentliche Zuwendungen aus dem Bundesschienenwegeausbaugesetz finanziert. Die ergänzende Bebauung mit entsprechenden Nutzflächen für den kommerziellen Bereich müssen wirtschaftlich allein tragfähig sein. Die Zusammenführung beider Flächenanteile stellt hier die bauliche Besonderheit dar. Neben einem Raumprogramm mit rd. 100 000 qm Bruttogeschoßfläche (BGF) für bahngenutzte Flächen und rd. 20 000 qm BGF für Einzelhandel, Dienstleistung, Gastronomie und Entertainment auf den Hauptebenen -1,0 und +1/2 werden zwei brückenförmige Gebäudescheiben quer über dem Stadtbahnviadukt Büronutzungen aufnehmen (Bilder 4 bis 6). Unmittelbar neben diesem nunmehr hybriden Baukörper wird ein Parkhaus für rd. 600 Parkplätze unter den Stadtbahnviadukt den Bahnhofskomplex ergänzen.

Eine erfolgreiche Vermarktung dieser Bereiche stellt somit die zweite große Herausforderung für dieses Projekt dar. Potentielle Ertragsüberschüsse aus diesen kommerziellen Nutzungsbereichen sollen langfristig die Rentabilität der Investition Bahnhof stützen.

Aufgrund seiner geographischen Lage, seiner verkehrsplanerischen Bedeutung und städtebaulich prominenten Einbindung in das Regierungsviertel kommt dem Lehrter Bahnhof eine besondere Bedeutung zu. Als funktionaler und auch symbolischer Schnittpunkt des wieder zusammenwachsenden Europas und als „Regierungsbahnhof" neben dem bundesdeutschen Parlament, dem Bundeskanzleramt und den Ministerien wird er zu einem der repräsentativsten Bei-

Bild 4: Blick in das zentrale Atrium des neuen Lehrter Bahnhofs in Berlin. Oben im Bild quert die Stadtbahn in der Ebene +2 das Atrium mit Bahnsteigen für Fernbahn und S-Bahn. Unten — in der Ebene -2 — liegen die 4 Bahnsteige der Nord/Süd-Strecke. Rechts und links sind die Gebäudescheiben erkennbar, die das Atrium flankieren.

spiele der neuen Bahnhöfe und Bahnhofspolitik. Erfolg oder Mißerfolg dieses Projektes werden wegen dieser Pionier- und Vorbildfunktion besonders kritisch verfolgt. Die Erwartungen sind hoch. Der hierbei wesentlich mitverantwortliche neue DB AG-Geschäftsbereich Personenbahnhöfe sieht in diesem hierzulande noch ungeprüften Ent-

Lehrter Bahnhof

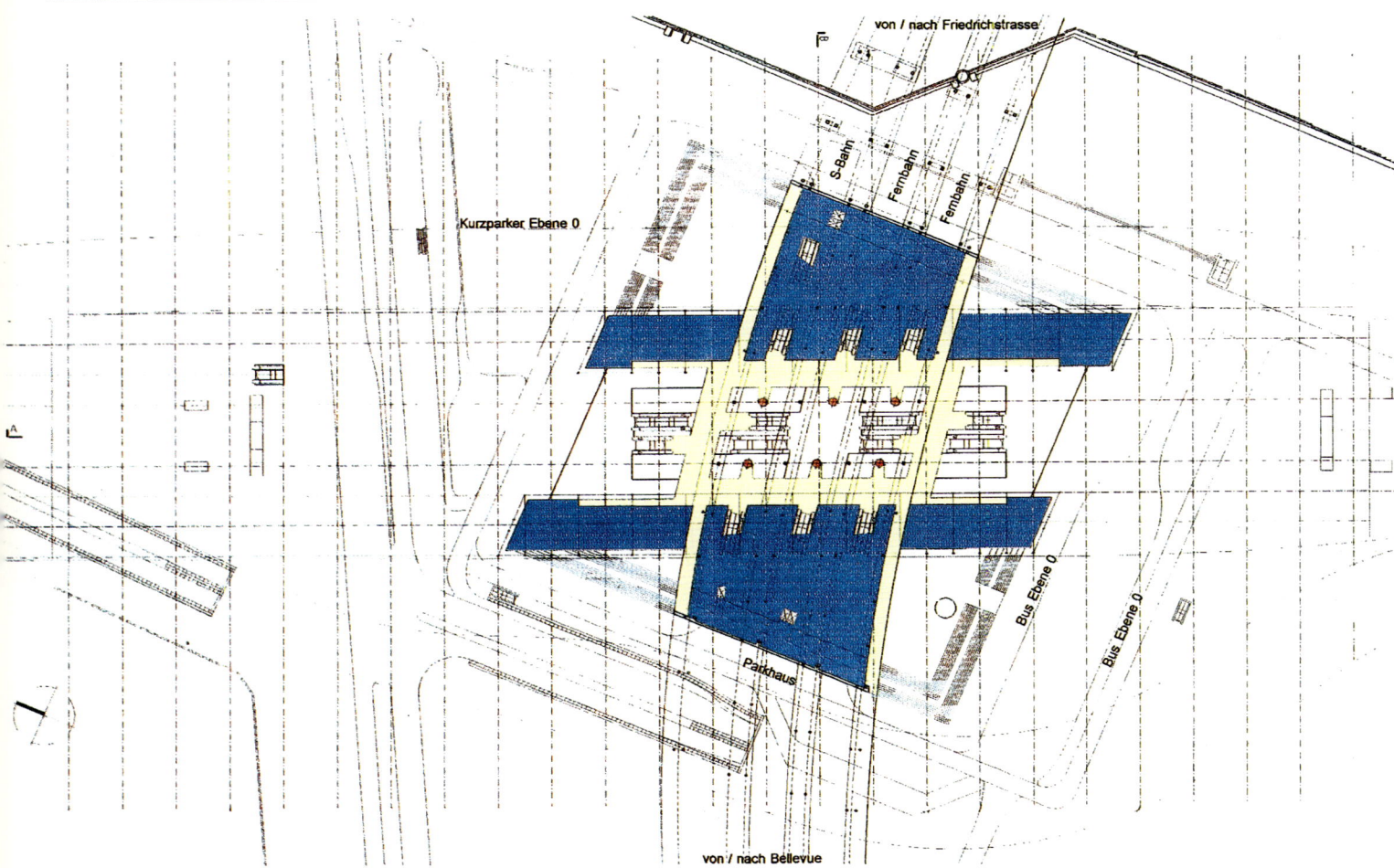

Bild 5: Lehrter Bahnhof Berlin: Verteilerebene +1/2 mit den aufwärts zur Stadtbahn und abwärts zur Ebene 0 führenden Treppenanlagen. In der Ebene 0 die Straßenverkehrsanlagen nördlich und südlich des zentralen Atriums

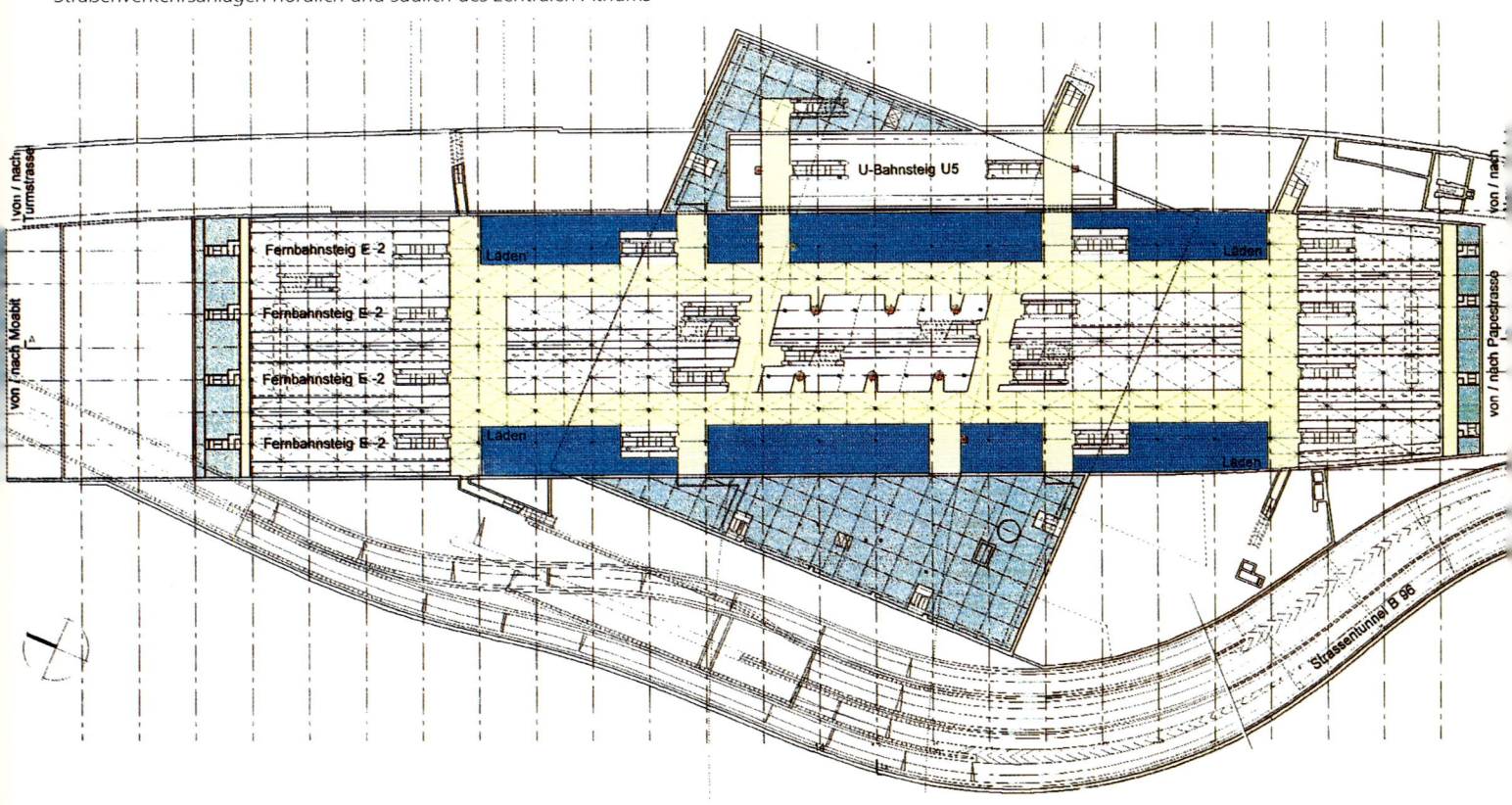

Bild 6: Lehrter Bahnhof Berlin: Verteilerebene -1 mit den nach unten auf die Bahnsteige der Nord/Süd-Strecke und den nach oben in die Ebene 0 führenden Treppenanlagen sowie mit Läden und anderen Servicebetrieben.

Lehrter Bahnhof

Bild 7: Die selbstbewußte, repräsentative Gestalt des neuen Lehrter Bahnhofs

wicklungsansatz große Chancen für eine neue Identität Bahnhof und dessen Plazierung als moderne Verkehrsstation genauso wie als wirtschaftliche Immobilie im Rahmen des Angebotes der DB AG.

Die kommerziellen Einrichtungen werden den Verkehrsknoten zu einem Treffpunkt mit urbaner Zentrumsfunktion machen. Neben dem inzwischen bahnhofsklassischen Kernangebot von Einzelhandel und Dienstleistungen wird für den Lehrter Bahnhof ein Nutzungsschwerpunkt im Bereich Reisen — Tourismus gesehen. Verkehrsträger, Reiseorganisationen, Repräsentanten verschiedenster Reiseziele und die Stadt Berlin selbst können sich hier in besonderer Weise darstellen. Der Lehrter Bahnhof soll zu einem touristischen Zentrum werden.

4 Der Lehrter Bahnhof und seine Architektur

Die selbstbewußte, repräsentative Gestalt des Gesamtkomplexes, für die die Hamburger Architekten von Gerkan, Marg & Partner verantwortlich zeichnen, wird entscheidend zum Erfolg des neuen Bahnhofskonzeptes beitragen (Bild 7).

Der unter Mitwirkung aller planungsrelevanten Fachdienste der Deutschen Bahn AG (anfangs Deutsche Bundesbahn und Deutsche Reichsbahn) erarbeitete Entwurf sieht einen Bahnhof der kurzen Wege vor. Trotz der großen Höhendifferenz zwischen den unterirdischen und oberirdischen Bahnsteiganlagen von über 20m und dem vielfältigen Serviceangebot ist die Wegführung für den Reisenden überschaubar, die Distanz kurz. Großzügige Deckenöffnungen erlauben eine direkte Einsicht und natürlichen Lichteinfall bis in die unterste Ebene. Die vertikalen Erschließungselemente sind um die zentralen Atrien konzentriert. Aufwendige Wegeleitsysteme werden dadurch nur bedingt erforderlich — jeder Besucher wird sich hier leicht zurechtfinden.

Diese klar geordneten Funktions- und Erlebnisräume werden dieses Tor zu Berlin zu einem einprägsamen Stadtzeichen — und zu einem vorbildlichen Verkehrsbauwerk — machen. Dieser Entwurf wurde bereits 1993 im Rahmen eines diskursiven Verfahrens von der Deutschen Bahn AG und dem Land Berlin zur verbindlichen Planungsgrundlage gewählt. Er zeichnet sich durch eine besonders klare Gliederung der verkehrsbezogenen Funktionsbereiche aus, die sensible marktfähige Integration kommerzieller Nutzungen zulassen und darüber hinaus großzügige und symbolkräftige Innen- und Außenraumwirkungen darstellen.

Das große, glasüberdachte Atrium, von dem aus alle Verkehrs- und verkehrskomplementären Angebote zu sehen sind, wird von zwei brückenförmigen Gebäudescheiben eingefaßt, die den Verlauf der unterirdischen Bahntrasse oberirdisch ablesbar machen. Die besonders filigrane Glasdachkonstruktion wurde von Professor von Gerkan in Zusammenarbeit mit dem renommierten Statiker Professor Schlaich aus Stuttgart entwickelt. Das Dach überdeckt als lichte Tonnenschale den gesamten oberirdischen Stationsbereich in einer Länge von 400m und kreuzt sich mit dem etwa 180m langen Atriumsbereich. Die architektonische Gestaltung des Bahnhofs und die sich daran anschließende Brücke über den Humboldthafen nehmen einerseits Rücksicht auf das Stadtbild; andererseits werden sie der Bedeutung des Kreuzungsbahnhofs in angemessener Weise gerecht.

Für die termin- und kostengerechte Umsetzung des bahnbetrieblichen Bereichs wurde gemeinsam mit dem Land Berlin die Projektgesellschaft für Verkehrsanlagen im zentralen Bereich mbH (PVZB) gegründet, die seit über zwei Jahren für die Koordination der Planungen verantwortlich zeichnet.

Für die Konzipierung, Finanzierung, Vermarktung und bauliche Umsetzung der bahnergänzenden Bereiche wird die Deutsche Bahn AG mit einem erfahrenen Developer eng kooperieren. Gegebenenfalls wird dieser auch den langfristigen Betrieb dieser Einrichtungen übernehmen. In diesem Falle ist eine Zusammenarbeit mit dem international tätigen US-Unternehmen Tishman Speyer Properties beabsichtigt.

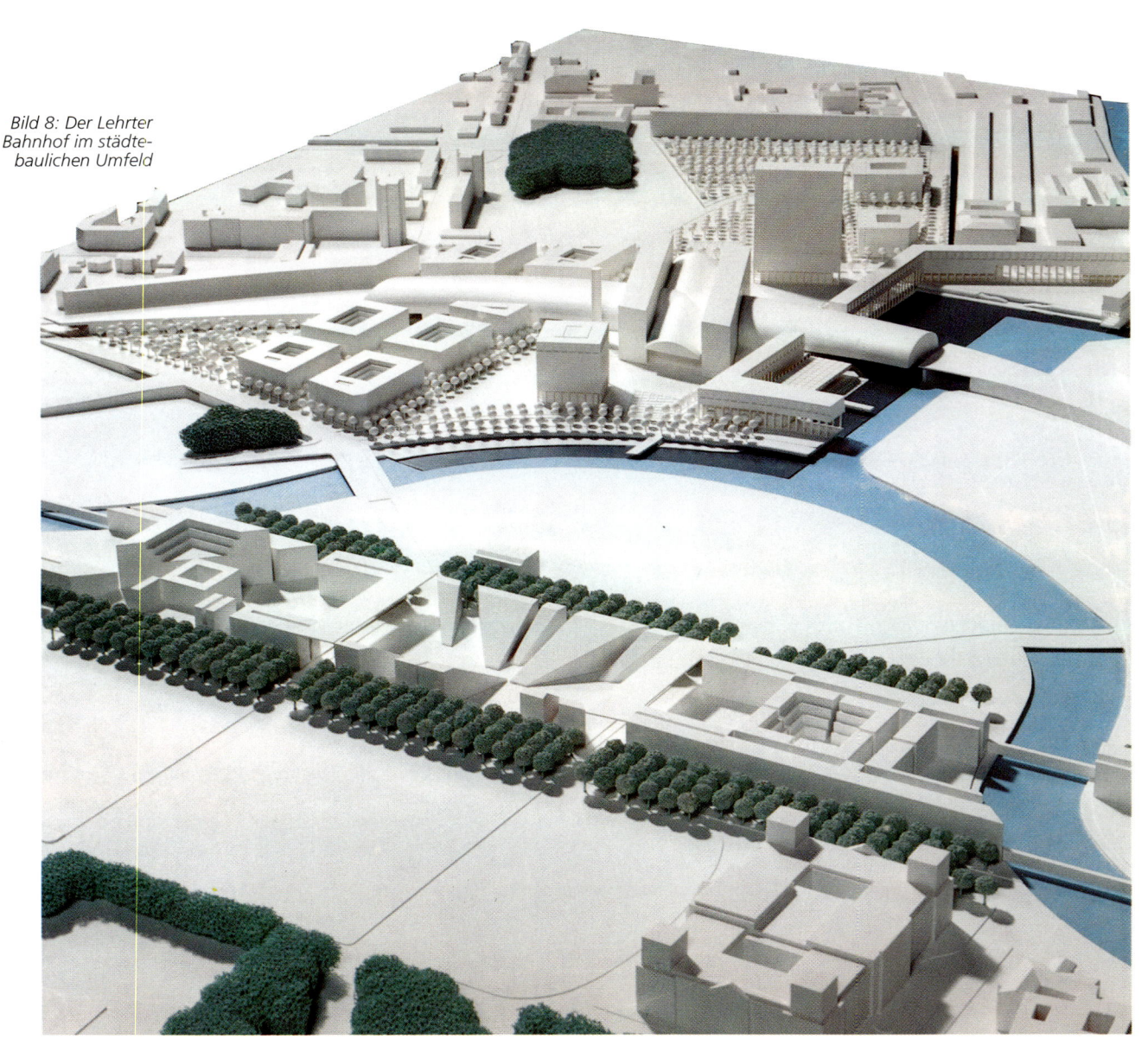

Lehrter Bahnhof

Bild 8: Der Lehrter Bahnhof im städtebaulichen Umfeld

5 Der Lehrter Bahnhof und sein Umfeld

Die dritte große Herausforderung bei dem Projekt Lehrter Bahnhof ist durch die städtebaulichen Planungs- und Entwicklungsaspekte gegeben. Der Bahnhofskomplex ist der Nukleus und Katalysator einer großflächigen Stadtteilentwicklung. Er ist umgeben von einem insgesamt rd. 30 ha großen Areal des Bundeseisenbahnvermögens und des Landes Berlin, das im Zusammenhang mitgeplant wird, und — soweit marktgerecht — zeitgleich mitentwickelt werden soll (Bild 8).

Die Deutsche Bahn AG führte mit dem Bundeseisenbahnvermögen und Tischman Speyer Porperties einen beschränkten, internationalen städtebaulichen Wettbewerb durch, in dem im Dezember 1994 die Entwürfe der Architekten Professor O.M. Ungers und Max Dudler zur Grundlage der Erstellung eines Bebauungsplans gewählt wurden. In dem Stadtquartier Lehrter Bahnhof sind weitere 300 000 qm BGF innenstadttypischer Nutzungen vorgesehen.

Die Bebauung um den Bahnhof herum und seine großzügigen Vorplätze werden den neuen Entwicklungsstandort weithin sichtbar machen und deutlich aufwerten. Die von Professor Ungers vorgeschlagenen Humboldt-Arkaden werden eine weitere städtebauliche Sensation bieten.

Sowohl als komplexes Verkehrsbauwerk als auch innovativer Mischnutzungstyp sowie als Zentrum und Motor einer ganzen Stadtteilentwicklung ist der neue Lehrter Bahnhof in Berlin eine besondere Chance für die Deutsche Bahn AG.

Schrifttum

[1] Gottwald, A.: Berliner Fernbahnhöfe. Alba Verlag Düsseldorf 1991.
[2] Königl. preussisches Ministerium der öffentlichen Arbeiten: Berlin und seine Eisenbahnen 1846-1896, erster Band.
[3] Haas-Consult: Eisenbahnkonzeption für Berlin, 21.04.1992, Berlin 1992.
[4] Remmert, W.: Eisenbahninfrastrukturkonzept für Berlin, in ETR-Eisenbahntechnische Rundschau 43 (1994) H.7/8.
[5] Stadtforum Berlin, Journal Nr. 17, November 1994.

sersa

Gleisbau- und Schienenschweißunternehmung

Die Spezialisten für Bau und Unterhalt von Gleisanlagen

- ♦ Elektrische und aluminothermische Schienenschweißungen, Abbrenn-Stumpfschweißungen
- ♦ Projektierung von Industriegleisanlagen
- ♦ Gleis-Tiefbau
- ♦ Gleisbau
- ♦ Kabelbau
- ♦ Reinigung von Gleisanlagen mit Zwei-Weg-Fahrzeug
- ♦ Vermietung von thermischen Traktionsmitteln von 240 bis 1500 PS

♦ Schraubenlochsanierung im Traversan-Verfahren

Die Problemlösung bei erhöhten Abnutzungserscheinungen; bei Weichen, Bögen mit engen Radien, Brückenbalken — ohne Betriebsunterbrechung!

— Wiederherstellung des festen Sitzes der Schwellenschrauben
— Verfestigung des Auflagebereichs unter den Platten
— Regulierung der Spurweite und der Gleisüberhöhung
— Korrektur der vertikalen Lage der Rippenplatten

Verlängerung der Lebensdauer der Gleis- und Weichenanlagen um sieben und mehr Jahre!
Amortisation des Sanierungsaufwands innerhalb kurzer Zeit.

Sersa GmbH, Technisches Büro Berlin, Falkstätter Str. 10B, 12621 Berlin, Tel. 0 30 / 5 65 466 - 0, Fax 0 30 / 56 54 66 - 15
Sersa GmbH, Gewerbegebiet, Im Auersberg, 09350 Lichtenstein, Tel. 01 61 / 13 21 984

Schienenkopfreprofilierung durch leistungsstarke modulare Schleiftechnik

Das Angebot
- Reprofilierung des Schienenkopfes aller Vignolprofile
- Reprofilierung an Weichenschienen
- Reprofilierung im Bereich von Radlenkern
- Reprofilierung im Bereich von Überwegen und Signalmitteln ohne deren Ausbau
- Reprofilierung an Neuschienen
- Walzhautentfernung

Die Vorteile
- Hochmobil, nicht gleisüberführt
- Je nach Anforderung modular zu kombinieren

- Kein Ausbau von Signalmitteln
- Hochwirksame Entstaubung
- Geräuscharm, 85 dBA
- Leistung bis 600 m Gleis pro Stunde

Die Meßtechnik
Parallel zur Schleiftechnik stehen Systeme zur Messung und Dokumentation des Schienenkopflängs- und querprofils zur Verfügung. Sie werden eingesetzt, um vor Beginn der Arbeiten den zu erwartenden Aufwand exakt zu ermitteln. In gleichem Maße kann das Ergebnis nach dem Reprofilieren überprüft werden.

ELEKTRO-THERMIT GMBH
EIN UNTERNEHMEN DER GOLDSCHMIDT-GRUPPE

Gerlingstraße 65 · D-45139 Essen
Tel.: 02 01/173-03 · Fax: 02 01/173-1994

Know-how • Leistung • Vertrauen
...rund um's Gleis

Schnellumbau Soest-Paderborn

Feste Fahrbahn im Eurotunnel

Umbauzug SMD-80 D

Ob über oder unter der Erde, ob bei Tag oder Nacht, ob Einzelmaßnahmen oder komplexe Bahnanlagen im In- und Ausland, Heitkamp Eisenbahnbau bietet Problemlösungen. Und das seit über 100 Jahren.

Bei Arbeiten im und um das Gleis ist Heitkamp ebenso Ihr Partner wie beim Bau von Brücken, Tunnel, Bahnhöfen und anderen Ingenieurbauten.

Bauen macht Freude.

HEITKAMP

Bauunternehmung E. Heitkamp GmbH
Abteilung Eisenbahnbau
Langekampstraße 36 · 44652 Herne
Tel. 0 23 25 / 57 - 30 00

Lärmschutz, eine Aufgabe unserer Zeit

Sonalith
FCN-Schallschutz aus Naturgestein.
Freie Gestaltung der Oberfläche.
Sie planen die Profilierung.
Wir garantieren die Hochabsorption.

100 JAHRE

FCN

Basalt und Beton zum Leben
FRANZ CARL NÜDLING
Betonwerk Grünkorn
36043 Fulda · Frankfurter Straße 118-122
Telefon (06 61) 4 95 50 · Fax (06 61) 4 69 50

Wir planen für den Eisenbahnknoten Berlin

An der Eisenbahnkonzeption Berlin und im Rahmen des Planfeststellungsverfahrens Verkehrsanlagen im Zentralen Bereich sind wir als Gutachter beteiligt.

Unser Leistungsspektrum:
- Konzeptionen
- Vermessung
- Baugrund und Altlasten
- Objektplanung Verkehrsanlagen
- Konstruktiver Ingenieurbau
- Hochbau
- Signaltechnik
- Telekommunikationsanlagen
- Starkstromanlagen
- Grün- und Landschaftsplanung
- Projektmanagement
- Bauüberwachung

haas consult

Ingenieur-Consult Haas & Partner GmbH
Krausenstraße 63 · 10117 Berlin
Tel. (0 30) 20185-3 20 · Fax (0 30) 20185-284

Hannover · Dresden · Düsseldorf · Halle · Hamburg · Karlsruhe
Leipzig · München · Rostock · Chemnitz · Schwerin

Der Beitrag des Eisenbahn-Bundesamtes

Horst Stuchly

Beitrag des Eisenbahn-Bundesamtes zur Realisierung der Bahnkonzeption Berlin

Die zwischen der Bundesrepublik Deutschland, den beteiligten Ländern und der Deutschen Bahn AG (DB AG) abgestimmte Bahnkonzeption Berlin löst Maßnahmen aus, an denen auch das Eisenbahn-Bundesamt (EBA) als Aufsichts- und Genehmigungsbehörde für die Eisenbahnen des Bundes beteiligt ist. Dies betrifft insbesondere die Finanzierung, die Schaffung des Baurechts im Rahmen der Planfeststellungsverfahren, die technische Aufsicht sowie die Bauaufsicht für Betriebsanlagen der Eisenbahnen des Bundes.

1 Das Eisenbahn-Bundesamt und seine Aufgaben

Im Zusammenhang mit der Strukturreform der Bundeseisenbahnen wurde mit Wirkung vom 1. Januar 1994 das Eisenbahn-Bundesamt (EBA) errichtet. Es ist eine selbstständige, dem Bundesministerium für Verkehr unmittelbar nachgeordnete Bundesoberbehörde mit einstufigem Verwaltungsaufbau. Das EBA nimmt als Aufsichts- und Genehmigungsbehörde über die Eisenbahnen des Bundes eine Vielzahl staatlicher und hoheitlicher Aufgaben wahr (Bild 1).

Bezüglich der Bahnkonzeption Berlin sind dies u. a. folgende Aufgaben:

▷ Erteilung, Widerruf und Versagung von Betriebsgenehmigungen für Eisenbahninfrastrukturunternehmen der Eisenbahnen des Bundes und Eisenbahnverkehrsunternehmen der Eisenbahnen des Bundes,

▷ Entscheidung auf Antrag eines der beteiligten Unternehmen über den Zugang zur Eisenbahninfrastruktur, falls eine Vereinbarung zwischen den Eisenbahnverkehrsunternehmen und den Eisenbahninfrastrukturunternehmen der Eisenbahnen des Bundes nicht zustande kommt,

▷ Planfeststellung und Plangenehmigung für Schienenwege der Eisenbahnen des

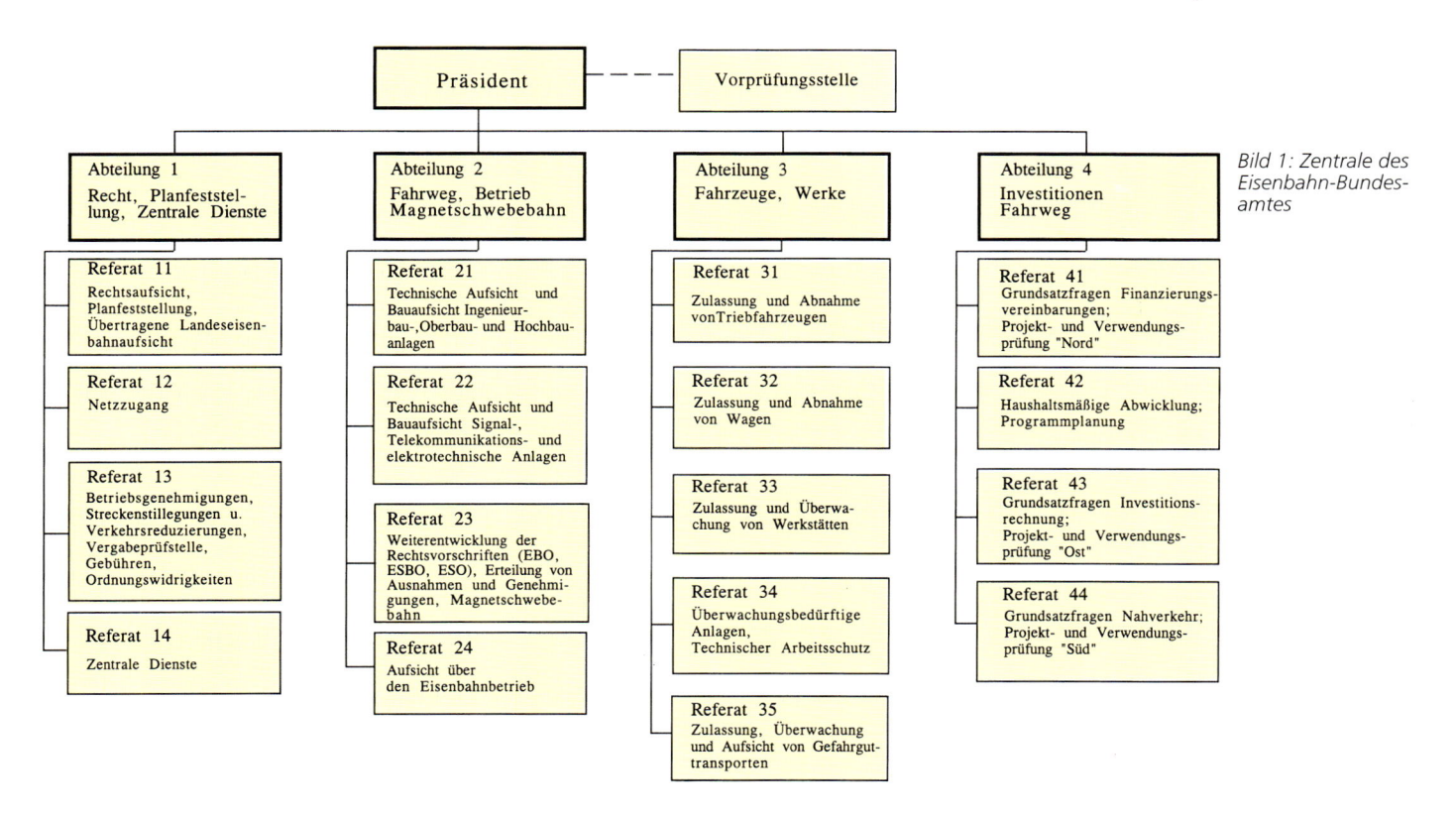

Bild 1: Zentrale des Eisenbahn-Bundesamtes

Der Beitrag des Eisenbahn-Bundesamtes

Bundes bzw. Entscheidung über das Entfallen solcher Verfahren,
▷ Ausübung der Eisenbahnaufsicht, einschließlich der technischen Aufsicht über Betriebsanlagen und Schienenfahrzeuge sowie der Bauaufsicht für die Betriebsanlagen; die Aufsicht über Gefahrguttransporte und die Aufsicht über den Eisenbahnbetrieb der Eisenbahnen des Bundes,
▷ Erteilung von Genehmigungen und Zulassung von Ausnahmen von den Rechtsvorschriften Eisenbahn-Bau- und Betriebsordnung (EBO), Eisenbahn-Bau- und Betriebsordnung für Schmalspurbahnen (ESBO) und Eisenbahn-Signalordnung (ESO) für Betriebsanlagen, Schienenfahrzeuge und den Betrieb der Eisenbahnen des Bundes auf Antrag,
▷ Entscheidung über Anträge von Eisenbahninfrastrukturunternehmen im Bereich der Eisenbahnen des Bundes zur Stillegung von Eisenbahninfrastruktur — dauernde Einstellung des Betriebes einer Strecke, eines für die Betriebsabwicklung wichtigen Bahnhofs oder die dauernde Verringerung der Kapazität einer Strecke — im Benehmen mit der zuständigen Landesbehörde,
▷ Prüfung von Anträgen auf Finanzierung von Investitionen in das Schienenwegenetz der Eisenbahnen des Bundes in technischer und wirtschaftlicher Hinsicht vor und ggf. nach Abschluß der Finanzierungsvereinbarungen zwischen dem Bundesministerium für Verkehr und den Antragstellern sowie Prüfung der Mittelverwendung.

2 Der Eisenbahnknoten Berlin

Die Situation der Eisenbahn in Berlin ist insbesondere durch zwei Entwicklungen geprägt. Zum einen dadurch, daß im vorigen Jahrhundert private Eisenbahnunternehmen ihre Strecken bis zum Rand der Städte gebaut haben, dort Kopfbahnhöfe errichteten und es so zu keiner Hauptbahnhof-Ausbildung in Berlin kam. Zum anderen durch die immer noch spürbaren Nachkriegsentwicklungen der Region.

Die Öffnung der Grenze im November 1989 und der Hauptstadtbeschluß vom Juli 1991 führten dazu, für die Stadt Berlin und ihr Umfeld eine den heutigen Bedürfnissen entsprechende Anbindung an das nationale und europäische Schnellbahnnetz zu schaffen. Die bereits im Jahre 1991 vorliegenden prognostizierten Reisendenzahlen für das Jahr 2010 ließen erkennen, daß der Eisenbahnverkehr auf dem vorhandenen Netz nicht würde bewältigt werden können. Erforderlich waren zunächst Ersatzinvestitionen in das Netz der damaligen Deutschen Reichsbahn (DR) aufgrund des mangelhaften Instandhaltungszustandes der Eisenbahnbetriebsanlagen, die Elektrifizierung der Hauptabfuhrstrecken von und nach Berlin sowie die Lückenschlüsse bei Gleisanlagen, die seit dem Mauerbau nicht mehr in Betrieb waren.

Die Anbindung und der weitere Ausbau des Eisenbahnknotens Berlin an das Schienennetz der alten Bundesländer nimmt im ersten gesamtdeutschen Bundesverkehrswegeplan, den das Bundeskabinett im Juni 1992 verabschiedet hat, einen zentralen Platz ein. Seinen Niederschlag findet das im Bundesschienenwegeausbaugesetz vom 15. November 1993 (BGBl I, Nr.61), in dem allein fünf Ausbau- bzw. Neubaustrecken aufgeführt sind, die auf Berlin zuführen. Dazu kommen drei länderübergreifende Projekte. Zwangsläufig muß auch der Eisenbahnknoten Berlin selbst um- und ausgebaut werden, um den neuen Anforderungen entsprechen zu können.

Darüber hinaus sind der Ausbau des S-Bahn-Netzes zu einem modernen hochleistungsfähigen Nahverkehrsnetz, die verbesserte Anbindung des Berliner Umlandes in ein System von Regionalstrecken sowie der Ausbau von Güterverkehrszentren vorgesehen und zu großen Teilen bereits realisiert. Dies trifft auch auf die Anlagen der Bahnstromversorgung zu, die entsprechend zu ergänzen oder zu erneuern sind.

Auf dieser Grundlage wurde zwischen dem Bund, den beteiligten Ländern und der Deutschen Bahn AG die Bahnkonzeption Berlin abgestimmt.

Die in der Folge sich daraus ergebenden Baumaßnahmen bilden hinsichtlich der Finanzierung, der Schaffung des Baurechts im Rahmen der Planfeststellungsverfahren und der bauaufsichtlichen Genehmigungen den absoluten Schwerpunkt der Tätigkeit der Außenstelle Berlin des Eisenbahn-Bundesamtes (Bild 2).

3 Planfeststellung, Plangenehmigung

Die Planungs- und Bauabsichten der Eisenbahnen des Bundes bedeuten im allgemeinen die Änderung vorhandener oder den Bau neuer Eisenbahnbetriebsanlagen, für die nach dem Allgemeinen Eisenbahngesetz (AEG vom 27. 12. 1993, BGBl I S. 2396) zuvor der Plan festgestellt werden muß. So ist das EBA bei der Realisierung der Eisenbahn-Konzeption für Berlin in seiner Eigenschaft als Planfeststellungsbehörde für die Betriebsanlagen der Eisenbahnen des Bundes (§ 3 Abs. 2 Nr. 1 des Gesetzes über die Eisenbahnverkehrsverwaltung des Bundes vom 27. 12. 1993, BGBl I, S. 2394) tätig.

Für das EBA liegt der Arbeitsschwerpunkt im Jahr 1996 bei der Bearbeitung der Anträge auf Feststellung der Pläne für folgende Maßnahmen:

▷ Bauvorhaben im zentralen Bereich der Stadt,
▷ ABS Hamburg—Berlin einschließlich Nordring,
▷ ABS/NBS Hannover—Berlin,
▷ ABS Magdeburg—Berlin (Abschnitte im Stadtgebiet Potsdam),
▷ Güterverkehrszentren Großbeeren und Wustermark,
▷ Bahnstromfernleitungen Lehrte—Priort sowie Priort—Golm,
▷ Anlagen zur Modernisierung der S-Bahn und
▷ Ausstattung von Bahnübergängen mit modernen EBÜ-Anlagen.

Die Planfeststellungsverfahren beginnen grundsätzlich zwar erst mit Eingang des Antrages des Vorhabenträgers auf Durchführung des Verfahrens, im Vorfeld wird das EBA jedoch häufig in Vorbesprechungen vom Vorhabenträger über die Planung informiert und um Auskunft gebeten über die für einen vollständigen Antrag erforderlichen Angaben und Unterlagen. Diese Vorgehensweise, die ihre rechtliche Grundlage in § 25 des Verwaltungsverfahrensgesetzes (VwVfg) hat, ist zu begrüßen, weil dadurch unnötiger Zeitverlust vermieden werden kann, der in der Regel bei einer Nachbesserung von Unterlagen während des formellen Verfahrens entsteht.

Nicht in seiner Bedeutung zu unterschätzen ist im Vorfeld eines Verfahrens auch der vom EBA durchzuführende sogenannte Sco-

Der Beitrag des Eisenbahn-Bundesamtes

```
                    ┌─────────────────────┐
                    │ Außenstellenleitung │
                    ├─────────────────────┤
                    │  Zentrale Dienste   │
                    └─────────────────────┘
```

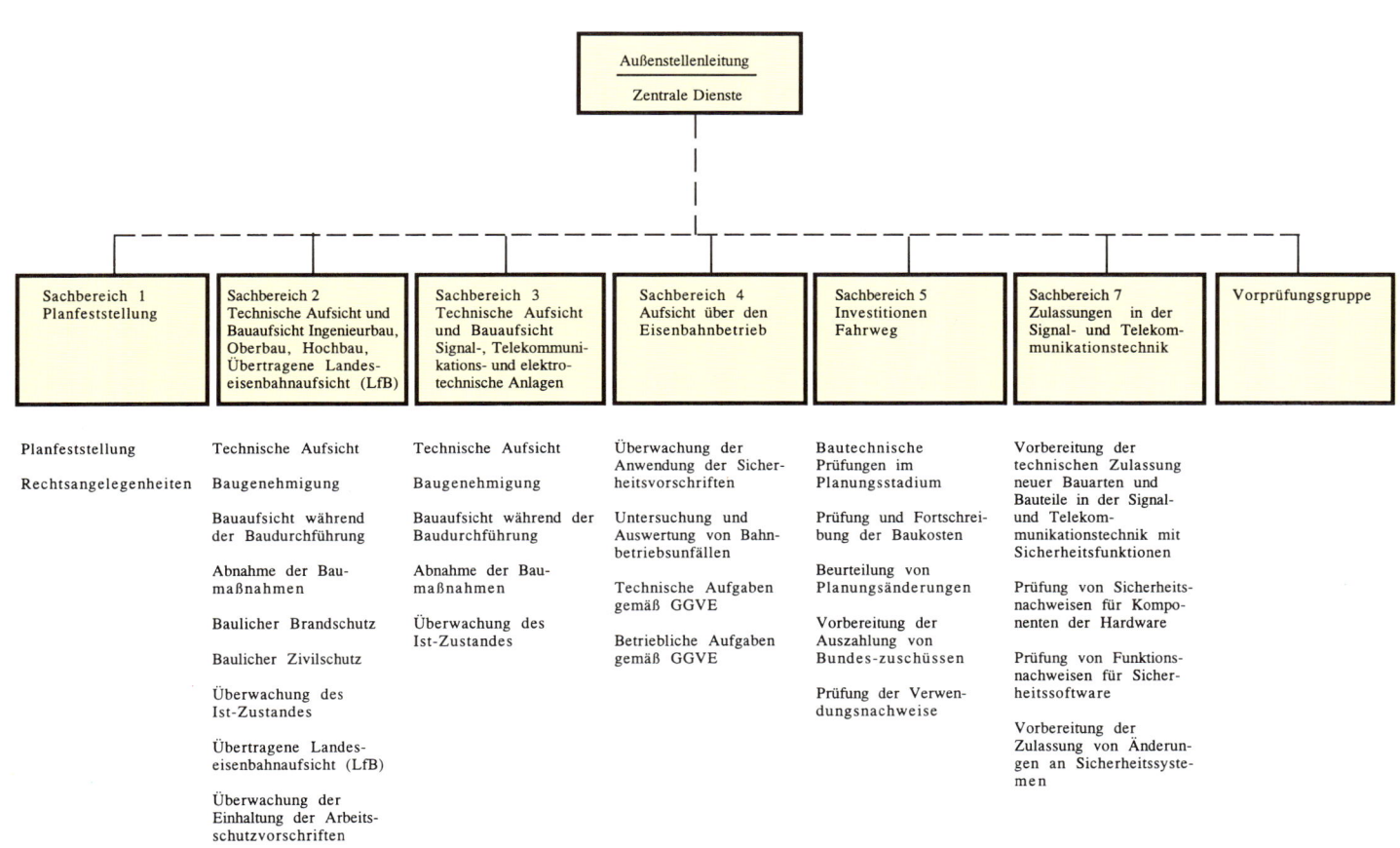

Sachbereich 1 Planfeststellung	Sachbereich 2 Technische Aufsicht und Bauaufsicht Ingenieurbau, Oberbau, Hochbau, Übertragene Landeseisenbahnaufsicht (LfB)	Sachbereich 3 Technische Aufsicht und Bauaufsicht Signal-, Telekommunikations- und elektrotechnische Anlagen	Sachbereich 4 Aufsicht über den Eisenbahnbetrieb	Sachbereich 5 Investitionen Fahrweg	Sachbereich 7 Zulassungen in der Signal- und Telekommunikationstechnik	Vorprüfungsgruppe
Planfeststellung	Technische Aufsicht	Technische Aufsicht	Überwachung der Anwendung der Sicherheitsvorschriften	Bautechnische Prüfungen im Planungsstadium	Vorbereitung der technischen Zulassung neuer Bauarten und Bauteile in der Signal- und Telekommunikationstechnik mit Sicherheitsfunktionen	
Rechtsangelegenheiten	Baugenehmigung	Baugenehmigung		Prüfung und Fortschreibung der Baukosten		
	Bauaufsicht während der Baudurchführung	Bauaufsicht während der Baudurchführung	Untersuchung und Auswertung von Bahnbetriebsunfällen	Beurteilung von Planungsänderungen		
	Abnahme der Baumaßnahmen	Abnahme der Baumaßnahmen	Technische Aufgaben gemäß GGVE	Vorbereitung der Auszahlung von Bundeszuschüssen	Prüfung von Sicherheitsnachweisen für Komponenten der Hardware	
	Baulicher Brandschutz	Überwachung des Ist-Zustandes	Betriebliche Aufgaben gemäß GGVE	Prüfung der Verwendungsnachweise	Prüfung von Funktionsnachweisen für Sicherheitssoftware	
	Baulicher Zivilschutz					
	Überwachung des Ist-Zustandes				Vorbereitung der Zulassung von Änderungen an Sicherheitssystemen	
	Übertragene Landeseisenbahnaufsicht (LfB)					
	Überwachung der Einhaltung der Arbeitsschutzvorschriften					

Bild 2: Außenstelle Berlin des Eisenbahn-Bundesamtes

ping-Termin (§ 5 des Gesetzes über die Umweltverträglichkeitsprüfung). Dieser Scoping-Termin ersetzt nicht die im Planfeststellungsrecht vorgeschriebenen Anhörungen der Bürger. Er soll vielmehr dazu dienen, den Vorhabenträger über die voraussichtlich beizubringenden Unterlagen zu den Umweltauswirkungen zu unterrichten und einen vorläufigen Untersuchungsrahmen der Umweltverträglichkeitsprüfung zu bestimmen. Zu diesem Termin werden vor allem die für Umweltfragen zuständigen Träger öffentlicher Belange zugezogen. Frühzeitige Absprachen über Methodik und Untersuchungsrahmen der Umweltverträglichkeitsprüfung mit den beteiligten Fachbehörden verringern die Gefahr, daß erst im Planfeststellungsverfahren Fragen der Methodik der Umweltverträglichkeitsprüfung streitig werden, und sie geben dem Vorhabenträger eine größere Planungssicherheit hinsichtlich der von ihm zu erarbeitenden Unterlagen.

Problematisch für die tägliche Arbeit des EBA in Planfeststellungsverfahren ist die Kollisionsmöglichkeit zwischen dem zu beachtenden Verwaltungsverfahrensrecht und dem angestrebten Inbetriebnahmetermin der verschiedenen Strecken. Von politischer Seite geht verständlicherweise der Wunsch dahin, dem Auftrag des Grundgesetzes, gleichwertige Lebensbedingungen im Bundesgebiet zu schaffen (Art. 72, Abs. 2 GG), gerecht zu werden und zu diesem Zweck möglichst schnell eine leistungsfähige Schieneninfrastruktur sowie attraktive Verkehrsangebote auf der Schiene auch in den neuen Bundesländern anbieten zu können.

Dem stehen die Erfordernisse rechtsstaatlichen Handelns gegenüber, wie sie insbesondere mit dem Ziel der Bürgerbeteiligung im Planfeststellungsrecht ihren Niederschlag gefunden haben. Wesentliche Voraussetzung für die Einhaltung der vorgegebenen Inbetriebnahmetermine ist aber die rechtzeitige Beantragung und sorgfältige Vorbereitung der Planfeststellungsverfahren.

Das ist erforderlich, damit seitens des EBA

▷ schnellstmöglich das Anhörungsverfahren eingeleitet werden kann, das durch die Beteiligung der Betroffenen, insbesondere in Form der öffentlichen Auslegung und Durchführung eines Erörterungstermins durch die Anhörungsbehörde sehr zeitintensiv ist, um letztlich einen Planfeststellungsbeschluß zu erlassen bzw.

▷ eine Plangenehmigung erteilt oder eine Entscheidung über das Entfallen von Planfeststellung oder Plangenehmigung getroffen werden kann.

Leider stellen die Vorhabenträger öfter während der laufenden Planfeststellungsverfahren Anträge auf Planänderung, so daß beim Genehmigungsverfahren ein Zeitverzug auftritt, der durch das EBA nur in Ausnahmefällen wettgemacht werden kann.

Sofern nicht schon im Erörterungstermin zwischen Betroffenen und dem Vorhabenträger zu strittigen Fragen Einigung erzielt worden ist, die vom EBA nicht zu beanstanden ist, obliegt es dem EBA als Planfeststellungsbehörde, unter Abwägung aller Belange eine rechtsgestaltende Entscheidung zu treffen. Solche Entscheidungen erfordern volle, quasi richterliche Unabhängigkeit der Entscheidungen sowie sachkundiges und verantwortungsbewußtes Handeln, wenn man z. B. nur die Einwendungen zu Lärmbeeinträchtigungen betrachtet.

In einem Ballungsraum, wie ihn der Großraum Berlin darstellt, liegt der Schwerpunkt der Bürgereinwendungen naturgemäß auf diesem Sektor. Entscheidungen dürfen dabei nicht willkürlich getroffen wer-

Der Beitrag des Eisenbahn-Bundesamtes

den, sondern sie müssen nachvollziehbar sein und immer nach gleichen Grundsätzen erfolgen.

Vom Gesetzgeber wurde dafür in Ergänzung des Bundesimmissionsschutzgesetzes die 16. Verordnung zur Durchführung des Bundes-Immissionsschutzgesetzes (Verkehrsschutzverordnung) erlassen. Darin werden Kriterien festgelegt, wann beim Bau und den wesentlichen Änderungen von Schienenwegen Lärmschutz im Sinne von Lärmvorsorge (im Gegensatz zur Lärmsanierung) beansprucht werden kann. Besteht ein Anspruch, ist eine wesentliche Aufgabe der Abwägung festzulegen, in welchem Maße die Anordnung von Lärmschutzwänden (aktiver Lärmschutz) geboten ist und wann und in welchem Umfang passiver Lärmschutz in Form von Lärmschutzfenstern vorzusehen ist.

Für das Planfeststellungsverfahren gilt der Grundsatz: Je besser (durchdachter) ein Plan ist, desto einfacher (schneller) sind der Verfahrensablauf und der Abwägungsprozeß. Damit ist auch dem Vorhabenträger die Möglichkeit gegeben, den Ablauf des Planfeststellungsverfahrens zeitlich zu beeinflussen. Dieser Grundsatz ist um so wichtiger zu nehmen, je mehr Anträge die Vorhabenträger beim EBA auf Planfeststellung stellen.

4 Technische Aufsicht und Bauaufsicht

Bei der Realisierung der Bahnkonzeption Berlin ist das EBA zuständige Behörde für die technische Aufsicht und die Bauaufsicht über die Betriebsanlagen der Eisenbahnen des Bundes (§3, Abs. 2 Nr. 2 des Gesetzes über die Eisenbahnverkehrsverwaltung des Bundes vom 27. 12. 1993, BGBl I, S. 2394).

4.1 Technische Aufsicht

Die technische Aufsicht erstreckt sich auf die Einhaltung der Vorschriften in den Eisenbahngesetzen und -verordnungen, insbesondere der Eisenbahn-Bau- und Betriebsordnung, der Eisenbahn-Signalordnung und der sonstigen staatlichen eisenbahntechnischen Vorschriften und, soweit diese keine ausdrückliche Regelung enthalten, auf die Einhaltung der anerkannten Regeln der Technik.

Gegenstand der technischen Aufsicht sind

▷ Schienenfahrzeuge einschließlich deren überwachungsbedürftigen Anlagen,
▷ Fahrzeugwerkstätten,
▷ Betriebsanlagen, einschließlich maschinen- und elektrotechnische Anlagen (technische Anlagen) und
▷ der Eisenbahnbetrieb.

Inhaltlich bezieht sich die technische Aufsicht

a) bei Schienenfahrzeugen insbesondere auf die
— Abnahme von Schienenfahrzeugen und deren Bauteile mit den Verfahrensschritten Bauartzulassung und Abnahme für das erste Fahrzeug sowie Erstellen der Abnahmebescheinigungen aufgrund von Konformitätsbescheinigungen für alle weiteren Fahrzeuge bei Serienproduktion,
— Überwachung des betriebssicheren Zustandes,
— Zulassung und Überwachung von Fahrzeugwerkstätten für die Instandhaltung und
— Zulassung von Sachverständigen;
b) bei Betriebsanlagen insbesondere auf die
— Zulassung von eisenbahnspezifischen Bauteilen, Bauarten und Systemen,
— Überwachung des betriebssicheren Zustandes und
— Zulassung von Sachverständigen;
c) hinsichtlich des Eisenbahnbetriebes insbesondere auf die
— Überwachung der ordnungsgemäßen Durchführung,
— fachliche Untersuchung von Störungen und
— Aufklärung von Eisenbahnbetriebsunfällen.

4.1.1 Zulassungen

Ein bedeutendes Element der technischen Eisenbahnaufsicht sind die Zulassungen von eisenbahnspezifischen Bauteilen, Bauarten und Systemen. Denn nur diese dürfen bei den Eisenbahnen des Bundes zum Einsatz gelangen bzw. dürfen die Grundlage für eine zur Genehmigung eingereichte Ausführungsplanung sein.

Im Rahmen der in Berlin und Brandenburg zu realisierenden Verkehrsbauvorhaben kommen im großen Umfang neue technische Lösungen zum Ersteinsatz, die zuzulassen sind. Als Beispiel sei hier das Vorhaben der Stadtbahnsanierung in Berlin mit der Bauartzulassung der Festen Fahrbahn und den Zustimmungen im Einzelfall, z.B. der Festen Fahrbahn auf Brücken, genannt.

4.1.2 Aufsicht über den Eisenbahnbetrieb

Das EBA führt Überprüfungen bei den Eisenbahnverkehrsunternehmen und Infrastrukturunternehmen der Eisenbahnen des Bundes in betrieblicher Hinsicht durch. Es überzeugt sich davon, daß die Unternehmen ihren öffentlich-rechtlichen Sicherheitspflichten nachkommen und diese ordnungsgemäß erfüllen. Ggf. ist auf etwaige Schwachstellen in der Organisation, im Regelwerk und in der Durchführung des Eisenbahnbetriebes hinzuweisen und auf deren Beseitigung zu drängen.

Durch die Aufsicht über den Eisenbahnbetrieb sollen Unregelmäßigkeiten und Mängel bereits aufgedeckt und abgestellt werden, bevor sie zu sicherheitsrelevanten Störungen und Unfällen führen.

Bei Bauzuständen, wie sie bei der Umsetzung der Bahnkonzeption Berlin in großem Umfang auftreten, gilt die besondere Aufmerksamkeit der Eisenbahn-Betriebsaufsicht der Wahrung der Betriebssicherheit. Als nennenswerte Aufgaben für das EBA ergeben sich daraus:

▷ Hinwirken auf eine sichere Betriebsführung,
▷ Analyse und Kontrolle neuer Sicherheitsstandards im Bahnbetriebsgeschehen, die dem heutigen Wissensstand entsprechen,
▷ frühzeitiges Erkennen von sicherheitsrelevanten Problemstellungen, um sofort mit Empfehlungen und Hinweisen in Zusammenarbeit mit den Unternehmen gegensteuern zu können und somit Unregelmäßigkeiten und Verzögerungen im Baugeschehen und im Eisenbahnbetrieb zu vermeiden,
▷ Begleitung der Baumaßnahmen durch stichprobenartige behördliche Überwachung.

Der Beitrag des Eisenbahn-Bundesamtes

4.2 Bauaufsicht

Die Bauaufsicht erstreckt sich auf die Einhaltung der Vorschriften in den Eisenbahngesetzen und -verordnungen, insbesondere der Eisenbahn-Bau- und Betriebsordnung, der Eisenbahn-Signalordnung und, soweit diese keine ausdrückliche Regelung enthalten, auf die Einhaltung der anerkannten Regeln der Technik und der Baukunst.

Gegenstand der Bauaufsicht sind

▷ Betriebsanlagen des Ingenieur-, Hoch- und Oberbaus,
▷ Betriebsanlagen der Signal- und Telekommunikationstechnik, soweit sie dem sicheren Betriebsablauf dienen und
▷ Betriebsanlagen der Maschinen- und Elektrotechnik.

Inhaltlich bezieht sich die Bauaufsicht insbesondere auf die

▷ Genehmigung der Ausführungsplanung,
▷ Überwachung der Bauausführung einschließlich Überwachung eines betriebssicheren Zustandes der Betriebsanlagen während der Baudurchführung und
▷ Abnahme und Prüfung der Erfüllung von Auflagen.

Bauaufsicht durch das EBA bedeutet also nicht die Erteilung einer Baugenehmigung auf der Grundlage des geltenden Landesbaurechts, da die Zulässigkeit des Baus einer Betriebsanlage bereits soweit wie möglich grundsätzlich durch den Planfeststellungsbeschluß nach § 18ff AEG festgestellt wird und im übrigen eine Genehmigung der Ausführungsplanung erfolgt.

5 Finanzierung

Die DB AG gehört zu den größten Investoren im Großraum Berlin. Die Entscheidung über die Durchführung von Investitionsmaßnahmen liegt zunächst dort. Der Bund trägt aber die Finanzierung bestimmter Investitionsmaßnahmen oder beteiligt sich anteilig.

Dabei sind verschiedene Finanzierungsquellen zu unterscheiden. Für die Fernbahnstrecken gelten zunächst die Regelungen des Bundesschienenwegeausbaugesetzes, nach denen der Bund in der Regel zinslose Darlehen gewährt. Diese können durch nicht rückzahlbare Baukostenzuschüsse ersetzt werden, soweit das Projekt für die DB AG betriebswirtschaftlich nicht rentabel ist, der Bund jedoch aus volkswirtschaftlichen Überlegungen auf der Durchführung der Maßnahme besteht.

In den Neuen Bundesländern und Berlin kommen die Regelungen des § 22 Abs. 1 (2) Deutsche Bahn Gründungsgesetz (Investive Altlasten) hinzu, wonach für investive Maßnahmen zur Anpassung des Standards und des Produktivitätsniveaus des Netzes des bisherigen Sondervermögens DR an das Netz des bisherigen Sondervermögens DB Baukostenzuschüsse gewährt werden.

Beide Finanzierungsquellen können nur für Investitionen in die Schienenwege eingesetzt werden. Der Betrieb und die Instandhaltung obliegen dem Unternehmen DB AG, das z. B. auch Fahrzeuge aus eigenen Mitteln beschafft.

Projekte des SPNV können nach dem Gemeindeverkehrsfinanzierungsgesetz (GVFG) gefördert werden; in den Fällen der Grunderneuerung bestehender S-Bahn-Anlagen werden aber auch hier Zuschüsse aus "investiven Altlasten" gewährt.

Das Bundesministerium für Verkehr hat das EBA beauftragt, Anträge auf Finanzierung von Investitionen durch die Eisenbahnen des Bundes, also im wesentlichen der DB AG, auf Zuwendungsfähigkeit zu prüfen und die entsprechenden Mittel nach Maßgabe der durch den Haushaltsgesetzgeber jährlich bereitgestellten Ansätze zur Verfügung zu stellen. Diese Prüfung schließt die Prüfung der Notwendigkeit sowie der Beachtung der Grundsätze der Wirtschaftlichkeit und Sparsamkeit mit ein. Angesichts des Investitionsvolumens, das für die Bahnkonzeption Berlin rund 10 Mrd. DM — ohne GVFG — beträgt, wird deutlich, welche Verantwortung hier das EBA und die DB AG für den Einsatz der Bundesmittel tragen.

Das Beispiel des Zentralen Bereichs, mit den Teilprojekten Nord-Süd-Tunnel, Lehrter Bahnhof, Bahnhof Potsdamer Platz und Bahnhof Papestraße, dessen Kosten für die dem Schienenweg zuzurechnende Infrastruktur zwischen 2 und 3 Mrd. DM betragen, zeigt, welche Aufgaben hier auch bezüglich der Finanzierung zu leisten sind. Dieses Projekt betrifft nicht nur die Fernbahn- und S-Bahnstrecken, sondern auch Anlagen der U-Bahn, der Bundesstraße und möglicher Regionalbahnen, die Unterquerung der Spree als Bundeswasserstraße, die Verlegung von Leitungen und Kanälen sowie die Abhängigkeit von Projekten privater Investoren. Die entsprechenden Finanzierungsanteile aller Beteiligten als Grundlage für die Realisierung müssen dabei zeitlich aufeinander abgestimmt werden.

Das EBA hat dabei auch die Berechnung der von den Bauträgern zu tragenden Kostenanteile nach den entsprechenden gesetzlichen Regelungen, z.B. Eisenbahnkreuzungsgesetz (EKrG) und Bundeswasserstraßengesetz (WaStrG), wie auch bei Gemeinschaftsbauwerken die Kostenbeteiligung dem Grunde und auch der Höhe nach zu prüfen. Diese Prüfung bezieht die entsprechenden Vereinbarungen mit den Investoren ein.

Der Bund beteiligt sich nicht nur an den Großprojekten, die durch die Zentrale des EBA in Bonn geprüft werden. Durch die Außenstelle in Berlin wurden 1995 über 200 Vorhaben mit einem Bauvolumen von jeweils unter 20 Mio. DM geprüft. Der Außenstelle Berlin obliegt auch die Verwendungsprüfung für alle Vorhaben mit einem Volumen allein für 1994 von rd. 2,3 Mrd. DM.

6 Eisenbahn-Bundesamt als Dienstleister

Neben den fachlichen Aufgaben bei der Realisierung der Bahnkonzeption Berlin erzeugen die feststehenden Termine für den Umzug der Bundesregierung nach Berlin einen hohen Zeitdruck für alle Beteiligten. Das EBA als Dienstleister stellt sich dieser Herausforderung. Es bearbeitet die Anträge auf Planfeststellung, bauaufsichtliche Genehmigung und Finanzierung nicht nur schnellstmöglich, sondern ist auch beratend tätig, um mögliche Probleme bereits im Vorfeld zu klären.

IHR PARTNER IN ALLEN PLANUNGSFRAGEN

Wir planen für die Deutsche Bahn AG und ihre Planungsgesellschaften in allen Fachbereichen

- Verkehrsplanung
- Verkehrsanlagen
- Ingenieurbauwerke
- Tragwerksplanung
- Bahntechnische Ausrüstung
- Hochbau
- Gleisvermessung
- Projektsteuerung
- Bauüberwachung

Bahnhof Nauen

SCHLEGEL-Dr.-Ing. SPIEKERMANN GmbH & Co.
Beratende Ingenieure

Berlin Düsseldorf Duisburg Dresden Erfurt Frankfurt Leipzig Mannheim Stuttgart
Fritz-Vomfelde-Str. 12 · 40547 Düsseldorf · Tel. 0211/523 60 · Fax 0211/523 64 56

Wir sichern Bauwerken mehr Zukunft.

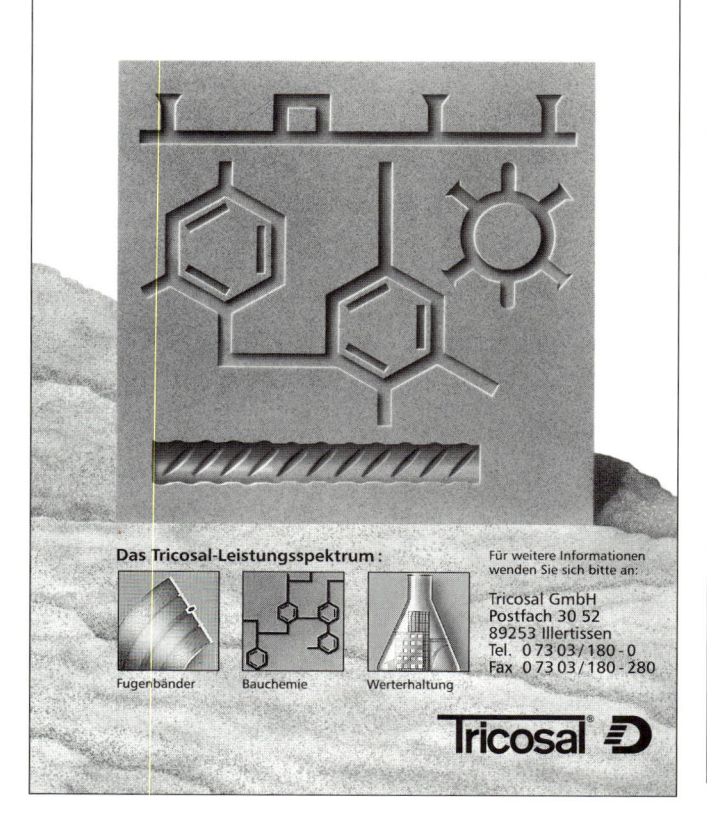

Das Tricosal-Leistungsspektrum:

- Fugenbänder
- Bauchemie
- Werterhaltung

Für weitere Informationen wenden Sie sich bitte an:
Tricosal GmbH
Postfach 30 52
89253 Illertissen
Tel. 0 73 03 / 180 - 0
Fax 0 73 03 / 180 - 280

Tricosal

HEINRICH KLOSTERMANN GmbH & CO KG

Bauunternehmung seit 1925

Unser Leistungsprogramm:

- **Eisenbahnbau**
  ständige Gleis- und Weichenunterhaltung, Neubau, Umbau- einschl. Zusammenhangs-arbeiten mit eigenen Großgeräten und erfahrenem Stammpersonal für die Deutsche Bahn AG,
  Regionale Nebenbahnen, Industriebahnen, Hafenbahnen und Gleisanschlußbesitzer

- Tiefbau
- Betonbau
- Ingenieurbau
- Verbauarbeiten

Hauptniederlassung Hamm
Auf den Kämpen 16
59071 Hamm
Telefon: 0 23 88 - 3 05-0
Telefax: 0 23 88 - 3 05-2 70

Zweigniederlassung Oranienburg
Bahnstraße 18-26
16727 Velten
Telefon: 0 33 04 - 39 34-0
Telefax: 0 33 04 - 39 34-90

Wolfgang Feldwisch und Manfred Möller

Die Geschäftstätigkeit des Geschäftsbereiches Netz in Berlin

Als Hauptstadt und Regierungssitz des vereinten Deutschlands ist Berlin auf dem Weg zum größten Verkehrsknoten Europas. Als Impulsgeber für den Wirtschaftsstandort Deutschland ist das Verkehrswesen eine wiederentdeckte Wachstumsbranche.

Die Großbaustelle Berlin wird in den nächsten Jahren erhebliche Investitionen beanspruchen. Das Unternehmen Deutsche Bahn AG (DB AG) ist daran maßgeblich beteiligt. Mit der Modernisierung der Schieneninfrastruktur durch den Geschäftsbereich Netz (GB Netz) wird der mit der Bahnreform eingeschlagene Weg der Kunden- und Dienstleistungsorientierung konsequent weiter vorangetrieben. Mit der sicheren und wirtschaftlichen Betriebsführung sowie der Gewährleistung der technischen Sicherheit und Verfügbarkeit der Strecken und Anlagen werden wichtige Voraussetzungen für die Geschäftstätigkeit des Konzerns geleistet.

1 Bahnstadt Berlin

Berlin wächst — als internationale Metropole, Hauptstadt mit Parlaments- und Regierungssitz, Zentrum des Großraumes Berlin-Brandenburg und größte Stadt Deutschlands.

Die Stadt entwickelt sich zu einem der größten Verkehrsknotenpunkte Europas und zur Schnittstelle wichtiger Fernverkehrsstrecken der Bahn (Bild 1). Im Jahr 2010 werden in Berlin über 50 Millionen Fernreisende erwartet. Regional wird der Bahnverkehr auf 85 Millionen Reisende ansteigen.

In Berlin wird die Bahn der Zukunft gebaut, werden die Folgen des 2. Weltkrieges und 40 Jahre deutscher Teilung überwunden: Kürzere Reisezeiten in alle Richtungen, direkte Zufahrten aus dem Umland, zuverlässige und sichere Anfahrten sowie attraktive Bahnhöfe.

Das von der DB AG und dem Berliner Senat gemeinsam entwickelte Pilzkonzept wird jetzt schrittweise umgesetzt. Fern- und Regionalverkehr, die S-Bahn und die U-Bahn werden optimal miteinander verknüpft. Bereits heute steht Berlin ein in der Welt einmaliges Schnellbahnnetz zur Verfügung (Bild 2).

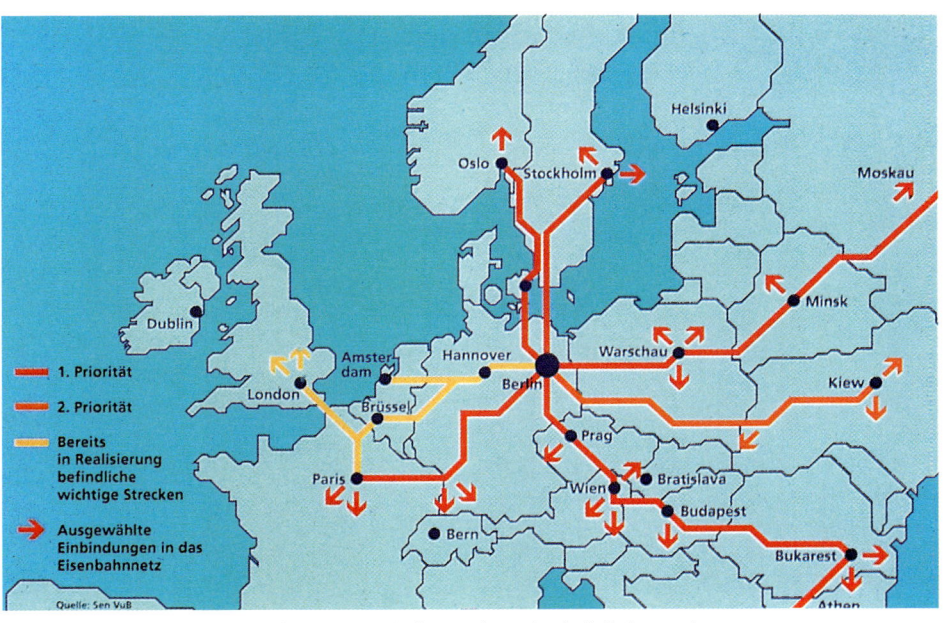

Bild 1: Berlin und Europa: Geplante europäische Hochgeschwindigkeitsstrecken

2 Geschäftsziele des GB Netz

Das unternehmerische Ziel der DB AG, mehr Verkehr auf die Schiene zu holen und die Strecken dabei gleichzeitig für Dritte zu öffnen, stellt an den GB Netz und alle nachgeordneten Organisationseinheiten sowie an alle Mitarbeiterinnen und Mitarbeiter hohe Anforderungen [1].

Der Fahrweg der Eisenbahn, bestehend vor allem aus den Strecken und allen zur Betriebsführung erforderlichen Einrichtungen, muß betriebliche und technische Sicherheit und ein hohes Maß an Verfügbarkeit und Zuverlässigkeit garantieren. Bei hoher Umweltakzeptanz sind die Aufwendungen für den Betrieb und die Instandhaltung des Fahrweges möglichst niedrig zu halten [2]. Ziel ist ein positives Verhältnis von Aufwand und Ertrag.

Der GB Netz nutzt den Handlungsdruck des Marktes, um die Faktoren Preis, Qualität, Flexibilität, Markt- und Kundennähe optimal miteinander zu verknüpfen. Dazu beurteilt

Geschäftsbereich Netz in Berlin

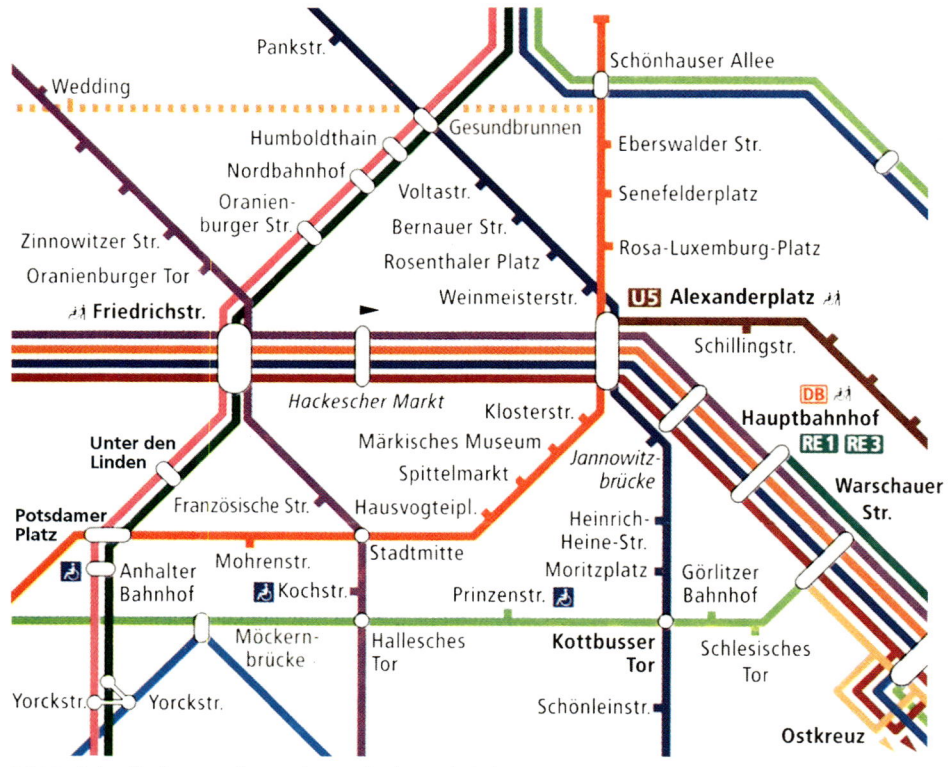

Bild 2: Schnellbahnnetz der Region Berlin (Ausschnitt)

bahndirektionen Berlin und Cottbus entstanden und umfaßt geographisch das Land Berlin, einen Großteil des Landes Brandenburg und Teile des Freistaates Sachsen. Die Dienstleistungen der knapp 7000 Mitarbeiter sind der Betrieb und die Instandhaltung des Schienennetzes sowie der Bau neuer und der Ausbau bestehender Strecken (Tafel 1).

Den Kunden und Partnern stehen 2042 km Hauptbahnen und 734 km Nebenbahnen mit einer gesamten Gleislänge von 5590 km zur Verfügung. Hinzu kommen 299 km Streckenlänge, die die S-Bahn GmbH Berlin als eine in sich geschlossene, unter Verantwortung des Netzes stehende Infrastruktur befährt.

Die wichtigsten technischen Kenndaten zeigt Tafel 2.

der GB Netz die Leistungsportfolien externer Anbieter mit dem Ziel, die Effizienz der Kernfunktionen zu erhöhen und attraktive Kostenvorteile zu erzielen.

3 Organisation und Geschäftstätigkeit

Von 1997 an, wenn die umfassende Organisationsreform des GB Netz abgeschlossen ist, wird Berlin Sitz der „Niederlassung Ost" mit den Betriebsstandorten Berlin, Cottbus, Magdeburg, Pasewalk und Schwerin. Bundesweit sind neben der Zentrale sieben Niederlassungen vorgesehen.

Gegenwärtig ist der GB Netz im Großraum Berlin noch mit einem Regionalbereich und vier Niederlassungen (Berlin, Cottbus, Frankfurt/Oder und Potsdam) präsent. Der Regionalbereich ist aus den ehemaligen Reichs-

Tafel 1: Dienstleistungen

- ▷ Bereitstellung von Zugtrassen
- ▷ Betriebsführung auf den Netzanlagen
- ▷ Inspektion, Wartung, Entstörung, Instandsetzung der Netzanlagen (vgl. Tafel 2)
- ▷ Erstellen von Netzanlagen (Neubau, Ersatz)
- ▷ Verkehrsmarktorientierte Neu- und Weiterentwicklung der Netzanlagen
- ▷ Abstimmung mit anderen Verkehrsträgern und Nachbarn (Straßenbauverwaltung, Wasser- und Schiffahrtsverwaltung, kommunale Bauverwaltungen, private Investoren)

Tafel 2: Technische Kenndaten RB Berlin 1995

Länge aller Gleise (ohne Weichenlängen)	5104,91 km
▷ davon Fernbahn	4523,209 km
▷ davon S-Bahn	581,692 km
Weicheneinheiten (WE)	10884
▷ davon Fernbahn	9951
▷ davon S-Bahn	933
Länge der elektrischen Fahrleitung 16 2/3 Hz (alle überspannten Gleise)	3401 km
Umformerwerke (Fernbahn)	8
Länge der Stromschiene 800 V DC (S-Bahn)	594,704 km
Unterwerke (S-Bahn)	76
Bahnübergänge	1496
▷ davon technisch gesichert	801
Stellwerke	634
▷ davon elektronisch	8
Signale	6243
Gleisschaltmittel, Gleisstromkreise u.a.	ca. 15000
PZB-Magnete	3708
Brücken- und Ingenieurbauwerke	2676
▷ davon Stahlbrücken	854
▷ davon Massivbrücken	804
▷ davon Stützmauern	641
▷ davon sonst. Ing.-Bauwerke	376
Durchlässe	1960
Gebäude (Stellwerke, Energieversorgungsanlagen)	ca. 900 000 m³ umbauter Raum

4 Kundenorientierter Vertrieb

Der Regionalbereich (RB) Berlin hat die Aufgabe, technisch fortschrittliche, qualitativ hochwertige, sichere und preisgerechte Zugtrassen anzubieten.

Geschäftsbereich Netz in Berlin

Der Vertrieb ist der Partner der Kunden für die Beratung, Angebotsformulierung und bedarfsgerechte Bereitstellung von Zugtrassen.

Mit der Bahnreform 1994 haben erstmalig Dritte als externe Kunden aus Industrie und Wirtschaft einen diskriminierungsfreien Zugang zum gesamten Netz der DB AG. Alle rechtzeitig eingegangenen Fahrplanwünsche von Eisenbahnkunden sind gleichrangig zu bearbeiten.

Die Einnahmen aus den Trassenpreisen dienen zur Finanzierung der Dienstleistungen und des weiteren Aufbaus des Fahrweges. Im RB Berlin als einer der derzeitig noch 15 Regionalbereiche im GB Netz werden rund 8 % der Trasseneinnahmen der DB AG gebucht.

Zu den Geschäftspartnern in Berlin gehören natürlich die DB-Geschäftsbereiche Fernverkehr, Regionalverkehr und Ladungsverkehr. Der größte externe Kunde ist die S-Bahn Berlin GmbH. Diese Geschäftsbeziehung ist vertraglich geregelt [3].

Tägliche Leistungen	Anzahl Trassen
Personenverkehr (Fern- und Regionalverkehr)	2052
Güterverkehr	1088
Lokomotivleerfahrten	513
Personenverkehr (Sonderverkehr)	18
Güterverkehr (Sonderverkehr)	70

Tafel 3: Trassenmanagement 1995

5 Marktorientiertes Trassenmanagement

Von den 2776 km Strecken des RB Berlin sind 1258 km zwei- und mehrgleisig sowie 1518 km eingleisig.

Elektrifiziert sind 1301 km, davon 958 km zwei- und mehrgleisig und 344 km eingleisig.

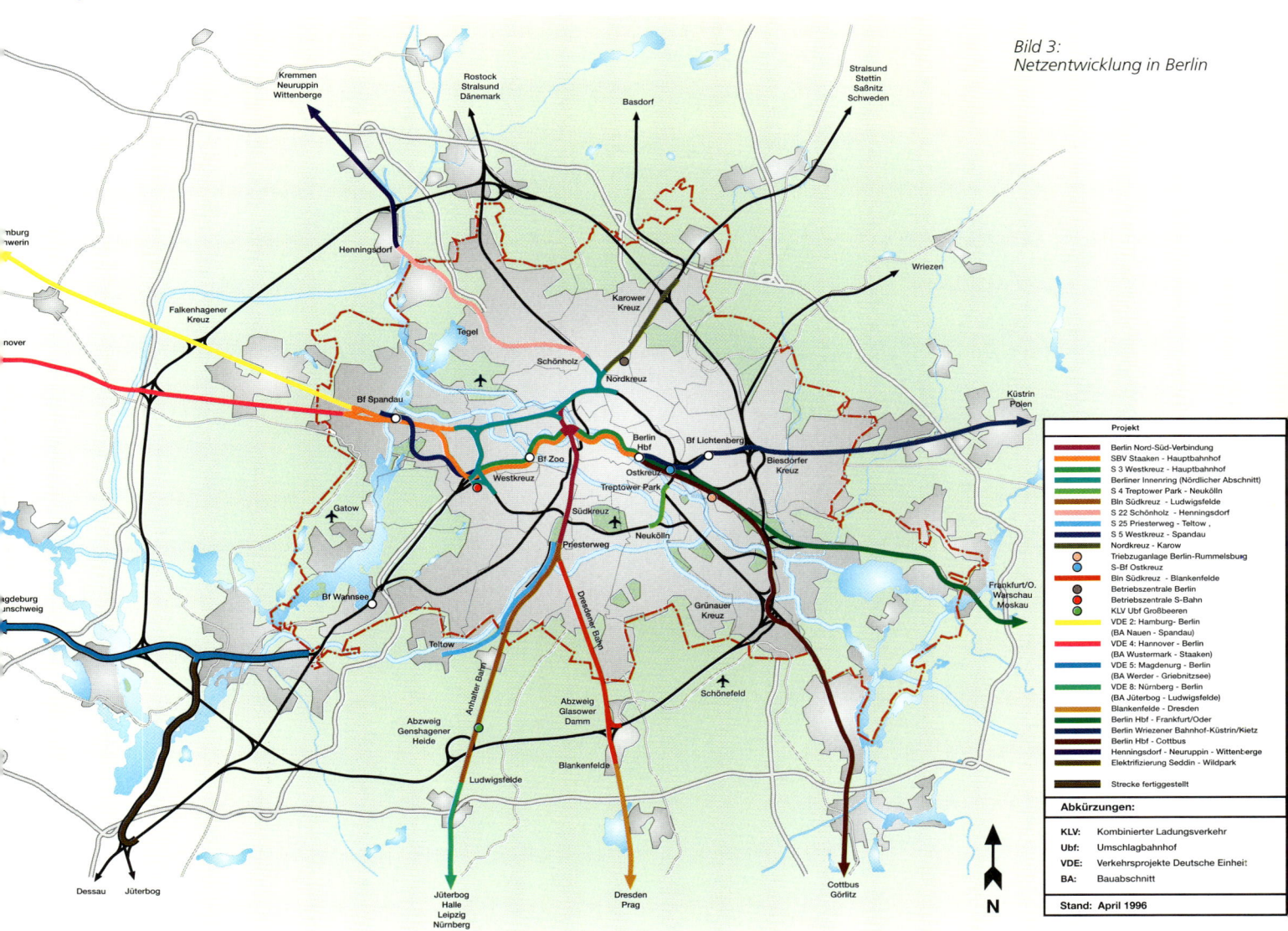

Bild 3: Netzentwicklung in Berlin

Geschäftsbereich Netz in Berlin

Tafel 4: Inbetriebnahmen bis 1996

Lückenschlüsse S-Bahn
- Behelfsbahnsteig Bornholmer Straße .... Aug. 1991
- Nord/Süd—S-Bahntunnel (Wiedereröffnung) .... März 1992
- Wannsee—Potsdam (Stadt) ..... April 1992
- Frohnau—Hohen Neuendorf ... Mai 1992
- Lichtenrade—Mahlow—Blankenfelde .... Aug. 1992
- Südring (Baumschulenweg—Westend) .... Dez. 1993
- Schönholz—Tegel .... Mai 1995
- Priesterweg—Lichterfelde/Ost . Mai 1995

Fernbahnprojekte
- Rehbrücke/Drewitz—Charlottenburg—Zoologischer Garten (Grundinstandsetzung für ICE 93) .... Juni 1993
- Schönhauser Allee—Pankow ... Jan. 1995 (Fertigstellung des 2gleisigen Abschnittes)

VDE-Projekte
- Südlicher Berliner Außenring ... Juni 1993 (VDE 8, Ertüchtigung auf 160 km/h)
- Spandau—Falkensee (VDE 2, Lückenschluß) .... Mai 1995
- Magdeburg—Potsdam (VDE 5) Dez. 1995

Die täglichen Leistungen auf diesen Strecken im Jahresfahrplan 1995/96 zeigt Tafel 3.

Die Basis für die bedarfsgerechte Bereitstellung von Zugtrassen ist das „nationale Procedere zur Erstellung des Jahresfahrplanes ab 1996" der DB AG vom Oktober 1995.

Schwerpunkte dieser Vereinbarung sind neben Termingestaltung und Rahmenterminplan insbesondere folgende Planungsparameter:

- Geschwindigkeitskonzeption,
- baubedingte Einschränkung der Verfügbarkeit des Fahrweges,
- Ausbauzustand Netz,
- Regelfahrzeiten, Haltezeiten, Sonderzuschläge, Mindestzulagen, Pufferzeiten, Mindestwendezeiten,
- Flexibilität der Fahrlagenplanung und
- Planungsabweichungsprocedere.

Die Bereitstellung der Zugtrassen erfolgt parallel für mehrere Planungsabschnitte (Jahresfahrpläne).

Eine Konzentration der Belegung und überdurchschnittliche Inanspruchnahme der Kapazitäten ist gegenwärtig auf folgenden Streckenabschnitten und Knoten zu verzeichnen:

- Berlin Zoologischer Garten—Griebnitzsee
- Berlin-Charlottenburg—Nauen
- Cottbus—Forst (Lausitz)
- Berlin-Hauptbahnhof—Frankfurt/Oder
- Berlin Zoologischer Garten (durch die Sperrung der Stadtbahn im Streckenabschnitt Berlin Zoologischer Garten—Berlin Hauptbahnhof belasteter Knoten).

Über solche Engpässe werden die Anforderungen an die Veränderung und Weiterentwicklung der Infrastruktur identifiziert.

Die weitere Netzentwicklung in Berlin, die die Trennung der Verkehrskreisläufe von West- und Ost-Berlin sowie die kriegs- und teilungsbedingten Folgen für die Infrastruktur aufheben wird, zeigt Bild 3. Die bisherigen Lückenschlüsse und (Wieder-) Inbetriebnahmen zeigt Tafel 4.

6 Sichere und wirtschaftliche Betriebsführung

Die vom Trassenmanagement festgelegten Zugtrassen werden durch die rund um die Uhr besetzte Betriebsleitung des RB Berlin organisiert und überwacht. Die sichere und wirtschaftliche Betriebsführung ist Voraussetzung für die Produkte und Leistungen der Kunden (Tafel 5). Sie erfolgt mit Hilfe von 634 Stellwerken, deren technischer Standard von mechanisch bis zu elektronisch reicht.

Der Betriebsleitung Berlin stehen mit der „Rechnergestützten Zugüberwachung" (RZÜ) und der „Rechnergestützten Dispositi-

Tafel 5: Produkte und Leistungsdaten der internen Kunden 1995

Geschäftsfeld	Produkt	Zugzahl an einem Stichtag
Fernverkehr DB AG	InterCityExpreß (ICE)	28
	InterCity/EuroCity (IC, EC)	88
	InterRegio (IR)	115
	InterCity-Night (ICN)	4
	Autoreisezüge	6
	Rollende Raststätte	4
	D-Züge	43
Nahverkehr DB AG	Regional-Expreß (RE)	180
	Regional Bahn (RB)	1224
Nahverkehr S-Bahn GmbH	S-Bahn	2600
Leistungsdaten Reisezüge 1995	4,92 Mio. Zug-km	
Ladungsverkehr DB AG	Güterzüge	1082
	Inter Cargo	6
Baulogistik GmbH	Güterzüge	70
Leistungsdaten Güterzüge 1995	0,88 Mio. Zug-km	
	393,9 Mio. Nettotonnen-km	
	819,9 Mio. Bruttotonnen-km	

Tafel 6: Elektronische Stellwerke im Streckennetz RB Berlin

1993	Berlin-Westkreuz (S-Bahn und Fernbahn)
	Berlin-Wannsee (S-Bahn und Fernbahn)
1995	Potsdam-Wildpark
1997	Ruhleben
	Berlin Hauptbahnhof
1998	Nordkreuz
	Berlin-Rummelsburg
	Nauen
	Kietz
	Genshagener Heide
	Grünauer Kreuz
	Cottbus
1999	Königs Wusterhausen
	Briesen
nach 2000	Südkreuz
	Zossen
	Doberlug-Kirchhain
	Lübbenau
	Ruhland
	Calau
	Spremberg
	Seddin
	Frankfurt/Oder

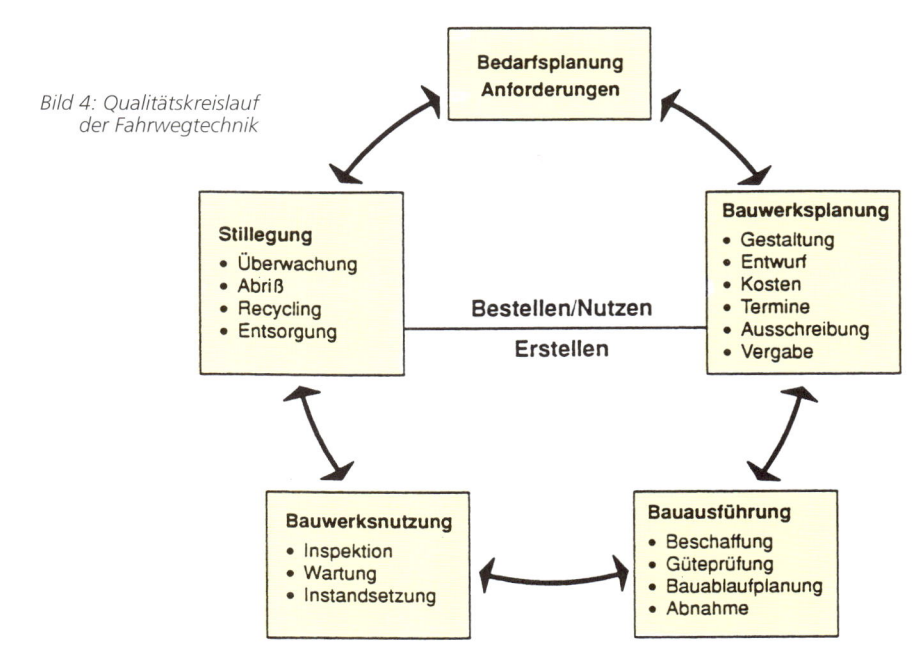

Geschäftsbereich Netz in Berlin

Bild 4: Qualitätskreislauf der Fahrwegtechnik

Bedarfsplanung / Anforderungen

Bauwerksplanung
- Gestaltung
- Entwurf
- Kosten
- Termine
- Ausschreibung
- Vergabe

Bauausführung
- Beschaffung
- Güteprüfung
- Bauablaufplanung
- Abnahme

Bauwerksnutzung
- Inspektion
- Wartung
- Instandsetzung

Stillegung
- Überwachung
- Abriß
- Recycling
- Entsorgung

Bestellen/Nutzen — Erstellen

ons-Zentrale" (RDZ) moderne Methoden und Werkzeuge der Überwachung und Disposition zur Verfügung. In komplizierten Betriebssituationen können somit optimale Entscheidungen zum Zuglauf getroffen werden.

Gegenwärtig wird eine Betriebszentrale (BZ) Berlin mit modernstem technischen Standard vorbereitet. Aufgabenstellung und Vorentwurfsplanung sind durch die Geschäftsbereichsleitung bestätigt, die Entwurfsplanung ist abgeschlossen. Die Bauausführung soll 1996 beginnen, der Betrieb 1998 aufgenommen werden.

Zu diesem Zeitpunkt ist die Inbetriebnahme der Hochgeschwindigkeitsstrecke Hannover—Stendal—Berlin und der rekonstruierten Stadtbahn (Fernbahnteil) zwischen den Bahnhöfen Berlin Zoologischer Garten und Berlin-Hauptbahnhof geplant. Dann müssen die Bedienoberflächen der neuen Elektronischen Stellwerke (ESTW) in Berlin-Hauptbahnhof, Berlin-Ruhleben, Nauen, Oebisfelde und Rathenow in der BZ nutzbar sein. Die bereits vorhandenen ESTW in Berlin-Westkreuz, Berlin-Wannsee und Potsdam-Wildpark werden später zugeordnet.

Den Stand und die Entwicklung der ESTW in Berlin zeigt Tafel 6.

7 Sichere und wirtschaftliche Technik

Der RB Berlin bietet seine Betriebsleistungen auf der Schiene auf der Grundlage der vorhandenen Anlagen und Komponenten, Betriebseinrichtungen, Steuerungs- und Überwachungssysteme an. Sie sollen leistungsfähig und kostengünstig sein und sich durch hohe Qualität, lange Lebensdauer und niedrigen Instandhaltungsaufwand auszeichnen. Die zugrundeliegende Technik ist durch komplexe Systeme mit hohem Vernetzungs- und Automatisierungsgrad gekennzeichnet.

Die Streckenstandards sind gegenwärtig auf max. V=160 km/h für Reisezüge, 120 km/h für Güterzüge bei 21 t Radsatzlast ausgelegt. Das Lichtraumprofil entspricht dem Regellichtraum nach Anlage 1 EBO.

Die Technik plant, koordiniert, erstellt und betreibt die Fahrweganlagen im Bestandsnetz des RB Berlin im Rahmen des Qualitätskreislaufes der Fahrwegtechnik (Bild 4). Zugleich ist die Instandhaltung des Fahrweges die Grundlage eines ebenso sicheren wie wirtschaftlichen Eisenbahnbetriebes. Sie umfaßt die EDV-gestützte Inspektion, die Wartung und Entstörung sowie Planung und Durchführung von Instandsetzungsmaßnahmen unter Betrieb. Die Instandhaltung erfolgt auf der Grundlage des regelmäßig ingenieurmäßig festgestellten und bewerteten Zustandes aller Fahrweganlagen.

Die Investitionen ins Streckennetz werden auf der Grundlage der öffentlich-rechtlichen Genehmigungs- und Finanzierungsverfahren geplant und realisiert. Umfang und Qualität orientieren sich an den Bedürfnissen der internen und externen Kunden. So ist beispielsweise die Hochgeschwindigkeitsstrecke Berlin—Hannover für max. V = 250-300 km/h vorgesehen.

Die neuen oder ausgebauten Fahrweganlagen und Strecken in Berlin weisen den Weg zum Bahnnetz der Zukunft. Seine Planung und Realisierung erfordert eine fachübergreifende Koordination und Projektunterstützung, die im Rahmen umfassender technischer Dienstleistungen — auch für die weitgehend autonom arbeitenden Projektgesellschaften in Berlin — durch die nachfolgenden technischen Bereiche erfolgt.

7.1 Geodäsie

Eine wichtige Aufgabe ist das Erfassen, Vorhalten, Weiterentwickeln und Bereitstellen von Basisdaten (Bahngeodaten) wie Streckennetz, Gleisnetz, Lichtraum, Liegenschaften, ortsfeste Anlagen und Topographie (Karten). Dazu wird im RB Berlin unter dem Namen DB-GIS eine umfassende Datenbank als geographisches Informationssystem aufgebaut. Die kriegs- und teilungsbedingten Datenlücken werden schrittweise geschlossen.

Die Ingenieurgeodäsie dokumentiert zudem mit Gleisvermarkung, geodätischen Netzen, Grundlagenvermessung, Lichtraumengstellen, Befahrbarkeitsprüfung und Gleisgeometrie die Ausgangsbasis für alle Fahrwegdaten und schafft durch fahrdynamische Untersuchungen und Trassenoptimierung kostenminimierende Planungsgrundlagen für alle Bautätigkeiten in Berlin.

Naturschutz und Landschaftspflege sind mit der Bestandserfassung des „Grün an der Bahn" als Grundlage für die Instandhaltung sowie mit Beiträgen für die Umweltverträglichkeitsprüfung und landschaftspflegerische Begleitplanung im Rahmen der Vorhabenplanungen hier zugeordnet.

7.2 Datenverarbeitung

Der operative Informationsbedarf zur budgetbezogenen Planung und Abwicklung der Bauvorhaben wird mit dem EDV-gestützten Bauinformationssystem (BI) abgedeckt.

7.3 Konstruktiver Ingenieurbau

Im Zusammenhang mit den Lückenschlußmaßnahmen, der Sanierung der Stadtbahn und anderen Projekten im Großraum Berlin werden 716 Eisenbahnbrücken neu errichtet oder umfassend rekonstruiert [4]. Hinzu kommen ca. 120 weitere größere Einzelbaumaßnahmen im Zuge der Bauwerkserhaltung. Durch diese Baumaßnahmen wird die Altersstruktur der Eisenbahnbrücken im Regionalbereich Berlin positiv beeinflußt. 44 % der Überbauten und 57 % der Unterbauten bzw. Massivbauwerke haben ein Alter von über 80 Jahren.

7.4 Oberbau, Tiefbau

Zur betriebssicheren und störungsfreien Vorhaltung des Fahrweges (Oberbau mit Schienen, Schotter und Schwellen bzw. Fester Fahrbahn) werden alle für die Instandhaltung relevanten Ausgangsgrößen wie Gleislagefehler, Verschleißerscheinungen und Materialfehler mittels moderner Diagnosetechnik und -verfahren (u. a. Gleismeßzug, Ultraschallprüfzug, Schienenschleifzug) erfaßt und für Inspektion, Wartung und Instandsetzung genutzt. Gleiches gilt für den Unterbau bzw. Untergrund mit der ggf. vorhandenen Planumsschutzschicht, die anschließenden Erdbauwerke und Entwässerungssysteme.

Als Stand der Technik wird in Berlin, beispielsweise auf der Stadtbahn, anstelle des herkömmlichen Schotteroberbaus die Feste Fahrbahn eingebaut [4]. Vorteile sind u.a. eine stabile und dauerhafte Gleislage sowie geringer Instandhaltungsaufwand.

7.5 Bahnübergänge

Alle 1496 Bahnübergänge (BÜ) im RB Berlin sind EBO-gerecht gesichert. In aufwendigen Programmen werden gegenwärtig zahlreiche BÜ aufgehoben bzw. schrittweise mit neuer Technik versehen.

7.6 Sicherungstechnik und Telekommunikation

Zur Transportsteuerung und Fahrwegsicherung werden auf dem Schienennetz in Berlin umfangreiche sicherungstechnische Anlagen eingesetzt: mechanische und elektromechanische Stellwerke, Relaisstellwerke, Elektronische Stellwerke, Bahnübergangssicherungsanlagen, linien- und punktförmige Zugbeeinflussungen, Zugnummern-Meldeanlagen und Betriebsleittechnik.

Zur Kommunikation und Überwachung dienen digitale Übertragungs- und Vermittlungstechnik, Kabelnetze in Kupfer- und Lichtleitertechnik, Funknetze, Betriebsfernmelde- und Gefahrenmeldeanlagen.

Die Telekommunikation des RB Berlin ist in die Telekommunikationsgesellschaft DB Kom überführt worden, die gemeinsam mit einem industriellen Partner geführt wird.

7.7 Bahnstromversorgung

Die Aufgabengebiete umfassen

▷ die stationären Anlagen der elektrischen Zugförderung 15 kV - 16 $^2/_3$ Hz Wechselstrom (Bahnstromanlagen und Oberleitungen),
▷ die Bahnstromversorgung der S-Bahn 0,8 kV/750 V Gleichstrom (Gleichrichterwerke und Stromschienen),
▷ die Elektroenergieanlagen 250 V - 50 Hz Wechselstrom (Weichenheizungen, Beleuchtung, allg. Elektroenergieversorgung),
▷ die zugehörigen Kabelanlagen (110 kV, 30 kV),
▷ die sichere Umspannung, Tansformierung bzw. Gleichrichtung der Energie sowie
▷ die sichere Speisung des Fahrstromes über die Schaltstellen und die Rückleiter zu den Unterwerken zurück.

Neben der Sicherheit und Verfügbarkeit der Anlagen ist die Hauptaufgabe die Sanierung der Altanlagen. Die S-Bahn-Stromanlagen sind überwiegend älter als 50 Jahre. Im Zuge der Investitionsvorhaben in Berlin werden dabei neueste technische Erkenntnisse umgesetzt. So wird auf der Stadtbahn ein „Streustromsammelnetz" eingeführt, das die unterschiedlichen Stromsysteme beim Einbau der Festen Fahrbahn abgrenzt. Im Fernbahntunnel ist zur Beherrschung der verschiedenen Stromsysteme der Einbau gesonderter Erdungsmaßnahmen und Rückstromführungen geplant.

8 Technische Standards

8.1 Kundenorientierung

Die Technik orientiert sich vom technikzentrierten zum kundenorientierten Denken und Handeln um.

Im Wettbewerb um die Gunst der Nutzer, z.B. unter logistischen Gesichtspunkten, kann sie die Systemstärke der Eisenbahn über die Prozeßkette „Sicherheit und Verfügbarkeit" ausspielen.

8.2 Sicherheit und Verfügbarkeit

Sicherheit ist das Freisein von Gefahr als allgemein qualitative Anforderung an

▷ das Bauen und die Anlagen des Fahrweges (technische Sicherheit),
▷ den Eisenbahnbetrieb (betriebliche Sicherheit).

Die Sicherheit wird in allen Teilbereichen gewährleistet. Die technische Sicherheitsplanung, d. h. die Risikoanalyse (Was kann passieren?) und Risikobewertung (Was darf passieren?) sowie die Planung der Sicherheitsmaßnahmen hat auch unter den schwierigen Bedingungen des Bauens unter Betrieb einen hohen Stand erreicht.

Das komplexe Eisenbahnsystem funktioniert durch das Zusammenspiel von aktiven Komponenten (z. B. Stellwerke, Signale, Weichen), passiven Bauteilen und Strukturen (z. B. Schienen, Brücken), der Steuerung und Regelung (z. B. Rechner und Software) und dem bedienenden Menschen mit seinen Überwachungs-, Wartungs- und Instandsetzungsmaßnahmen. Entsprechend komplex und interdisziplinär sind die Anforderungen an die systematische Sicherheitsorganisation als ein Erfolgsfaktor für den GB Netz. Entscheidendes Element für ein effektives Sicherheitsmanagement ist und bleibt der qualifizierte bedienende und überwachende Mensch.

Hohe Zuverlässigkeit und Verfügbarkeit verfahrenstechnischer Systeme sind entscheidende Wettbewerbsvorteile. Deshalb arbeitet der RB Berlin intensiv an den Verfügbarkeitsdaten von technischen Störungen, die sich unmittelbar auf die Dienstleistungen für die Kunden als Abwei-

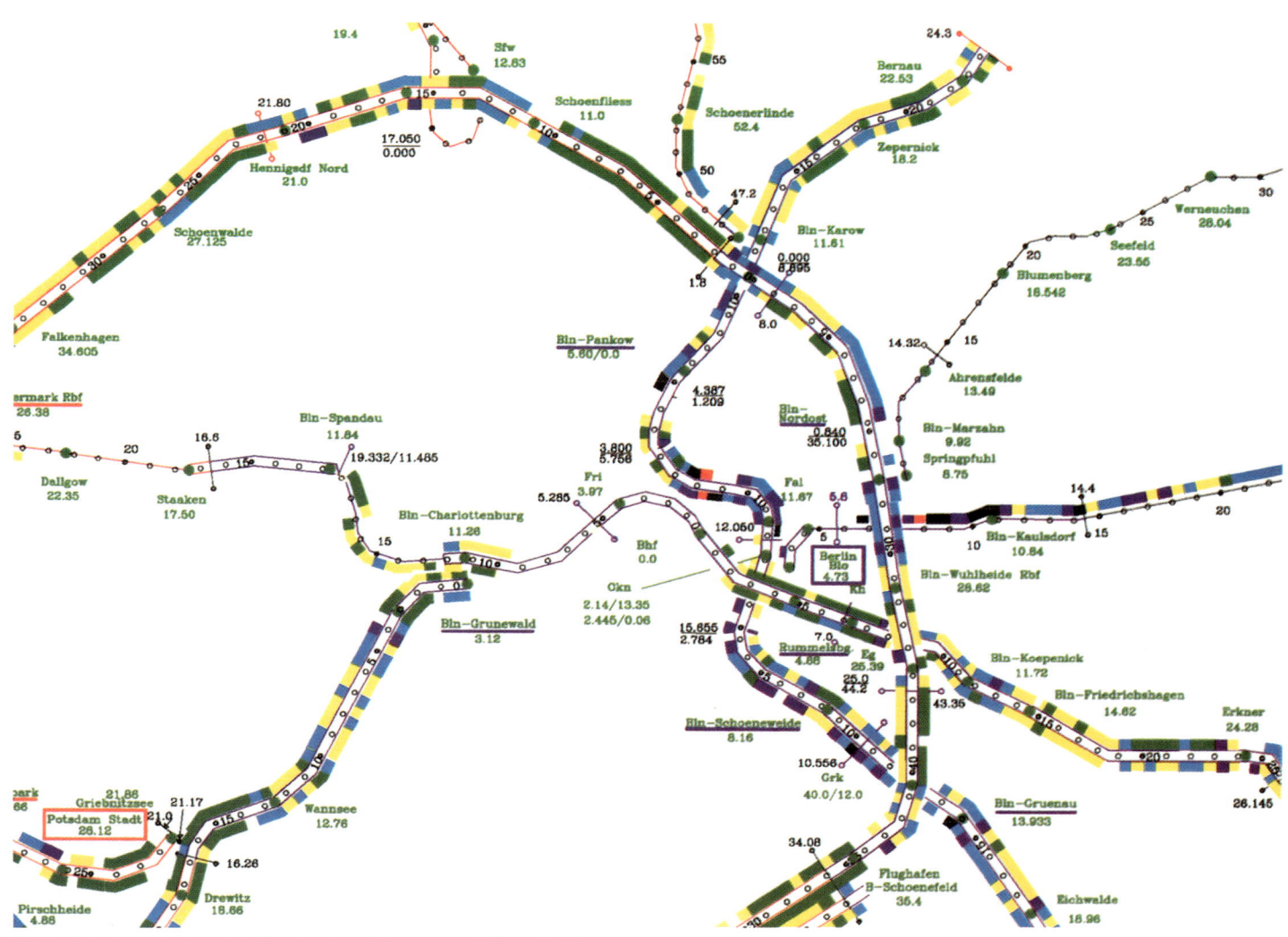

Bild 5: Arbeitsergebnisse „Intelligentes Inspektionssystem" (Ausschnitt)

chungen von der Pünktlichkeit auswirken. Die Ursachen liegen im RB Berlin überwiegend im Zustand der Fahrweganlagen, die noch nicht überall dem heutigen Stand der Technik entsprechen (technisch veraltet, vernachlässigte Instandsetzung). Das technische Störungsmanagement wird insoweit als Herausforderung begriffen.

8.3 Planung und Bauausführung

Die Verantwortung für die technische Planung sowie die Durchführung von Maßnahmen der Instandhaltung und der Investition werden vom Genehmigungsverfahren bis zur Inbetriebnahme Projektleitern übertragen. Sie arbeiten eng mit externen Fachingenieuren und Bauunternehmen zusammen.

Zur Planung, Kontrolle und Steuerung der jährlich ca. 600 Baumaßnahmen wird im RB Berlin und den Niederlassungen das „Projektmanagementsystem Technik"(PMT) als durchgängiges EDV-gestütztes Instrument eingesetzt. Damit lassen sich alle Vorhaben in den Ziellinien von Kosten, Terminen und Qualitäten mit Erfolg abwickeln.

Der RB Berlin sichert seine vertragsrechtlichen Handlungskompetenzen im Zusammenhang mit dem Einkauf von Leistungen und Material in enger Zusammenarbeit mit dem Zentralbereich Einkauf der DB AG. Er nutzt und gestaltet die gesetzlichen Freiräume im Rahmen der Definition und Sicherung des Leistungserfolges, der Abnahmestrategie und der Gewährleistungsverfolgung. Wichtigste Aufgabe ist das intensive Erschließen der nationalen, ggf. auch internationalen Beschaffungsmärkte als Bestandteil des Binnenmarkteffektes. Ingenieurverträge werden auf der Basis der HAOI und Bauverträge auf der Basis der VOB abgeschlossen.

8.4 Anspruch Umweltschutz

Planen, Bauen und Betreiben von Eisenbahnanlagen ist ohne die Berücksichtigung des Umwelt- und Naturschutzes nicht denkbar. Umweltschutz ist eine hochrangige unternehmerische Aufgabe, um die Stellung der DB AG als umweltschonender Verkehrsträger auszubauen. Maßnahmen für den Umweltschutz sind das Ergebnis einer sorgfältigen Abwägung von ökologischen und ökonomischen Belangen.

Geschäftsbereich Netz in Berlin

Durch die Implementierung eines Umweltmanagementsystems im RB Berlin wird die Einhaltung der gesetzlichen Rahmenbedingungen (u. a. Bundesimmissionsschutzgesetz, Abfallgesetz und Wasserhaushaltsgesetz), Verordnungen, behördliche Vorgaben und gesellschaftlichen Anforderungen beherrscht. Es fokussiert alle Aktivitäten auf die Schonung der Ressourcen, Vermeidung oder Verminderung von Belastungen und Belästigungen sowie die Schutzstrategien (Altlastensanierung, Schallschutz, Wasserschutz).

8.5 Technische Entwicklung und Kostensenkung

Die größten Rationalisierungsreserven der DB AG liegen im Bereich Fahrweg. Das Ziel ist die Eingrenzung und Senkung der Kosten. Im Fahrweg wird daher zielgerichtet investiert und rationalisiert. Dabei ist die infrastrukturelle Ausgangslage im RB Berlin durch kriegs- und teilungsbedingte Einflüsse auf die Investition und Instandhaltung der letzten Jahrzehnte gekennzeichnet (Überalterung, Instandhaltungsrückstände, veralteter Stand der Technik). Grundsätzlich müssen bei der Investition für den Fahrweg und seine Ausrüstung die Betriebs- und Instandhaltungskosten neben den reinen Beschaffungs- und Herstellkosten sowie die Verfügbarkeit über die Lebensdauer berücksichtigt werden (Life-Cycle-Cost) [5].

Im RB Berlin werden die Instandhaltungsziele und -strategien am Zustand der Anlagen ausgerichtet, systematische Verfügbarkeitsanalysen (technische Störungsanalysen) vorgenommen und EDV-gestützte Zustandsdaten für die Entscheidungsfindung genutzt. Beispielsweise ergibt sich durch eine intelligente Zusammenfassung von verschiedenen Inspektionsergebnissen des Oberbaues und deren farblicher Bewertung von grün bis rot (Eingriff erforderlich) eine aggregierte Aussage über den Ist-Zustand der Strecken (Bild 5).

9 Controlling und Personalmanagement

Der Unternehmenserfolg muß abgesichert werden durch Planung, Kontrolle und Steuerung aller Ressourcen (Controlling), klare und realistische Budgetierung sowie ein informatives Reporting.

Im Rahmen des Personalmanagements sind Personalplanung, -beschaffung und -entwicklung, Karriereplanung der Leistungsträger, Nachwuchsentwicklung und Know-how-Sicherung zeitgemäß und reibungslos zu gewährleisten. Dazu gehört auch die Umsetzung moderner Personalführungskonzeptionen und Entlohnungssysteme.

Die vertrauensvolle Zusammenarbeit mit den Arbeitnehmervertretungen ist selbstverständlich.

10 Reorganisation und zeitgemäße Unternehmensführung

Der Umbau der DB AG zu einem wettbewerbsfähigen Unternehmen mit einer effizienten und schlanken Struktur mit reaktionsschnellen Organisationseinheiten — ausgehend von der traditionsreichen Deutschen Bundesbahn und Deutschen Reichsbahn — berührt viele überkommene Wertvorstellungen und geht nicht ohne Reibungen vor sich.

Der notwendige Veränderungsprozeß wird unterstützt durch

▷ hohe Investitionen in Fahrweganlagen und Technologien,
▷ Transparenz der Kosten,
▷ Produktivitätsgewinn durch Auftragnehmer- und Zulieferer-Integration,
▷ die Verschiebung der Altersstruktur im Unternehmen,
▷ die Verlagerung von Aufgaben, Kompetenz und Verantwortung auf die Ebenen, die das höchste Informationsniveau und die größte Kundennähe haben und
▷ flache Hierarchien (Zweistufigkeit) sowie kürzere Entscheidungswege.

Bürokratische Strukturen mit effizienzmindernder Wirkung sollen durch Denken in Zielen und Prozessen sowie durch kundenausgerichtetes, die komplexe Verwaltungsorganisation abbauendes Handeln überwunden, alle Arbeitsschritte und die Arbeitsergebnisse permanent verbessert werden.

Auch in den kommenden Jahren wird es notwendig bleiben, die Rolle der Führungskräfte auf allen Ebenen der Organisation den Standards der modernsten Industrieunternehmen anzupassen. Die Basistugenden der Führungskultur sind Selbstverantwortung, Eigeninitiative, Lernbereitschaft, Identifikation und Kooperation. Hohe Priorität haben daher

▷ die Verbesserung der Kommunikation zwischen Führungskräften und Mitarbeitern,
▷ die Beteiligung von Mitarbeitern an Entscheidungsprozessen,
▷ Führungskräfteentwicklung und Mitarbeitertraining sowie
▷ die Einführung leistungsorientierter Vergütungssysteme.

11 Ausblick

Berlin ist in Bewegung geraten, die Stadt rüstet sich für das nächste Jahrhundert. Wirtschaftlich ein Magnet und künftig auch politisch tonangebend, entwickelt sich die deutsche Hauptstadt zu einer europäischen Metropole. Dies alles macht ein gut funktionierendes Verkehrsnetz für hohe Ansprüche notwendig. Zugleich zwingt zunehmender Wettbewerb, wachsender Kostendruck und eine veränderte Wirtschaftsgeographie in Zentraleuropa die DB AG zum Handeln. Der GB Netz mit seinen Organisationseinheiten in Berlin stellt sich dieser Aufgabe mit allen ihren betrieblichen, technischen und organisatorischen Aspekten verantwortungsbewußt und engagiert.

Schrifttum

[1] Dürr, H.: Der Markt entscheidet. Deine Bahn (1994), H. 1, S. 3...5.
[2] Münchschwander, P.: Erstellen und Instandhalten des Fahrwegs — Zukunftsgrundlagen der Deutschen Bahnen. Edition ETR — Eisenbahntechnische Rundschau, Hestra Verlag, Darmstadt, 1993, S. 9.
[3] Deutsche Bahn AG, Regionalbereich Netz Berlin; S-Bahn Berlin GmbH: Vertrag über die Nutzung der Eisenbahninfrastruktur der DB AG vom Oktober 1995.
[4] Feldwisch, W.; Nesnau, H.; Pinkert, B.: Eisenbahnbrücken in Berlin. ETR — Eisenbahntechnische Rundschau 44 (1995), H. 1-2, S. 89...102.
[5] Deutsches Verkehrsforum (DVF): Anschaffungskosten verlieren an Bedeutung. Handelsblatt vom 27. 10. 1995, S. 29.
[6] Risch, S.: Reorganisation — Der Faktor Mensch. manager magazin 25 (1995), H. 7, S. 170...172.

Eisenbahnbau und Vermessung
Veranstaltungsreihe Herbst/Winter 1996/97

Wochenend-Seminare mit Schwerpunkten
- Gleisbau
- Gleisvermessung
- „Feste Fahrbahn"

Fordern Sie Katalog, Termine und Teilnahmebedingungen an. Es berät Sie Herr Schantl.

ae
ACTIV-CONSULT GmbH

Informationen und Termine bei
Activ Consult GmbH, Geschäftsbereich Training
Ridlerstraße 37, 80339 München
Tel.: 089/54 00 81-30, Fax 089/54 00 81-29

BAUGRUND DRESDEN Ingenieurgesellschaft mbH

Baugrund- und Altlastuntersuchungen, Gründungsberatungen, geotechnische Spezialaufgaben

Unsere Referenzen des Verkehrsbaues im Raum Berlin:
- Schnellbahnverbindung der DB AG Hannover-Berlin
- Stadtschnellbahn S 5 Charlottenburger Chaussee-Friedrichstraße
- DB AG-Rangierbahnhof Grunewald
- DB AG-Strecke Friedrichstraße-Hauptbahnhof einschl. Gleisfelderweiterungen
- Spree-Oder-Wasserstraße
- Havel-Oder-Wasserstraße

Unsere Entwicklungsarbeiten zum Verkehrsbau:
- Geotechnische Untersuchungen zur generellen Anwendbarkeit der Festen Fahrbahn
- Schwingungsbeurteilung von Unterbau und Untergrund bei Hochgeschwindigkeitsstrecken der DB AG
- Geotechnische Untersuchungen zur Optimierung der Bauformen der Festen Fahrbahn

Paul - Schwarze - Str. 2   01097 Dresden
Telefon: (03 51) 8 24 13 50   Telefax: (03 51) 803 07 86

---

tb Berliner Tief- und Verkehrsbau GmbH

Bauen für Berlin und Brandenburg!

Ingenieurtiefbau
(Brückenbau, U-Bahnbau, Kläranlagen)
Straßenbau, Gleisbau,
Kanalbau, Rohrleitungsbau,
Kabelleitungstiefbau,
Unterirdischer Rohrvortrieb,
Fernwärmeleitungsbau
Kanalreinigung, Kanal-TV
Erdbau, Abbruch, Recycling
Sprengarbeiten

Tb Berliner Tief- und
Verkehrsbau GmbH
Geschäftsleitung
Blankenburger Straße 18-28
13089 Berlin-Heinersdorf
Telefon: (030) 4 78 06 - 0 (Zentr.)
Telefax: (030) 4 78 06 - 5 02
       (030) 4 78 06 - 5 32

Leistung ist unser Fundament

Zertifiziertes Qualitätsmanagementsystem
nach DIN EN ISO 9001 (DQS-Reg.-Nr. 9027-01)

Kompetente Partner in Berlin

SEIT ÜBER 60 JAHREN

BERATUNG
PLANUNG
VERMESSUNG

Umwelttechnik
Städtischer Tiefbau
Wasserwesen
Straßenbau/Gleisanlagen
Brücken- und Tunnelbau
Geo- und Deponietechnik
Kommunikationswesen

---

wisserodt INGENIEURE

Bismarckstraße 91
D-10625 Berlin
(030) 31 57 30-0

BAU UND UNTERHALTUNG VON GLEISANLAGEN GmbH
Gleisbau • Tiefbau • Kabelbau • Stromschienenarbeiten

BUG GmbH, Landfliegerstraße, 12487 Berlin
Tel.: 0 30 / 6 31 69 41 · Fax: 0 30 / 6 31 69 42

BUG

GRASSL BERATENDE INGENIEURE BAUWESEN

BRÜCKENBAU TUNNELBAU	STRASSENBAU EISENBAHNBAU	U-BAHNBAU WASSERBAU	ING.-HOCHBAU ALLGEM. TIEFBAU

HOHLER WEG 4	ADLERSTRASSE 34-40	GAISBERGSTRASSE 7	HERTZSTRASSE 20	AM GORZBERG, HAUS 14
20459 HAMBURG	40211 DÜSSELDORF	81675 MÜNCHEN	13158 BERLIN	17489 GREIFSWALD
Tel. 0 40 / 37 09 30	Tel. 02 11 / 35 60 31	Tel. 0 89 / 47 20 05	Tel. 0 30 / 91 64 433	Tel. 0 38 34 / 55 84 00
Telefax 36 36 16	Telefax 36 28 49	Telefax 47 03 006	Telefax 91 64 438	Telefax 55 84 02

METALL TECHNIK
Götz Lamm & Co. OHG
Maschinen- Werkzeug- und Vorrichtungsbau; CNC- Bearbeitung

Ein bewährter Lieferant der Deutschen Bahn AG

- für Maschinenbauteile
- für bearbeitete Schmiede- und Gußstücke
- für diverse Bremsteile
- für Getriebe und Kupplungen

- hohe Genauigkeit
- kurze Liefertermine
- faire Preise
- hohe Flexiblität

Anschrift
Auenstr. 1
01558 Großenhain

Telefon: 0 35 22 / 52 02 57
Telefax: 0 35 22 / 52 02 54

Bankverbindung
Raiffeisenbank Großenhain
BLZ: 850 649 98
Konto-Nr.: 19 909

---

igi Niedermeyer Institute
UNTERSUCHEN BERATEN PLANEN GmbH

STAMMHAUS
91747 Westheim
Hohentrüdinger Straße 11
Tel. 0 90 82 / 73 - 0
Fax 0 90 82 / 8460 - 4360

NIEDERLASSUNGEN UND AUSSENSTELLEN
10119 Berlin — Torstr. 6
01099 Dresden — Baumstr. 9-13
07745 Jena — Konrad-Zuse-Str. 5
70173 Stuttgart — Wagengutbahnhof 30

Institute
- Hydrogeologie / Hydrologie / Wasserwirtschaft
- Ökologie / Umweltverträglichkeit / Landschaftsplanung
- Erd- und Grundbau / Ingenieurgeologie / Fels- und Untertagebau
- Immissionsschutz / Bauingenieurwesen / Abfallwirtschaft
- Umwelt- und Arbeitsmedizin / Lufthygiene
- Chemie / Umweltanalytik / Umweltverfahrenstechnik

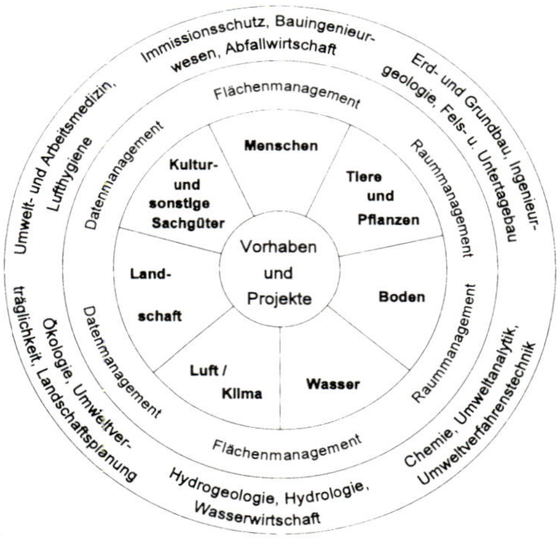

Wir sind ein interdisziplinäres Consulting-Unternehmen, das mit Planungen und Vorhaben der Verwaltung und Wirtschaft vertraut ist, und sichern eine ganzheitliche und zielführende Bearbeitung bei folgenden Aufgaben zu: Feld- und Laboranalysen, Messungen, Prüfungen, Simulationen, Berechnungen, Studien, Überwachungen, Beweissicherungen, Marktstudien und -analysen, Durchführbarkeits- und Machbarkeitsstudien, Konzeptplanungen, Untersuchungen zu raumbedeutsamen Vorhaben und Planungen, Genehmigungsplanungen, Teilraumgutachten und Entwicklungsplanungen, Projekt- und Maßnahmenbetreuung und Projektüberwachung, Umweltmanagement, Qualitätssicherungsmanagement, Risiko- und sicherheitstechnische Analysen, Studien und Untersuchungen zur Sozial-, Gesundheits-, Umwelt- sowie Raumverträglichkeit, Kosten/Nutzen-Untersuchungen.

LABORS UND VERSUCHSANSTALTEN
- Untersuchung von Baugrund, Fels, Boden
- Messung von Emissionen und Immissionen
- Messung von Schadstoffen in Wasser, Boden, Luft und Lebewesen
- Messung von Funktionen, Belastungen und Beanspruchungen bei Menschen

QUALIFIKATIONEN
- Erd- und Grundbauinstitut nach DIN 1054
- Wasser- und Abwassersachverständiger
- Meßstelle nach §§ 26, 28 BImSchG
- Prüfstelle für Güteprüfungen nach DIN 4109
- Landschaftsarchitekten
- Ärzte für Arbeitsmedizin sowie Hygiene und Umweltmedizin
- Spezialisten und Sonderfachleute für den Umweltschutz
- Lehrbeauftragte

Der Spezialist für Brücken- u. Tunnelbauwerke
MACULAN
BAU UNION SÜD
Niederlassung Berlin

Seydelstraße 28 · 10117 Berlin · Tel.: (030) 2 0180-641
Fax: (030) 2 0180-640

PROJEKTMANAGEMENT
PROJEKTSTEUERUNG
BAUÜBERWACHUNG
LOGISTIK

Bauwesen
Gebäudetechnik
Kommunikationswesen
Informationstechnologie
Verkehr/Transport
Wasserwesen
Ver- und Entsorgung

GC GENERAL CONTRACT
Bismarckstraße 91
D-10625 Berlin
(030) 31 57 30-0

CTG CORROTECT
BETONBAU GmbH Berlin
Wolfener Str. 22, 12681 Berlin
Tel. 0 30 / 9 30 97 87/88
Fax 0 30 / 9 30 93 13

- STAHLBETONBAU
- BAUINSTANDSETZUNG
- BESCHICHTUNGEN
- DRUCKINJEKTIONEN

Ein gutes Zeichen ...

Hestra-Verlag

... für Fachzeitschriften und Fachbücher über das gesamte Eisenbahnwesen

DB AG in Berlin als Logistikträger

Werner Remmert

Deutsche Bahn AG in Berlin — Investor und Logistikträger

Im Verkehrsknoten Berlin ergeben sich aus Wiederherstellung und Ausbau des Schienenverkehrsknotens Berlin (Pilzkonzept) und der Wiederherstellung der Berliner S-Bahn Aufgaben, die vom Volumen, von der terminlichen und der technischen Zielstellung her nicht nur sehr anspruchsvoll sind, sondern auch ein erhebliches logistisches Problem in sich bergen.

Für die großen Baustellen insbesondere im Kernbereich der Stadt ergab sich der Zwang, Lösungen zu finden, die eine hohe Versorgungssicherheit gewährleisten konnten und andererseits eine stadtverträgliche Lösung darstellten. Das gefundene System der Baustellenversorgung mit weitgehender Versorgung der Baustellen über die Schiene hat nicht nur in der Stadt Berlin große Akzeptanz gefunden, sondern ist in seiner Art beispielgebend für die Chancen, die Bahn in Großprojekte dieser Art gleichsam als Systemanbieter zu integrieren.

1 Die logistische Herausforderung

Im Bundesverkehrswegeplan 1992 wurde die Wiederherstellung und der Ausbau des Schienenverkehrsknotens Berlin in Form des sogenannten „Pilzkonzeptes" (Bild 1) beschlossen. Dabei werden die bis 1939 existierenden Bahnanlagen weitestgehend in modernisierter Form wieder aufgebaut und als einziges Neubauvorhaben mit dem Nord-Süd-Fernbahntunnel ein Vorhaben realisiert, das seit der Jahrhundertwende geplant war.

Damit wird die Bundeshauptstadt über ein Verkehrssystem für den Fern- und Regionalverkehr verfügen, das der Bedeutung Berlins als europäischem Schienenverkehrsknoten gerecht wird.

Zeitgleich wird die Berliner S-Bahn in einem Umfang wiederhergestellt, wie sie bereits 1961 existierte. Dabei werden die Entwicklungen aus der Zeit der Mauer (parallele Streckenlagen der U-Bahn) und der heutige technische Standard berücksichtigt.

Eine Besonderheit der Bauvorhaben im Knoten Berlin besteht darin, daß Fern- und S-Bahn von ihrem Gleisnetz her zwar getrennt, aber räumlich meist in Parallellage geführt werden. Dies bedeutet, daß die Bauvorhaben sich untereinander beeinflussen und auch die Aufrechterhaltung nur eines Teiles, wie z.B. der S-Bahn im Bauvor-

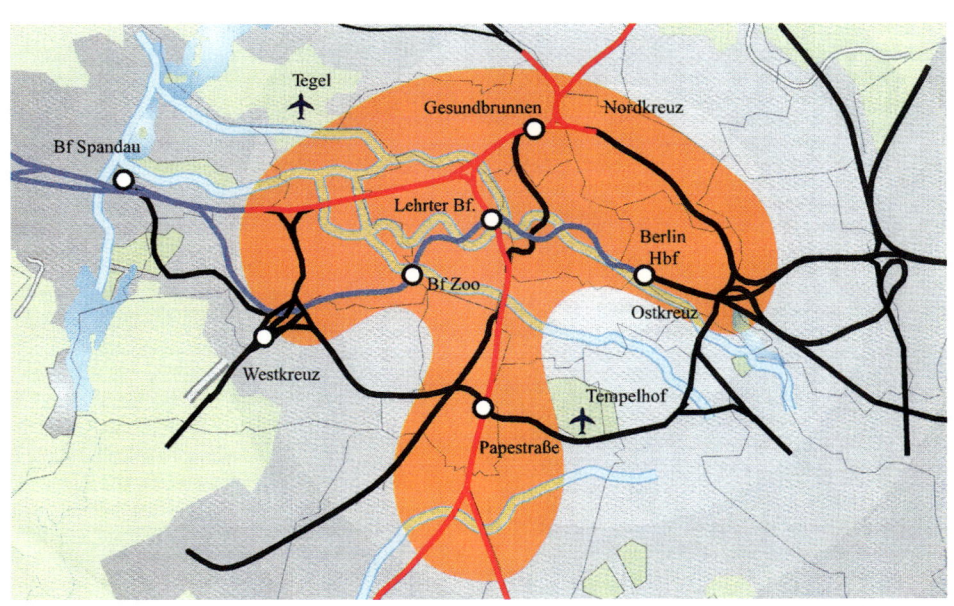

Bild 1: Pilzkonzept mit den Vorhaben der Ost-West-Achse (blau) und der Nord-Süd-Achse (rot)

haben Stadtbahn, Auswirkungen auf die Baumaßnahmen und den Betrieb der Fernbahn haben.

Für die genannten Vorhaben wurden durch den Bund Mittel in Höhe von insgesamt 16 Mrd. DM bereitgestellt.

Die genannten Vorhaben sind nicht nur vom Volumen, der terminlichen Zielstellung und der technischen Aufgabe her sehr anspruchsvoll, sondern sie bergen auch ein erhebliches logistisches Problem.

Dies wird insbesondere im Bereich des Potsdamer und Leipziger Platzes deutlich, wo mit dem größten der Eisenbahnbauvorhaben, dem Bau der Nord-Süd-Verbindung mit einem 3,2-km-langen viergleisigen Tunnel mit drei neu zu errichtenden Bahnhöfen (Lehrter Bahnhof, Bahnhof Potsdamer Platz und Bahnhof Papestraße), begonnen

159

DB AG in Berlin als Logistikträger

Bild 2: Lehrter Bahnhof mit Spreebogen

wurde. Dieses Projekt steht in einem unmittelbaren räumlichen Zusammenhang mit dem Bau von zwei U-Bahnlinien, zwei Straßentunneln und den Bauvorhaben der privaten Investoren am Potsdamer Platz sowie mit den zukünftigen Regierungsbauten des Bundes im Spreebogen (Bild 2). Insgesamt werden durch die genannten Bauträger ca. 12 Mrd. DM realisiert.

In diesem relativ kleinen innerstädtischen Bereich Berlins tritt somit eine ungeheure bauliche Verdichtung ein.

Da das Straßennetz Berlin durch die intensive Bautätigkeit im gesamten Stadtgebiet ohnehin in seiner Verfügbarkeit beeinträchtigt ist (und zudem auch nach der Maueröffnung noch nicht erweitert werden konnte), ergab sich für die Bauten im Kernbereich der Stadt der Zwang, Lösungen zu finden, die in Anbetracht der riesigen Transportmengen (Bild 3) eine hohe Versorgungssicherheit der großen Baustellen gewährleisten konnten und andererseits Rücksicht auf die bereits vorhandene Verkehrsbelastung in der Stadt nahmen.

Stadtverträgliche Lösungen waren daher gefragt.

Grundsätzlich werden bei Bauvorhaben Logistiklösungen gewählt, die bei ausreichender Flexibilität und Versorgungssicherheit die wirtschaftlichsten sind. Aus der Sicht der DB AG als Bauherr und als Schienenverkehrsunternehmen stellt sich deshalb die Aufgabe, Transportleistungen — soweit möglich — über die Schiene abzuwickeln. Dieses ist bei einigen Teilen der Oberbaumaterialversorgung, wie Schienen, Schwellen und Schotter, weniger problematisch, da für diese die Schienenanlieferung vereinbart ist und bei denen die Lieferanten über Gleisanschlüsse verfügen und weitgehend Spezialwaggons eingesetzt werden.

Wesentlich anders stellt sich das Problem für die zu entsorgenden und in die Baustellen zu verbringenden Bodenmassen dar, wo die Organisation des Transportes in der Regel dem beauftragten Unternehmer obliegt. Hier war das Logistikkonzept bisher vorwiegend straßenorientiert, obwohl die Einkaufsbedingungen der DB AG grundsätzlich auf eine Nutzung der Schiene verweisen.

Da für die Bauten im Zentralen Bereich Berlins die Randbedingungen Stadtverträglichkeit und Versorgungssicherheit auch unter dem Gesichtspunkt eines überlasteten Straßennetzes beachtet werden mußten, kam es bei der Planung und Vergabe der Bauleistungen primär darauf an, Lösungen zu suchen, die den Straßentransport in das Zentrum Berlins so weit als möglich vermeiden, im reinen Kostenvergleich vertretbar und sich durch hohe Versorgungssicherheit wirtschaftlich legitimierten.

DB AG in Berlin als Logistikträger

Bild 4: Baugrube Regionalbahnhof Potsdamer Platz

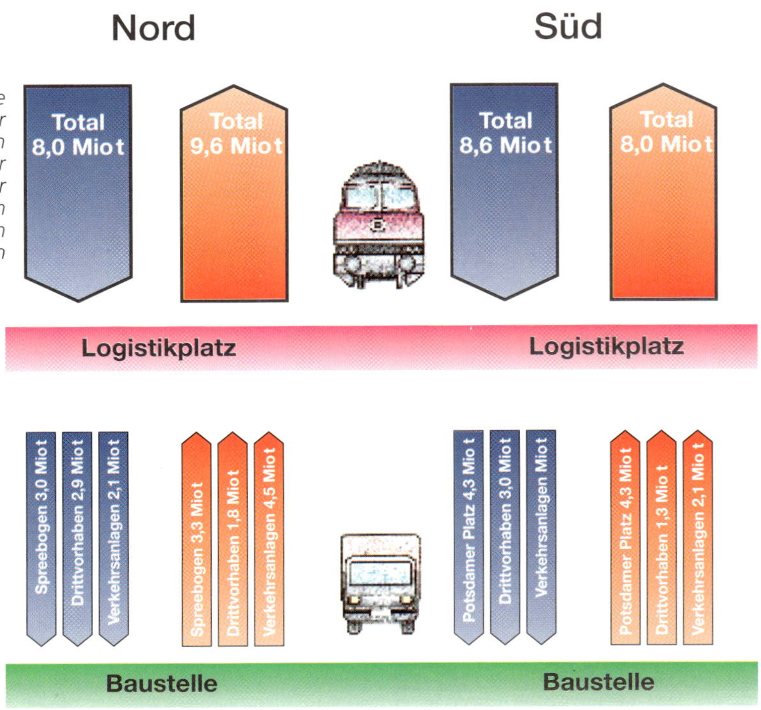

Bild 3: Schematische Darstellung der Transportmengen in Zu- und Abfuhr für die Baustellen aller Investoren im Zentralen Bereich von Berlin

Nord

Total 8,0 Mio t | Total 9,6 Mio t

Logistikplatz

Spreebogen 3,0 Mio t | Drittvorhaben 2,9 Mio t | Verkehrsanlagen 2,1 Mio t | Spreebogen 3,3 Mio t | Drittvorhaben 1,8 Mio t | Verkehrsanlagen 4,5 Mio t

Baustelle

Süd

Total 8,6 Mio t | Total 8,0 Mio t

Logistikplatz

Potsdamer Platz 4,3 Mio t | Drittvorhaben 3,0 Mio t | Verkehrsanlagen Mio t | Potsdamer Platz 4,3 Mio t | Drittvorhaben 1,3 Mio t | Verkehrsanlagen 2,1 Mio t

Baustelle

2 Logistik — Bereich Süd

Eine besondere Chance, das Versorgungskonzept weitgehend ohne Belastung des Straßenverkehrs zu realisieren, ergab sich insbesondere daraus, daß die ehemaligen Trassen der Bahn zum ehemaligen Potsdamer und Anhalter Bahnhof reichten. Da diese Bahnhöfe nicht mehr vorhanden sind bzw. nicht mehr genutzt werden, konnte man auf Brachflächen zurückgreifen, die bis in das Baufeld des Potsdamer Platzes reichen (Bild 4). Gemeinsam mit den anderen Investoren am Potsdamer Platz — debis, Sony, ABB-Soreno sowie dem Senat und der DB AG als Träger der Verkehrsinvestitionen im Zentralen Bereich — wurde eine gemeinsame Gesellschaft — die „baulog-GmbH" — gegründet, die eine Versorgung der Baustellen über die Schiene und im begrenzten Umfang auch über das Schiff ermöglicht, das den am Rande des Baustellenfeldes liegenden Landwehrkanal benutzt.

Diese Gesellschaft hat mit einem Investiti-

DB AG in Berlin als Logistikträger

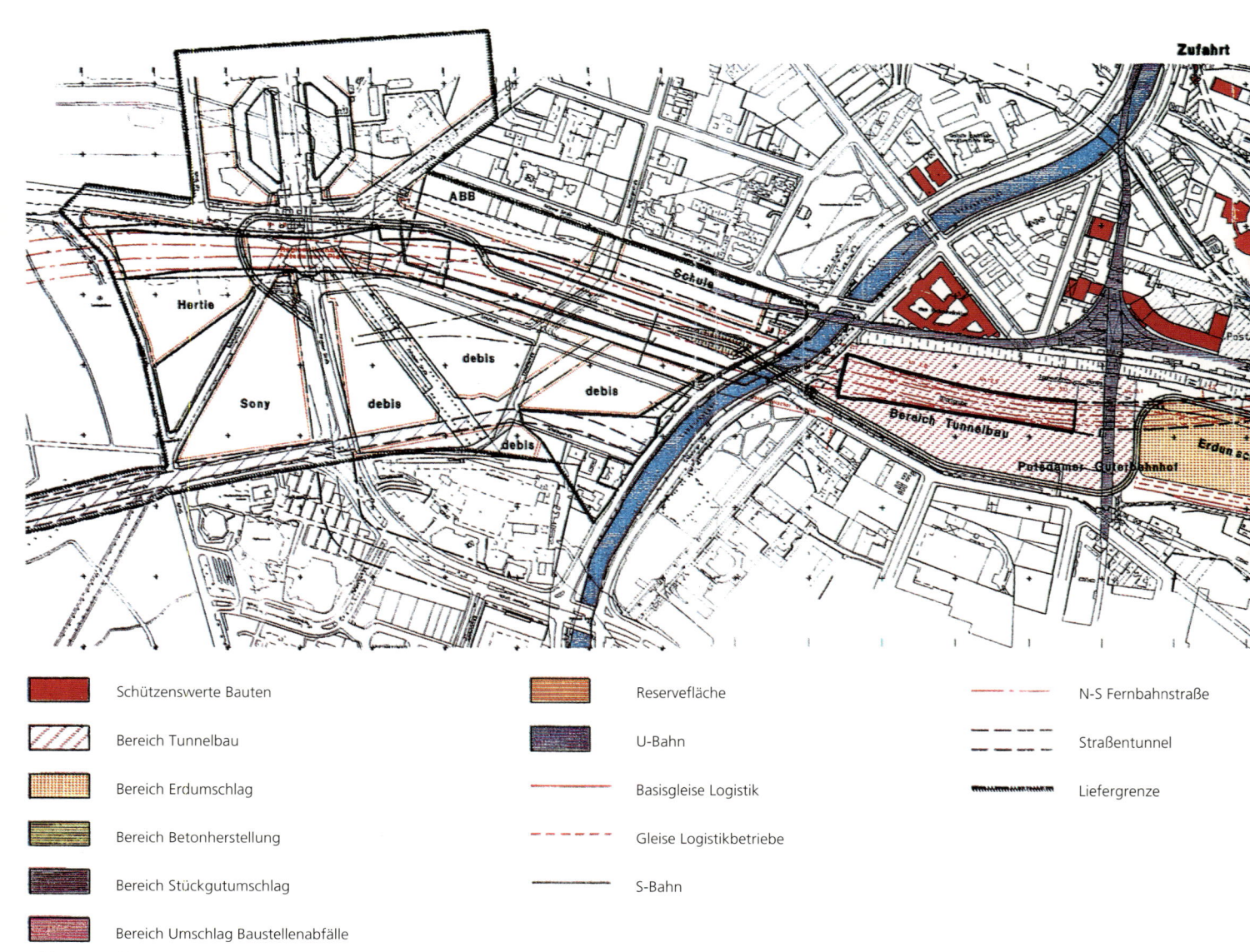

▬	Schützenswerte Bauten	▬	Reservefläche	▬	N-S Fernbahnstraße
▬	Bereich Tunnelbau	▬	U-Bahn	- - -	Straßentunnel
▬	Bereich Erdumschlag	———	Basisgleise Logistik	▬▬▬	Liefergrenze
▬	Bereich Betonherstellung	- - -	Gleise Logistikbetriebe		
▬	Bereich Stückgutumschlag	———	S-Bahn		
▬	Bereich Umschlag Baustellenabfälle				

Bild 5: Detaildarstellung der Lage und Ausdehnung der logistischen Infrastruktur für die Baustellenlogistik Potsdamer Platz GmbH

onsvolumen von über 40 Mio. DM eine spezielle verkehrliche Infrastruktur nur für die Versorgung der Baustellen auf dem Gelände des ehemaligen Anhalter und Potsdamer Güterbahnhofs geschaffen und dabei durch eine Brücke über den Landwehrkanal und die an ihm entlangführenden Straßen den direkten Zugang zum Baufeld der Gesellschafter ohne jegliche Beeinflussung öffentlicher Straßen ermöglicht (Bild 5). Durch Dienstleister wurden auf dem baulog-Gelände ein Betonwerk, ein Stückgutumschlagplatz sowie Anlagen für den Abtransport des Bodenaushubes geschaffen. Somit sind alle Anlagen, die zur Abwicklung des Transportaufkommen dienen, direkt an den Baustellen konzentriert.

Vertraglich wurde zwischen den Investoren im Rahmen einer kartellrechtlichen Genehmigung sichergestellt, daß sich die von den Investoren beauftragten Bau- und Ausrüstungsfirmen der baulog GmbH und ihrer Dienstleister bedienen lassen müssen.

Über Umlagen, die zum Teil mengenorientiert abgerechnet werden, erfolgt die Refinanzierung der Investitionen und die Finanzierung der laufenden Kosten der Gesellschaft. Der Geschäftsbereich Ladungsverkehr der DB AG hat eine spezielle Gruppe gebildet, die für die baulog als bahnseitiger Koordinator dient und alle bahninternen Fragen klärt.

Dieses System der Baustellenversorgung, ohne jedwede Inanspruchnahme des öffentlichen Straßennetzes als Gemeinschaftsprojekt aller beteiligten Investoren mit weitgehender Versorgung der Baustellen über die Schiene, hat nicht nur in der Stadt große Akzeptanz gefunden, sondern ist in seiner Art, wenn auch begünstigt durch die örtlichen Verhältnisse, beispielgebend für die Chancen, die DB AG in Großprojekte dieser Art gleichsam als Systemanbieter zu integrieren.

Das Konzept hat in der ersten Phase bei der Errichtung der Baugruben und der Erstellung erster Rohbauten seine Bewährungsprobe bestanden. Die Bahn hat allein für den Abraum bis zu 14 Züge täglich gefahren.

Auch für den Stückgutbereich, der als sogenannter Nichtmassengutverkehr zu definieren ist, sind Baustelleneinrichtungen, dabei Armierungen wie Bewehrungskörbe in Längen von bis zu 36m, Spundwände und vieles andere mehr, erfolgreich über die Schiene abgewickelt worden.

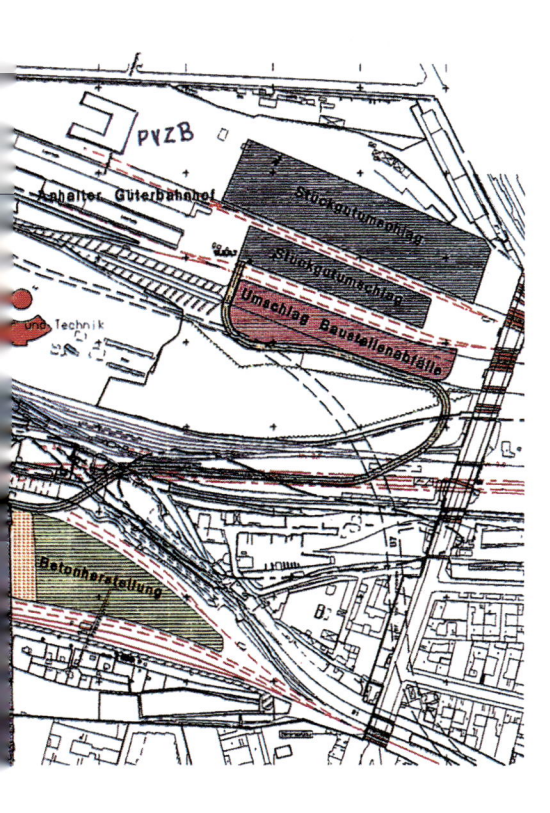

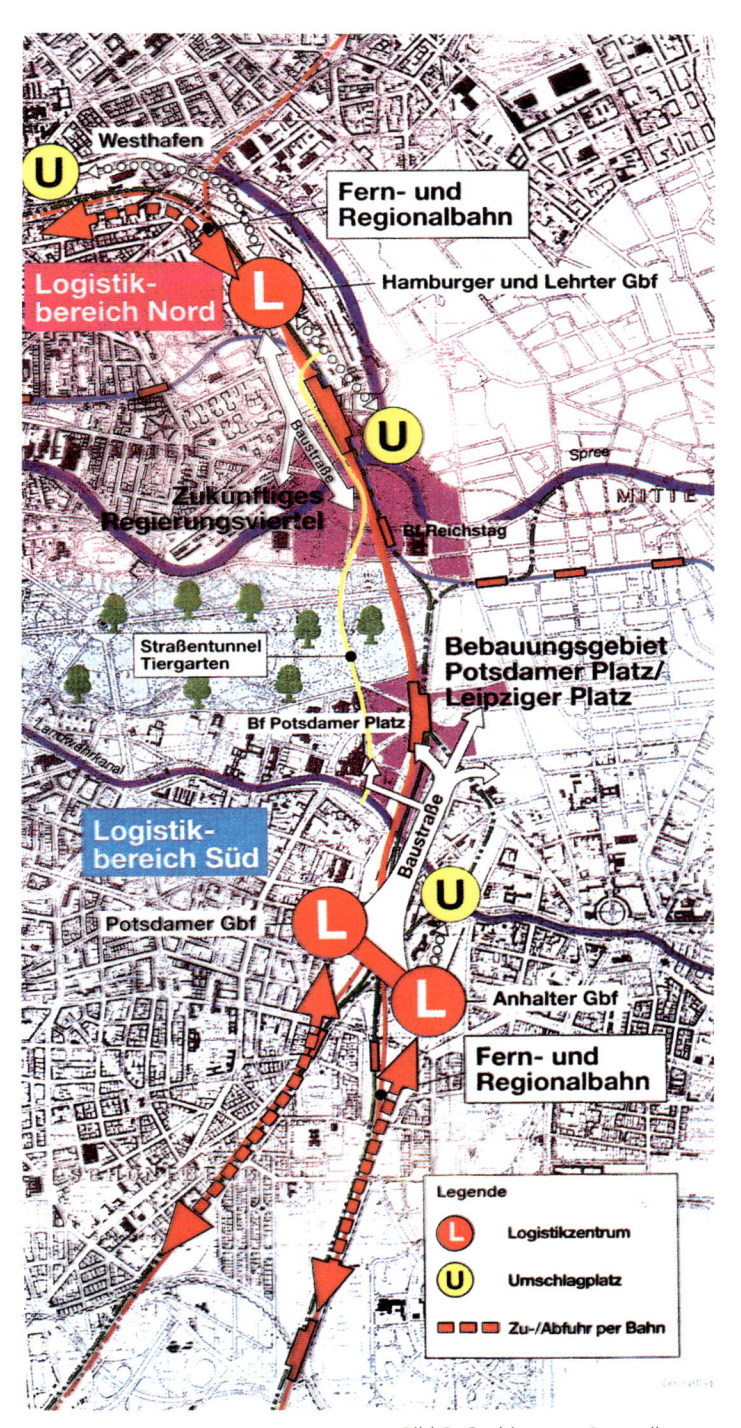

DB AG in Berlin als Logistikträger

Vorgesehen ist auch, daß in der Phase des Ausbaus die dann erforderlichen Materialien über die Schiene angeliefert werden. Dabei muß die DB AG selbstverständlich die Versorgungssicherheit im Sinne eines „just in time"-Transportes gewährleisten. Daneben soll durch eine Transportberatung für Lieferfirmen, deren Lieferkonditionen — trotz der Auflage, die Verkehre über die baulog abzuwickeln — unverändert auf „Frei-Baustelle" lauten, sichergestellt werden, daß die erforderlichen Teile der Transportkette organisiert und stabil bereitgestellt werden.

3 Logistik — Bereich Nord

Aufgrund der im Bereich des Potsdamer Platzes und der baulog GmbH gewonnenen positiven Erfahrung hat die Projektgesellschaft für die Verkehrsvorhaben im zentralen Bereich (PVZB), die von der DB AG und dem Land Berlin getragen wird, mit der Bundesbaugesellschaft, als Träger der Bauvorhaben des Bundes im Spreebogen für die Errichtung des Kanzleramtes, des Aalsenblocks und des Umbaus des Reichstages, ein ähnliches Logistikkonzept entwickelt (Bild 6).

Die Investitionen und die Vorhaltung der internen Infrastruktur werden, anders als bei der Baulogistik Süd, von den beauftragten Unternehmen, die die Betonversorgung und die Ent- und Versorgung der Baustellen gewährleisten, getätigt werden. Auch bei dieser Baulogistik-Lösung wird die Anlieferung der Stückgüter in einer weiteren Phase in das Versorgungskonzept eingebunden.

Anders als im Bereich des Potsdamer Platzes

Bild 6: Grobkonzept Baustellenlogistik Zentralbereich Berlin — Darstellung der Logistikbereiche Süd und Nord in ihrer Lage zu den Bebauungsgebieten

DB AG in Berlin als Logistikträger

kommt wegen der erheblichen Transportmengen (Bild 3) im sogenannten Spreebogen der Schiffahrt, die hier über eine leistungsfähige Infrastruktur verfügt, eine wesentlich größere Bedeutung zu.

Auch in diesem Konzept wird mit einer speziellen Baustelleninfrastruktur gewährleistet sein, daß die Ver- und Entsorgung der großen Baustellen nahezu ausschließlich ohne Beeinträchtigung des öffentlichen Straßenverkehrs erfolgt.

4 Logistikkonzeption für die übrigen Bahnbaustellen

Die für die konzentrischen Bauvorhaben gefundenen Lösungen lassen sich für die übrigen Baustellen, weil sie flächenmäßig sehr viel ausgedehnter sind und mengenmäßig nicht das Gewicht haben, nicht ohne weiteres übertragen.

Auch für sie galt und gilt es, auch im Interesse der Stadtverträglichkeit unter Wahrung der Zuverlässigkeit und Wirtschaftlichkeit, Versorgungskonzepte über die Schiene zu entwickeln.

Ein auf die Schiene ausgerichtetes Logistikkonzept bedarf grundsätzlich im Hinblick auf die Spur- und Fahrplangebundenheit der Bahn eines sehr viel sorgfältigeren, und im Hinblick auf die erforderlichen Folgen für die Betriebsabwicklung frühzeitigeren Abstimmungsprozesses.

Dieses hat die DB AG veranlaßt, in ihrer neuen Organisation für die Bauvorhaben im Knoten Berlin, der „Gesamtprojektleitung Knoten Berlin", eine eigene Logistikabteilung einzurichten. Aufgabe dieser Logistikabteilung ist es, zusammen mit den Projektleitungen, bereits im Stadium der Planung, schienenorientierte Logistiklösungen, die aus der Sicht der DB AG umsetzbar und aus der Sicht des Projektes für den Zeitablauf und die Kosten akzeptabel sind, vorzubereiten.

Diese Logistikkonzepte, die meist keine Totalversorgung über die Schiene sowohl aus Abwicklungs- als auch aus Kostengründen ermöglichen werden, sind Gegenstand der Ausschreibung der Bauaufträge.

Damit wird gewährleistet, daß die Versorgung über die Schiene im zuvor definierten Umfang bereits im Vergabeprozeß Vertragsgrundlage wird.

Die sich an der Ausschreibung beteiligenden Firmen können ihrerseits Alternativvorschläge vorlegen, die unter dem Gesichtspunkt ihres wirtschaftlichen Vorteils, aber auch unter Berücksichtigung der sich aus der Straßenbelastung ergebenden Versorgungssicherheit und der Verpflichtung der DB AG, beim Bauen in Berlin zu stadtverträglichen Lösungen beizutragen, beurteilt werden.

Die Bauvorhaben im Knoten Berlin sind sowohl in ihrem Starttermin als auch in ihrer Abwicklung aus vielen Gründen, die außerhalb der DB AG liegen, wie z.B. Plangenehmigungsverfahren und Finanzierungsfragen, zeitlich und damit auch mengenmäßig nicht stabil. Deshalb kommt es darauf an, operativ das einmal gefundene Logistikkonzept, das auch über eine angemessene Flexibilität bei Veränderungen im Bauablauf verfügen muß, fortlaufend der tatsächlichen Bauabwicklung nachzuführen. Dieses ist ebenfalls Aufgabe der in der Knotenorganisation eingerichteten Logistikabteilung. Sie ist zugleich wegen ihrer vielfältigen Verflechtungen zur Betriebsführung und zum Fahrplan Schnittstelle zur Baubetriebsplanung.

5 Optimierung des Bahnangebotes

Nur bei einem koordinierten Vorgehen kann einerseits eine Harmonisierung von Wünschen des Betriebes und des Baus, andererseits auch eine Entscheidung bei Konflikten zwischen einzelnen Bauvorhaben gefunden werden. So kann es durchaus sein, daß Veränderungen im Bauablauf eines Vorhabens den Schienentransport und damit die Versorgung anderer, in ihrem Bauablauf ebenfalls kritischer Baustellen beeinträchtigt. Neben der Notwendigkeit derartige Risiken rechtzeitig zu erkennen und Prioritäten zu finden und die erforderlichen Entscheidungen darauf aufbauend zu treffen, besteht auch die Notwendigkeit, durch einen Ausgleich von Materialtransporten, die für einzelne Baustellen disponiert sind, eine Anpassung an den Bauablauf in Berlin durchzuführen.

Eine ebenfalls sehr hohe Priorität hat die Aufrechterhaltung des Bahnangebotes im Regional- und Fernverkehr sowie bei der S-Bahn. Die Bautätigkeit darf nicht dazu führen, daß der Kunde ohne jegliche Information vor immer neue Situationen gestellt wird.

Dabei besteht vor allem auch die Notwendigkeit, die sich aus dem Bauen ergebenden Beeinträchtigungen für die Kunden verständlich und aktuell zu kommunizieren.

Auch dafür ist in Berlin ein besonderes Informationssystem eingerichtet worden: Mit der Sympathiefigur „Max, der Maulwurf", die in Berlin einen hohen Bekanntheitsgrad erreicht hat, werden leicht verständliche Wocheninformationen kostenlos verteilt, aus denen der Reisende Fahrzeitveränderungen und andere ihn beeinflussende Abwicklungsveränderungen im Schienenpersonenverkehr entnehmen kann. Weitere Informationen erfolgen über Tageszeitung, Rundfunk, ein spezielles computergestütztes Infotelefon und über Aushänge auf den Bahnhöfen.

Auch damit versucht die Bahn in dem Spannungsverhältnis „kostengünstiges Bauen, Nutzung des Systems Schiene und Rücksichtnahme auf die Straßenbelastung" flexible, optimale Lösungen zu finden.

6 Fazit

Das Bauen zur Wiederherstellung der durch Krieg, Nachkriegszeit und Teilung zerfallenen Bahnanlagen ist nicht nur eine technische Herausforderung, sondern beinhaltet die Notwendigkeit, bei der in Berlin auftretenden Verdichtung und den vielfachen Abhängigkeiten innovative, für die Beteiligten akzeptable wirtschatliche Lösungen zu finden.

Die Chancen, die DB AG einzubeziehen, müssen voll genutzt werden, wobei stets zu bedenken ist, daß das Bauen nicht zum Selbstzweck, sondern für unsere Kunden erfolgt; daß aber ohne eine rasche und effiziente Bautätigkeit eine nachhaltige Angebotsverbesserung der Bahn in Berlin nicht möglich ist.

Schrifttum

[1] Deutsche Eisenbahn Consulting GmbH: „Eisenbahnkonzeption für Berlin" — Zielplanung und Ausbaustufen für Personenverkehr und Güterverkehr. Sachstandsbericht vom 20.12.90. Berlin, 1990.
[2] Bundesverkehrswegeplan 1992 (BVWP '92): Beschluß der Bundesregierung vom 15. Juli 1992. Bonn, 1992.
[3] Remmert, W.: „Eisenbahn-Infrastrukturkonzept für Berlin" Editon ETR: Report 1994. Hestra-Verlag, Darmstadt 1994.

Schnelle Fernstrecken

Siegfried Knüpfer

Schnelle Fernstrecken für die Bahnstadt Berlin

Mit ungewöhnlichem Tempo treibt die Planungsgesellschaft Bahnbau Deutsche Einheit m.b.H Planung und Bauausführung zur Erneuerung vorhandener Hauptbahnen und Neubau von Hochgeschwindigkeitsstrecken mit Zielpunkt Berlin voran. Mehrere Projekte sind abgeschlossen, so daß die unverhältnismäßig langen Reisezeiten von 1990 bereits erheblich verkürzt wurden. Ziele des weiteren Streckenbaues und der Neugestaltung der Berliner Bahnanlagen sind attraktive Reisezeiten zwischen der Hauptstadt und den deutschen Ballungsräumen, beispielsweise Berlin—Hamburg in gut 2 oder Berlin—München in rund 4 Stunden.

Bild 1: Verkehrsprojekt Deutsche Einheit Nr. 2: Hamburg—Berlin. Das 1961 stillgelegte Gleis zwischen Staaken und Falkensee verschwand im Gestrüpp — ein typisches Bild für seinerzeit stillgelegte Fernbahnstrecken an der Grenze zwischen Westberlin und der DDR

Bild 2: Verkehrsprojekt Deutsche Einheit Nr. 2: Lückenschluß zwischen Staaken und Falkensee. Letzte Arbeiten zwischen Albrechtshof und Falkensee im April 1995

1 Bauen für die Bahnstadt Berlin

Mögen wir auch bei den alltäglichen Mühen, durch die Stadt zu kommen, dies ein ums andere Mal auf's Neue bemängeln — Berlin ist Europas größter Bauplatz. Hier entsteht die Zukunft der Stadt, entsteht — erneut — die Infrastruktur einer europäischen Metropole. Dabei focussiert sich das öffentliche Interesse immer wieder vor allem auf die durch Krieg und Nachkriegszeit verödete Landschaft um den Potsdamer Platz, auf der Investoren ganze Stadtviertel neu erstehen lassen. Vielleicht beeindruckt nur das professionelle Baustellen-Marketing für diesen Ort im Herzen der Stadt. Der öffentlichen Widerspiegelung zu Unrecht etwas entrückt sind hingegen die milliardenschweren Investitionen in die Wiederbelebung und Neugestaltung des Schienenknotens Berlin, in die Bahnanlagen der Weltstadt und die sternförmig nach Berlin gerichteten Hauptbahnen.

Mit diesen Investitionen werden die Verkehrsprobleme der Gegenwart und Zukunft gelöst. Die Metropole knüpft dabei an das an, was die Großväter einst schufen: In einem unvergleichlichen Tempo entstand ein schließlich weltweit gerühmtes Netz von Fern-, Stadt- und Vorortbahnlinien, Berlin war ein europäischer Schienenverkehrsknoten ersten Ranges. Innovationen wie der elektrische Bahnbetrieb, elektrische Zugbeleuchtung und Zugtelefone wurden in Berlin geboren bzw. auf Strecken nach Berlin erstmals eingeführt, die seinerzeit schnellsten Züge verbanden Berlin mit allen Teilen Deutschlands.

Schnelle Fernstrecken

2 Verkehrsprojekte Deutsche Einheit für schnelle Bahnreisen nach Berlin

Seit dem Fall der unseligen Mauer wird an der Renaissance der Bahnstadt Berlin intensiv gearbeitet. Mit dem Programm der „Verkehrsprojekte Deutsche Einheit" stellte die Bundesregierung bereits im April 1991 dafür die entscheidende Weiche (Bild 5).

Deutschland soll auf der Schiene zusammenrücken. Ein Ausblick auf die Reisezeiten nach der Jahrtausendwende — selbstverständlich von City zu City: Hannover—Berlin in einer und einer dreiviertel Stunde, Hamburg—Berlin in gut zwei Stunden, Frankfurt am Main—Berlin in weniger als vier Stunden, München—Berlin in rd. 4 Stunden. Leipzig wird nur noch eine gute Stunde von Berlin entfernt sein. Rathenow, Jüterbog, Neuruppin rücken auf eine halbe Stunde an die City heran.

Seit der Zeit der Eisenbahnpioniere vor mehr als einem Jahrhundert wurde in Deutschland nicht mehr in solchem Tempo und Umfang am Schienennetz gebaut. Ein innovatives Planungsrecht, geschaffen durch den Bundestag, und privatwirtschaftlich arbeitendes Projektmanagement sind die beiden Erfolgsfaktoren. Im April 1991 formulierte die Bundesregierung nicht nur den politischen Willen, mit den Verkehrsprojekten Deutsche Einheit die Lebensverhältnisse in Ost und West anzugleichen, sondern auch den Willen, diese Aufgabe privatwirtschaftlich arbeitendem und unternehmerisch handelndem Management zu übertragen. Im August 1991 gründeten die damals noch zwei Deutschen Bahnen die Planungsgesellschaft Bahnbau Deutsche Einheit m.b.H Berlin (PBDE), eine Tochtergesellschaft für die Realisierung der Schienenverkehrsprojekte Deutsche Einheit. Mit der Bahnreform wurde dieser Weg schließlich auch innerhalb der Bahn selbst konsequent eingeschlagen.

Zur Vereinfachung des Planungsrechts beschloß der Gesetzgeber im Dezember 1991 das „Verkehrswegeplanungsbeschleunigungsgesetz". Hinter diesem langen Namen verbirgt sich eine erhebliche Straffung der Planungsabläufe für Verkehrswege — zunächst beschränkt auf den Infrastrukturausbau in den neuen Ländern und auf den Ost-West-Verbindungen. Das Gesetz räumte bürokratische Hürden beiseite, kürzte Behördenwege ab und setzte Bearbeitungsfristen fest.

Obwohl zunächst von Verwaltungsfachleuten, Umweltverbänden und — insbesondere westdeutschen — Kommunalpolitikern mit Argwohn betrachtet: Mit dem „Beschleunigungsgesetz" gelang der Durchbruch zur schnellen Realisierung der Verkehrsprojekte.

Dabei geholfen hat die breite Zustimmung in den neuen Bundesländern. Bürger, Verbände, Verwaltungen, Politiker rangen, von der Dringlichkeit der Projekte überzeugt, gemeinsam um die beste und schnellste Umsetzung. Frühzeitig wurde die Öffentlichkeit in die Vorbereitung der Projekte einbezogen — durch tausende Gespräche mit Bürgern, Kommunalpolitikern, Verwaltungsfachleuten und Vertretern von Verbänden ebenso wie durch die stetige, positive Information der Medien.

Einige Beispiele mögen die Effektivität des beschleunigten Planungsrechtes belegen: Dort, wo beim Ausbau der Eisenbahnstrecken im Rahmen der Verkehrsprojekte Deutsche Einheit Baurecht geschaffen werden mußte, wurden Planfeststellungsverfahren innerhalb von zwölf Monaten abgewickelt. In jedem zweiten Fall verkürzte sich die Planungszeit weiter, weil Baurecht durch

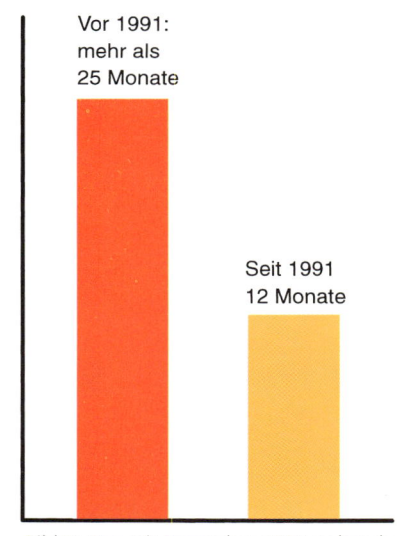

Bild 3: Das seit Dezember 1991 geltende Beschleunigungsgesetz für die Verkehrswegeplanung hat sich bewährt: Die durchschnittliche Dauer der Planfeststellungsverfahren bei PBDE-Projekten wurde halbiert

Bild 4: Verkehrsprojekt Deutsche Einheit Nr. 3: Stendal—Uelzen, Bahnhof Hohenwulsch. Links: Bahnsteigbau und Planumsherrichtung für vollständig erneuerte Gleise; rechts: die abgeschlossene Erneuerung

Schnelle Fernstrecken

Legende:
- ── Ausbaustrecken
- ─ ─ Neubaustrecken in Planung
- ▬ fertiggestellte Projekte (rot)
- ▬ im Bau befindliche Projekte (blau)

Bild 5: Schienenverkehrsprojekte Deutsche Einheit (VDE): Baudurchführung im 2. Halbjahr 1996 (nach Stand Juni 1996)

VDE 5: Dezember 1995 fertiggestellt
VDE 6: Mai 1994 fertiggestellt
VDE 7: Mai 1995 fertiggestellt

Bis zum Juni 1996 fertiggestellte Abschnitte:
1. Holthusen - Schwerin - Görries
2. Nauen - Berger Damm - Paulinenaue
3. Breddin - Dergenthin
4. Streesow - Klein Warnow
5. Ludwigslust - Hagenow Land - Brahlsdorf - Kuhlenfeld - Schwanheide - Büchen
6. Ludwigslust - Grabow
7. Büchen - Schwarzenbeck
8. Brandenburg - Biederitz
9. Bitterfeld - Halle
10. Magdeburg - Helmstedt
11. Halle - Eichenberg
12. Eichstell - Ludwigsfelde - Scharfenbrück
13. Bf Nauen
14. Spandau West - Falkensee
15. Kläden - Hohenwulsch
16. Griebnitzsee - Brandenburg
17. Bitterfeld - Rackwitz
18. Jüterbog - Niedergörsdorf - Blönsdorf - Labetz
19. Neudietendorf - Eisenach - Bebra
20. Pratau - Gräfenhainichen - Muldenstein
21. Dornreichenbach - Oschatz
22. Bobitz - Bad Kleinen
23. Bf Hagenow Land
24. Hohenwulsch - Brunau - Packebusch
25. Bf Jüterbog

Im Bau befindliche Abschnitte:
1. Hagenow Land - Holthusen
2. Bützow - Warnow
3. Paulinenaue - Vietznitz - Friesack - Segeletz
4. Carlshöhe - Schwerin
5. Bf Ludwigslust
6. Segeletz - Neustadt/D. - Zernitz - Breddin
7. Schwarzenbeck - Hamburg
8. Dergenthin - Karstädt - Streesow
9. Segeletz
10. Grevesmühlen - Bobitz
11. Falkensee - Brieselang - Nauen
12. Grabow - Klein Warnow
13. Jüterbog - Forst Zinna - Luckenwalde - Scharfenbrück
14. Bützow - Abzw. Schwaan
15. Lehrte - Oebisfelde
16. Bf Wittenberg
17. Wurzen - Dornreichenbach
18. Staaken - Friedrichstraße
19. Friedrichstraße - Berlin Hbf
20. Hohenwulsch - Fleetmark - Salzwedel
21. Oebisfelde - Stendal - Staaken
22. Rackwitz - Neuwiederitzsch
23. Posthausen - Wurzen-West
24. Bf Oschatz
25. Muldebrücken

167

Schnelle Fernstrecken

Bild 6: Verkehrsprojekt Deutsche Einheit Nr. 5: Helmstedt—Magdeburg—Potsdam, Bahnhof Potsdam Stadt. Links: Umbau — Zustand September 1994; rechts: der elektrifizierte Bahnhof mit Bahnsteigdächern, modernen Signalanlagen und vereinfachtem Gleis- und Weichennetz im November 1995

Planfeststellungsverzicht oder Plangenehmigung hergestellt werden konnte.

Ein besonderer Erfolg des innovativen Planungsrechts ist die Fertigstellung der Planungen für 230 km Eisenbahn-Neubaustrecke zwischen Nürnberg, Erfurt, und Halle/Leipzig in nur vier Jahren. Erstmals seit Jahrzehnten gelang es, die Planungen für ein Großprojekt der Verkehrsinfrastruktur unter Beachtung der Beteiligungsrechte der Bürger und der Belange des Umweltschutzes zügig durchzuführen.

Die Planungsarbeiten für diese Neubaustrecken-Abschnitte begannen Anfang 1992. Die Raumordnungsbeschlüsse in den vier beteiligten Bundesländern lagen bereits Mitte 1993 vor. Ende 1994 wurden die ersten Planfeststellungsbeschlüsse erlassen, die Planer rechnen 1996 mit dem Abschluß der Planrechtsverfahren.

Mit diesen Erfahrungen sollte nunmehr schnelles Planen in ganz Deutschland zum Alltag werden.

3 Schnelle Erfolge

In der Rückschau auf das Jahr 1990 wird deutlich, was die PBDE auf dem Wege dahin bereits erreicht hat. Seit 1995 fahren die Züge zwischen Berlin und Halle/Leipzig beispielsweise auf dem überwiegenden Teil der Strecke bereits mit Tempo 160. Im Frühjahr 1995 wurde — nach nur zehn Monaten Bauzeit — die 34 Jahre unterbrochene Verbindung Spandau—Falkensee auf der Hamburger Bahn wieder in Betrieb genommen. Am 17. Dezember 1995 wurde mit dem Verkehrsprojekt Deutsche Einheit Nr. 5, dem Ausbau der Bahnstrecke Berlin—Magdeburg, das erste der sechs unmittelbar auf Berlin zuführenden Verkehrsprojekte Schiene/Straße/Wasserstraße abgeschlossen. Auf dieser Strecke wurde der Sprung von der Vergangenheit direkt in die Zukunft vollzogen: Neunzig Jahre alte Anlagen erhielten zeitgemäßes Outfit und neueste Technik. Statt mit 37 Stellwerken aus Kaisers Zeiten wird die Strecke künftig ferngesteuert mit einer einzigen computergestützten Betriebszentrale — der Technik des Jahres 2000.

Der mit dem Programm der Verkehrsprojekte Deutsche Einheit eingeschlagene Weg ist erfolgreich: Allein im Verantwortungsbereich der Planungsgesellschaft Bahnbau Deutsche Einheit wurden bisher rund 900 Kilometer Gleise erneuert, 6,4 Milliarden Mark an Investitionen realisiert — hinzu kommen die Leistungen der Projektgesellschaft für die Schnellbahnstrecke Hannover—Berlin und die der Deutschen Bahn auf der Verbindung Bebra—Erfurt. Damit wurden unmittelbar mehrere Zehntausend Arbeitsplätze — vom Baugewerbe bis zur Computerindustrie — gesichert.

Zwei der neuen Verkehrsprojekte — der Ausbau der Strecken Halle—Eichenberg und Bebra—Erfurt — sind bereits abgeschlossen, am 17. Dezember 1995 folgte die Ausbaustrecke Magdeburg—Berlin. Dadurch haben sich die Reisezeiten vielfach bereits deutlich verkürzt.

Seit dem Fahrplanwechsel im Mai 1995 sind die InterCity von Frankfurt am Main nach Leipzig eine Stunde schneller. Hier ist der InterCity schneller als einer der Schnelltriebwagen der dreißiger Jahre — und dies bei fünf anstelle von nur zwei Zwischenhalten.

Von der Stadt Brandenburg fährt ein Regionalexpreß in 40 Minuten in die Metropole Berlin, das bedeutet 30 Minuten Fahrzeitgewinn.

4 Qualität und Wirtschaftlichkeit

Bei der Realisierung der Schienenprojekte Deutsche Einheit geht es nicht nur um Tempo, sondern auch um Qualität und Wirtschaftlichkeit. Auf den traditionsreichen Strecken von Hamburg, Magdeburg, Halle/Leipzig nach Berlin wird mit dem Ausbau auch eine Hochtechnologie-Bahn geschaffen. Dabei steht nicht die elegante technologische Lösung, sondern der Nutzen für das Unternehmen und seine Kunden im Mittelpunkt.

Streng wird bei der Realisierung der Projekte auf Wirtschaftlichkeit der Investitionen geachtet. Gegenüber den ursprünglich veranschlagten Kosten wurden in den bislang realisierten Abschnitten der Schienenverkehrsprojekte Deutsche Einheit im Verantwortungsbereich der PBDE über 600 Millionen Mark eingespart — ohne Verlust an Tempo und Qualität. So rationalisierte die Bahn Gleisnetz und Betriebsabläufe und paßte überkommene Standards dem aktuellen Stand der Technik an.

Kosten wurden auch durch neue Bautechnologien gespart: So sollte zum Beispiel der 24 Kilometer lange Streckenabschnitt Halle—Bitterfeld ursprünglich binnen zwei Jahre „unter rollendem Rad" umgebaut werden. Durch eine Totalsperrung der Strecke konnte die Bauzeit auf zehn Monate verkürzt werden. Die Bahnreisenden blieben übrigens nicht auf der Strecke: Die Züge wurden umgeleitet, Busse sorgten für Anschlüsse im Nahverkehr.

Schnelle Fernstrecken

*Bild 7: Verkehrsprojekt Deutsche Einheit Nr. 5: Helmstedt—Magdeburg—Potsdam, Bahnhof Wildpark bei Potsdam.
Links: Eisenbahnbrücke über die Geschwister Scholl-Straße im Juli 1994; rechts: neu errichtete Brücke im Juli 1995*

Bild 8: Verkehrsprojekt Deutsche Einheit Nr. 5: Eisenbahnbrücke über die Havelbucht in Potsdam im August 1995. Die neue Bogenbrücke (rechts) trägt die elektrifizierte Strecke. Der 90 Jahre alte Fachwerküberbau (links) wird zur Zerlegung auf einer Verschubbahn an Land gezogen

5 Ausblick auf zügigen Streckenbau

Wenn auch das eine oder andere gestrafft oder zeitlich gestreckt wurde, die Arbeiten an den Verkehrsprojekten gehen zügig weiter: Auf der Strecke Hamburg—Berlin, wo die Arbeiten bereits gut vorangekommen sind, wird durch ein neues technologisches Konzept schneller gebaut als bisher geplant. Im Herbst 1996 — zum 150jährigen Bestehen der Strecke — sollen die wesentlichen Arbeiten zwischen Berlin und Hamburg abgeschlossen werden, um dann 1997 mit den InterCity-Zügen den legendären Schnelltriebwagen „Fliegender Hamburger" zu schlagen, der in den 30 Jahren diese Strecke nonstop in 2 Stunden 17 Minuten befuhr. Vor fünf Jahren war man noch in damals wenig einladenden Zügen mehr als 4 Stunden auf dieser 270-Kilometer-Distanz unterwegs.

Die jetzt vorliegende mittelfristige Finanzplanung des Bundes, also für die Jahre 1997 bis 1999, sichert, daß die PBDE die Verkehrsprojekte Deutsche Einheit bei der Bahn auch in den kommenden Jahren weiterführen und mit dem Bau der für Berlins Verbindung nach Süddeutschland und Italien wichtigen Strecke Nürnberg—Erfurt—Halle/Leipzig beginnen kann.

Bücher, die noch nach Jahren von Wert sind, das sind die, die mehr bieten.

Fachwissen für Entscheider!

Ein reizvoller Zug
ICE - Zug der Zukunft
Hrsg.: Rahn, Hochbruck, Möller

Authentische und detaillierte Beschreibungen des ICE.

2., völlig überarbeitete Auflage, 160 Seiten mit über 240 meist farbigen Abbildungen, technischen Zeichnungen und Grafiken, Format 21,5 x 30 cm, vierfarbiger Hardcover, cellophaniert, ISBN 3-7771-0232-6, DM 49,80.

Wie die Bahn an ihrer Zukunft baut
Wege in die Zukunft
Neubau- und Ausbaustrecken der Deutschen Bundesbahn
Hrsg.: Linkerhägner, Reimers

Zeugnis imposanter Leistungen im Verkehrswegebau.

272 Seiten mit 65 farbigen und 162 s/w Abbildungen, Grafiken und 2 achtfarbigen Streckenkarten, Format 21,5 x 30 cm, vierfarbiger Hardcover, cellophaniert, ISBN 3-7771-0200-8, DM 68,--.

Jahr für Jahr gefragt
Jahrbuch des Eisenbahnwesens
Folge 45: Die Bahnreform
Hrsg.: Vorstand der DB AG

Diese Folge ist auf jeden Fall all jenen zu empfehlen, die sich für das Jahrhundertwerk Bahnreform interessieren.

204 Seiten mit zahlreichen Abbildungen, Grafiken und Tabellen, Format 21,5 x 30 cm, vierfarbiger Hardcover, cellophaniert, ISBN 3-7771-0253-9, DM 42,--.

Begegnen Sie einer faszinierenden Technik
Magnetbahn Transrapid
Die neue Dimension des Reisens
Hrsg.: MVP, Transrapid International

Das Werk kann jedem empfohlen werden, der sich für Hochtechnologie "Made in Germany" interessiert.

116 Seiten mit 100 farbigen und 34 s/w Abbildungen, technischen Zeichnungen und Grafiken, Format 21,5 x 30 cm, vierfarbiger Hardcover, cellophaniert, ISBN 3-7771-0208-3, DM 57,--.

Know-how im Fahrwegbau
Erstellen und Instandhalten von Bahnanlagen
Hrsg.: Heinisch, Koch, Kracke, Rahn

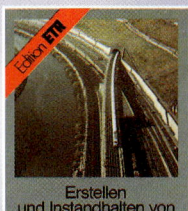

Ein umfassendes Nachschlagewerk der Edition ETR auf Jahre: Für Planer, Bauer, Betreiber und Überwacher von Fahrweg und Netz.

298 Seiten mit 313 Abbildungen, technischen Zeichnungen und Grafiken, Format 21,5 x 30 cm, vierfarbiger Hardcover, cellophaniert, ISBN 3-7771-0248-2, DM 93,--.

In Vorbereitung
Jahrbuch des Bahnwesens
Folge 46: Moderner Regionalverkehr
Hrsg.: VDV, VDB

Ein aktuelles Kompendium über die Leistungsfähigkeit des Schienenverkehrs im Nah- und Regionalverkehr.

Ca. 200 Seiten mit zahlreichen Abbildungen, Grafiken und Tabellen, Format 21,5 x 30 cm, vierfarbiger Hardcover, cellophaniert, ISBN 3-7771-0267-9, DM 48,--.

Perspektiven im Schienenfahrzeugbau
Aluminium-Schienenfahrzeuge
Entwicklungen - Technologien - Projekte
Hrsg.: Aluminium-Zentrale e.V.

Wertvolle Informationen über Anwendungsmöglichkeiten des Werkstoffs Aluminium im Schienenfahrzeugbau.

176 Seiten mit 46 farbigen und 254 s/w Abbildungen, technischen Zeichnungen und Grafiken, Format 21,5 x 30 cm, zweifarbiger Hardcover, cellophaniert, ISBN 3-7771-0241-5, DM 145,--.

Schotteroberbau oder Feste Fahrbahn?
Feste Fahrbahn
Hrsg.: Heinisch, Koch, Kracke, Rahn, Stuchly

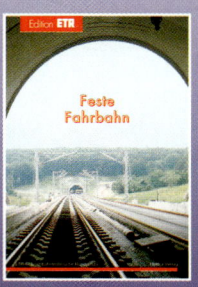

Die ETR hat für dieses Kompendium Dipl.-Ing. Münchschwander, Prof. Eisenmann und Dipl.-Ing. Rump und einige fachkompetente Autoren gewinnen können.
Erscheint vorraussichtlich im Frühjahr 1997.

Ca. 160 Seiten, vierfarbiger Bildteil, Format 21,5 x 30 cm, vierfarbiger Hardcover, ISBN 3-7771-0269-5, ca. DM 68,--.

Haus-Adresse:	**Post-Adresse:**	**Kommunikation:**
Hestra-Verlag	Hestra-Verlag	Telefon: (0 61 51) 39 07 - 0
Holzhofallee 33	Postfach 10 07 51	Telefax: (0 61 51) 39 07 - 77
D-64295 Darmstadt	D-64207 Darmstadt	Btx: (0 61 51) 39 07 - 66

Bahnindustrie in Berlin

Joachim Körber und Christian Tietze

150 Jahre Bahnindustrie in Berlin

Die Bahnindustrie hat in Berlin eine lange Tradition, die sich vornehmlich aus der zentralen Lage innerhalb des alten Königreichs Preußen und der günstigen Verkehrsanbindung heraus entwickelte. Technisches Können, Wagemut und gesunder Geschäftssinn prägten die Unternehmerpersönlichkeiten des 19. Jahrhunderts, die weltweit bekannt wurden und ihre Erzeugnisse „made in Germany" unverwechselbar prägten.

Die Zeit zwischen den beiden Weltkriegen, erst recht das Jahr 1945, führte zu dramatischen Einschnitten mit erheblichen wirtschaftlichen und politischen Konsequenzen.

Mit den Veränderungen, die das Jahr 1989 unerwartet brachte, wird Berlin als nunmehr ungeteilte Stadt wieder zu einem Mittelpunkt eines den Anforderungen der neuen Zeit angepaßten Eisenbahnnetzes. In völlig neuer Struktur hat sich auch die deutsche/europäische Bahnindustrie organisiert und nimmt mit ihren Vorstands- und Leitungsebenen wieder Kurs auf die alte und neue Deutsche Hauptstadt.

Berlin, preußische Haupt- und Residenzstadt und seit 1871 die Metropole des Zweiten Deutschen Reiches, erlebte bevölkerungsmäßig und wirtschaftlich einen großen Aufschwung. Die Einwohnerzahl wuchs von wenigen 100 000 bis zum 1. Oktober 1920, als durch Eingemeindungen „Groß-Berlin" entstand, auf 3,8 Millionen.

Nachdem mit der 1838 eröffneten ersten Teilstrecke Berlin-Potsdam das Eisenbahnzeitalter in Preußen begonnen hatte und in wenigen Jahren Berlin zum Mittelpunkt eines in die Provinz ausstrahlenden Netzes machen sollte, begannen auch die in Berlin ansässigen Gewerbebetriebe, Eisengießereien und „Maschinenbauanstalten" sich mit Konstruktion und Bau des „rollenden Materials" für diese vorerst privat betriebenen Bahnen zu befassen.

Bild 1: Möglichst viel Rauch war im 19. Jahrhundert stolzer Ausdruck von Gewerbefleiß: so auch auf dieser Lithographie aus dem Jahre 1862 von „August Borsig's Eißengießerei und Maschinenbau-Anstalt in Berlin"

1 Eine eigenständige Bahnindustrie entsteht

Die ersten 40 Personenwagen der Berlin-Potsdamer Bahn wurden nach vier aus England gekauften, öffentlich ausgestellten Musterwagen aufgrund einer Ausschreibung bereits in Berlin gebaut, und zwar durch den Sattlermeister und Wagenfabrikanten Rauff, der somit die erste „Waggonfabrik" Berlins betrieb. Mit den „Dampfwagen" tat man sich naturgemäß anfänglich schwer, doch wuchsen unter öffentlichem Druck die Bestrebungen, das „Quasi-Monopol" der englischen und US-amerikanischen Hersteller wie R. Stephenson, Ch. Taylor und W. Norris durch einheimische Erzeugnisse zu brechen. Hier wiederum war es P. Chr.-Wilh. Beuth, der als Leiter des königlichen Gewerbeinstitutes seine ehemaligen Schüler August Borsig und F. A. Egells zum Bau von „Dampfwagen" ermutigte und unterstützte. So entstanden bereits 1841 bei A. Borsig die der Norris-Konstruktion nachempfundene 2 A-Lokomotive „Drache" und bei F. A. Egells 1844 die an englischen Vorbildern orientierte B 1-Lok „Preuße". Der Standort dieser ersten beiden Berliner „Lokomotivfabriken" war nebeneinander in der während der Nachkriegs-Mauerzeit als Grenzübergang

Bahnindustrie in Berlin

Bild 2: Zum Wettbewerb der Lokomotivfabriken zählte um die Jahrhundertwende auch dem Zeitgeschmack angepaßte Werbung, wofür dieses Bild aus einem Katalog der Fabrik von Orenstein & Koppel in Drewitz (Babelsberg) ein Beispiel ist

bekannt gewordenen Chausseestraße vor dem Oranienburger Tor im heutigen Berliner Stadtteil Mitte (Bild 1).

Während Egells den Bau von Lokomotiven sehr bald wieder einstellte, entwickelte sich Borsig zur führenden deutschen Lokomotivfabrik und lieferte in den ersten 50 Jahren bis 1891 allein 4300 Maschinen. Die Sogwirkung des Eisenbahnknotens Berlin, der um 1850 bereits fünf Kopfbahnhöfe als Endpunkte privater Bahngesellschaften besaß, förderte auch weitere Firmengründungen in der Chausseestraße, zunächst die Gründung der Lokomotivfabrik F. Wöhlert, deren erste Lokomotive 1848 die 1A1 „Marschall Vorwärts" für die Mecklenburgische Eisenbahn war, und später der „Berliner Maschinenbau AG, Louis Schwartzkopff", die ab 1860 sogenannte Straßenlokomotiven, ab 1867 auch „große" Lokomotiven für die Niederschlesisch-Märkische Bahn fertigte. Als vierte große Lokomotivfabrik entstand 1891 aus kleinen Anfängen die Werkstätten von Orenstein&Koppel (O&K) am Anhalter Güterbahnhof in Tempelhof, die zunächst Schmalspur- und Feldbahnlokomotiven fertigten. 1899, nach Erwerb eines ausbauwürdigen Grundstückes in Drewitz (später Babelsberg, Stadtteil von Potsdam), stieg dieses Unternehmen auch in Lieferungen an die inzwischen entstandenen Kgl. Preußischen Staatsbahnen und andere ein (Bild 2).

Den Lokomotivfabriken Borsig und Schwartzkopff war es inzwischen in der Chausseestraße zu eng geworden: Borsig zog 1898 in die neu errichtete Maschinenfabrik in Tegel und lieferte bald Fabr.-Nr. 5000 aus, Schwartzkopff dagegen bis 1905 vor die Tore der rasch wachsenden Stadt auf das 1892 erworbene Grundstück in Wildau an der Berlin-Görlitzer Bahn (Bild 3).

Mit der 1879 auf der Berliner Gewerbeausstellung vorgeführten ersten elektrischen Lokomotive durch Werner von Siemens wurde ein neues Zeitalter eingeleitet (Bild 4). Nach Siemens & Halske (S&H) traten nun auch andere Unternehmen der rasch aufblühenden Berliner Elektroindustrie als Anbieter auf dem Bahngebiet auf:

▷ die 1883 von Emil Rathenau — der seine Ingenieurausbildung bei Borsig (!) genossen hatte — gegründete AEG (anfänglich als Deutsche Edison Gesellschaft firmierend) mit ihren Fabriken Acker- und Brunnenstraße (1889) im Berliner Norden (Bild 5),
▷ die 1893 gegründete Sigmund Bergmann & Co AG, die sich 1900 zur Bergmann Elektrizitäts-Werke AG erweiterte und ein großes Fabrikgelände im heutigen Berlin-Wilhelmsruh erwarb
▷ und schließlich die Union Elektrizitätsgesellschaft (UEG), die im Besitz grundlegender Patentrechte für den elektrischen Bahnbetrieb aus den USA (Thompson & Houston) war und 1904 mit AEG fusionierte.

Naturgemäß beschränken sich deren Aktivitäten zunächst auf das weite Gebiet elektrischer Straßenbahnen, Gruben- und Industriebahnen. Bemerkenswert sind hierzu folgende Ereignisse:

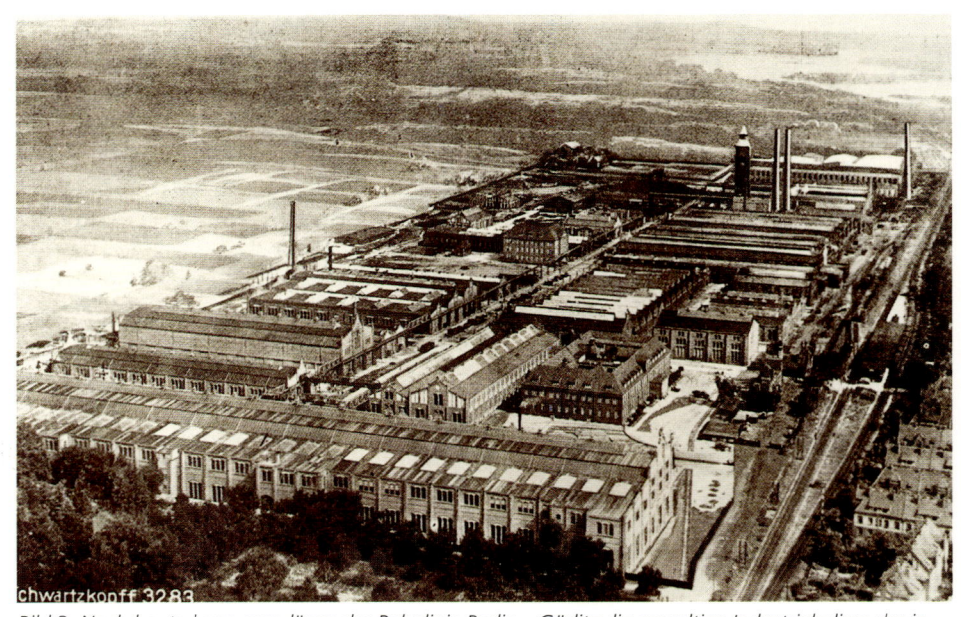

Bild 3: Noch heute kann man längs der Bahnlinie Berlin—Görlitz die gewaltige Industriekulisse der inzwischen zweckentfremdeten ehemaligen „Berliner Maschinenbau AG, vorm. Louis Schwarzkopff" in Wildau erkennen. Zustand um 1925

Bahnindustrie in Berlin

1881: Erste elektrische Straßenbahn der Welt in (Berlin-)Lichterfelde mit 180 V Gleichstrom (S&H),

1887: Erste elektrische Grubenlok für Oberleitungsbetrieb (AEG),

1891: Erste öffentliche elektrische Straßenbahn in Halle/Saale (AEG).

1897: Gründung der „Gesellschaft für elektrische Hoch- und Untergrundbahnen" (S&H), deren erste Teilstrecke in Berlin 1902 eröffnet wurde.

Bemerkenswert und aus heutiger Sicht wieder aktuell ist die Tatsache, daß die Elektrofirmen nicht nur als Lieferanten der Fahrzeuge und Betriebsmittel, sondern auch als vertraglich gebundene, mit Erfolgsrisiko belastete Betreiber zahlreicher Straßen- und Kleinbahnen auftraten.

Bild 4: Erste elektrische Lokomotive von W. v. Siemens auf der Berliner Gewerbeausstellung 1879 mit vollbesetztem Ausstellungszug

2 Die goldenen Jahre vor dem Ersten Weltkrieg

Besonders hervorzuheben ist das Engagement der Firmen AEG und S&H auf dem Gebiet der Fernbahnelektrifizierung und hier besonders in der 1899 gegründeten privaten „Studiengesellschaft für Elektrische Schnellbahnen" (St. E. S.), die auf eigene Initiative zwei 6-achsige Triebwagen mit Drehstrommotoren entwickelte und zwischen 1901 und 1904 mit Unterstützung des Preußischen Ministeriums für öffentliche Arbeiten auf dem Teilstück Marienfelde-Zossen der damaligen Militärbahn Berlin-Jüterbog Aufsehen erregende Versuchsfahrten durchführen ließ. Diese gipfelten im Oktober 1903, neben dem erstmaligen Gewinn grundlegender fahrdynamischer Daten, in einem bis 1954 nicht überbotenen Geschwindigkeitsweltrekord von 210,2 km/h (Bild 6)! Zwar fanden diese herausragenden Ergebnisse u.a. wegen der komplizierten Fahrleitung keine unmittelbare Anwendung bei der Fernbahn. Jedoch wurde der 1905 abgeschlossene Versuchsbetrieb der vereinigten AEG/UEG auf der Berliner Vorortstrecke Niederschöneweide-Spindlersfeld zum entscheidenden Schrittmacher des Einphasen-Wechselstroms für die beginnende Fernbahnelektrifizierung.

Bild 5: Das berühmte, noch heute existierende Eingangstor der AEG Maschinenfabrik Brunnestraße, Berlin-Wedding, von 1896. Erbauer: Franz Schwechten

Zum sicheren Betreiben von Bahnen — mit Dampf oder Elektrizität — gehören zuverlässige Bremsen und Steuerungssysteme. Die Firma Knorr-Bremse in (Berlin-)

Bild 6: Die beiden Weltrekord-Triebwagen „A" (für AEG) und „S" (für Siemens) der „Studiengesellschaft für elektrische Schnellbahnen" im Oktober 1903 auf der Militärbahn Marienfelde-Zossen

Bahnindustrie in Berlin

Bild 7: Bergmann-Elektricitäts-Werke lieferten 1917 die erste elektrische „Hochleistungslokomotive" der Radsatzanordnung 2'D1' mit 2200 kW an die Kgl. Preußische Staatsbahn für den Gebirgs-Schnellzugdienst in Schlesien (spätere Baureihe E503), Mechanteil von Linke-Hofmann, Breslau

Lichtenberg entwickelte sich seit 1905 auf der Basis der von George Westinghouse 1872 erfundenen automatischen Druckluftbremse zum führenden Bremsenhersteller Europas. Die von Knorr entwickelte durchgehende Güterzugbremse (Bauart Kunze-Knorr) sollte aber auch nach ihrer allgemeinen Einführung um 1925 dazu beitragen, daß der Bedarf an Lokomotiven wegen der nunmehr möglichen größeren Zuggewichte deutlich zurückging.

Doch noch schien der Lokomotivenmarkt unbeschränkt aufnahmefähig. Der vorhersehbare Bedarf an Elektrolokomotiven, auch für die Wechselstrom-Fernbahn („Vollbahn"), förderte sogar noch eine Neugründung: 1907 entstanden in Wildau die Maffei-Schwartzkopff-Werke GmbH als Gemeinschaftsgründung von Ritter von Maffei, München, und der BMAG, vorm. Louis Schwartzkopff. Dieses heute kaum noch bekannte Unternehmen hat in den Anfangsjahren der Fernbahnelektrifizierung bemerkenswerte Ellok-Konstruktionen entwickelt und aus „einer Hand" an die Deutschen Länderbahnen, später die DRG geliefert und dabei besonders auf dem Gebiet der mechanischen Schaltwerksteuerungen richtungsweisende Pionierarbeit geleistet.

Während Siemens, nunmehr seit 1903 als Siemens-Schuckert-Werke (SSW) firmierend, im neu erbauten Dynamowerk in Berlin-Siemensstadt elektrische Lokomotiven mit überwiegend fremdbezogenen Mechanteilen, u.a. von Borsig, elektrisch ausrüstete, konnte AEG in der 1913 vor den Toren Berlins eingerichteten Fabrik in Hennigsdorf schon vollständige elektrische Lokomotiven komplett herstellen.

Das Jahr 1913, als letztes vor dem Ersten Weltkrieg, markierte einen Höhepunkt an Lokomotivlieferungen in Friedenszeiten: insgesamt 3782 Dampf- und Elektro-Lokomotiven mit (statistisch erfaßt) 159 000 t Masse (!), davon 930 Stück allein aus Berlin und seinem Umland, von denen rd. 38,5 % in den Export gingen. Der Erste Weltkrieg steigerte natürlich nochmals die Nachfrage und führte zu einer Scheinblüte, besonders in der Produktion von Güterzuglokomotiven — wie auch Kleinlokomotiven für die Heeresfeldbahnen z.B. von O&K, wogegen der Export stark zurückging und sich nur noch auf Mitteleuropa beschränkte. Doch auch in die Zukunft weisende, nicht dem Kriegszweck dienende Lokomotiven wurden geliefert, insbesondere von Bergmann (BEW) 1917 der Prototyp einer Serie von schweren 2'D1'-Reisezuglokomotiven für die elektrifizierte schlesische Gebirgsbahn, mit 2200 kW die damals überhaupt leistungsfähigste Lok Europas (Bild 7), deren Fahrmotor einen Ständerdurchmesser von 3600 mm (!) hatte, oder die von MSW/BMAG 1914-1922 gelieferten 11 elektrischen 1'C1' Schnellzuglok der späteren Baureihe E01 der Deutschen Reichsbahn-Gesellschaft (DRG) (Bild 8).

Bild 8: Komplette Elloks aus einem Haus waren auch die 11 bei MSW/BM AG in Wildau 1914—1922 gefertigten leichten Schnellzuglokomotiven ES 9—ES 19 der späteren Reichsbahn — Baureihe E 01, Radsatzanordnung 1'C1', Leistung 1325 kW

3 Krisenhafte Entwicklung nach dem Ersten Weltkrieg

Das Kriegsende 1918 brachte nochmals einen Nachfrageschub, einmal bedingt durch Nachholbedarf, erhöhten Schadlokbestand (bis zu 60 %!), aber auch durch die Forderung der Siegermächte beim Waffenstillstand vom 11. November 1918, kurzfristig 5000 Lokomotiven abzuliefern (Bild 9). Die notwendigen Kapazitätserweiterungen wurden gerechtfertigt durch die Forderung der Reichsregierung, Arbeitsplätze für die heimkehrenden Frontsoldaten bereitzustellen und ehemalige Rüstungswerkstätten zu nutzen. Unter diesen Umständen stieg auch die AEG mit ihrem neuen Werk in Hennigsdorf 1919 in die Produktion von Dampflokomotiven ein und erbrachte hierbei Pionierleistungen in der Einführung der Kohlenstaubfeuerung (die allerdings erst nach 1945 in der DDR größere Akzeptanz erreichen sollte). Somit gab es im engeren Berliner Raum vier große Lokomotivfabriken im Wettbewerb, dazu (neben AEG) drei Elektrofirmen, die Aus-

Bahnindustrie in Berlin

Bild 9: Fast täglich rollte um 1920 eine „fertig inbetriebgesetzte" Dampflok mit eigener Kraft aus dem Werktor von August Borsig über die belebte Berliner Straße in Tegel; hier eine ehemals preußische Güterzuglok G 10, spätere Reichsbahn — Baureihe 57[10]

rüstungen für Ellok und Triebwagen lieferten!

Die nachfolgenden Inflationsjahre bis Ende 1923 bescherten eine Scheinblüte, die für die weitere Entwicklung der Lokomotivindustrie gefährlich werden sollte: Die täglich schwächer werdende Mark stimulierte das Exportgeschäft gegen „harte Valuta" (im Jahre 1922 bis auf 50%!), ohne daß die tatsächlichen Produktionskosten voll gedeckt werden konnten.

Nach der Einführung der Deutschen Rentenmark am 1. November 1923 mit wieder festen Umrechnungskursen stellte es sich heraus, daß die meisten Lokomotivfabriken überschuldet waren, also ein Kapitalverzehr stattgefunden hatte und die meisten Exportmärkte mangels Wettbewerbsfähigkeit zu realen Preisen weggebrochen waren. Hinzu kam, daß die nun privatwirtschaftliche Deutsche Reichsbahn-Gesellschaft (DRG) ihren Lokomotivbedarf drastisch zurückführ und beispielsweise 1929 nur noch 26 Lok orderte. Der 1925 einsetzende unaufhaltsame Prozeß der Stillegung von Lokomotivbaukapazitäten erfaßte 1930 auch die Berliner Industrie, als die zu einem großen Hüttenwerks- und Maschinenbaukonzern gewachsenen Fa. A. Borsig in Konkurs ging. Die Lokomotivfabrik Tegel wurde stillgelegt, der Name Borsig lebte jedoch in einer Auffanggesellschaft bei AEG in Hennigsdorf, die auch ab 1935 einziger Kapitalgeber war, bis 1945 weiter.

Als Folge des Zusammenbruches der Fa. Maffei in München stellte MSW in Wildau 1932 die Produktion elektrischer Lokomotiven ein, die Lokomotivfabrik Schwartzkopff konnte jedoch als Berliner Maschinenbau AG (BMAG) überleben. 1932 schied auch die Fa. Bergmann (BEW) aus dem Geschäft mit elektrischen Lokomotiven und Triebwagen aus (Bild 10). Diese gemeinhin der Weltwirtschaftskrise von 1930 zugeordneten Vorgänge hatten also weiter zurückreichende Ursachen.

Durch die von der DRG ab 1927 betriebene große Elektrifizierung der Berliner Stadt-, Ring- und Vorortbahnen blieb die Berliner Elektroindustrie von derartigen Krisen zunächst verschont. Allein in den Jahren 1928 bis 1933 wurden von der nicht in Berlin ansässigen Waggonindustrie 689 zweiteilige elektrische Triebwagenzüge gebaut und im neu entstandenen DRG-Ausbesserungswerk Berlin-Schöneweide fertiggestellt und mit elektrischen Bauteilen aus Berlin ausgerüstet. Das RAW Schöneweide übernahm damit teilweise Eigenleistungen und Funktionen einer Waggonfabrik, die nach 1945 unter veränderten Bedingungen noch erweitert wurden.

Bild 10: Kurz vor dem „Aus" warb Bergmann noch in der Zeitschrift „Elektrische Bahnen" für ihre Erzeugnisse

4 Höhepunkte der dreißiger Jahre

Die Grundlage des Geschäfts bildeten Beschaffungen von Einheitslokomotiven zur Ablösung von Baureihen der Länderbahnen und der Export (Bild 11).

Trotz aller Schwierigkeiten brachten gerade die dreißiger Jahre noch einige technische „Höhepunkte", deren Entwicklungskosten ganz oder überwiegend von den Firmen getragen wurden:

1931: Prototypen der späteren Serienbauart E 44 durch SSW, MSW und BEW.
1933: Dieselelektrischer Schnelltriebwagen SVT 877 „Fliegender Hamburger" durch SSW (und WUMAG, Görlitz).
1935: Stromlinien-Dampflok BR 05 (Weltrekord mit 200,4 km/h) durch Borsig/AEG (Bild 12).
1935: Stromlinien-Ellok E 18 („Grand Prix" Paris 1937) durch AEG.
1938: Hochleistungs-Ellok E 19 für 180 km/h von AEG und SSW (Bild 12).

Wenn auch die damaligen Machthaber sich gern der davon ausstrahlenden propagandistischen Wirkung bedienten, so darf nicht verkannt werden, daß die Entwicklungsarbeiten für diese herausragenden Leistungen deutschen Lokomotiv- und Waggonbaus viele Jahre zurückreichten.

BERGMANN

ELEKTRISCHE VOLLBAHNEN

BERGMANN LEICHTE GÜTERZUGLOKOMOTIVEN FAHREN GÜTERZÜGE VON 2000 TONNEN

33 LOKOMOTIVEN GELIEFERT UND IM BAU

BERGMANN-ELEKTRICITÄTS-WERKE AKTIENGESELLSCHAFT, BERLIN

Bahnindustrie in Berlin

Bild 11: Dampflokomotiven der Einheitsbaureihen bildeten von 1925–1940 den Schwerpunkt der Produktion der deutschen Lokfabriken für Reichsbahn und einige südosteuropäische Bahnen. Das Leistungsspektrum reichte von der kleinen 1'B1' Baureihe (560 PS) bis zur bekannten Schnellzug-Baureihe 01 mit indizierten 2240 PS = 1650 kW

5 Der Zweite Weltkrieg und seine Folgen

Der 1939 angezettelte Zweite Weltkrieg setzte der positiven Entwicklung ein jähes Ende, führte aber ab 1942 noch einmal durch eine einzige Blankobestellung des Rüstungsministeriums auf einem DIN A4-Blatt zu ungeahnten Produktionsleistungen im Ausstoß der sogenannten „Kriegslokomotiven" BR 52 und 42. Insgesamt wurden nahezu 7000 Stück, davon allein aus den Berliner Werken etwa 1200 Lokomotiven hergestellt, bis Anfang 1945 die Werke in Schutt und Asche sanken. Die im März 1945 noch aus der AEG-Fabrik gelieferte letzte Borsig-Lokomotive, unter der Fabr.-Nr. 14555 erstaunlicherweise die von Kohlenstaub- auf konventionelle Rostfeuerung umgerüstete und „entkleidete" Stromlinienlok 05003, markiert zugleich das Ende einer Epoche von 104 Jahren traditionellen Berliner Lokomotivbaus.

5.1 Entwicklung der Bahnindustrie im Berliner Umland — auf dem Gebiet der DDR

Das Jahr 1945 brachte entscheidende Einschnitte, weshalb die weitere Entwicklung zweigeteilt betrachtet werden muß: Die großen Lokomotivfabriken, teilweise erheblich beschädigt, in Babelsberg, Hennigsdorf und Wildau, lagen im engeren Berliner Umland und somit in der sowjetischen Besatzungszone (SBZ). Zunächst wilden Demontagen unterworfen, wurden sie 1946 enteignet und schließlich nach Gründung der DDR (Oktober 1949) in „volkseigene" Staatsbetriebe (VEB) überführt. In Hennigsdorf und Babelsberg begann man 1946/47 wieder mit der Reparatur von Dampflokomotiven, wenig später mit Reparationslieferungen für die Sowjetunion. Entsprechend wurde die frühere AEG-Fabrik 1951 in VEB Lokomotivbau — Elektrotechnische Werke „Hans Beimler" (LEW), das frühere O&K Werk in Babelsberg in VEB Lokomotivbau „Karl Marx" umbenannt. Dagegen wurde in Wildau, dem ehemaligen Schwartzkopff-Werk (BMAG), die Produktion von Lokomotiven nicht mehr aufgenommen, sondern zu „Karl Marx" nach Babelsberg verlegt; das Wildauer Werk selbst ging im VEB Schwermaschinenbau auf.

Jedoch war in Wildau 1947 das ehemalige „Gemeinschaftsbüro der Deutschen Lokomotivindustrie" wiedererstanden, das fähige Konstrukteure um sich versammelte. Durch DDR-Ministerratsbeschluß entstand daraus am 1. April 1952 das „Institut für Schienenfahrzeuge" (IfS), das 1953 nach Berlin-Adlershof und schließlich 1959 nach Bohnsdorf im Ost-Berliner Bezirk Treptow umzog. War das Institut zunächst traditionsgemäß dem Lokomotivbau „Karl-Marx" zugeordnet, so verselbständigte es sich zusehends und wurde nach 1960 schwerpunktmäßig zur zentralen Forschungs- und Entwicklungseinrichtung für den stark exportorientierten Waggonbau der DDR, dessen außerhalb Berlins gelegene Werke (Ammencorf, Bautzen, Dessau, Görlitz, Niesky) zu einem VEB-Kombinat zusammengefaßt waren, mit einer Kapazität von rund 4500 Fahrzeugen jährlich.

1967 entstand beim IfS ein Rollprüfstand, wenig später ein 400t-Zugdruckprüfstand (Bild 13). Die Eigenheiten des sozialistischen Wirtschaftssystems brachten es mit sich, daß das IfS über seine eigentlichen Aufgaben hinaus nicht nur Forschung und Entwicklung betrieb, sondern zunehmend in Technologieaufgaben hineinwuchs, um Spezialteile zu fertigen, die in die auf Mas-

Bild 12: Höhepunkte („Highlights") deutschen Lokomotivbaus waren zweifellos die Schnellfahr-Dampflokomotiven der Baureihe 05 und die Hochleistungs-Elloks der Baureihe E19. Je ein Exemplar, 05001 (Borsig/AEG) und E1912 (SSW/Henschel), stehen nun vereint in der Obhut des Verkehrsmuseums Nürnberg. Obwohl sich die damaligen Machthaber der hiervon ausgehenden propagandistischen Wirkung bedienten, reichten die Entwicklungsarbeiten viele Jahre zurück

Bahnindustrie in Berlin

Bild 13: Wohl einmalig in Deutschland ist der zu DDR-Zeiten 1967 beim „Institut für Schienenfahrzeuge" in Berlin-Bohndsdorf gebaute 400t-Druck-/Zug-Prüfstand, auf dem vorzugsweise Reisezugwagen für die UdSSR geprüft wurden bzw. für die GUS-Staaten heute noch geprüft werden

senfertigung getrimmten Waggonfabriken nicht hineinpaßten.

In Hennigsdorf kam 1948 die Fertigung von elektrischen (Tagebau-) Grubenlokomotiven für die Sowjetunion wieder in Gang, und mit einem Exportauftrag für die Polnische Staatsbahn begann 1951 auch wieder der Bau von elektrischen Fernbahnlokomotiven. Nachdem die Deutsche Reichsbahn (der damaligen DDR) 1955 den elektrischen Zugbetrieb wieder aufgenommen hatte, begannen auch 1961 wieder die Lieferungen elektrischer Wechselstrom-Lokomotiven für den Inlandsbedarf. Der Exportanteil wuchs auf 50-60 %, da LEW im Rahmen der Comecon-Planwirtschaft im Ostblock zum alleinigen Lieferanten von Industrie- und Grubenlokomotiven bestimmter Bauarten benannt wurde. 1964 nahm LEW auch die Fertigung von Diesellokomotiven für die DR auf, etwa zur selben Zeit ergab sich aus Exportaufträgen für die DDR-Industrie die Chance, in das Gebiet der Produktion elektrischer Nahverkehrs-Triebwagenzüge einzusteigen. Insgesamt fertigte LEW bis 1989 etwa 13000 Lokomotiven, das heißt die beeindruckende Zahl von arbeitstäglich einer Lokomotive, darunter in den Jahren 1984-89 allein rd. 650 moderne Ellok für die DR, die damit bei der Wiedervereinigung, bezogen auf elektrifizierte Streckenlänge und Verkehrsvolumen, einen erheblichen Überbestand hatte.

Bei VEB Lokomotivbau „Karl Marx" in Babelsberg konzentrierte man sich zunächst auf den Bau von Dampflokomotiven für die DR und den Export. Mit dem unwiderruflichen Ende des Dampflok-Zeitalters nahm das Werk im Jahre 1960 die Entwicklung von Diesellokomotiven, vorzugsweise mit hydraulischer Übertragung, auf und produzierte davon für die DR und den Export einige 1000 Stück. 1964 entstanden noch neue Montagehallen für die Serienfertigung von Großdiesellokomotiven (DR-Baureihen V 180/118), als schon 1969 das endgültige „Aus" kam, da die Comecon-Planung diese obere Leistungsklasse der Industrie in Rumänien und der UdSSR zuordnete. Die Babelsberger Fabrik lebte bis 1990 als VEB Kombinat Luft- und Kältetechnik weiter.

5.2 Entwicklung der Bahnindustrie im Westteil Berlins

In den politisch und wirtschaftlich von der DDR abgeschnürten Westsektoren Berlins kam bei den Elektrofirmen AEG und SSW 1948 die Produktion elektrischer Ausrüstungen wieder in Gang. Schon während der Blockadezeit fertigten AEG und SSW auf Wunsch der Französischen Besatzungsmacht je eine elektrische Lok- bzw. Triebwagenausrüstung für die mit 50Hz. betriebene Höllentalbahn. Während SSW schon immer mit westdeutschen Mechanpartnern zusammengearbeitet hatte, mußte AEG sich nach dem Verlust der Fabrik Hennigsdorf neue Partner suchen, wie z.B. Friedr. Krupp in Essen. Daß anfangs die kollegialen Beziehungen mit Hennigsdorf nicht ganz unterbrochen waren, beweist die Tatsache, daß 1950/51 noch zwei schwere, vor Kriegsende begonnene Güterzuglok E 94 von AEG in Hennigsdorf fertig montiert werden und über Zonengrenzen hinweg an die DB geliefert werden konnten.

Während AEG den Firmensitz für das Bahngeschäft in Berlin aufrechterhielt, verlagerte SSW (später Siemens AG) diesen um 1950 nach Erlangen. Produktionsschwerpunkt blieb jedoch das Dynamowerk in Berlin-Siemensstadt. Beide Firmen beteiligten sich maßgeblich an den 1955 anlaufenden Fahrzeugbeschaffungsprogrammen der DB und arbeiteten im übrigen in der 1954 gegründeten „Europäischen 50Hz-Arbeitsgemeinschaft (50 Hz-Group)" im Export erfolgreich zusammen. Bis 1989 lieferte jede Firma etwa 1500 Wechselstromausrüstungen bis hin zum ICE der ersten Generation sowie unzählige hier nicht erfaßte Ausrüstungen für Stadt-, Straßen- und U-Bahnen. Die von beiden Firmen mitgetragene Entwicklungsleistung des ersten ICE von 1985 ragt hierbei besonders hervor.

Die besondere Situation in den Westsektoren ließ auch eine eigenständige Waggonindustrie entstehen:

Auf dem Gelände einer demontierten Rüstungsfabrik (DWM: „Deutsche Waffen- und Munitionsfabriken") in Berlin-Reinickendorf entstand 1950 aus kleinen Anfängen im Güterwagen-Reparaturgeschäft eine leistungsfähige Waggonfabrik, nun als DWM „Deutsche Waggon- und Maschinenfabrik" firmierend. Aufträge für die Besatzungsmächte sowie die Berliner Verkehrsbetriebe förderten Bedarf für ständige Erweiterungen, so daß schon 1955 neue Reisezugwagen für die DB und andere Staatsbahnen gefertigt werden konnten. Spezialgüterwagen für Kohle-, Erz- und Schüttguttransport und Container waren über Jahre Schwerpunkte der Produktion, außerdem Triebwagen für Nah- und Fernverkehr. 1971 fusionierte DWM mit Rheinstahl AG, Transporttechnik SEAG Waggonbau und firmierte seitdem (bis 1990) unter Waggonbau Union (WU), Berlin/Siegen, auch nach Übernahme der Rheinstahl AG durch Thyssen Industrie AG im Jahre 1976.

WU war in den 80er Jahren auch an der Entwicklung der ICE-Züge beteiligt, hier besonders an deren Speisewagen

Bahnindustrie in Berlin

Als weiterer Waggonbauer trat bis 1981 die nach 1945 wieder unter ihrem Traditionsnamen Orenstein&Koppel agierende Firma mit ihrem Werk in Berlin-Spandau auf. Im Wettbewerb mit DWM/WU lag auch hier der Schwerpunkt der Produktion bei Spezialgüterwagen und Triebwagen für Nah- und Fernverkehr. 1981 stellte O&K den Schienenfahrzeugbau in Berlin ein, worauf Teile der Produktionseinrichtungen und des Stammpersonals zur WU übergingen.

6 Das deutsche „Schicksalsjahr" 1989 und seine Auswirkungen für die Bahnindustrie

Die Ereignisse der Jahre 1989/90, die in rascher Folge die Wiedergewinnung der Deutschen Einheit brachten, sind noch in allgemeiner Erinnerung.

Am 18. Dezember 1989 fuhr auf den Spuren des legendären „Fliegenden Hamburger" ein von AEG, LEW und Waggonbau Bautzen gemeinsam für Griechenland entwickelter Dieseltriebwagenzug von Berlin nach Hamburg. Beim Überfahren der nun offenen unseligen deutschen Grenze unterzeichneten Heinz Dürr für die AEG und Günter Hoffmann für LEW eine Absichtserklärung für ein „Joint Venture" (nach damaligem DDR-Recht anteilig 49:51), um die schon sechs Jahre zuvor begonnene Export-Zusammenarbeit auf neuer Basis zu vertiefen. Dieser beispielhaft genannte Akt war symptomatisch für die damalige Erwartungshaltung, die von intakten VEB-Strukturen und weiterbestehenden Handelsbeziehungen zu den riesigen Märkten im ehemaligen RGW-Block ausging. Unter ähnlich optimistischen Voraussetzungen erfolgten auf der Leipziger Frühjahrsmesse 1990 noch Absichtserklärungen zwischen AEG, der Preussag AG (LHB) und den zur DWA vereinigten volkseigenen Waggonfabriken. Doch die Voraussetzungen hierzu änderten sich schnell. Der von niemandem in dieser Form erwartete wirtschaftliche und schon 1991 erfolgende politische Zusammenbruch der Sowjetunion ließ alte Handelsbeziehungen abschmelzen in einem Zeitraum, in dem bei der DWA im Werk Ammendorf — entsprechend vorheriger langfristiger Verträge — noch neue moderne Fertigungsstraßen geschaffen wurden.

Als die Treuhand ab 1991 die Lokfabrik LEW Hennigsdorf und die DWA Waggonfabriken an Investoren „meistbietend" zum Verkauf anbot, waren manche Blütenträume schon gewelkt, war das Interesse angesichts stornierter Aufträge und sich leerender Hallen erlahmt. Wieder, wie schon nach 1923 stand man vor dem Problem der Überkapazitäten, entstanden durch falsch bewertete Währungsparitäten, diesmal aufgrund einer jahrelangen Planwirtschaft, die sich nun im Wettbewerb auf einem stark verengten Markt behaupten mußten.

Während sich die Privatisierung der DWA zu einer fast „unendlichen Geschichte" entwickelte, kaufte die seit 1985 zu Daimler-Benz gehörende AEG Ende November 1991 ihr Stammwerk in Hennigsdorf zurück und verlegte in der Folge einen Teil ihrer Belegschaft an ihren neuen Hauptstandort, nun unter dem Namen AEG Schienenfahrzeuge. Das erst 1984 entstandene Werk in Berlin-Spandau wurde 1995 geschlossen. Zugleich gründete sie den neuen Geschäftsbereich AEG-Bahnfahrwegsysteme, Berlin, der bisher in Frankfurt/Main ansässige Aktivitäten steuert. Sie folgt damit der seit 1988 erkennbaren europaweiten Geschäftsstrategie, auf dem Bahnmarkt durch Zusammenfassung elektrischer und mechanischer Aktivitäten zum Gesamtanbieter von ganzen Bahnsystemen zu werden.

Dasselbe Ziel verfolgte auch die aus der Fusion von ASEA und BBC 1987 hervorgegangene ABB mit der Übernahme der Waggon Union (und damit deren Berliner Werkes) von Thyssen Industrie am 1. Oktober 1990, womit dieser weltweit operierende Konzern, nun als ABB Henschel Waggon Union firmierend, erstmalig direkt auf dem Berliner Markt als Generalunternehmer aktiv wird. Etwa zeitgleich hatte die ABB-Muttergesellschaft in Berlin Wilhelmsruh (Bezirk Pankow) den VEB „Schwermaschinenbau Bergmann-Borsig" erworben. Seit November 1994 entsteht auf diesem traditionsreichen Gelände, wo BEW 1932 die Bahnproduktion einstellen mußte, wieder eine hochmoderne Waggonfabrik, die voraussichtlich die bisherige Fabrik der ehemaligen DWM-WU in Berlin-Reinickendorf ablösen wird.

7 Die „Systemhäuser" konzentrieren sich in Berlin

Nicht nur die „Firmenlandschaft" hat sich durch diese Ereignisse geändert, auch das Marktgeschehen ist unabhängig hiervon erheblich anders geworden. Die Privatisierung der Bahn und der zunehmende wirtschaftliche Druck auf alle Verkehrsunternehmen hat zu einem anderen Einkaufsverhalten der „Betreiber" geführt. Während es früher durchaus üblich war, daß sich ein Betreiber die verschiedenen Teile eines Fahrzeuges — z. B. den mechanischen Teil, die elektrische Ausrüstung, die Bremseinrichtungen oder viele andere Komponenten oder Subsysteme — von verschiedenartigen Herstellern kaufte und selbst die Gesamtverantwortung für das funktionale Zusammenspiel aller Komponenten übernahm, sehen heute die Besteller einen großen Vorteil in dem Einkauf bei einem Generalunternehmer, der zusätzlich auch die gesamte Systemverantwortung übernimmt. Es geht hierbei nicht nur um Fahrzeuge. Das einwandfreie Funktionieren auch der Fahrzeuge in der Netzinfrastruktur mit Gleisen, Signalen, Kommunikationseinrichtungen und der Energieversorgung ist jetzt vom Systemanbieter sicherzustellen.

Die hierzu erforderliche Systemfähigkeit mit ihrer weitgefächerten Ausgestaltung ist nur bei einigen großen Unternehmen darstellbar. Es war die Elektroindustrie, die sich dieser Herausforderung gestellt und systematisch ihre Fähigkeiten auf diesem Gebiet ausgebaut hat, indem sie traditionsreiche Unternehmen des Fahrzeugbaus übernahm bzw. einflußreiche Beteiligungen daran erwarb.

Drei der wenigen dominierenden Anbieter im europäischen und weltweiten Bahnbereich sind in alphabetischer Reihenfolge die Unternehmen ABB Henschel, AEG Bahnsysteme und Siemens Verkehrstechnik. Diese drei Firmen bringen heute alle Voraussetzungen mit, vollständige Bahnsysteme zu planen, entwickeln, bauen und in Betrieb zu nehmen. Selbst Betrieb und Wartung aller Anlagen und Betriebsmittel hat die Industrie bei ihren geschäftlichen Aktivitäten im Ausland bereits organisieren müssen. In diesem Sinne ist der beobachtete große Wandel im Binnenland keine neue Herausforderung, sondern vielmehr die Chance zur besseren Nutzung langfristig aufgebauter Fähigkeiten und Ressourcen.

Bahnindustrie in Berlin

Die zuvor genannten Firmen werden ihre oberste Firmenleitung in Berlin haben. Der Bereichsvorstand der Siemens Verkehrstechnik hat bereits seinen Sitz in Berlin Treptow. Damit wird der im Siemens-Konzern ständig an Bedeutung zunehmende Bereich der Verkehrstechnik wieder von Berlin aus gesteuert.

Das einzige Werk für Signal- und Sicherungstechnik in der früheren DDR in Berlin-Treptow hatte Siemens bereits 1990 zurückerworben. Im Verlauf der Jahre 1991-93 wurde WSSB (Werk für Sicherungs- und Signaltechnik) vollständig modernisiert. Zusätzlich entstand in Treptow ein moderner Produktions- und Verwaltungsbau, welcher heute zugleich Sitz des Bereichsvorstandes ist.

ABB und Daimler Benz haben nach Genehmigung durch das Kartellamt der EU ihre Bahnaktivitäten zusammengefügt. Damit gehen die ABB Henschel und die AEG Bahnsysteme auf in der Daimler Benz ABB Transportation, welche seit 1. Januar 1996 den neuen Firmennamen „Adtranz" führt. Die neue Gruppe wird im Zuge der Neuorganisation die Fertigungsstätten zukünftig auf Berlin-Pankow und Hennigsdorf bei Berlin konzentrieren — abgesehen von weiteren Werken in den alten und neuen Bundesländern — sowie weltweit. Der Vorstand der Holding hat sich ebenfalls in Berlin in der Nähe des Flughafens Tegel angesiedelt.

Das u.a. für den deutschen Markt und China verantwortliche „Business Segment" wird in Hennigsdorf verankert.

Zukünftig werden also von Berlin aus auch die noch bestehenden traditionellen Lokomotivfabriken geführt, welche in den Elektrofirmen aufgegangen oder ihnen durch Beteiligungen verbunden sind. Hierzu gehören Henschel in Kassel (heute Adtranz), Krupp in Essen und Kiel (heute Siemens Verkehrstechnik) sowie Krauss Maffei in München (Minderheitsbeteiligung durch Siemens Verkehrstechnik) und AEG-Schienenfahrzeuge GmbH in Hennigsdorf. Dasselbe trifft durch die erfolgten Übernahmen auch zu für die Waggonhersteller in Düsseldorf und Krefeld (beide DUEWAG, heute in Besitz von Siemens), in Nürnberg (ehemals MAN-GHH, jetzt Adtranz), sowie in Siegen/Westf. (ehemals WU, jetzt über ABB ebenfalls zur Adtranz gehörend).

In Berlin-Bohnsdorf ist heute das Schaltzentrum der seit 1. Juli 1995 noch unter Vorbehalt endgültiger Zustimmung aus Bonn und Brüssel privatisierten DWA, die Zentrale der Waggonfabriken Ammendorf, Bautzen, Görlitz und Niesky. Diese Werke werden nun auch de jure von Berlin aus geführt. Hinzu kommen die FAGA (Fahrzeugausrüstung Berlin, zukünftig in Berlin-Marzahn) und die Waggonausrüstungen Vetschau sowie das Institut für Schienenfahrzeuge. Die DWA ist dabei, sich als Systemanbieter kompletter Schienenfahrzeuge auf dem Markt zu etablieren.

Zur Zeit hat die in der Adtranz aufgegangene AEG-Schienenfahrzeuge GmbH mit einem Beschäftigungsstand von knapp 3000 Personen in Berlin-Brandenburg eine große regionale Bedeutung als Arbeitgeber in der Bahnindustrie. Die größte Zahl von Arbeitsplätzen in Schienenfahrzeugwerkstätten bieten zur Zeit jedoch die Deutsche Bahn AG und die Berliner Verkehrsbetriebe BVG. In Berlin-Brandenburg verfügt die DB AG über ca. 11 größere Werke mit knapp 7000 Beschäftigten. In Berlin befindet sich zudem die „Regionalbereichsleitung Werke". Im Zuge der Verselbständigungsmaßnahmen der DB AG treten diese Werke zunehmend auch als Anbieter von Produktionsleistungen auf, die sich vor allem in Umbauprogrammen für Wagen auswirken. Alle Werke befinden sich unter starkem Anpassungsdruck, so daß die Zahl der Beschäftigten deutlich zurückgehen wird. Die Hauptwerkstatt der S-Bahn ist in Berlin-Schöneweide, Betriebswerkstätten sind in Wannsee, Friedrichsfelde und Grünau. Die Erneuerung des Wagenparks der S-Bahn wird die Zahl der auf diesem Gebiet Beschäftigten (rd. 1100 in 1994) weiter sinken lassen. Werke der BVG befinden sich in den Berliner Stadtteilen Ruhleben, Britz, Friedrichsfelde und Wedding. In diesen Werken sind etwa 650 Personen beschäftigt.

Berlin-Brandenburg beherbergt drei weitere wichtige Zulieferunternehmen im Bereich der Herstellung von rollendem Material: Knorr Bremse AG, DWA-FAGA und DWA-Vetschau (Drehgestelle). Knorr hat 1991 vollständig das Berliner Bremsenwerk übernommen, welches das ehemalige Stammwerk der Knorr Bremse war. Am jetzigen Standort Berlin-Marzahn sind knapp 400 Personen tätig.

Die ELPRO AG wurde 1992 privatisiert und befaßt sich in ihrem Verkehrsbereich mit Anlagen für die Bahnstromversorgung inklusive Fahrleitungen, mit Starkstromausrüstungen für Bahnhöfe, Gleisfelder und Strecken sowie mit Zugsicherungs- und Informationstechnik sowohl für die regionalen Nahverkehrssysteme als auch für die Deutsche Bahn AG. Ebenfalls werden Weichensteuerungen und Fahrsignalanlagen angeboten. Auf diesem Gebiet sind knapp 100 Beschäftigte tätig. Die ALCATEL-SEL hat ihre Fertigung von signaltechnischen Ausrüstungen von Berlin nach Arnstadt in Thüringen verlegt. Dafür soll in Berlin Engineering-Kapazität für Software-Entwicklungen aufgebaut werden.

Die „Berliner Elektro" leitet vom Standort Berlin aus eine sehr bedeutende Gruppe von Zulieferfirmen wie Schaltbau, Bode, Brose, GEZ, Krueger, PFA, Pintsch-Bamag, Protec und Wandel&Goltermann, welche auf dem Gebiet elektrischer Subsysteme, Kommunikations- bzw. Informationseinrichtungen und Fahrzeugmodernisierung tätig sind.

Die Bahnindustrie schätzt das FuE-Potential im Großraum Berlin. Hier sind drei Hochschulen mit insgesamt sieben Instituten auf dem Gebiet der Verkehrstechnik und Verkehrsplanung tätig. Darüber hinaus sind rd. 33 private FuE-Einrichtungen in diesem Segment in Berlin-Brandenburg vertreten. Ein interessanter Ansatz ist die Gründung des „interdisziplinären Forschungsverbundes Bahntechnik" an der TU Berlin hin zu mehr Transparenz des in der Region verfügbaren FuE-Potentiales. Die Erweiterung über den eigentlich bahntechnischen Bereich hinaus ist im Hinblick auf die Fragen der übergreifenden Verkehrssystemtechnologie außerordentlich zu begrüßen. Die Öffnung der Hochschulen zur Einrichtung von Lehrstühlen bzw. „An"-Instituten[*] im Rahmen von Public-Private-Partnership ist das richtige Signal zur Förderung der produktnahen Forschung.

8 Der Schienenverkehr in Berlin gewinnt wieder überregionale Bedeutung

Die Wiedervereinigung hat Berlin aus seiner langjährigen Abseitsstellung befreit. Berlin

---

[*] Beispielsweise Institut an der Technischen Universität Berlin.

Bahnindustrie in Berlin

Bild 14: Im Wettbewerb der Systeme gewinnt der Schienenverkehr an Bedeutung

hat Chancen, wieder zum pulsierenden Mittelpunkt des wiedervereinigten Deutschlands zu werden. Dies gilt natürlich in besonderem Maße für den Verkehr auf Schiene und Straße mit der notwendigen Reaktivierung der Vielzahl von Verkehrsverbindungen. Die regionale Ausbreitung der Stadt, ihre Größe und der jetzt realisierbare Wiederaufbau und Ausbau der Verkehrsinfrastruktur wird gerade im Schienenverkehr über Jahre zu erheblichen Anstrengungen führen und rückt damit Berlin in das Blickfeld des unternehmerischen Interesses.

DB AG und BVG bringen nicht nur ihre Infrastruktur in Schwung, sondern investieren in notwendiger Weise auch viel in ihre Fahrzeuge. Allein 500 Zwei-Wagen-Züge im Wert von mehr als 2,5 Mrd. DM sind zur Zeit für die S-Bahn Berlin in Produktion. Die BVG wendet in den nächsten Jahren rd. 250 Mio. DM jährlich für neue Fahrzeuge auf. Von 17 „Verkehrsprojekten Deutsche Einheit" werden sieben unmittelbar die Anbindung der Region Berlin-Brandenburg verbessern.

Berlin hat jetzt Chancen, Vorbilder zu schaffen. Der Schienenverkehr ist die einzige Verkehrstechnologie, welche eine vollständige Automatisierung zuläßt, daher wird ihr zu Recht auch der Status einer Zukunftstechnologie zuerkannt. Besonders die große Aufgabe der Vernetzung der Verkehrsträger ist nachhaltig anzugehen. Durch die Entwicklung der Telematik werden neue technologische Hilfsmittel geschaffen, welche Komfort und Attraktivität, aber auch Effizienz und Wirtschaftlichkeit des öffentlichen Verkehrs fördern können. Die Deutsche Bahnindustrie hat Lösungen entwickelt und in anderen Regionen erprobt, welche Modellcharakter für den Großraum Berlin besitzen.

9 Die Bahnindustrie in Deutschland operiert weltweit

Zweifelsohne gehen nun aus der Region Berlin wesentliche Impulse auf den Verkehrsinfrastruktur- und Fahrzeugmarkt aus, doch sollte diese Entwicklung für die Bahnindustrie auch nicht überbewertet werden.

Die Bahnindustrie ist am teuren Standort Deutschland nur wettbewerbsfähig, wenn sie weltweite Strategien verfolgt. Unter anderem ist von Berlin aus in Zukunft sicherzustellen, daß der prognostizierte Zuwachs des Weltmarktvolumens für Schienenfahrzeuge, Bahnfahrwegsysteme und Signalanlagen zwischen 1995 und 2000 von 43 Mrd. DM auf 64 Mrd. DM — d.h. also 8,3% im Jahresdurchschnitt — für den Industriestandort Deutschland genutzt werden kann.

Die Industrie ist zuversichtlich, ihre Wettbewerbsfähigkeit ausbauen zu können und wird hierbei offen sein für jegliche Art von Zusammenarbeit bei gleichzeitiger Nutzung günstiger Standorte — natürlich auch im Ausland.

Nach alledem, was sich derzeit an Entwicklungs- und Wachstumspotentialen abzeichnet, bleibt doch die begründete Aussicht, daß die Bahnindustrie im Großraum Berlin wieder die Bedeutung erlangen kann, wie sie diese über viele Jahrzehnte innehatte.

Autorenangaben

Dr.
Dirk Andreas (42),
Regionalbereichsleiter Ladungsverkehr Berlin der Deutschen Bahn AG. — 1975 Studium an der Hochschule für Verkehrswesen Dresden, 1979 Leiter des Bahnhofs Michendorf, 1981 Fachabt.-Leiter Transport und 1984 stellv. Leiter des Reichsbahnamtes Potsdam, 1991 Generalvertreter Güterverkehr Potsdam, 1993 Hauptabt.-Leiter Güterverkehr der RbD Berlin. —
Anschrift:
Deutsche Bahn AG, Geschäftsbereich Ladungsverkehr, Regionalbereich Berlin,
Schöneberger Ufer 1-3, D-10785 Berlin.

Dr. rer. pol., MBA, Dipl.-Kfm., Dipl.-Ing.
Ingo Bretthauer (40),
Mitglied der Geschäftsbereichsleitung Fernverkehr der Deutschen Bahn AG, Leiter Marketing. — Nach Studium im In- und Ausland EDV-Berater, Softwareentwickler, Produktmanager, Marketingleiter, Vertriebsleiter. —
Anschrift:
Deutsche Bahn AG, Geschäftsbereich Fernverkehr, Stephensonstr. 1, D-60326 Frankfurt am Main.

Klaus Daubertshäuser (52),
Mitglied des Vorstandes der Deutschen Bahn AG, verantwortlich für den Geschäftsbereich Personennahverkehr. — Nach mittlerer Reife, Kaufmannsgehilfenprüfung und Wehrdienst, kaufmännischer Sachbearbeiter und Handelsbevollmächtigter in der Industrie. Daneben Lehrgänge und Seminare mit Schwerpunkt Betriebs- und Volkswirtschaftslehre, Personalwesen und Arbeits- und Sozialrecht. 1973 Referent bei der hessischen Landesregierung, 1976 Direktwahl in den Deutschen Bundestag. Von Beginn an im Verkehrsausschuß des Deutschen Bundestages. 1980 verkehrspolitischer Sprecher der SPD-Bundestagsfraktion, Vorsitzender der Arbeitsgruppe Verkehr seiner Fraktion. Seit 1983 Mitglied des Vorstandes der SPD-Bundestagsfraktion. 1988 bis 1993 Mitglied des Verwaltungsrates der Deutschen Bundesbahn und ab 1991 auch der Deutschen Reichsbahn. —
Anschrift:
Deutsche Bahn AG, Geschäftsbereich Nahverkehr, Stephensonstr. 1, D-60326 Frankfurt am Main.

Dipl.-Ing.
Horst Fechner (49),
Technischer Geschäftsführer der Magnetschnellbahn-Planungsgesellschaft mbH in Schwerin. — Studium des Allgemeinen Bauingenieurwesens an der TU München. Nach dem 2. Staatsexamen im Januar 1977 Einsatz bei der Deutschen Bundesbahn: Übernahme von Aufgaben aus dem Betriebsdienst bis zum Projektmanagement von Großbauvorhaben, wie z. B. der Realisierung des Umschlagbahnhofs München-Riem, außerdem wissenschaftlicher Mitarbeiter und Leitungsassistent in der Zentrale der DB im Bereich Bautechnik in Frankfurt am Main. —
Anschrift:
Magnetschnellbahn-Planungsgesellschaft mbH, Schulstr. 1-3, D-19055 Schwerin.

Dipl.-Ing.
Wolfgang Feldwisch (48),
Mitglied der Regionalbereichsleitung Berlin Technik, Geschäftsbereich Netz der Deutschen Bahn AG. — Studium des Bauingenieurwesens an der Technischen Universität (TU) Hannover, Fachrichtung Konstruktiver Ingenieurbau. Baureferendar bei der Niedersächsischen Straßenbauverwaltung, Leiter des Bahnhofs Langenhagen (Hannover) der Deutschen Bundesbahn (DB), Stv. Leiter des Betriebsamtes Siegen, Dezernent für bautechnische Streckenangelegenheiten, Tunneldezernent der Bundesbahndirektion Essen, Assistent des Bereichsleiters Bautechnik, Fachcontroller Fahrwegtechnik in der Hauptverwaltung der DB, Hauptabteilungsleiter Fahrwegtechnik der Reichsbahndirektion Berlin.
Anschrift:
Deutsche Bahn AG, Geschäftsbereich Netz, Regionalbereich Berlin, Frankfurter Allee 216, D-10365 Berlin.

Dr.-Ing.
Götz Herberg (57),
Vorsitzender der Geschäftsführung der Berlin Brandenburg Flughafen Holding. — Studium an der Technischen Hochschule (TH) Aachen, verschiedene Positionen im Anlagenbau, Vorstandsvorsitzender der KHS Anlagen- und Maschinenbau AG. 1975-1982 Lehrbeauftragter an der TH Aachen. —
Anschrift:
Berlin Brandenburg Flughafen Holding GmbH, Flughafen Berlin-Schönefeld, D-12521 Berlin.

Dr.-Ing. habil.
Ural Kalender (54),
Abteilungsleiter Verkehrsplanung in der Senatsverwaltung für Bauen, Wohnen und Verkehr in Berlin. — Studium des Bauingenieurwesens an der Technischen Universität Berlin. — Priv.-Dozent an der TU Berlin. —
Anschrift:
Senatsverwaltung für Bauen, Wohnen und Verkehr, Württembergische Str. 4-10, D-10702 Berlin.

Jürgen Klemann (51),
Senator für Bauen, Wohnen und Verkehr von Berlin. — Studium der Rechtswissenschaft in Berlin und Heidelberg, 1973-1979 Tätigkeit beim Landesarbeitsamt Berlin, zuletzt als stellvertretender Direktor des Arbeitsamtes II. — 1975-1979 Bezirksverordneter und stellvertretender Fraktionsvorsitzender in Berlin-Zehlendorf. — 1979-1981 Bezirksstadtrat für Personal und Verwaltung in Berlin-Zehlendorf. — 1981-1991 Bezirksbürgermeister von Berlin-Zehlendorf und bis 1986 zugleich Baustadtrat. — 1991-1995 Senator für Schule, Berufsbildung und Sport. —
Anschrift:
Senatsverwaltung für Bauen, Wohnen und Verkehr, Württembergische Straße 6, D-10702 Berlin.

Dipl.-Ing., Dipl.-Ing. (FH)
Siegfried Knüpfer (55),
Sprecher der Geschäftsführung der Planungsgesellschaft Bahnbau Deutsche Einheit mbH, Berlin. — Nach Studium der Eisenbahnbetriebstechnik an der Ing. Schule für Verkehrstechnik Gotha und des Eisenbahnbaus an der Hochschule für Verkehrswesen in Dresden leitende Funktionen innerhalb der Reichsbahndirektion Erfurt (Leiter Baubetriebsleitung, Leiter Hauptabteilung, Investitionen, Vizepräsident Transportorganisation Fahrzeuge), Präsident der Reichsbahndirektion Erfurt; Beauftragter der Konzernleitung der DB AG für das Land Thüringen. — Vorsitzender der DVWG Bezirksvereinigung Thüringen 1991/96. —
Anschrift:
Planungsgesellschaft Bahnbau
Deutsche Einheit mbH, Ordensmeisterstraße 15/16, D-12099 Berlin.

Dipl.-Ing.
Joachim Körber (56),
Hauptgeschäftsführer des Verbandes der Deutschen Bahnindustrie e.V. — Studium an der Technischen Hochschule Aachen, 1965 Eintritt bei BBC-Mannheim, dort zuletzt verantwortlich für die Entwicklung im Schienenfahrzeugbereich. Seit 1987 Mitglied der Geschäftsführung der AEG Bahnsysteme, verantwortlich für die Entwicklung. — Mitglied der Vorstände von DMG und DVWG, im Beirat verschiedener fachspezifischer Zeitschriften. —
Anschrift:
Verband der Deutschen Bahnindustrie e.V., Lindenstraße 30, D-60325 Frankfurt am Main.

Dipl.-Ing. (FH)
Manfred Möller (58),
Mitglied und Koordinator der Regionalbereichsleitung Berlin Vertrieb, Betrieb und Trassenmanagement, Geschäftsbereich Netz der Deutschen Bahn AG. — Studium der Eisenbahn-Maschinentechnik an der Ingenieurschule für Eisenbahnwesen in Dresden, 20 Jahre tätig in der Reichsbahndirektion (Rbd) Greifswald der Deutschen Reichsbahn als Gruppenleiter und Bw-Vorsteher, Leiter der Verwaltung Maschinenwirtschaft und Chef des Stabes für die operative Betriebsleitung, seit 1980 in der ehemaligen Rbd Berlin als Vizepräsident und Hauptabteilungsleiter für operative Arbeit, Fahrzeuge sowie Traktion und Werke. —
Anschrift:
Deutsche Bahn AG, Geschäftsbereich Netz, Regionalbereich Berlin, Frankfurter Allee 216, D-10365 Berlin.

Dipl.-Ing.
Peter Münchschwander (57),
Mitglied des Vorstandes der Deutschen Bahn AG, Vorstand für den Fahrweg. — Studium des Allgemeinen Maschinenbaus an der Technischen Universität München, 1963 Eintritt in den Dienst der Deutschen Bundesbahn (DB). 1969-1971 Beurlaubung zur Hochleistungs-Schnellbahn-Studiengesellschaft in München-Ottobrunn, Tätigkeiten als Amtsvorstand in Bamberg und von 1972-1977 im Vorstandssekretariat der Hauptverwaltung der Deutschen Bundesbahn in Frankfurt, von 1977-1982 als Rationalisierungsreferent in der Hauptverwaltung der DB. Ab Mai 1982 Stellvertretendes Vorstandsmitglied der Deutschen Bundesbahn für den Bereich Informations- und Steuerungssysteme, für die Projekte Hochgeschwindigkeitsverkehr der 90er Jahre sowie Personalstrategie, ab Januar 1991 Mitglied des Vorstandes für Produktion und Technik der Deutschen Reichsbahn, ab Juni 1992 Vorstandsmitglied des Vorstandes der Deutschen Bundesbahn und Deutschen Reichsbahn für das Ressort Fahrweg. —
Anschrift:
Deutsche Bahn AG, Geschäftsbereich Netz, Stephensonstr. 1, D-60326 Frankfurt am Main.

Autorenangaben

Dr. Axel Nawrocki (50),
Vorsitzender der Geschäftsführung der S-Bahn Berlin GmbH. — Studium der Rechts-, Wirtschafts- und Sozialwissenschaften. Verschiedene Tätigkeiten im Öffentlichen Dienst, u.a. als Persönlicher Referent und Büroleiter des damaligen CDU-Generalsekretärs und späteren Wirtschaftspolitischen Sprechers der CDU/CSU-Bundestagsfraktion, Prof. Dr. Biedenkopf; anschließend verschiedene Tätigkeiten in der Wirtschaft, u.a. Mitglied der Geschäftsleitung eines Beratungsunternehmens; Direktor der Treuhandanstalt Berlin; Geschäftsführer der Olympia 2000 GmbH. —

Anschrift:
S-Bahn Berlin GmbH, Invalidenstr. 130-131,
D-10115 Berlin.

Peter Reinhardt (59),
Mitglied des Vorstandes der Deutschen Bahn AG, zuständig für Recht, Immobilien und Personenbahnhöfe. — Nach Studium der Rechtswissenschaften in Marburg/Lahn und München sowie zweiter juristischer Staatsprüfung, 1966 Eintritt in die Bundesverkehrsverwaltung, Wasser- und Schiffahrtsdirektion Mainz, Neubauabtlg. Moselausbau, ab 1968 im Bundesverkehrsministerium in Bonn, ab 1979 bis 1993 mit leitenden Funktionen auf den Gebieten Beförderung gefährlicher Güter sowie Personal, Organisation und Datenverarbeitung, Leiter der Abteilung Eisenbahnen. —

Anschrift:
Deutsche Bahn AG, Stephensonstraße 1,
D-60326 Frankfurt am Main.

Werner Remmert (68),
bis 1995 Gesamtprojektleiter Knoten Berlin der Deutschen Bahn AG (DB AG), Berlin. — Studium der Rechtswissenschaft. 1958 Übernahme von Leitungsaufgaben bei der Deutschen Bundesbahn (DB) in Hannover und Berlin, 1962 Geschäftsführer der Bundesbahntöchter „Bayern Express GmbH" und der „Paul-Kuhn-Omnibusverkehrsgesellschaft mbH", ab 1967 verschiedene Aufgaben der Preisbildung im Güterverkehr, 1974 Leiter der Verkehrsabteilung der Zentralen Transportleitung in Mainz (Kleingut-, Kombi- und Ladungsverkehr), 1982 Leitung des Fachbereichs Marketing in der DB-Hauptverwaltung in Frankfurt/M. (Personen- und Güterverkehr) und (in Personalunion) Leitung der Zentralstelle Absatz in Mainz, 1988 Präsident der Bundesbahndirektion Hannover, 1991 Präsident der Reichsbahndirektion Berlin und Leiter der Verwaltungsstelle des ehemaligen Reichsbahnvermögens, 1994 Beauftragter der Konzernleitung der DB AG für Berlin und (in Personalunion) Leiter der Zentralen Bahnkoordinierung Berlin. —

Anschrift:
Deutsche Bahn AG, Geschäftsbereich Netz,
Ruschestraße 59, D-10365 Berlin.

Dipl.-Ing. Günter Ruppert (50),
Geschäftsführer der S-Bahn Berlin GmbH. — 1964-1969 Studium an der Hochschule für Verkehrswesen in Dresden, Fachrichtung Verkehrsmaschinentechnik, anschließend Tätigkeit im Betriebsmaschinendienst der Deutschen Reichsbahn (DR) in den Betriebswerken Chemnitz und Dresden, Triebfahrzeugkontrolleur in der Rbd Dresden, Leiter der Verwaltung Maschinenwirtschaft der Rbd Berlin, Leiter der Hauptverwaltung Maschinenwirtschaft der DR, Hauptabteilungsleiter Zugförderung und Vorhaltung der Triebfahrzeuge der Deutschen Reichsbahn. —

Anschrift:
S-Bahn Berlin GmbH, Invalidenstr. 130-131,
D-10115 Berlin.

Peter Strieder (44)
Senator für Stadtentwicklung, Umweltschutz und Technologie von Berlin. — Nach dem Studium der Rechtswissenschaft, von 1980 bis 1992 Richter am Arbeitsgericht, anschließend Bezirksbürgermeister Berlin-Kreuzberg. —

Anschrift:
Senatsverwaltung für Stadtentwicklung,
Umweltschutz und Technologie,
Haus am Köllnischen Platz 3, D-10719 Berlin.

Dipl.-Ing. Horst Stuchly (55),
Präsident des Eisenbahn-Bundesamtes. — Studium des Bauingenieurwesens an der Technischen Hochschule Darmstadt, Vertreter des Amtsvorstandes beim Betriebsamt Darmstadt der Deutschen Bundesbahn (DB), Hilfsdezernent bei der Bundesbahndirektion Frankfurt (M), Amtsvorstand beim Betriebsamt Siegen, Dezernent bei der Zentralstelle für Betriebswirtschaft und Datenverarbeitung Frankfurt (M), wissenschaftlicher Mitarbeiter im Bereich Bautechnik der Hauptverwaltung der DB Frankfurt (M), Dezernent bei der Bundesbahndirektion Köln (Planung S-Bahn), Leiter der Abteilungen ITS und EDV-Produktion und -Infrastruktur bei der Zentralstelle für Betriebswirtschaft und Datenverarbeitung Frankfurt (M), Hauptabteilungsleiter im Bereich Bautechnik der DB und Bereichsleiter Fahrwegtechnik in der Zentrale der DB und DR, Frankfurt am Main. —

Anschrift:
Eisenbahn-Bundesamt Zentrale, Vorgebirgsstr. 49,
D-53119 Bonn.

Dipl.-Ing. Siegfried Tenner (39),
Leiter Bau- und Projektmanagement im Geschäftsbereich Personenbahnhöfe der Deutschen Bahn AG. — Studium des Bauingenieurwesens, Planungstätigkeiten in Architekturbüros, Abteilungsleiter in der Immobilienwirtschaft, seit Juli 1994 bei der DB AG. —

Anschrift:
Deutsche Bahn AG,
Geschäftsbereich Personenbahnhöfe,
Stephensonstraße 1, D-60326 Frankfurt am Main.

Dipl.-Ing. Christian Tietze (67),
Freier Mitarbeiter der AEG Bahnsysteme, Buchautor und Mitarbeiter verschiedener Fachzeitschriften. — 1949–1954 TH Hannover, Studium der Elektrotechnik, 1955–1992 AEG Geschäftsbereich „Bahnen", zuletzt Hauptabteilungsleiter für Elektrische Lokomotiven und Triebwagen. —

Anschrift:
Salzbrunner Straße 21, D-14191 Berlin (Grunewald).

Dipl.-Betriebswirt Rüdiger vorm Walde (49),
Vorstandsvorsitzender der Berliner Verkehrsbetriebe (BVG). — Ausbildung zum Industriekaufmann, 1970 Studium der Wirtschaftswissenschaften an der Universität Bielefeld, 1973 Gutachter bei der Wirtschaftsberatung WIBERA AG im Tätigkeitsgebiet Verkehrswirtschaft, 1976 ÜSTRA Hannoversche Verkehrsbetriebe AG u.a. Leiter der kaufm. Abteilung, 1984 Sprecher der Geschäftsführung der Kraftverkehrsgesellschaft mbH Braunschweig, Salzgitter, 1988 Mitglied des Vorstandes der Braunschweiger Verkehrs AG und Mitglied der Geschäftsleitung der BUS-Gesellschaft Braunschweig-Salzgitter mbH, 1994 Mitglied des Vorstandes der Berliner Verkehrsbetriebe (BFG), Anstalt des öffentlichen Rechts. —

Anschrift:
Berliner Verkehrsbetriebe (BVG),
Potsdamer Straße 188, D-10783 Berlin.

Dr.-Ing. E. h. Horst Weigelt (68),
Bis 1995 Beauftragter der Konzernleitung der Deutschen Bahn AG für den Freistaat Bayern, Standort Nürnberg. — Studium des Bauingenieurwesens an der Technischen Hochschule Darmstadt, 1955 Baureferendar bei der Bundesbahndirektion Frankfurt (Main), 1957 Wissenschaftlicher Assistent an der TU Berlin, ab 1960 Tätigkeiten in Bau- und Betriebsdienst bei der Bundesbahndirektion Hamburg. 1963 Planungsdezernent für die City-S-Bahn Hamburg. 1965 Hauptabteilungsleiter Schnellbahnverkehr beim Hamburger Verkehrsverbund, 1970 Mitglied der Institutsleitung des ite-Instituts Hamburg, 1974 Leiter der S-Bahn-Neubauabteilung der Bundesbahndirektion Hamburg, 1979 Präsident der Bundesbahndirektion Nürnberg. — Präsident der Deutschen Verkehrswissenschaftlichen Gesellschaft (DVWG) 1992/95. —

Anschrift:
Altdorfer Str. 29, D-90480 Nürnberg.

Inserentenverzeichnis

Activ-Consult GmbH 157
Atlas Weyhausen GmbH 96

Baugrund Dresden Ingenieurges.
mbH 157
Bau Union Süd GmbH 158
bpi Büro f. Planung u. Ingenieurtechnik GmbH 19
BUG GmbH 158

Corrotect Betonbau GmbH . . . 158

DE-Consult Deutsche-Eisenbahn-
Consulting GmbH 31
DVA Deutsche Verkehrs-
Assekuranz-Vermittlungs-GmbH 48
DWA Deutsche Waggonbau AG 20

Elektro-Thermit GmbH 141
Elpro AG 134
EPV-GIV 128

Gemet GmbH 127
General Contract Ingenieurges.
mbH 157
Ingenieurbüro Grassl GmbH . . 157
GRE-Gauff Rail Engineering
GmbH 63

Ingenieur-Consult Haas & Partner
GmbH 142
Heitkamp GmbH 142
Ingenieur GmbH 133
Bau GmbH & Co. KG . . 128
Verlag 158, 170, 184

Obermeyer
GmbH 158

ess GmbH 32
Ostermann
KG 148
GmbH 85

International GmbH . . 47
Co. OHG 158

Franz Karl Nüdling Basaltwerke
GmbH & Co. KG 142

Pfleiderer Verkehrstechnik
GmbH & Co. KG 74
Plasser & Theurer Ges.m.b.H. . . 64

Schlegel-Dr.-Ing. Spiekermann
GmbH & Co. 148

SERSA GmbH 141
Siemens AG . . . . 54 + 55

Tb Berliner Tief- und
Verkehrsbau GmbH 157
Thyssen Henschel 86
Tricosal GmbH 148

Ingenieurbüro Dipl.-Ing.
H. Vössing GmbH 134

WBG Weichenwerk
Brandenburg GmbH 118
Leonhard Weiss GmbH & Co. . 127
Wisserodt Ingenieure 158

ETR
Hier geht es um die Zukunft des Schienenverkehrs

Die Zukunft hat schon begonnen - zum Beispiel mit dem neuen ICE. Und die **ETR – Eisenbahntechnische Rundschau** begleitet die Bahn auf diesem Weg. Sie sind herzlich eingeladen, diese hochwertige Fachzeitschrift für Führungskräfte kennenzulernen - **kostenlos!** Das Leseexemplar fordern Sie am einfachsten per Fax an.

Herausgeber:

Dipl-Ing. Roland Heinisch,
Mitglied des Vorstands
der Deutschen Bahn AG

Dipl.-Ing. Peter Koch,
Verband der
Deutschen Bahnindustrie

Prof. Dr.-Ing. Rolf Kracke,
Universität Hannover

Prof. Dipl.-Ing.
Dipl.-Wirtsch.-Ing. Theo Rahn,
Präsident eines
Bundesbahn-Zentralamtes a. D.

Dipl.-Ing. Horst Stuchly,
Präsident des
Eisenbahn-Bundesamtes

Hestra-Verlag
Postfach 10 07 51
D-64207 Darmstadt
Telefon: (0 61 51) 39 07 - 0
Telefax: (0 61 51) 39 07 - 77
Btx: (0 61 51) 39 07 - 66